인재 발굴 및 육성의 글로벌 스탠다드

어떻게 인재를 발굴하고 육성시킬 것인가

들어가며

코끼리를 아는 것과 코끼리에 대해서 아는 것은 다르다. 코끼리의 한 부분만을 만져보고 그것을 코끼리라고 말한다면 그것은 코끼리를 아는 것이 아니라 코끼리에 대해서 아는 것이다. 사람도 마찬가지다. 사람의 일부분만을 보고 그 사람을 안다고 말하면 그것은 그 사람을 말하는 것이 아니라 그 사람에 대해서 말하는 것이다. A를 아는 것과 A에 대해서 아는 것은 완전히 차원이 다르다.

사람을 아는 기법은 많이 있다. 하지만, 조직의 성과 창출 측면에서 일을 잘 할 수 있고, 오래 근무할 수 있고, 성장 잠재력이 있는 인재를 선발하고 육성하는 방법까지를 담고 있는 기법은 오직 이 책에서 다루고 있는 Assessment Center(평가센터) 기법이 유일하다. 평가센터 기법이 태동한지 100여년의 세월이 지나면서 발전을 거듭해 오고 있는 국제적으로 표준화된 인재 평가기법이다.

우리나라에 평가센터 기법이 상륙한지는 채 30년이 안 된다. 평가센터 기법에 대해서 아는 사람들은 많이 있다. 그러나 조금만 안으로 들어가면 평가센터 기법을 정확히, 제대로 아는 사람은 얼마 되지 않는다. 그래서 용어의 혼란부터 프로세스에 대한 인식의 부재 등이 어우러져 평가센터 기법의 진가가 드러나지 않고 있으며, 일부 조직에서 일부의 장점만 취하고 있는 것이 현실이다. 그래서 이 책은 평가센터 기법에 대해서 정확히 알리기 위해서 쓴 것이다.

제1장은 평가센터(Assessment Center)란 무엇인가에 대해서 다루었다. 많은 학자와 전문가들이 언급하고 있는 정의에 대해서 알아 본 후, 이들의 정의를 종합하여 평가센터의 정의를 정립했다. 또 평가센터의 모습을 알아보기 위해서 평가센터가 갖추어야 할 10대 필수요건과 평가센터 활동이 아닌 것에 대해서 평가센터 운용지침인 가이드라인에서는 무어라 하는지를 살펴봤다. 이어서 평가센터가 작동하기 위해서 구비되어야 할 3대 구비요소와 평가센터의 종류를 알아보았다. 이 과정에서 일부 용어에서 혼란이 있는 부분을 정리하였다.

제2장에서는 평가센터의 3대 구비요소 중 가장 먼저 갖추어야 할 Dimension(평가요건)에 대해서 다루었다. Dimension의 개념, 범주, 도출, Dimension Dictionary 개발, 각각의 평가센터에서 요구하는 Dimension은 어떤 것들이 있는

지 살펴봤다. 제2장에서 우리가 흔히 알고 있는 Competency와 Dimension은 어느 정도 다른지를 알 수 있고, 평가센터를 공공부분에서 역량평가제라고 부르는 이유를 알 수 있다. 그러나 이것은 일부는 맞고 일부는 맞지 않는다는 것을 알 수 있을 것이다.

제3장에서는 평가센터의 3대 구비요소 중 Measurement(평가도구)에 대해서 다루었다. 평가도구는 평가요건을 밝히는 잣대 역할을 한다. 평가도구의 선정과 추가적으로 무엇을 개발해야 하는지를 살펴봤다. 평가도구 중 평가센터의 핵심을 이루는 모의연습과 모의과제에 대해서 많은 부분을 할애하여 정리했다. 특히 모의과제에 대해서는 고안된 배경부터 적용상황, 평가요건 등에 대해서 상세히 다루었고, 모의과제를 평가센터에 활용함에 있어서 고려해야 할 이슈들을 다루었다.

제4장에서는 평가센터의 3대 구비요소 중 Assessor(평가자)에 대해서 다루었다. 평가자는 평가센터의 생명이며 평가센터 운영의 핵심 주체다. 평가자의 역할, 평가자 선발, 평가자 규모 및 평가자 훈련에 대해서 살펴보았다. 특히, 평가자가 익혀야 할 8가지 스킬(관찰, 기록, 분류, 평정, 공유, 통합, 보고서 작성, 피드백)에 대해서 상세히 다루면서 이것들이 평가자 훈련에서 비중있게 다루어야 함을 강조하였다. 또 평가에 참여한 평가자가 부실하게 활동할 경우, 퇴출시켜야 하는 이유를 제시하였다.

제5장에서는 3가지 평가센터 유형 중 선발/승진 평가센터의 작동원리에 대해서 다루었다. 선발/승진 평가센터는 인재를 선발하거나 승진을 목적으로 진행되는 프로그램이다. 먼저, 진행 프로세스를 살펴보고, 이어서 도입사례를 살펴봤다. 진행 프로세스와 사례를 살펴보면, 선발/승진 평가센터가 어떻게 작동하는지, 무엇을 어떻게 준비해야 하는지, 산출물은 어떤 것인지, 기대효과는 무엇인지 등을 알 수 있을 것이다.

제6장에서는 3가지 평가센터 유형 중 개발 평가센터의 작동원리에 대해서 다루었다. 개발 평가센터는 구성원들의 지식, 스킬, 역량을 향상시켜 줄 목적으로 진행되는 프로그램이다. 진행 프로세스를 살펴보고, 이어서 도입사례를 살펴봤다. 진행 프로세스와 사례를 살펴보면, 선발/승진 평가센터와는 확연히 다른 점을 발견할 수 있을 것이며, 개발 평가센터가 어떻게 작동하는지, 무엇을 준비해야 하는지, 산출물은 어떤 것인지, 기대효과는 무엇인지 등을 알 수 있을 것이다.

제7장에서는 3가지 평가센터 유형 중 진단 평가센터의 작동원리에 대해서 다루었다. 진단 평가센터는 구성원들의 강점과 약점을 진단을 목적으로 진행되는 프로그램이다. 구성원들을 육성시키고자하는 조직들은 7장을 눈여겨 볼 필요가 있다. 진단 평가센터의 진행 프로세스와 사례를 살펴보면, 진단 평가센터가 어떻게 작동하는지, 무엇을 준비해야 하는지 알 수 있을 것이며, 특히, 종료 후에 조직에서 무엇을 어떻게 지원해야 하는지를 알게 될 것이다.

제8장에서는 평가센터 도입전략에 대해서 다루었다. 먼저, 평가센터 도입에 실패하는 이유를 알아봤다. 대부분의 실패 이유는 부실한 계획이다. 평가센터를 도입하고자 하는 조직은 우선, 도입목적을 분명히 하고, 평가센터 도입과 관련한 마스터플랜(정책문서)을 작성해야 한다. 정책문서는 도입목적, 적용대상, 데이터 활용 등 구성원이 궁금해 하는 사항들을 소상히 기술하는 문서다. 그리고 안착시키고 확산시키려면 어떻게 해야 하는지를 제시하였다.

부록은 본문을 읽으면서 궁금한 사항을 확인할 수 있도록 총 9편을 첨부했다. 부록(1)(2)(3)은 Assessment Center의 역사에 대해서 좀 더 자세한 내용을 알 수 있도록 평가센터의 역사와 MPS, MCS를 소개하였고 부록(4)는 평가센터 운영지침인 가이드라인을 소개하였고, 부록(5)는 역량과 역량모델링에 도움이 되는 내용을 소개하였고, 부록(6)은 BARS 방식으로 구성된 역량의 모습을 이해하도록 대한민국 표준역량을 소개하였고, 부록(7)은 BOS 방식으로 구성된 역량의 모습을 이해하도록 Harvard University Competency Dictionary를 소개했다. 부록(8)은 행동사건인터뷰(Behavioral Event Interview)를, 부록(9)에서는 원서에 자주(많이) 등장하는 필수 용어들을 소개하였다.

이 책은 평가센터의 작동원리를 담고 있다. 그리고 도입전략을 담고 있다. 자기 조직에 맞는 인재를 어떻게 확보하고 어떻게 육성할까를 고민하고 있는 조직에 많은 도움이 될 것으로 확신한다. 또한 이 책은 역량평가를 대비하는 수험생(공무원, 직장인)을 대상으로 쓴 것은 아니지만, 평가센터가 무엇을 평가하고, 어떻게 평가하고, 누가 평가하는지 등을 소상히 제시했으므로 수험생들에게도 적잖은 도움이 될 것으로 기대한다.

Contents

들어가며   3

제1장 Assessment Center(평가센터)란 무엇인가?   9
1. Assessment Center의 정의   12
2. 평가센터의 핵심 필수 요소   14
3. 평가센터가 아닌 활동들   19
4. 평가센터의 3대 구비요소   20
5. 평가센터의 종류   22
6. 평가센터의 진행 프로세스   24
7. 평가센터의 목표   27
8. 평가센터의 활용   29

제2장 Dimension(평가요건)이란 무엇인가?   35
1. Dimension의 개념   39
2. Dimension의 범주   40
3. Dimension 도출   51
4. Dimension Dictionary   51
5. Dimension Dictionary의 역할   53
6. Dimension 활용의 이점   54
7. 각 평가센터에서 요구하는 Dimension   55

제3장 Measurement(평가도구)는 어떤 것들이 있는가?   61
1. Measurement(평가도구)의 역할   62
2. Dimension과 Measurement의 관계   64
3. Measurement의 종류   66

제4장 Assessor(평가자)는 어떤 사람들인가?   99
1. 평가자 역할   101
2. 평가자 선발   101
3. 평가자 규모   105

4. 평가자가 익혀야 할 지식과 스킬 105
5. 평가자의 수행결과 점검 및 갱신 120
6. 보조요원 및 관련자들의 훈련과 품질 121

제5장 선발/승진 평가센터는 어떻게 작동되는가? 127
1. 선발/승진 평가센터 프로세스 129
2. 도입 사례 139

제6장 개발 평가센터는 어떻게 작동되는가? 157
1. 개발 평가센터 진행 프로세스 161
2. 도입 사례 169

제7장 진단 평가센터는 어떻게 작동되는가? 191
1. 진단 평가센터 진행 프로세스 193
2. 도입 사례 198

제8장 평가센터를 도입하려면 어떻게 해야 하는가? 211
1. 평가센터 도입에 실패하는 이유 213
2. 평가센터 도입 시 해야 할 일 222
3. 안착 및 확산 전략 227

부록(1) Assessment Center 역사 231
부록(2) MPS(Management Progress Study, 관리자 성장 연구) 239
부록(3) MCS(Management Continuity Study, 관리자 계속 연구) 249
부록(4) Guidelines and Ethical Considerations for Assessment Center Operations(평가센터 운영에 관한 지침과 윤리적 고려사항) 257
부록(5) 역량과 역량모델링 291
부록(6) 대한민국 표준역량 301
부록(7) Harvard University Competency Dictionary 323
부록(8) 행동사건인터뷰(Behavioral Event Interview) 333
부록(9) 평가센터 관련 용어 341

나가며 345

제 1 장

Assessment Center (평가센터)란 무엇인가?

인재 발굴 및 육성의 글로벌 스탠다드

● 탁월한 성과의 조건

　성공은 1%의 영감과 99%의 노력으로 이루어진다는 말이 있다. 과연 맞는 말일까? 아래 오리와 다람쥐의 예를 보자.

　여기 오리가 있다. 수차례 입사 지원자를 냈지만, 서류전형에서 탈락하고, 겨우 서류전형을 통과하면 이번에는 면접에서 탈락되는 등 지칠 대로 지친 어느 날, 지원한 회사로부터 내일부터 출근하라는 통지를 받게 되었다. 얼마나 기뻤는지 모른다. 새로 산 양복에 근사한 넥타이를 매고 반짝이는 구두를 신고 출근했다. 직장은 산속이었다. 해야 할 일이 무엇이냐고 물으니, 저기 있는 다람쥐들과 함께 나무를 타면 된다고 했다. 체력은 어느 정도 자신이 있었지만 스킬이 부족하여 기초부터 배우기 시작했다. 날개까지 동원하면서 온몸으로 종일 나무 타기를 했다. 저녁때가 되어 오리는 발바닥이 피투성이가 되었다. 오리는 퇴근하면서 별별 생각이 다 들었다. 겨우 취직을 했는데, 직장을 그만 두어야 할지 걱정이다. 저녁식사를 대충하고 책상에 앉아 고민을 거듭한다. 오리는 오랜 고민 끝에 아래와 같은 간결한 한 마디를 외친다.

　　　　　　　　　"나는 할 수 있다. I Can Do It"

　여기 다람쥐가 있다. 다람쥐도 오리처럼 여러 번 탈락의 고배를 마신 경험이 있다. 오랜 취업 활동 끝에 내일부터 출근하라는 연락을 받았다. 오리와 마찬가지로 새로 산 양복에 근사한 넥타이를 매고 반짝이는 구두를 신고 출근했다. 다람쥐의 직장은 수영장이었다. 해야 할 일이 무엇이냐고 물으니, 저기 있는 오리들과 함께 수영을 하면 된다고 했다. 다람쥐는 예전에 수영을 잠깐 배운 적이 있었지만 수영의 기초부터 배우기 시작했다. 다람쥐는 자신감을 가지고 물에 뛰어들었다. 물에 뛰어드는 순간 몸이 말을 듣지 않아 물을 많이 먹었다. 허우적대기를 반복하며 겨우 하루를 마무리하고 퇴근했다. 집에 도착한 다람쥐는 책상에 앉아 얼마나 오래 버틸 수 있을지 고민을 시작한다. 고민 끝에 내린 결론은 아래와 같다.

　　　　　　　　　"나는 할 수 있다. I Can Do It"

　오리와 다람쥐는 과연 자신이 맡은 일을 잘 할 수 있을까? 직장에서 얼마나 오래 버틸 수 있을까? 한 마디로 오리와 다람쥐는 노는 물이 바뀐 것이다. 아무리 할 수 있다고 외쳐도 노는 물이 바뀌면 탁월한 성과는 물 건너간 것이다. 탁월한 성과는 고사하고 살아남으면 다행이다. 오늘날 수많은 직장인들이 자신의 역량과는 전혀 다른 곳에서 물이 바뀐 줄도 모르고 "할 수 있다"를 외치고 있다. 안타까운 현실이다.

이 책에서 알아보게 될 Assessment Center(평가센터)는 참가자[1]가 오리인지 다람쥐인지를 알아내는 평가기법이다. 참가자의 각오나 의지를 묻는 방식이 아니다. 참가자를 직종, 직무별로 분리, 개인 또는 집단으로 모의연습(Simulation Exercise)을 한다. 참가자에게 직접 일을 시켜보고 의사결정을 하는 방식이다.

평가센터 방식은 제1차 세계대전 전부터 있었다. 원조는 독일군이다. 독일공군은 장교 후보생을 선발할 때, 처음으로 이 방식을 사용했다. 영국에서는 전쟁이 발발하자 그동안 장교선발이 잘못되었다는 알게 되었는데, 전에 독일의 선발방식을 목격한 Borne 중장에 의해 전육군에 이 방식을 도입했다. 미국은 제2차 세계대전에 참전하면서 첩보원 선발에 이 방식을 사용했다. 조종사, 장교, 첩보원은 전쟁의 승패를 좌우하는 핵심요원들이다. 1945년에 영국의 Civil Service Commission은 처음으로 공무원 선발에 이 방식을 사용했다.

1948년 봄에 미국에서 『Assessment of Man』라는 책이 출간된다. 이 책은 2차 세계대전 당시 첩보원을 선발하는 내용이 나오는데, 그 당시 예일대에서 박사 과정 중에 있던 Bray는 이 책에 'Assessment Center'란 단어가 처음으로 등장한다고 기술한다. 그러면서 평가센터 방식은 필기시험에 대한 반응에 초점을 맞춘 것이 아니라 상황을 모사하여 행동의 반응에 초점을 맞추었다는 내용이 나온 것을 보고 놀라움을 금치 못했다고 기술하고 있다.[2]

한 때, 각광을 받던 평가센터 기법은, 아이러니하게도 영국의 Civil Service Commission이 사용을 중단하는 등 양대 세계대전이 끝나면서 사람들의 관심에서 멀어지고 있었다. 그러나 1956년 미국 AT&T에서 민간 기업으로는 처음으로 이 방식을 적용, 발전시키면서 기사회생한다.

그 후 Standard Oil이 AT&T의 평가센터 기법을 처음으로 도입하였고, 이어 IBM, General Electric이 도입한다. 1970년 후반에 이미 1,000개 이상의 조직이 평가센터를 활용했으며, 1973년에 일본이 도입한다. 현재는 아프리카에서도 광산작업반장을 선발하는데 이 기법을 활용하고 있다. 이렇게 되기까지는 AT&T의 MPS와

---

[1] "Candidate", "Participant"를 번역한 것이다.
[2] Douglas W. Bray, "Centered on Assessment" (DDI. nd), 1.

MCS가 큰 기여를 했다. *평가센터의 역사에 대한 자세한 내용은 부록(1), 부록(2), 부록(3)에 제시되어 있다.*

1. Assessment Center의 정의

Assessment Center는 Assessment와 Center가 합쳐진 용어다. '평가센터'로 번역하는데, 대부분의 사람은 이 단어가 무슨 의미인지 감이 잡히지 않을 것이다.

Assessment는 사람을 주의 깊게 살피고 판단한다는 의미를 담고 있다.[3] 이것이 '평가'의 정의다. 외부에서 사람을 충원하거나 내부직원을 승진시킬 때, 주의 깊게 살펴보고 신중하게 결정해야 한다는 것, 또 직원들에게 어떤 교육과 훈련을 시키고자 하는 경우, 직원들의 수준을 잘 살펴서 프로그램을 설계해야 한다는 것은 상식이다.

Center라는 단어는 여러 곳에서 다양한 의미로 사용하는 것을 볼 수 있다. 동사무소를 '주민센터'라고 부른다. 파출소를 '치안센터'라고 부른다. '물류센터'라는 단어도 많이 사용한다. 이때 센터는 건물 자체나 건물의 위치 또는 중앙을 의미한다. 반면 평가센터에서 말하는 Center는 건물이나 위치나 중앙을 의미하지 않는다. '평가도구가 한 곳에 모여 있다' 것을 의미한다.

Assessment와 Center 두 단어에는, 여러 가지 평가도구를 활용하여 사람을 주의 깊게 살펴서 판단한다는 의미가 들어있다. 하지만, 이렇게 정의하는 것은 평가센터를 이해하는데 미흡한 면이 있다. 평가센터의 정의를 좀 더 알아보자.

평가센터는 연구소나 특별한 건물을 의미하는 것이 아니며, 특정 직무에 지원하는 사람과 구성원들의 미래 잠재력을 규명하기 위해서 활용되는 평가 프로세스이며, 평가 테크닉, 평가 프로그램, 평가 세션, 평가기술 및 평가방법이 포함된다.[4]

평가센터는 참가자의 행동을 관찰하고 참가자의 수행에 기초하여 점수를 매길 수 있도록 정교하게 구성된 구조화된 활동들 또는 모의연습의 시리즈이다.[5]

평가센터는 관리, 감독자 혹은 그들의 후보자의 관리능력, 적성을 다면적, 객관적으로 사전에 평가하는 기법이다. 즉, 개인의 잠재능력, 자질을 심리학적으로 설계된

---

[3] Collins Cobuild English Dictionary, "assessment"
[4] Paul Jansen and Ferry de Jongh, *Assessment Centres : A Practical Handbook* (John Wiley & Sons, 1997), 3-4.
[5] Brian T. Page, *Assessment Center Handbook* (Gould Publications, INC, 1995), 1.

여러 종류의 연습과제를 사용해서 참가자의 태도나 행동이 외면에 나타나기 쉬운 상황을 만들어서 특별히 훈련받은 평가자가 참가자의 연습 행동을 관찰하고 기록하고 평정하고, 그 결과를 평가보고서에 담아 인재발견과 능력개발에 활용하는 인사 시스템이다.[6]

평가센터는 조직의 효과성과 관련된 특성과 능력을 평가하고 개발시키기는 등 인적자원관리를 위해서 활용되는 절차이다.[7]

평가센터는 대상 직무에서 성공을 위한 요구조건에 익숙한 행동을 생성하기 위해 설계된 모의상황의 통합된 시스템이다. 평가센터의 목적은 참가자의 강점과 보완할 점을 발견함으로써 대상 직무에서의 참가자의 수행을 예측하기 위한 것이다. 평가센터는 일반적인 평가오류를 줄이는 체계적인 접근법이고, 법적 분쟁을 방어할 수 있고, 비용이 효과적이고 타당하다.[8]

평가센터는 복수의 평가도구를 활용하여 행동을 평가하는 표준화된 기법으로써, 어떤 평가센터(선발/승진, 진단, 개발)든 행동을 끌어내는 복수의 모의과제들과 행동을 관찰, 기록, 분류, 평정하는 복수의 훈련된 평가자로 구성된다. 그리고 평가자 통합회의 또는 통계적 집계 방법을 활용하여 참가자에 대한 평가결과를 종합한다.[9]

위의 정의들에는 어떤 목적으로, 누구를 대상으로, 무엇을 평가하고, 누가 평가하고, 평가도구는 무엇이고, 어떤 절차로 평가하는가 등을 제시하고 있다. 이 책은 위의 정의들을 종합하여 아래와 같이 평가센터를 정의한다.

> 평가센터(Assessment Center, AC)는
> 참가자가 지원한 직무에서 요구하는 요건(Dimension)을 충족시키는지 알기 위해서 모의 연습(Simulation Exercise)을 포함한 다양한 평가도구(Measurement)를 활용하여 행동(Behavior)을 관찰(Observe)하고 기록(Record)하고 평정(Rate)을 할 수 있도록, 평가방법(Method), 평가절차(Procedure), 평가도구(Tool), 평가스킬(Skill)들이 포함되어 있는 국제적으로 표준화된 인재평가기법이다.

---

[6] MSC, *휴먼 어세스먼트 어디까지 나아갔는가?* (한국능률협회컨설팅 편역, 1990), 33.
[7] George C. Thornton III, Devorah E. Rupp, *Assessment Centers In Human Resource Management* (London, Lawrence Erlbaum Associates, 2006), 1.
[8] DDI, "Welcome to Assessor Traing", 5,6,10.
[9] TFT, *Guidelines and Ethical Considerations for Assessment Center Operations* (2015년), 제3항.

이 책은 평가센터 운영지침인 'Guidelines and Ethical Considerations for Assessment Center Operations'(이하 가이드라인)에서 제시하고 있는 내용들을 충실히 따른다. 왜냐하면 가이드라인이 평가전문가들이 모이는 국제회의를 통해 발표되기 때문이다.[10] *가이드라인에 대한 자세한 내용은 부록(4)에 제시되어 있다.*

2. 평가센터의 핵심 필수 요소

가이드라인은 평가센터가 작동하기 위해서는 아래와 같은 필수 요소 10가지가 반드시 포함되어야 한다고 강조한다.[11] 또한, 평가센터가 아닌 활동들을 제시하여 가짜나 모조품을 엄격히 구분하고 있다.[12]

● 직무 관련 행동을 찾아내기 위한 체계적인 분석

평가센터에서 평가에 초점을 맞춰야 하는 요건을 Dimension(이하 평가요건)이라고 한다. *평가요건에 대한 자세한 내용은 제2장에 제시되어 있다.* 평가요건은 직무에서 성공 또는 실패와 관련이 있는 것이다. 평가요건은 행동으로 구성되는데, 행동들은 검증할 수 있고, 관찰할 수 있고, 구체적이어야 한다. 평가요건은 종종 역량 또는 K.S.A와 유사한 개념으로 활용된다. 평가되어야 할 평가요건은 어떤 것이든 반드시 행동으로 표현되어야 한다.

평가요건 도출은 체계적이며 정교한 프로세스(직무분석, 역량모델링 등)를 통해 수행되어야만 한다. 평가요건은 직무와 관련성이 있어야 한다. 분석의 범위와 유형은 평가의 목적과 직무의 복잡성에 달려있다. 혹시 과거 연구나 분석들이 평가요건과 연습과제를 선정하기 위해서 이루어졌다면, 일반화 가능성과 공통점을 제시해야 한다.

직무가 현재 존재하지 않을 때는 새로운 직무군, 직무 레벨, 직위, 직무가 실제로 어떤 과제와 프로젝트를 수행할 것인가를 확인해야 한다. 또한, 평가요건을 도출하기 위해서 조직의 비전, 가치, 전략, 쟁점이 되는 주제를 분석하여 유용한 정보를 얻어야 한다. 하지만, 평가센터가 선발을 위한 의사결정 정보를 제공하는 것으로 설계된다

---

[10] 국제회의를 "International Congress for Assessment Center Method"라고 부르며, 특별히 일이 없는 한 매년 열린다. 여기서 Guideline을 개정/보완한다. 현재 사용하고 있는 가이드라인은 6th Edition이다.
[11] TFT, *Guidelines and Ethical Considerations for Assessment Center Operations* (2015년), 제3항.
[12] TFT, *Guidelines and Ethical Considerations for Assessment Center Operations* (2015년), 제4항.

면, 대상 직무의 행동 요건을 거의 고려하지 않는 조직의 비전, 가치, 전략, 쟁점 주제들을 분석하는 것은 선발 도구의 개발을 위한 본 지침은 물론 법률적인 문제에도 부합하지 않는다.

이러한 문제에 대응하려면, 주제 전문가(S.M.E)를 참여시켜야 한다. 왜냐하면, 주제 전문가들은 직무요건을 잘 알고 있으므로, 직무의 핵심적인 요소를 수집하고 평가를 할 수 있고, 평가센터에서 생성되는 점수의 증거를 제시할 수 있기 때문이다.

직무분석 방법을 활용하든, 역량모델링 방법을 활용하든 또는 다른 방법을 활용하든 대상 직무의 행동이 명확히 제시되어야만 한다. 이 행동들은 평가 과정 중에 언제나 관찰할 수 있고, 모의과제에서도 관찰이 가능한 것이어야 한다. 또한, 평가요건은 직무군, 직위, 대상 직무에서 성공과 관련된 것이어야 한다.

● 행동 분류

평가자의 가장 중요한 역할은 참가자의 행동을 관찰하고 기록하는 것이다. 관찰하고 기록한 각 행동은 각 Dimension(평가요건)으로 분류되어야 한다. 또 행동들은 수행결과 또는 종합점수의 근거가 되어야 한다.

● 복수의 평가센터 구성요소

여기서 말하는 구성요소는 평가도구를 말한다. 평가센터는 모의과제(simulation exercise)를 포함한 몇 개의 구성요소가 포함되어야 한다. 평가센터는 몇 개의 모의과제와 함께 다른 도구, 즉 심리검사, 구조화된 인터뷰, 상황판단검사, 질문지, 기타의 도구들로 구성될 수 있다. 평가센터 구성요소들은 평가요건에 속해 있는 다양한 행동들이 드러나도록 선택되고 개발되어야 한다. 자기평가와 다면평가가 이루어진다면, 이 평가 데이터는 최종평가 시에 활용되어야 한다.

각 평가센터 구성요소는 조직이 설정한 목표에 부합하고 원하는 행동 정보들이 나타나는지 사전 검증(pilot test)을 해야 한다. 사전 검증에 참여하는 사람들은 앞으로 평가에 참석할 예정인 사람들과 유사한 직급에 있는 사람을 대상으로 하며, 또 주제 전문가(SME)들을 참여시켜 평가과제가 의도하는 바를 달성하고 있는지를 검증해야 한다.

◎ 평가요건과 평가도구 연계표 작성

어떤 모의과제가 어떤 평가요건을 평가하는지 보여주는 연계표를 작성해야 한다. 이것을 일반적으로 dimension-by-exercise matrix라고 한다. 이것은 향후 어떻게 평가되었는지에 대한 증거를 확보하기 위한 절차다. 이 표는 개발자가 직무분석 또는 역량 모델링 정보를 참조한 평가요건에 대응하여 각 평가요건을 평가하기에 적절한 도구를 선정하기 위해서 활용한다.

◎ 모의과제

평가센터는 평가하게 될 평가요건들의 행동을 관찰하는 기회를 여러 번 가져야만 한다. 직무 관련 모의과제가 최소한 몇 개는 포함되어야만 한다. 모의과제는 대상 직무에서 일관되게 드러나면서, 각 평가요건의 대표적인 행동들이 드러나도록 설계되어야만 한다. 모의과제는 참가자들에게 해결 상황을 제시하고(자극) 그것을 행동으로 반응할 것을 요구한다. 모의과제는 서류함, 집단토론, 사례분석, 분석발표, 역할연기, 정보탐색 등이 포함되지만, 선택 여부는 제한이 없다. 상황 제시는 미디어, 대면, 문서, 비디오, 오디오, 컴퓨터, 전화, 인터넷 등이 포함될 수 있으며, 가능한 한 실제 직무환경이 반영되도록 해야 한다.

단순한 직무의 경우, 직무에서 평가할 영역이 충분히 모사된다면 1~2개의 직무 관련 과제를 활용할 수 있다. 또 컴퓨터로 몇 개의 과제와 상황을 제시하는 단일 방법을 사용할 수 있다. 이럴 때는 직무 관련 하위영역들이 확실히 구분되어야 한다.

모의과제를 개발할 때는 각 평가요건의 행동이 드러날 수 있도록 주의 깊게 설계해야 한다. 행동이 잘 드러나게 개발해야 평가자가 행동들을 충분히 관찰, 기록할 수 있기 때문이다. 특히, 시나리오(role player에게 주는 행동 지침이 담긴 문서)와 같은 것은 평가자 훈련에 활용해야 하므로, 그 내용을 사전에 결정하고 문서로 작성해야 한다.

모의과제에 포함되는 상황은 실제 작업 상황을 닮아야 하며 병렬로 개발하되, 서로 다른 상황이어야 한다. 바람직한 충실도의 수준은 평가센터 목적에 맞아야 한다. 비관리자를 위한 선발 및 승진 가능성을 조기에 확인하는 프로그램은 충실도(안면 타당도)가 낮을 수도 있지만, 관리자, 임원, 전문가들의 훈련 필요점 진단을 위한 프로그램은 충실도(안면 타당도)가 높아야 한다. 평가센터 설계자는 소수집단에 속하는 참가자들이 좋아하는 내용으로 구성되지 않도록 특히 신경을 써야 한다.

가이드라인에서 정의된 평가센터의 목적을 이루기 위해서는, 모의과제는 특정한 행동이 명백히 나오도록 참가자에게 요구해야 한다. 평가방법 중에는, 미리 결정된 행동의 대안 중에서 본인이 생각하는 것과 반대의 것을 선택하게 하거나 복수로 응답하게 하는 검사, 상황판단 검사, 컴퓨터화된 In-Basket, 3-D 가상 게임 등 몇 개의 선택지에서 오직 하나만을 선택하게 하는 방법도 있다. 하지만, 평가센터의 평가 절차는 이렇게 요구하는 것에 동의하지 않는다. 이것들과 비슷한 상황 인터뷰도 오로지 행동의 의도를 묻기 때문에 동의하지 않는다. 이들 중 어떤 방법은 평가점수의 신뢰도와 타당도가 높게 나올지라도, 이것들은 행동을 요구하는 모의과제로 분류하지 않는다. *모의과제에 대한 자세한 내용은 제3장에 제시되어 있다.*

● 평가자

평가센터는 복수의 평가자를 활용해야만 한다. 평가자를 선발할 때, 인구통계학적인 면(인종, 민족, 나이. 성별 등)과 경험 면(조직 경험자, 직무경험자, 관리자, 심리학자 등)을 고려하여 다양하게 갖추어야 한다. 피평가자 대 평가자의 최소 비율은 몇 가지 변수가 있다. 그것은 활용하는 과제들의 유형, 평가하게 될 평가요건 수, 평가자의 역할들, 데이터 통합 방법 유형, 훈련받은 평가자 수, 평가자의 경험, 평가센터의 목적 등이다. 평가자 대 피평가자 비율은 평가자의 인지 부하를 줄이기 위해서 최소화해야 하고, 동시에 평가자와 피평가자의 참여 숫자도 최소화해야 한다. 또 잠재적 오류를 최소화하기 위해서, 선발이나 승진 목적으로 평가결과를 활용하는 피평가자의 상위 관리자는 자신의 지휘를 받는 참가자를 평가하게 해서는 안 된다.

● 평가자 훈련

평가자들은 반드시 훈련을 받아야 한다. 평가자로서 임무를 수행할 수 있는지를 보여주어야 하며, 사전에 자세히 기술된 기준에 도달하여야 한다. 훈련은 평가센터의 목표와 목적, 평가할 평가요건들과 행동들의 관계, 평가과제의 활용, 행동의 분류 및 평가는 물론, 참가자, 평가자, 주관 업체 및 지원 업체의 권리와 의무 등을 교육해야 한다. 또한, 행동으로 역량점수를 매기는 방법과 평가자의 눈높이를 맞추는(frame-of-reference training, 훈련 참조 틀) 교육이 포함되어야만 한다. 평가자는 참가자가 혼자서, 집단에서 과제를 수행한 행동들을 보인 후에만 참가자를 평가해야만 한다. 또한, 평가자가 피드백까지 제공하기로 했다면, 훈련에서 참가자가 피드백을 수용하고 행동의 변화를 할 수 있도록 그에 대한 전략도 다루어야 한다. *평가자에 대한 자세한 내용은 제4장에 제시되어 있다.*

● 행동 기록과 평정

평가자들이 관찰할 때, 구체적으로 행동을 관찰하고, 기록하고, 평정할 수 있도록 체계적인 절차를 마련해야 한다. 이 절차는 노트에 기록하는 것을 포함하여 BOS 또는 BARS, 행동 체크리스트 등이 포함되어야 한다. 관찰은 참가자의 모의과제 수행을 녹화한 비디오나 오디오를 봄으로써 할 수도 있다. 평가자는 관찰하고 기록하는 내용을 바탕으로 통합회의 또는 통계적 통합을 준비해야 한다. 행동의 목록화, 점수, 보고 등을 위해서 평가센터에서는 미리 양식을 마련해야 한다. *BOS와 BARS에 대한 자세한 내용은 부록(5)에 제시되어 있다.*

● 데이터 통합

각 참가자의 행동을 관찰하고 기록한 것을 통합하는 방법은 통계적 방법과 합의 토론 방법이 있다. 이 프로세스는 전문가들이 인정하는 표준화된 방법으로 수행해야 한다. 통합은 평가요건별 점수, 과제별 평가요건점수, 과제별 점수, 과제 간 평가요건 점수, 종합 순위 등으로 이루어지며, 평가센터의 목적에 따라 다소 달라질 수 있다. 합의 토론(consensus meeting)으로 이루어지는 경우, 평가자들은 평가과제에서 수집된 평가요건 관련 행동 정보만을 고려해야만 한다. 평가센터 프로세스 외에서 얻은 정보는 고려하지 않는다.

어떤 통합 방법을 사용하든지 점수는 신뢰할 수 있는 프로세스에 의해서 산출되어야 한다. 점수를 계산하고 해석하는 것은 다양한 평가과제에서 참가자가 어떤 수행을 보였는가를 고려해야 한다. 이때 참가자가 그들 직무에서 수행하게 될 민감한 과제들의 수에 따라 어떤 평가요건에 대해서는 가중치를 줄 수 있다. 참가자 중에는 어떤 평가요건이 어떤 과제에서는 높게 나오고, 어떤 과제에서는 낮게 나오는 경우가 있다. 여기에 주목하면 의미 있는 정보를 발견할 수 있다. 이때 발견한 정보는 피드백할 때 포함한다.

표준화

평가센터의 전 과정에서 모든 참가자에게 평가요건 관련 행동을 보일 수 있도록 같은 기회를 제공해야 한다. 이것이 가능하려면 표준화가 필요하다. 선발이나 승진 등 개인의 근무형태가 바뀌는 의사결정을 하는데 활용하는 산출물들은 평가센터의 가장 큰 관심이므로 표준화가 특히 중요하다. 표준화는 평가센터 운영상 여러 면에서 조화를 이루어야 한다. 안내서에 제시된 것을 포함하여, 과제 완료 시간, 자료 활용의 범위, 평가실 및 다른 시설물 활용, 집단과제에서 조 편성, 롤 플레이어의 행동, 발표 후 평가자의 후속 질문, 평가과제의 제시 순서 등등이 운영 절차에 포함되고 표준화되어야 한다.

엄격하게 표준화된 절차에 따라야 하지만, 합당한 요구와 일부 장애(읽는 데 장애가 있는 경우 시간을 더 많이 주는 것)가 있는 사람의 요구는 예외로 적용해야 한다. 그렇지만, 개인들에게 맞춤형 편리를 봐주는 것을 허용해서는 안 된다. 참가자들이 같은 과제에 참여하고, 표준화된 방식으로 수행해야 하는 과정에서 개인적으로 좀 더 유리한 환경을 요구하는 것은 받아들이지 않아야 한다.

3. 평가센터가 아닌 활동들

가이드라인에서는 평가센터와 평가센터가 아닌 활동에 대해서 명확히 구분한다. 평가센터와 평가 방법론 사이에는 차이가 있다. 평가 방법론의 여러 모습을 보면 심리학자나 인사관리 전문가가 단독으로 수행하거나 개인 평가의 한 부분으로 하나의 과제를 사용하는 등 가이드라인에 부합하지 않는 절차를 활용하는 것을 볼 수 있다. 이들 각각은 자체 장점만으로 개인을 판단한다. 이런 절차들은 평가센터를 대표하지 않을 뿐만 아니라 가이드라인에서 동의하지 않는 것들이며, 이들은 평가센터라는 단어를 사용함으로써 마치 평가센터인 것처럼(짝퉁) 보일 뿐이다. 아래 종류의 활동들은 평가센터가 아니다.[13]

- 명확하게 행동적 반응을 참가자에게 요구하지 않는 평가 절차들은 행동적 모의과제가 아니다. 어떤 평가 프로그램은 절차가 단독으로 구성되어 있는데 이것은 가이드라인에서 정의한 평가센터가 아니다. 예를 들면, 컴퓨터화된 서류함, 시장에서 시뮬레이션이라고 불리는 폐쇄형 응답을 요구하는 상황판단검사(이 두 검사는 몇 개의 행동 예시를 주고 가장 효과적인 행동에 점수를 주게 하거나 하게 될 행동에 순위를 매기거나 복수의 응답을 하게 한다.), 상황 인터뷰(오직 행동적 의도를 묻는), 서면 역량 검사 등이다. 주목할 점은 명백하게 행동의 반응을 요구하지 않는 절차를 평가센터 내에서 활용할 수는 있지만, 이 경우에는 명백하게 행동을 보일 것을 요구하는 몇 개의 모의과제를 함께 사용해야만 한다.
- 패널 인터뷰 또는 하나의 기법을 가지고 순차적으로 인터뷰가 이루어지는 것들
- 모의과제인지 관계없이 한 가지 도구만을 사용하여 평가하는 것
- 통계적 또는 이미 점수가 결정된 문항에 답하는 검사지
- 평가자 1명이 평가하는 것(지필 검사, 인터뷰, 성격검사, 시뮬레이션 등 다양한 방법을 활용하지만, 이것을 개인 혼자서 평가하는 것), 복수의 평가자가 복수의 피평가자를 평가할지라도, 각 개인의 참가자가 평가 전반에 걸쳐 복수의 평가자로부터 평가를 받지 않는다면 이 프로그램은 평가센터라고 할 수 없다.
- 복수의 평가자와 몇 개의 모의과제를 활용하지만, 평가자 간, 과제별, 평가요건별, 기타 등으로 평가 데이터를 종합하지 않는 것
- 방법론적인 요구조건을 맞추지 않고 평가센터 이름이 붙여진 물리적인 공간
- 다양한 검사지, 측정 도구, 평가도구들을 모아 둔 웹사이트 또는 카탈로그
- 평가자에게 명백한 행동을 관찰하고 평가하는 것을 요구하지 않거나 피평가자에게 명백한 행동을 드러나게 하지 않는 완전 자동화되고 컴퓨터화된 평가

4. 평가센터의 3대 구비요소

평가센터의 3대 구비요소는 평가센터의 정의에서 나온다. 평가가 이루어지기 위해서는 아래 그림에서 보는 바와 같이, 무엇을 평가할 것인가에 해당하는 Dimension

---

[13] TFT, *Guidelines and Ethical Considerations for Assessment Center Operations* (2015년), 제4항.

(평가요건)과 무엇으로 평가할 것인가에 해당하는 Measurements(평가도구), 누가 평가할 것인가에 해당하는 평가주체인 Assessors(평가자) 등 3가지가 필수적으로 갖추어져야 한다. 이 3가지가 갖춰지면 통상 "평가센터가 구축되었다."라고 말한다. 평가센터가 구축되면 평가를 할 준비가 된 것이다.

평가센터의 3개 구비요소

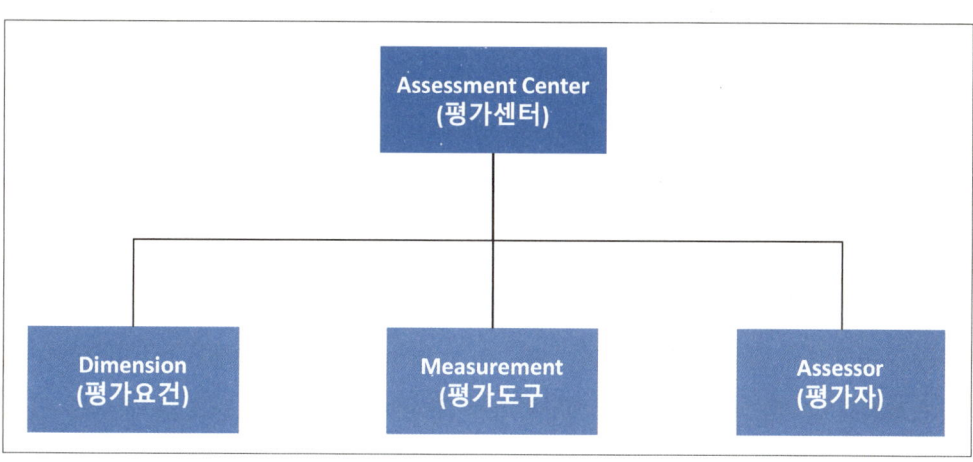

첫째, 평가요건(Dimensions)이다. 평가요건은 무엇을 평가할 것인가에 해당한다. 평가센터는 일을 잘할 수 있는 사람을 평가하는 기법이다. 따라서 평가요건은 일을 잘하기 위해서 어떤 조건을 갖추어야 하는지를 규명하는 것이다. 'Dimension'이라는 단어는 최소한 하나 이상 존재한다는 것을 의미한다. 그런 맥락에서 평가요건은 일을 잘할 수 있는 조건들의 집합이라고 할 수 있다. 다른 말로 표현하면, 평가요건은 참가자 측에서는 본인이 갖추어야 할 조건이 되는 것이고, 조직 측에서는 참가자가 어떤 수준을 보유하고 있는지를 밝혀야 하는 것들이다. *평가요건(Dimension)에 대한 자세한 내용은 2장에 제시되어 있다.*

둘째, 평가도구(Measurements)이다. 평가도구는 어떻게, 무엇으로 평가할 것인가에 해당한다. 평가요건들은 각기 특성이 있어서 어떤 평가요건이냐에 따라 도구가 달리 선정된다. 평가도구에는 지필 검사(Pencil & Paper), 면접(Interview), 모의연습(Simulation Exercise)이 있다. 이 중에서 가장 많이 활용되는 도구는 단연 모의연습이다. 모의연습은 모의과제가 있어야 가능하다. 모의과제는 지원자가 맡게 될 직무에서 직면했거나 직면하게 될 상황을 제시하고 어떻게 대응하는지를 본다. *평가도구(Measurement)에 자세한 내용은 3장에 제시되어 있다.*

셋째, 평가자(Assessors)이다. 평가자는 특별히 훈련받은 평가전문가를 말한다. 후술하겠지만, 이들은 약 50여 시간 평가 관련 지식과 이론, 평가스킬(8가지)을 훈련받는다. 평가사는 참가자들의 행동을 관찰하고, 기록하고, 분류하고, 평정하며, 평가한 결과를 공유하고, 통합한 후 보고서를 작성하고 피드백을 한다. 평가의 품질은 평가사의 품질에 달려 있다. 따라서 이들은 엄격한 선발절차를 거쳐 선발하고, 평가 지식과 이론과 함께 평가스킬을 반복 숙달하는 훈련을 받는다. *평가자(Assessor)에 대한 자세한 내용은 4장에 제시되어 있다.*

이들 3대 구비요소는 평가의 정확성, 공정성, 수용성에 영향을 미친다. 이들 중 하나라도 제대로 갖춰지지 않으면 타당도와 신뢰도에 문제가 생긴다. 각각은 서로 긴밀히 연결되어 있기 때문에 정교하게 설계되고 준비되어야 한다. 3가지 요소가 적절하게, 절묘하게 조화를 이루어야 한다. 이들 3개 구비요소 중에서 하나라도 부실하면 연쇄적으로 부실해져 제대로 된 평가를 할 수가 없다.

5. 평가센터의 종류

평가센터의 종류를 평가센터 운영지침인 가이드라인에서는 평가목적(도입목적)에 따라 3가지로 분류한다.[14] 선발과 승진이 목적일 경우에는 선발/승진 평가센터라고 하며, 개발이 목적일 경우에는 개발 평가센터라고 하며, 진단이 목적일 경우에는 진단 평가센터라고 한다.

Assessment centers can be used for multiple purposes. Most commonly these purposes include prediction(i.e., for personnel selection or promotion), diagnosis (i.e., to identify strengths and areas for training/development), and development (i.e., as a training intervention in and of itself or as part of a larger initiative).

---

[14] TFT, *Guidelines and Ethical Considerations for Assessment Center Operations* (2015년), 제3항, 제5항.

평가센터의 도입 목적에 따른 평가센터의 종류

종 류	목 적
선발/승진 평가센터 (Selection/Promotion)	• 신규 인력 채용 및 충원 • 승진 후보자 평가 및 수행 예측
진단 평가센터 (Diagnosis)	• 미래에 필요한 평가요건의 수준을 진단 • 향후 '훈련 필요점' 확인 및 훈련관련 정보 수집 • 교육부서에서 교육훈련 계획 수립 및 실행
개발 평가센터 (Development)	• 현재 직무와 관련된 평가요건의 강/약점 확인 • 교육 현장에서 관련 차원 향상 기회 제공 • 자기개발계획서(IDP) 수립 및 조직적 지원

선발/승진 평가센터는 내외부 인력을 충원하거나 승진, 발탁을 목적으로 개발된 평가 프로그램을 말한다. 우리나라에서는 일반적으로 AC 또는 역량평가로 알려져 있다. 선발/승진 평가센터에서 원하는 평가결과는 득점 순으로 정리된 서열 명부인데, 이것을 평가자와 인사 담당자가 의사결정을 하는 정보로 활용한다. *선발/승진 평가센터에 대한 자세한 내용은 제5장에 제시되어 있다.*

개발 평가센터는 당장 필요한 지식/스킬, 역량을 향상시켜 줄 목적으로 개발된 평가 프로그램을 말한다. 우리나라에서 일반적으로 DC(가이드라인은 DACs로 표현함)로 알려져 있다. 개발 평가센터를 실행하면, 조직은 구성원들의 어느 영역을 지원해야 할지를 알게 되고, 참가자는 강점과 약점을 정확히 알게 되어 자기개발의 출발점이 된다. 개발 평가센터는 교육과정으로 이루어진다. 가장 특징은 각 모의과제가 끝날 때마다 즉시 피드백이 이루어진다는 것이며, 피드백으로 인하여 교실에서 스킬들이 향상된다는 장점이 있다. 교육 종료 시점에 교육 중에 받은 피드백 내용을 바탕으로 자기개발계획서(IDP)를 작성한다. 현업으로 돌아간 후, 꾸준히 계획대로 개발활동을 실천하게 된다. *개발 평가센터에 대한 자세한 내용은 제6장에 제시되어 있다.*

진단 평가센터는 미래에 필요한 평가요건의 수준을 진단하여 직원들이 자신의 강약점을 알게 하고 향후 무엇을 개발할 것인가를 알게 하고, 조직은 향후 어떤 것을 교육시키거나 훈련시킬 것(교육 필요점)인가를 확인할 목적으로 개발된 평가 프로그램을 말한다. 또 직급에 관계없이 조직에서 원하는 Dimension들을 미리 진단하여 Talent를 관리할 목적으로 활용한다. 직원들에게 미래를 대비할 수 있는 기회를 제공한다는 점이 매력적이다. *진단 평가센터에 대한 자세한 내용은 제7장에 제시되어 있다.*

이 3가지 평가센터는 목적이 다르기 때문에 대상이 다르고, 평가요건, 평가도구(모의과제 포함), 진행방식, 피드백 내용이 다르다. 평가센터 운용지침인 가이드라인은 평가센터는 조직의 인재관리 목표에 따라서 또는 프로그램이 의도하는 목적을 위해서 적절히 설계되어야 하고, 적용하고, 발전시키며, 검증되어야 한다고 강조한다.

제5,6,7장에서는 3가지 평가센터의 운영 프로세스와 도입사례를 살펴볼 것이다. 각 사례들은 평가센터의 일반적인 모습을 보이면서 다양함을 보여준다. 모든 평가센터는 평가요건과 관련된 행동을 관찰하고, 복수의 평가자가 평가하고, 피드백한다. 어떤 형태의 평가센터이든 공통된 포함요소는 아래와 같다. 이러한 모든 요소는 평가센터를 설계할 때, HR기능의 특별한 목적에 부합하도록 해야 한다.[15]

- 평가할 평가요건들(dimensions to be assessed)
- 모의과제 유형(types of exercises)
- 모의과제 내용(content of exercises)
- 관찰과 평가 절차(observation and evaluation procedures)
- 피드백 유형 및 주기(type and frequency of feedback
- 조직에서의 지원 활동들(support activities)

6. 평가센터 진행 프로세스

평가센터 진행 프로세스는 가장 먼저 도입목적을 검토하는 것부터 시작된다. 도입목적은 이미 알아본 것처럼 선발에 활용할 것인가? 승진에 활용할 것인가? 진단에 활용할 것인가? 개발에 활용할 것인가를 결정하는 것이다. 도입목적 검토가 끝나면 목적에 맞게 평가해야 할 평가요건들을 결정한다. 평가요건이 결정되면 각 평가요건을 가장 잘 확인할 수 있는 평가도구를 선정하거나 개발한다.

---

[15] George C. Thornton III, Devorah E. Rupp, *Assessment Centers In Human Resource Management*, 36.

평가센터 진행 프로세스

평가도구가 선정되거나 개발이 완료되면 이어서 평가자 훈련을 한다. 평가자 훈련까지 마치면 평가센터를 운영할 준비가 된 것이다. 운영이 종료되면 각각의 결과를 목적에 따라 결과를 활용하게 된다.

▶ **도입목적 검토**

가이드라인은 평가센터를 도입할 때, 정책 문서를 작성하도록 강조한다. 정책문서에 평가센터를 평가하고, 적용하고, 개발해야 할 것 등이 구체적으로 제시되는데, 정책문서의 목표에 평가센터 프로그램의 도입 목적이 들어간다. 평가센터는 다양한 목적으로 활용한다. 목적은 선발, 진단, 개발로 크게 나누어지는데, 이렇게 하는 목적은 사전 검증, 채용, 승진자 조기 규명, 잠재력 평가, 승계계획, 전문가 등을 발굴하기 위한 것이다. 정책문서에는 평가할 인원, 선정 방법, 안내 절차, 피평가자가 수행해야 할 활동들을 명시한다.

검토를 하는 핵심 인물은 조직의 인사담당자나 교육담당자가 될 것이며, 필요한 경우 과제개발 전문가도 함께 참여한다. 과제개발 전문가가 이때부터 참여하면 과제개발 시작점을 단축시킬 수 있는 이점이 있다. 다음으로 어느 계층을 대상으로 하는지, 조직의 인사제도와 어떻게 관련시키는가에 관해서 확인을 한다.

▶ **평가요건 결정**

목적에 따라서 관찰하고 평정해야 할 평가요건들을 선정한다. 이미 살펴본 것처럼 목적에 따라 평가요건이 상당히 다르다. *자세한 내용은 제2장에 제시되어 있다.*

▶ 평가도구 선정/개발

결정된 Dimension을 관찰할 수 있도록 평가과제를 선정하고 개발한다. 이때는 평가요건 대 평가도구의 관련성을 나타내는 매트릭스(Matrix, 연계표)를 작성한다. 이것을 보면 어떤 평가요건은 어떤 도구로 평가한다는 것이 일목요연하게 나타난다. 평가도구 중에서 특히, 모의과제는 평가의 품질을 좌우하므로 신중하게 선정하고 정교하게 개발해야 한다. *자세한 내용은 제3장에 제시되어 있다.*

▶ 평가자 훈련 및 관련자 교육

정책문서에는 모의과제 개발, 평가자 훈련 프로그램, 피드백, 평가/검증을 해야 할 책임이 있는 내외부 컨설턴트들의 품질을 어떻게 확보할 것인지와 이들의 전문적 자격요건, 경험, 관련 훈련 등을 어떻게 요구할 것인지가 제시되어야 한다.[16]

평가자는 성별, 나이, 관련 배경, 전문성, 자격요건 등을 어떻게 고려할 것인지, 어떤 방법으로 평가자를 선발할 것인지, 최종 평가자 풀은 어떻게 구성할 것인지, 평가자 훈련은 어떤 프로그램으로 어떻게 시킬 것인지, 평가자는 어떻게 평가하고 자격을 부여할 것인지, 다른 프로그램(롤 플레이어, 코디네이터)의 요원들은 어떤 방법으로, 어떻게 훈련시킬 것인가를 미리 계획하고 계획에 따라 훈련을 실시한다. *자세한 내용은 제4장에서 다룬다.*

▶ 평가센터 실행

평가센터 실행은 계획된 일정에, 계획된 장소에서 이루어진다. 평가센터 실행은 평가센터 총괄 운영책임자(assessment center administrator)의 지휘하에 이루어진다. 총괄운영책임자는 평가센터 운영에 대해서 모든 것을 감독하고 책임을 지는 가장 높은 수준의 전문가를 말한다.

실행의 핵심 주체는 평가자다. 평가자들은 사전에 훈련을 받는다. 평가자와 함께 평가센터의 모든 보조요원과 관련자들이 각자 맡은 역할을 수행한다. 이들 또한 자신들의 역할을 효과적으로, 정확하게, 일관되게 수행할 수 있도록 이미 훈련을 받은

---

[16] TFT, *Guidelines and Ethical Considerations for Assessment Center Operations* (2015년), 제5항.

사람들이다. 이들은 평가자는 아니지만 참가자와 접촉하는 사람들이며, 의사소통, 관리, 훈련, 평가/타당성, 기록 유지 등을 포함하여 평가센터 운영에 책임이 있는 사람들이다.

▶ 데이터 활용

평가결과인 데이터는 운영 목적에 따라 활용해야 한다. 가이드라인에서는 평가결과 데이터 활용에 대해서 명확히 할 것을 강조한다. 가이드라인은 정책문서에 조직 내에서 평가기록들은 어떻게 관리할 것인지, 결과 보고서는 누구(감독자, 상위 관리자, 인사부서)까지 받아보게 할 것인지, 정보의 접근 허용 정도, 프로그램의 평가 및 연구의 절차 및 통제, 직원과 관리자에게 피드백을 어떻게 할 것인지, 평가 데이터의 유지 기간(특히 선발에 적용하는 경우 참가자와 조직 맥락에서 변화가 이루어지는 2년으로 할 것을 추천) 등을 기술할 것을 명시하고 있다. 아울러, 전자 데이터 그리고(또는) 인터넷에 올릴 경우, 어떻게 데이터를 선택, 저장, 활용할 것인지와 데이터 보안 법률 또는 데이터 보안 표준을 어떻게 준수할 것인가를 기술하도록 강조한다.

7. 평가센터의 목표

새로운 팀원을 선발하는 것은 조직과 지원자를 위한 중요한 투자다. 생산성이 확실히 보장되는 선발 시스템을 개발하고 유지하는 것은 조직의 성공을 위한 중대한 문제다.

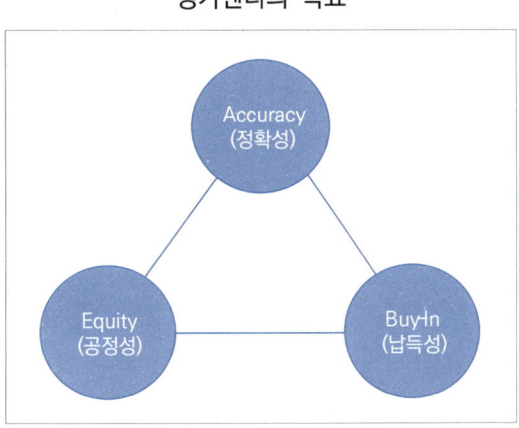

평가센터의 목표

인재 발굴 및 육성의 글로벌 스탠다드

새로 선발된 직원들에게 그들의 직무를 지속적으로 개선할 기회를 탐색하고 책임을 즐기도록 해야 한다. 가장 효과적인 평가 시스템은 아래와 같이 3가지 목표를 공유한다.

● 정확성

정확성은 참가자의 직무수행을 타당하게 예측하는 평가센터의 능력이다. 이를 확인하기 위해서 몇 가지 질문을 해 볼 필요가 있다. 컴퓨터로 계산하지만 틀린 답변을 생성하지는 않는가? 해당 직무에 익숙하지 않는 사람이 참여하지는 않는가? 직무에서 참가자의 수행을 예측하는데 실패하는 프로세스는 아닌가? 평가 시스템은 실제적이고 일관되고 법적으로 신뢰할 수 있음이 입증되어야 한다. 데이터를 효과적으로 수집하고 평가할 수 있는 스킬과 도구를 제공하여 정확하게 의사결정을 할 수 있어야 한다.

● 공정성

모든 참가자에게 공정하고 동등한 기회를 제공해야 한다. 일관되게 적용할 수 있는 타당한 요구조건에 기초해야 하며, 모든 참가자에게 동일한 직무관련 고용 표준을 활용해야 하며, 탈락 이유는 그들의 다양성이 아니라 오로지 직무와 관련된 이유이어야 한다. 산출된 점수는 근거가 명확해야 한다.

● 수용성

수용성은 평가 프로세스에 참여한 사람들이 느끼는 가치를 말한다. 한 마디로 주주가 되는 것이다. 평가 프로세스에 참여하여 시간을 잘 보냈다는 인식, 채용 여부와 관계없이 평가 프로세스에 참여한 자체가 유익이 있었다는 인식, 조직 및 참가자 모두 존중받았다는 인식을 들게하여 평가에 참여한 사람이나 참가자 모두 기꺼이 조직의 주주가 되겠다는 느낌을 주어야 한다.

사람들은 자신의 경력을 위해서 회사를 자주 바꾼다. 사람들은 경제적, 개인적 필요 둘 다 만족할 수 있는 이상적인 직무를 찾는다. 조직은 오랜 시간이 지나도 직무를 잘 수행할 수 있고 직무를 감당할 의지가 있는 사람들을 규명할 효과적인 평가 프로세스가 필요하다. 조직이 효과적인 평가 시스템을 갖추지 않는다면, 비용이 증가(한 사람이 1년 미만 근무하고 퇴사 시 그 직무 연봉의 5~7배 비용이 발생)하고[17], 조직의 사기가 떨어지고, 고객에 대한 치매 현상(고객이 맡았던 직원이 퇴사하므로)이 일어난다. 나아가 리더들은 새로 선발한 직원에 대해 코칭과 훈련을 시켜야 할 시간에 직원을 다시 채워 넣는데, 많은 시간을 쓰게 된다.

이 3가지 목표는 선발/승진 평가센터에서 특히 중요하지만, 개발 평가센터나 진단 평가센터에도 그대로 적용되어야 함은 강조할 필요가 없다.

8. 평가센터의 활용

평가센터에서 제공하는 정보들은 다양한 인력관리(HRM, HRD) 기능에 매우 가치 있는 정보를 제공한다. 평가센터는 직무의 특징과 조직풍토를 모사함으로써 다양한 인사관리 철학을 반영할 수 있다.[18]

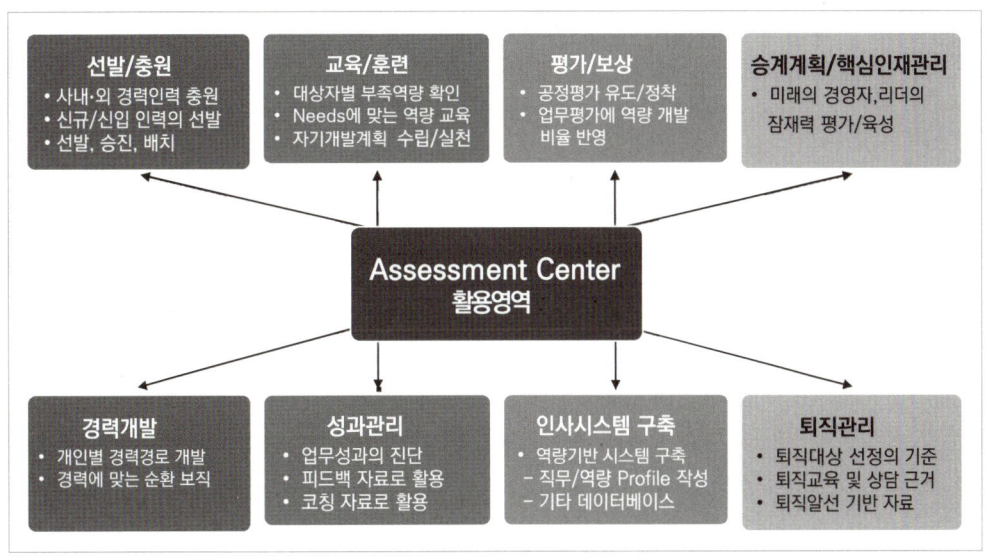

평가센터의 활용영역

---

[17] 모집공고 비용, 신규 지원자에 대한 행정처리 비용, 지원자 수당, 면접 비용, 기회비용(미완성 프로젝트 처리 비용, 판매 손실 비용, 고객 서비스 지장 초래 비용, 대체 인력 투입 비용 등), 배치 비용, 훈련비용, 월 급여 등
[18] George C. Thornton III, Devorah E. Rupp, *Assessment Centers In Human Resource Management*, 9.

인재 발굴 및 육성의 글로벌 스탠다드

● 선발/충원

조직은 선발 의사결정 과정에서 많은 참가자를 선별해야 한다. 선발 과정은 차별이 없어야 하며, 직무를 성공적으로 수행할 사람을 파악하는 데 도움이 되어야 한다. 모든 조직은 유능하고 동기가 부여된 사람, 조직 내에서 어떠한 일이라도 할 수 있는 준비가 된 사람을 선발하거나 승진시켜야 한다.

새로운 인재는 조직 외부에 있거나 조직 내부에 있다. 평가센터를 잘 활용하면 여러 가지 도움을 받을 수 있다. A 사는 다국적 기업인데, 평가센터를 이용해 참가자들에게 자기 회사의 경영시스템을 체험해 볼 기회를 제공했다. 오리엔테이션을 통해 많은 참가자를 적극적으로 참여하도록 하는 한편으로는 지원을 포기하게끔 유도했다.

● 배치

직원을 선발하면 배치에 고민하는 경우가 있다. 이상적으로는 직무의 요구사항과 개인의 역량이 잘 부합되도록 배치해야 한다. 평가센터 결과를 직원들의 배치에 활용하는 사례가 점점 늘고 있다. 예를 들어, 언변이 뛰어난 직원은 프레젠테이션이 빈번한 직무에 배치하고, 이에 반해 계획력이 약한 직원은 계획력이 강한 관리자에게 배치하는 것이다.

또한 현직자들을 대상으로 재배치하는 사례도 자주 있다. K사(충남 천안 소재)는 연구소에서 평가센터를 활용해 석·박사급 연구원들에게 관리가 무엇인지 보여주고, 관리자로서 자신의 강점을 발견할 기회를 제공함으로써, 일부 연구원들을 관리직으로 유도하는 데 도움을 얻었다.

● 승진

직원에게 새로운, 더 상위의 책임을 부여하는 것은 당사자는 물론 함께 일하게 될 다른 사람들에게 있어 매우 중요한 결정이다. AT&T는 30년에 걸쳐 관리자로서 개인의 성공잠재력을 확인하는 데 평가센터를 사용했다. 직원에게 한 단계 상위의 직무를 맡기고자 할 경우, 현재까지 발휘된 역량보다는 상위 직무의 역량을 얼마나 수행할 것인지를 판단해야 한다. 예를 들어, 과장 때는 업무적으로 펄펄 날던 사람이 팀장으로 승진된 후 맥을 못 추는 사람들을 발견할 수 있는데, 이것은 직급에 따라 발휘해야 할 역량들이 다르기 때문이다.

● 교육훈련

교육은 개인이 조직 내에서 효과적으로 업무를 수행하는 데 필요한 지식, 스킬, 역량 등의 특성을 개발하는 과정이다. 입사할 때는 누구나 우수한 평가를 받았다 해도 시간이 지나면서 맡는 업무가 달라지고 직무가 달라지기 때문에 조직 내에서 효과적으로 기능을 수행하기 위해서는 필요한 지식, 스킬 등을 개발하는 기회를 주어야 한다.

평가센터는 직원의 취약점을 진단하고 이를 개발하는데 사용될 수 있다. 이 경우를 개발 평가센터라고 한다. C사는 관리자에게 요구되는 9개 스킬에 대해 피드백을 줄 수 있도록 평가센터를 설계했다. 이후 참가자들은 향상이 필요한 영역의 리스트를 작성했다. D사는 개발 평가센터를 통해 관리자들이 업무나 프로젝트가 정확하게 기한을 지켜 진행되고 있는지를 관리하는 스킬이 전반적으로 부족하다는 것을 확인했다. 그래서 이 정보를 이용해 개발 프로그램을 만들어 직원들이 관리스킬을 증진하는 데 활용했다.

● 조직개발

조직개발은 조직 전체 또는 부분의 효율성을 증진하기 위한 절차를 말한다. 조직개발은 개인의 스킬 향상을 목표로 하는 관리능력 개발과는 다르다. 많은 조직이 조직 개발을 위해 규모가 큰 복잡한 조직 모의상황과 모의과제를 활용한다. *자세한 내용은 제7장 개발 평가센터 사례를 참고한다.*

● 해고

조직이 경제적 이유, 또는 구조조정으로 인해 직원 수를 줄여야만 할 경우, 어떤 직원을 내보내야 하는가는 매우 어려운 일이다. 우리나라 S사(서울 소재)는 구조조정

시에, 내 보내는 기준을 55세 이상, 부부인 경우 둘 중의 한 명 등 어처구니 없는 기준으로 퇴사를 종용하는 것을 목격한 적이 있다. 조직은 해고 시에 성과를 기준으로 해고를 해야 한다.

저성과자를 위해서도 평가센터 방식은 유용하다. 평가 결과가 좋지 않은 사람들에게는 자신의 역량을 발휘할 기회를 제공하고 일정한 기간이 지났는데도 향상이 없으면 해고 절차를 밟게 한다.[19] 다만, 개발할 시간을 충분히 주는 것이 중요하다.

평가센터를 인적자원관리에 잘 활용되기 위해서는 인사와 교육이 긴밀히 협력할 필요가 있다. 일정한 규모 이상의 조직은 인사부서(HRNM)와 교육부서(HRD)를 각각 두고 있다. 통상 선발/승진 평가센터는 인사부서에서 주관하고, 개발 평가센터는 교육부서에 주관하게 되는데, 평가센터 실행결과 수집되는 정보는 서로 다르다. 이때 정보를 공유해야 한다.

인사부서(채용팀)에서 획득한 데이터를 교육부서에 넘겨주고, 교육부서는 그 데이터를 근거로 교육 프로그램을 개발하는 것이다. 교육부서는 교육 후 결과를 인사부서에 넘겨주고, 인사부서는 교육부서에서 받은 데이터를 승진이나 배치에 활용한다. 또한, 양쪽 부서에서 생성되는 데이터는 중복, 빠지지 않도록 협력할 필요가 있다.

※ 참고사항

◎ 해동청과 한혈구

토정비결 저자로 알려진 토정 이지함(1517~1578)이 57세 때 포천 현감 재직 시 곤궁에 시달리는 백성들을 구제하는 방책을 써서 임금님께 올린 상소문(만언소) 중에 아래와 같은 내용이 나온다.

"해동청에게 새벽을 알리는 일을 맡긴다면 늙은 닭만 못하고, 한혈구에게 쥐 잡는 일이나 시킨다면 늙은 고양이만 못합니다.(海東靑 使之司晨 則曾老鷄之不若矣 汗血駒 使之捕鼠 則曾老猫之不若矣)"

해동청은 매의 옛 이름이다. 이덕무(李德懋)의 《청장관전서(靑莊館全書)》에, "매 중에 가장 뛰어나고 털빛이 흰 것을 송골(松骨)이라 하고, 털빛이 푸른 것을 해동청(海

---

[19] 몇 년 전에 고용노동부에서 해고지침을 마련했으나, 강력하게 적용하지 않고 있다.

東靑)이라 한다."고 기록되어 있다.

해동청은 날아오르는 힘이 강하며, 사냥감을 발견하면 공중에서 날개를 접고 급강하하여 다리로 차서 떨어뜨린 다음 사냥감을 잡는 용맹한 새다. 갈고리같이 구부러진 부리와 날카로운 발톱으로 사냥감을 일격에 가격하는 하늘의 맹수다.

해동청(좌)과 한혈구(우)

한혈구는 천리를 달리는 준마다. 서울에서 부산까지는 천리가 조금 넘는 거리다. 《한서(漢書)》〈무제기(武帝紀)〉에, "한 무제 때 장군 이광리(李廣利)가 대원(大宛)을 정벌하고 한혈마(汗血馬)를 노획해 돌아와서 서극천마가(西極天馬歌)를 지었다."며, 그 주(註)에 '땀이 어깻죽지에 피처럼 나므로 한혈이라 한다.'고 했다.

토정은 "천하가 알아주는 훌륭한 매에게 닭이 하는 일을 맡기거나, 천하가 알아주는 훌륭한 말에게 고양이가 하는 일을 시킨다면 어찌 되겠습니까? 또한, 닭이 사냥을 할 수 있겠으며, 고양이가 수레를 끌고 다닐 수 있겠습니까? 라고 되묻는다.

위 사례는 인사담당자는 물론 사람을 고용하는 사람들에게도 시사점을 준다. 토정은 사람을 적재적소에 쓰는 것이 결국 백성을 살리는 길이라고 생각했다. 매를 닭으로, 준마를 고양이로 전락시키는 일은 서로에게 슬프고도 불행한 일이다. 닭에게 사냥을, 고양이에게 수레를 끌게 하면 성과는 없고, 머지않아 이별의 아픔을 맛볼 수 있다.

제 2 장

Dimension(평가요건)이란 무엇인가?

....

제2장에서는 Dimension(평가요건)[20]에 대해서 알아본다. 제1장에서 평가센터의 3대 구비요소는 Dimensions, Measurements, Assessors라고 했다. 이 중에서 Dimension은 평가센터의 구비요소 중 가장 먼저 갖추어야 하는 요소다. Dimension은 평가센터에서 겨냥해야 하는 과녁이다.

평가센터의 3대 구비요소(평가요건)

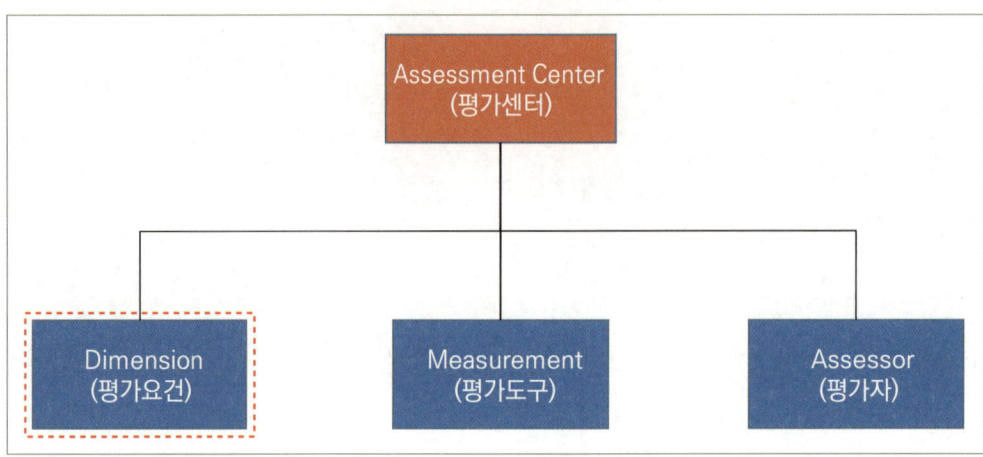

Dimension을 '차원'으로 번역하는데, 여기서 말하는 Dimension은 1차원, 2차원, 3차원이라고 말하는 그런 차원이 아니라, 적어도 하나 이상이라는 의미다. Dimension은 선발/승진 평가센터, 진단 평가센터, 개발 평가센터에서 각각 확인(평가)하고자 하는 요건들을 말한다.

● 사람을 안다는 것

우리가 어떤 사람을 안다고 말할 때, 즉 "나는 그 사람을 잘 알아!"라고 말하면 그 사람에 대해서 무엇을 알고, 어디까지 알고 있다는 것일까? 안다는 단어 'Know'의 의미는 아래와 같다.

If you know someone you are familiar with them because you have met them and talked to them before.[21]

---

[20] Dimension은 차원으로 번역하지만, 차원으로 번역하면 레벨, 등급의 의미로 이해되어 혼란스럽고, 어떨때는 역량을 가리키기도 한다. 이 책에서는 필요한 경우 Dimension(역량)과 같이 ( )안에 알맞은 단어를 넣었다.

어떤 사람을 안다고 하면, 그 사람과 친숙한 것이다. 왜냐하면, 전에 그 사람과 만났고 대화를 나누었기 때문이다. 그 사람과 몇 번 만났으며, 어떤 대화를 나누었는지는 알 수 없다. 만남의 목적에 따라 만난 횟수와 대화 내용이 달라질 것이다. 한 가지 확실한 것은 많이 만나면 만날수록 더 많이 알게 된다는 것이다.

어떤 사람이 학교를 졸업하고 취업하기 위해서 이력서를 쓰고 자기소개서를 쓰고 지원서를 제출한다. 그러면 구인자 측에서는 지원자를 부른다. 채용 절차에 따라 인터뷰가 진행되고 여러 질문을 한다.

태어난 곳은 어디인가? 자란 곳은 어디인가? 어느 학교를 나왔는가? 전공은? 성적은? 결혼 여부? 사는 곳? 직위? 이 정도를 알면 정말로 인터뷰 대상자를 제대로 알고 있는가? 정보 면에서는 다 안다고 말할 수 있을지 모른다. 그러나 이 정도를 안다고 해서 그 사람을 제대로 안다고 말할 수 있을까? 인터뷰를 잠깐(몇 분, 몇 십 분)하고서 그 사람을 다 알았다고 말하는 것은 어불성설이다.

사람을 제대로 알기 위해서는 Dimension(무엇을 알아야 하는가?)을 먼저 정해야 한다. 이 요건들은 사람을 만나는 목적에 따라 달라질 것이다. 예를 들어, 배우자를 선택하고자 할 때는, 그 사람 개인의 성품, 학력, 직업, 자라온 환경과 집안 내력, 국가관, 역사관 등이 포함될 수 있다. 반면, 친구를 사귀려고 할 때는 배우자 선택 요건과는 상당히 다른 요건이 될 것이다.

조직에서 사람을 채용하거나 승진시키고자 할 때, 교육훈련을 시키고자 할 때는 어떤 요건이 필요할까? Dimension을 좀 더 이해하기 위해서 '좋은 똥의 조건'을 알아보자.

● 좋은 똥의 조건

첫째, 냄새가 좋아야 한다. 원래 똥은 냄새가 좋지는 않다. 그러나 좋은 똥은 냄새가 좋다고 말한다. 좋은 똥과 좋지 않은 똥은 냄새가 확연히 다르다. 좋은 똥은 냄새가 구수하지만, 좋지 않은 똥은 악취가 난다.

둘째, 색깔이 좋아야 한다. 좋은 똥은 황금색을 띤다. 좋지 않은 똥은 푸른색을 띤

---

[21] COLLINCE COBUILD ENGLISH DICTIONARY, "know"

다. 어머니들은 아이의 똥 색깔을 보고 아이의 건강 이상 유무를 판단한다고 한다. 아이의 똥이 푸른색을 띠면 문제가 있다고 판단하고 적절한 조치를 취한다.

셋째, 농도가 좋아야 한다. 좋은 똥은 농도가 적당하다. 좋지 않은 똥은 농도가 묽거나 그 반대다. 너무 묽으면 설사이고, 그 반대이면 변비다.

넷째, 모양이 좋아야 한다. 끊어지거나 잘게 나누어지는 똥은 좋은 똥이 아니다. 가래떡처럼 연결되어야 좋은 똥이다.

다섯째, 배설 후 공복감이 있어야 한다. 볼일을 보고 난 후, 뭔가가 남아 있는 듯이 찜찜한 느낌이 있으면 안 좋은 것이다. 배설 후 공복감이 느껴져야 한다. 아랫배에서 뭔가가 쑥 빠져나갔다는 느낌이 와야 좋은 것이다.

사람들이 좋은 똥인지를 알아보는 이유는 건강을 가늠하기 위해서다. 위 5가지 조건을 만족하면 좋은 똥이고, 좋은 똥은 건강하다는 신호다. 이 대목에서 중요한 것은 좋은 똥의 조건이 명확하듯이 좋은 인재의 조건도 명확해야 한다는 것이다.

효과적인 평가 시스템의 첫 번째 단계는 대상 직무에 배치될 사람의 적격 여부를 결정하는 것이다. 학력(출신학교), 회사경력(어떤 회사, 횟수), 직무 변화 횟수, 면허 및 자격증, 특별한 컴퓨터 소프트웨어 활용 능력, 산업 절차 숙련도, 특수 장비 운전 능력 등은 직무에 필요한 일반적인 자격과 경험이 있는지를 말해준다. 이 정보는 평가센터 결과와 합해져서 참가자의 직무를 결정하기 위해서 참고자료로 활용한다. 이러한 정보는 이력서나 입사지원서에서 얻을 수 있다. 이것을 적격조건이라고 한다.

다음 단계는 직무/역할의 요구조건을 결정하는 것이다. 평가센터에서는 이 요구조건을 Dimension이라고 한다. 평가센터에서 필요한 것은 참가자가 그 직무를 어떻게 수행할 것인가를 예측하는 데 도움을 줄 수 있는 정보다. Dimension은 평가센터 프로세스 전반에 걸쳐 조준해야 할 과녁이다.

Dimension은 또한 평가센터의 북극성이다. 자석이 북극성을 지향하듯이, 평가센터의 출발은 Dimension에서 시작한다. 평가센터의 운영 중에도, 평가결과를 종합할 때도, 보고서 작성과 피드백을 할 때도 Dimension을 참조해야 한다. 각 평가센터에서 Dimension이 없으면 목적지가 없이 길을 떠나는 것과 같다.

1. Dimension의 개념

Dimension은 직무에서 성공 또는 실패와 관련이 있는 행동, 동기, 지식/스킬의 집합체이다. Dimensions are cluster or grouping of behaviors, motivations, specialized skill and knowledge associated with success or failure in a job.[22]

가이드라인에서는 Dimension을 직무의 성공과 관련이 있고, 논리적으로 함께 분류(묶음)할 수 있고, 검증할 수 있고, 관찰 가능한, 구체적인 행동의 집합체로 정의하고, 때때로 역량(Competency)과 같은 의미로 사용되기도 한다고 한다. 가이드라인에서 Dimension은 우리가 알고 있는 역량에 더 비중을 두고 있다. Dimension is a group of behaviors that are specific, observable, and verifiable that can be reliably and logically classified together and that relate to job success. Sometime used synonymously with competencies.[23]

평가센터에서 말하는 Dimension은 참가자들로부터 확인하고자 하는 요건들이며, 반드시 밝혀야 할 것들, 반드시 알아내야 하는 것들이다. 참가자가 보유하고 있는 Dimension의 수준을 알게 되면, 어떤 참가자가 향후 맡게 될 직무에서 성공할지 또는 실패할지를 알게 되는 것이다. Dimension을 조직의 입장과 참가자 입장에서 정리하면 아래와 같다.

Dimensions	
조직 입장에서는	참가자 입장에서는
반드시 확인하고, 밝혀서 알아내야 할 것들	반드시 준비되어 있어야 하고, 보유하고 있다는 것을 입증해야 하는 것들

평가센터에서 Dimension보다 중요한 것은 없다. 평가의 시작도 Dimension이고 끝도 Dimension이기 때문이다. 평가를 해야 하는 평가자는 물론 평가를 받아야 하

---

[22] William C. Byham, "Dimensions of Effective Performance for the 1990s" (Monograph XV, nd), 1.
[23] TFT, *Guidelines and Ethical Considerations for Assessment Center Operations*, (2015년)

는 참가자들은 이것에 대해서 잘 알아야 한다. Dimension은 "무엇을 평가할 것인가?" 에 해당하는 '평가요건'이기 때문이다.

2. Dimension의 범주

Dimension의 범주는 크게 Technical/Professional Knowledge/Skill, Motivations Fit, Behaviors 등 3가지다. 평가센터에서 요구하는 모든 Dimension은 이 3개 범주 중 하나에 해당된다. 모든 직무나 역할들은 이들 Dimension 안에 있는 적합한 어떠한 수준을 요구한다. 직무를 잘 수행하기 위해서는 1)필요한 지식과 스킬을 갖추어야 할 뿐만 아니라 2)일하고자 하는 의지, 즉 동기가 뒷받침되어야 하고 3) 그 직무에 맞는 행동(역량)이 적절하게 발휘되어야 한다.

Dimension의 범주

```
                        Dimensions
         ┌──────────────────┼──────────────────┐
    [1]                   [2]                [3]
Knowledge/Skill    +   Motivations    +   Behaviors

·직무관련 지식        ·직무 적합성         ·역량 # 1
·직무관련 스킬        ·조직 적합성         ·역량 # 2
                     ·위치 적합성           ⋮
                                          ·역량 # N

                     ASSESSMENT
```

평가센터가 운영되기 전에 가장 먼저 평가하고자 하는 요건인 Dimension이 결정되어야 한다. 이것이 준비되면 이것들을 평가할 수 있는 평가도구를 선정하거나 개발에 들어간다. 평가도구가 개발되면 그 다음으로 평가자 훈련을 한다. Dimension이 결정되기도 전에 과제개발을 한다거나 평가자 훈련을 하는 것은 있을 수 없다.

평가센터의 평가결과는 각 Dimension의 발휘 수준을 보여준다. 또 평가결과를 바탕으로 보고서를 작성하고, 피드백이 이루어지는데, 이때도 Dimension을 참고하게 된다. 그래서 Dimension을 평가의 시작과 끝이라고 말하며, 북극성이라고 하는 것이다.

⦿ Technical/Professional Knowledge/Skill Dimension

Technical/Professional Knowledge/Skill Dimension은 직무에서 성공하기 위해서 어떤 것을 할 수 있거나 알 필요가 있는 것들로 정의할 수 있다.[24] 실제로 할 수 있느냐에 초점을 맞춘다. 직무와 역할들은 핵심지식과 핵심스킬 영역이 필요하다. 산업마다 기술마다 그리고 직무와 역할의 기능들을 수행하기 위해서는 지식과 스킬이 필요하다. 많은 직무나 역할들은 사람들에게 어떤 특별한 지식과 스킬을 요구한다. 많은 경우에 지식과 스킬은 빨리 배울 수 없거나 쉽게 배울 수 없는 직무에서 요구한다. 그러므로 사람은 그 영역에서 이미 특별한 훈련을 성공적으로 완료하거나 이전에 경험을 통해 전문성과 중요한 지식을 확보하고 있어야만 한다.

Technical/Professional Knowledge/Skill Dimension은 직무에서 기술적/전문적 지식과 스킬이 어느 정도의 수준에 도달하여 있고, 전문영역의 동향과 현재의 발전 추세에 정통하는지를 알아보는 것이다.[25]

- 직무에서의 기술적 언어(Technical Language)를 이해하고 있는가?
- 직무에서의 기술적 지식(세금 법률 지식, 반도체 관련 지식 등)을 이해하고 있는가?
- 직무에서 익히기 쉽지 않은 기술적인 지식과 기술을 빨리 배우고 활용할 수 있는가?
- 특별한 장비를 다룰 수 있는가?
- 해야 할 과제, 기능, 절차 등의 결과를 이해하고 있는가?
- 기술적이면서 특수한 업무를 수행할 수 있는가?
- 다른 사람의 지도나 기술적인 도움이 없이 스스로 복잡한 과제를 수행할 수 있는가?
- 직무 관련된 분야에서 모든 기술적/전문적 지식의 동향과 현재 발전 상황을 인식하고 있는가?

---

[24] William C. Byham, "Dimensions of Effective Performance for the 1990s", 15.
[25] Harvard University Competency Dictionary, "Technical/Professional Knowledge/Skill"

핵심지식 영역(예시)

마케팅 지식	시장에서의 자금 회수를 최대화하고 개인의 목표나 일정 부분의 목표를 지원하기 위해서 효과적인 마케팅 기법들을 이해하고 활용한다.
재무관리 지식	전략과 계획을 개발하고, 핵심논점을 정의하고, 사업의 조건을 정확하게 진단하기 위해 재무적 데이터를 활용할 수 있고, 재무 분석, 회계, 예산편성 등의 재무지식을 이해하고 있다.
산업 지식	회사의 목표와 부서의 목표에 영향을 미칠 수 있는 요소와 산업을 이해하고 있고, 의사결정과 계획에 필요한 산업의 지식을 활용한다.
최신 정보 습득	데이터의 갱신/유지 업무에 필요한 모든 기술적/전문적 지식 분야와 관련된 동향과 현재 발전 추세를 이해하고 추적하며 수집된 정보를 갱신하고 있다.

기술적으로 더 복잡한 직무와 역할들은 기술적/전문적 지식과 스킬 영역을 더 정확히 정의하여 맞춤형으로 세분화할 필요가 있다. 이러한 작업은 컨설팅사, 내용 전문가들과 함께 지식, 스킬 영역을 정의할 수 있으며, 특수한 위치, 수준, 영역들은 표준화할 수 있다.

여기서 오해가 있을 수 있다. 여기서 말하는 지식을 일반 상식 정도로 알고 있는 사람들이 있을 수 있다. 또 스킬을 파워포인트, 워드 프로세서, 엑셀을 어느 정도 다룰 줄 알면 된다고 생각할 수 있다. 이러한 것은 쉽게 배울 수 있고, 쉽게 숙달할 수 있는 것들이다. 미국에서는 입사 후 곧 습득할 수 있는 지식과 스킬을 평가하지 못하도록 규정하고 있다. 굳이 규정하지 않더라도 쉽게 배울 수 있는 지식과 스킬을 확인하기 위해서 시간과 비용을 들인다는 것은 안타까운 일이다.

또 하나의 오해는 『The Art and Science of Competency Models』이라는 책에서 역량을 지식, 스킬, 태도의 집합체로 정의하고 있는데, 여기서 말하는 지식과 기술은 기술적/전문적 지식과 스킬과는 완전히 다르다. 예를 들면, 의사소통 역량을 발휘하기 위해서는 먼저 잘 듣는 것이 중요하다. 듣기 위해서는 경청스킬이 필요하다. 또 요점 파악이 중요한데, 요점 파악을 잘하기 위해서는 상대방이 말하는 내용들을 알아야 한다. 이때 필요한 것이 상대방이 하는 말의 내용에 대한 지식이다. 역량은 지식, 기술, 태도가 따로 발휘되는 것이 아니라 동시에 발휘된다. 마치 비빔밥과 같은 것이다. 비빔밥은 여러 가지 재료를 비벼 하나의 비빔밥이 되는 것이지, 재료 각각이 비빔밥은 아닌 것이다.

> **'Technical/Professional'[26]의 사전적 의미**
>
> Profession is a type of job that requires advanced education or training.
> Professional means relating to a person's work, especially work that requires special training.
> Professional people have jobs that require advanced education or training.
>
> Technical means involving the sorts of machines, processes, and materials that are used in industry, transport, and communications.
> You use technical to describe the practical skills and methods used to do an activity such as an art, a craft, or a sport.

○ Motivations Fit Dimension

Motivation Fit Dimension은 직무적합성(Job Fit), 조직적합성(Organization Fit), 위치적합성(Location Fit)이 있다.[27] 이것은 참가자의 지식/스킬 Dimension과 행동 Dimension과 짝을 이루어 참가자의 프로파일을 더 완전하게 해준다.

> Motivation: Your motivation for doing something is what causes you to want to do it.
>
> Fit: If someone is fit to do something, they have the appropriate qualities or skills that will allow them to do it
>
> Cause: The cause (reason, good reason, bad reason) of an event, usually a bad event, is the thing that makes it happen.

이 Dimension(동기적합성)은 Will Do를 확인한다. 참가자의 동기와 선호도를 알게 해 준다. 만약 참가자가 그 직무를 할 의지를 가진다면, 이전에 무슨 임무를 수행했는지, 이전에 어디에서 일을 했는지를 아는 것이 중요하다. 동기적합성은 3가지 요소(직무, 조직, 위치)의 조건에 만족하고 행복하게 일할 사람인지 알려줄 뿐만 아니

---
[26] COLLINS COBUILD ENGLISH DICTIONARY, "TECHNICAL, PROFESSIONAL"
[27] William C. Byham, "Dimensions of Effective Performance for the 1990s", 7.

라 그 직무에서 오래 남아 있을 가능성을 알려준다.

조직이나 직무 안에는 사람들이 좋아하거나 싫어하는 많은 것들이 있다. 조직 내에서 지원자들이 맡게 될 역할에 대해서 생각해 보라. 그리고 각 역할과 연계되어 있는 과제나 프로젝트를 생각해 보라. 여기에 다시 조직의 가치와 운영방식을 추가해 보라. 그런 다음, 지원자들이 장차 맡게 될 그 직무와 작업환경을 좋아하겠는가를 생각해 보라. 답은 꽤 복잡하다는 것을 짐작할 수 있을 것이다.

참가자들이 아무리 지식/스킬이 있고, 무엇을 할 수 있다 해도 할 의지가 없다면 곤란한 상황에 직면할 수 있다. 그렇다면 참가자가 할 의지가 있는가를 어떻게 알 수 있을까? 그것이 바로 동기적합성이다. 동기적합성은 조직이나 직무에서 갖추고 있는 것과 지원자 개인들이 만족하는 것들과 어느 정도 일치하고 있는지를 확인할 때 필요한 중요한 요소다.

동기적합성은 일을 잘 하는지를 보는 것이 아니다. 조직과 개인 간의 선호도가 얼마나 일치하는지를 본다. 동기적합성은 장기근속과 이직율과 밀접하게 관련되어 있다. 참가자는 누구나 조직에 거는 희망사항과 요구사항이 있다. 누구든 조직과 직무에 잘 맞으면 오래 근무한다. 직무와 조직 안에서 많은 요소가 사람에게 만족과 불만족을 준다. 사람들은 만족하면 동기가 부여되지만, 만족스럽지 않으면 조직을 떠날까 말까로 생각이 많아진다. 동기 적합성은 참가자가 대상 직무와 조직에서 일하면서 얼마나 행복해 할지를 알려준다.

어느 조직이든 고유의 문화가 있고, 고유의 운영 방식이 있다. 이것은 하루아침에 생겨나는 것이 아닐 뿐만 아니라 쉽게 바꿀 수 있는 것도 아니다. 따라서 조직에 맞는 사람을 뽑아야 한다. 이직률이 유달리 높은 조직은 동기적합성 검증 장치가 허술하다는 것을 의미한다. 한 사람이 1년 이내에 조직에서 이탈했을 때 들어가는 비용은 그 사람 연봉의 5~7배가 된다는 것이 업계의 상식이다. 1년에 5명이 퇴사한다고 생각해 보라. 이런 비용을 매년 지불하면서도 누구 하나 책임을 지지 않는다. 입사하자마자 호시탐탐 이직을 고려하고 있는 사람에게 성과를 기대한다는 것은 어불성설이다. 동기적합성에 대해서 좀 더 자세히 살펴보자.

▶ 직무적합성

직무적합성은 직무에서 가능한 활동과 책임의 범위와 개인이 선호하는 것과의 일치 여부, 즉 업무 자체에서 개인이 만족하는 수준을 말한다. 직무적합성은 전형적으로 3개의 동기적합성 Dimension에서 가장 예민한 부분이다. 사람이 확실한 책임들과 활동들을 즐기는 것은 성공적인 직무수행을 위해 중요하다.

직무에는 여러 가지 기회가 있다. 도전, 난이도 높은 과제 수행, 지휘와 통제, 의사결정, 코칭, 보상, 복지, 복잡성, 학습, 품질관리, 발표, 책임과 권한, 영향력, 대인지원, 육체 또는 정신적 노동, 승진, 전문성, 높은 기준, 다양한 경험, 여행 등등. 직무에서 이러한 기회를 제공하는데, 참가자가 어느 정도 선호하느냐가 중요하다. 예를 들어, 자율성이 보장되는 직무가 있고, 자율성이 덜 보장되는 직무가 있다고 할 때, 그 직무를 수행하는 사람이 자율성을 좋아하느냐, 싫어하느냐에 직무적합성이 결정된다. 그것을 좋아하는 사람은 시간이 흘러도 그것들이 반복되는 것을 더 좋아한다. 반대로, 직무 성공을 위해 요구되는 활동들과 책임들을 확실히 싫어하는 사람은 그것들을 피하거나 불만족스럽게 수행한다. 극단적으로 이러한 사람들은 조직을 떠난다.

▶ 조직적합성

조직적합성은 조직의 운영방식과 가치가 개인이 만족하는 환경의 유형과 일치하는지를 말한다. 조직은 여러 가지 기회를 제공한다. 성과인정 및 보상, 주기적인 도전기회, 정책과 절차의 명확성, 지속적인 개선, 고객지향, 고용 보장, 즐거운 직장 문화, 고급기술 지향, 상호협력, 원가절감, 개인 자율권 보장, 개인 성장 기회, 빠른 회신, 다양성 존중 등등. 조직에서 제공하는 이러한 것들을 참가자가 얼마나 선호하느냐가 중요하다.

회식을 자주 하는 문화를 좋아하는 사람도 있고 싫어하는 사람도 있다. 정장을 좋아하는 사람들도 있고, 프리스타일을 좋아하는 사람들도 있다. 소주를 좋아하는 사람도 있고, 맥주를 좋아하는 사람도 있고, 술을 전혀 좋아하지 않는 사람들도 있다. 조직에서 제공하는 것들이 온통 싫어하는 것들로만 가득차면 그들은 조직을 떠난다.

▶ 위치적합성

위치적합성은 배치된 지역의 위치가 개인이 만족하는 기회와 특색이 있는지를 말한다. 여기서 말하는 위치는 지역은 물론 배치되는 부서나 직무도 포함된다. 직무적합성이나 조직적합성은 직원이 얼마나 행복하게 지낼 수 있느냐와 관련된 것이라면, 위치적합성은 입사를 거절하거나 포기할 수 있는 중요한 요소다.

재배치가 지원자의 직무를 결정하는 요소가 될 때, 위치적합성을 평가함으로써, 그 직무의 지역적 위치를 선호하는지 도움을 받을 수 있다. 예를 들면, 팀장으로 채용된 사람이 큰 도시 중심부에 위치한 본사로 발령을 냈는데, 이 사람은 작은 지방 도시에서 일하는 것을 좋아한다면 채용을 거절할 수도 있다. 또 참가자가 인사부서에 지원했는데, 영업부서에 발령을 낸다면 입사를 포기할 수도 있다.

동기적합성은 개인의 관심사항과 희망사항을 알아보는 것이다. 참가자는 직무에서, 조직에서, 배치되는 지역에서 찾고 있는 것들이 있다. 참가자가 좋아하고 싫어하는 정보는 직무를 수행할 동기에 결정적인 영향을 미친다.

다음 그림을 보자. 참가자는 자기가 맡는 직무에서 선호하는 것이 많이 있으면 동기가 부여되지만, 선호하는 것이 적으면 섭섭하게 생각한다. 또 자기가 싫어하는 것이 많이 있으면 짜증이 나고, 싫어하는 것이 적으면 다행스럽게 생각한다.

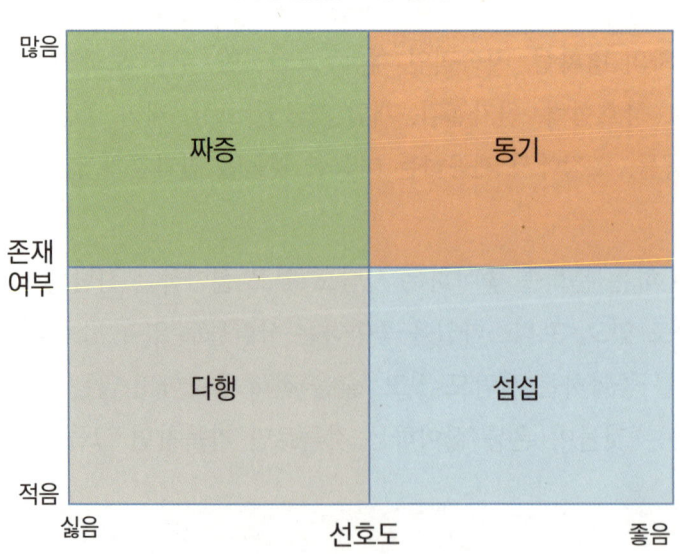

Motivation Fit Grid

그림에서 동기를 제외한 짜증, 다행, 섭섭 상한에 들어오는 참가자는 얼마 지나지 않아서 조직을 떠나게 될 가능성이 높다. 바로 이 부분이 조직 입장에서는 직원을 내보내야 하는 이유가 되는 것이고, 직원은 직장을 떠나는 이유가 된다. 서로 궁합이 맞지 않기 때문이다.

어쩌다 한 두 명의 직원이 피치 못할 사정으로 직장을 떠나는 것은 늘 있는 일이다. 그러나 어떤 조직에 이직률이 높다면 동기적합성 검증장치가 허술하다는 의미다. 이직률이 높으면 둘 중의 하나에 문제가 있다. 조직에 문제가 있거나 직원에 문제가 있는 것이다.

이직률이 높은 조직은 떠나는 사람들을 탓할 게 아니라, 동기적합성 검증장치를 촘촘하게 할 필요가 있다. 촘촘하게 하려면 조직이 먼저 정보를 개방해야 한다. 조직은 방침 상, 여건상 직원들에게 제공해 줄 수 있는 것들이 있고, 제공해 줄 수 없는 것들이 있다. 또 허용해 줄 수 있는 것들이 있고, 허용해 줄 수 없는 것들이 있다. 조직은 제공해 줄 수 있는 것들과 제공해 줄 수 없는 것들, 그리고 허용해 줄 수 있는 것들과 허용해 줄 수 없는 것들을 지원자에게 알려줘야 한다. 나중에 입사하고 확인해 보니 "이건 아니잖아!" 하는 경우가 발생기기 때문이다. 그렇게 해서 참가자들이 선택하도록 해야 한다. 물론 참가자도 솔직히 응해야 한다. 사람을 내보내거나 직장을 떠나는 것은 서로가 시간과 비용을 낭비하는 것이기 때문이다.

특히, 선발에서 참가자의 지식/스킬, 역량을 평가하는 것만큼 동기적합성을 평가하는 것이 중요하다. 직무와 조직에 대해서 참가자의 동기적합성을 정의하고 평가함으로써, 개인적으로 만족하고 직무에 오래 남을 수 있는 사람을 선발할 확률이 증가한다.

아무리 기본요건과 기술적/전문적 지식과 스킬, 그리고 행동(역량)에서 우수한 결과를 보인다 하다라도 동기적합성이 맞지 않으면 머지않아 조직을 떠나게 된다. 따라서 동기적합성은 채용 프로세스 앞부분에서 확인하고 위의 그림에서 짜증, 다행, 섭섭에 해당하는 참자가는 다음 프로세스를 밟게 하지 않는 게 최선이다. 이렇게 하는 것이 조직에도, 참가자에게도 이득이다.

Motivation Fit은 직무를 제안(offer)하기 전에 확인해서 채용 또는 승진에 반영하는 것이 중요하다. 참가자가 아무리 일을 잘할 것으로 판단되어도 직무, 조직, 위치에서 만족하지 않는다면 조직을 떠날 수 있기 때문이다. 따라서 조직에서는 아래와 같이 조직에서 요구하는 것, 제공할 수 있는 것, 제공할 수 없는 것 등을 소상히 알려주고 선호여부를 물어야 한다.

Motivation Fit에 대한 정보(예시)

적합성	관심 사항
직무적합성	• 맡은 될 직무는 함께 일하는 사람들을 코칭을 해야 한다. • 맡게 될 직무는 과제나 프로젝트가 복잡한 것이 많다. • 직무를 수행하면서 지속적으로 배울 수 있는 기회가 주어진다. • 소사장 등 자신의 비즈니스가 주어진다. • 맡게 될 직무는 내외부 조직과 접촉이 빈번하다. • 맡게 될 직무는 혼자보다는 협업을 해야 하는 경우가 많다. • 외국어는 필수이며, 외국인들과 일할 기회가 많다. • 맡게 될 직무는 때때로 육체적 활동을 해야한다. • 이 직무는 파격적인 승진의 기회가 주어진다. • 맡게 될 직무는 출장(국내 및 해외)의 기회가 잦다. • 기타 등등
조직적합성	• 개인적인 성과나 성공을 인정한다. • 소모임을 장려하고 지원한다. • 대과가 없으면 고용을 보장한다. • 즐겁고 활기찬 조직이다. • 조직의 자산이 지속적으로 증가하고 있다. • 제품의 특성상 주말과 휴일 근무가 많다. • 기획문서의 피드백을 위해서 항상 대면 결재를 하고 있다. • 일과 개인생활의 균형과 자유를 보장하려고 노력하고 있다. • 교육 및 훈련을 통한 개인 성장을 장려하려고 노력하고 있다. • 모험을 시도하다 실패하면 회사규정에 의해 처벌한다. • 기타 등등
위치적합성	• 경험을 쌓도록 수시로 보직을 변경할 수도 있다. • 필요하면 지방 또는 해외로 발령을 낸다. • 개인 성장을 위해서 필수적으로 여러 직무를 경험해야 한다. • 기타 등등

● Behaviors Dimension

전문적/기술적 지식과 스킬을 갖추고 있는지 없는지와 동기적합성을 확인하는 것에 추가하여 직무를 수행할 수 있을 것인지를 확인하기 위해서 참가자의 과거 및 현재 행동(behavior)을 평가해야 한다. 평가센터에서 차지하는 평가요건의 대부분이 이 Dimension이라고 보면 된다.

Behaviors Dimension은 Can Do를 확인한다. 어떤 사람에게 직무를 맡기면 그 직무를 얼마나 잘 수행할 수 있을 것인가를 예측하는 요건이다. 직무를 수행한다는 것은 일을 한다는 것이다. 맡은 일을 잘 해내고 성과를 창출하기 위해서는 Behaviors Dimension, 즉 역량들이 잘 발휘되어야 한다. 우리가 잘 알고 있는 역량(Competencies)이 바로 여기에 해당한다. 그래서 어떤 사람들은 평가센터를 역량평가라고 알고 있고 그렇게 부르는 것이다.

역량은 직무, 역할, 기능, 과제 또는 임무를 효과적으로 수행하기 위해서 개인들이 보여줘야만 하는 것들이다. 이것들은 직무관련 행동(좋은 성과 또는 부실한 성과를 보여주는 것과 관련된 사람의 말과 행위)들이다. Competencies, in the most general terms, are "things" that an individual must demonstrate to be effective in a job, role, function, task, or duty. These "things" include job-relevant behavior. (what a person says or does that results in good or poor performance)[28]

역량은 상황이나 직무에서 준거에 따른 효과적이고 또는 탁월한 수행의 원인이 되는 개인의 내재된 특성이다. A competency is an underlying characteristic of an individual that is causally related to criterion-referenced effective and/or superior performance in a job or situation.[29] 내적 특성이란 다양한 상황에서 개인의 행동을 예측할 수 있도록 해주는 개인 성격의 심층적이고 지속적인 특성을 말한다. 원인이 된다는 것은 역량이 행동이나 수행의 원인이며, 따라서 행동과 수행을 예측할 수 있다는 의미이다. 준거에 따른다는 말은 역량이 어떤 사람의 우수성이나 직무능력을 구체적인 준거나 기준에 의해 예측한다는 뜻이다.

역량은 직무(역할과 책임)의 주요한 부분에 영향을 미치고, 성과와 관련성이 있고, 잘 개념화된 기준과 비교하여 측정될 수 있으며, 교육훈련과 개발을 통하여 향상될

---

[28] DDI, *Harvard University Competency Dictionary*, 4.
[29] Lyle M. Spencer, Sign M. Spencer, *Competency at Work: Models for Superior Performance* (John Wiley & Sons, 1993), 9.

수 있는 지식, 기술, 태도의 집합체이다. Competency is a cluster of related knowledge, skills, and attitudes that affects a major part of one's job(a role or responsibility), that correlates with performance on the job, that be measured against well-accepted standards, and that can be improved via training and development.(Parry, 1996. p. 50) [30]

역량은 일반적으로 주어진 직무 안에서 성공적으로 활동 또는 과제를 수행가능하게 하는 행동, 태도, 지식, 스킬의 연합체로 정의되며, 역량은 측정되고 평가되는 관찰 가능한 행동들이다. A competency is generally defined as a combination of skills, knowledge, attributes and behaviors that enables an individual to perform a task or an activity successfully within a given job. Competencies are observable behaviors that can be measured and evaluated.[31]

역량은 조직의 목표 달성과 연계하여 뛰어난 직무수행을 보이는 고성과자의 차별화된 행동특성과 태도이다.[32]

역량의 정의는 역량을 연구하는 사람 수만큼 많다. 우리는 연구하는 사람들이 아니기 때문에 모든 정의를 알 필요는 없다. 이해하고 적용하는 것이 중요하다. 역량을 한 마디로 표현하면 '일을 할 수 있는 힘' 또는 '일을 해낼 수 있는 힘'이라고 할 수 있다. 일을 잘하려면 일을 할 수 있는 힘이 있어야 한다. 등산을 잘 하기 위해서는 체력이 뒷받침되어야 한다. 체력이 뒷받침되지 않으면서 입으로만 자신 있다고 외쳐봐야 소용없다. 평가센터는 참가자의 일하는 체력이 어느 정도인지를 직접 확인하는 기법이다.

문제해결 역량은 문제를 잘 해결하는 힘이라고 정의할 수 있다. 문제를 해결하는 힘이 강하면 문제해결을 잘할 수 있다. 의사소통 역량도 마찬가지다. 자신의 생각하는 바를 문서나 구두로 잘 전달할 수 있는 힘이 있으면 의사소통을 잘할 수밖에 없다. 역량과 관련하여 한 가지 확실한 것은 인사혁신처에서 정의하고 있듯이, 역량은 반드시 성과와 연계되어야 한다는 것이다. *역량에 대한 자세한 내용은 부록(5)에 제시되*

---

[30] Anntoinette D. Lucia, Richard Lepsinger, *The Art and Science of Competency Models* (Jossey-Bass/Pfeiffer, 1999), 5.
[31] IAEA(국제원자력기구), *The Competency Framework: A guide for IAEA managers and staff*, 5.
[32] 인사혁신처 홈페이지, https://www.mpm.go.kr/mpm/info/infoBiz/compAppr/compAppr01/

어 있다.

3. Dimension 도출

평가센터는 참가자가 직무를 어떻게 수행할 것인지를 예측하는데 도움이 되는 정보를 수집하는 기법이다. 어떤 정보를 수집할 것인가는 Dimension들을 어떤 방법으로, 어떤 내용으로 결정하느냐에 달려있다. Dimension 도출은 아래와 같은 프로세스를 거치게 된다.

1) 해당 직무와 역할을 위한 동기 Dimension, 지식/스킬 Dimension, 행동 Dimension에 대하여 해당 직무에서 일하는 사람들, 그 사람들의 리더, 직무에 정통한 다른 사람들로부터 얻는다.

2) 얻게 된 정보를 바탕으로 동기 Dimension, 지식/스킬 Dimension, 행동 Dimension의 예비 Dimension을 작성한다.

3) 예비 Dimension에 대해서 직무와 역할에 정통한 감독자와 매니저들에게 Dimension이 직무를 성공적으로 수행하는데 얼마나 중요한지를 평가하고 중요도에 따라 순위를 매기도록 요청한다.

4) 요청한 결과에 대하여 통계적 분석을 실시하고, 최종 Dimension List를 완성한다.

4. Dimension Dictionary[33]

Dictionary는 사전을 의미한다. 사전은 일정한 규칙과 순서 등 구조를 가지고 기술한다. 마찬가지로 Dimension Dictionary도 일정한 구조 하에 Dimension들이 기술되어 있는 것을 말한다. 앞서 살펴본 3가지 유형(knowledge/skill, Motivation, Behavior)의 Dimension들은 성격이 다르므로 약간씩 다른 구조를 가지고 있다. 직무나 역할에 대해서 Dimension을 기술할 때는 아래와 질문을 하고 직접 답을 해보면서 기술하면 도움이 된다.

---

[33] 어떤 국가와 어떤 학자들은 Dimension Dictionary를 Dimension Framework으로 표현하기도 한다.

- 어떤 사람이 이것을 보여주기 위해서 대상 직무나 역할에서 하고 있는 것 중에 무엇을 관찰할 수 있는가?
- 왜 이것이 그 직무에서 성공하기 위해서 중요한가?
- 어떤 사람이 이것을 잘 할 수 없다면 무슨 일이 일어나겠는가?

Knowledge/Skill Dimension Dictionary 구조

이름	• 해당 지식과 스킬의 이름을 붙인다.
정의	• 사전에 있는 단어의 정의처럼 이름을 이해하기 쉽고 풀어서 기술한다. • 정의는 전형적으로 대상 직무 또는 역할에 개의치 않고 동일함을 유지한다.
지식영역 스킬영역	• 직무를 수행하기 위해서 무엇을 알아야 하는지를 기술한다. • 직무를 수행하기 위해서 무엇을 실행할 수 있어야 하는지를 기술한다.
예시	• 위에 제시한 지식 또는 스킬에 대해서 예를 들어 구체적으로 기술한다.

Motivation Fit Dimension Dictionary 구조

이름	• 편리한 이름을 붙인다.
정의	• 사전에 있는 단어의 정의처럼 이름을 이해하기 쉽고 풀어서 기술한다.
자원	• 직무, 조직, 위치에서 만족과 불만족의 일반적 자원들을 기술한다.
예시	• 구체적 대상 직무, 조직, 위치에서 만족과 불만족의 내용들의 예시를 기술한다.

※ 더 자세히 이해하기 위해서 아래와 같은 질문을 한다.
- 대상 직무에서 가능한 활동들과 책임은 무엇인가?
- 조직의 가치와 운영방식은 무엇인가?
- 지리적 위치에서 가용한 기회와 특징은 무엇인가?

Behaviors Dimension Dictionary 구조

이름	• 편리한 이름을 붙인다.
정의	• 사전에 있는 단어의 정의처럼 이름을 이해하기 쉽고 풀어서 기술한다. • 정의는 전형적으로 대상 직무 또는 역할에 개의치 않고 동일함을 유지한다.
핵심행동	• 행동할 때, 무엇을, 어떻게 할 것인가를 상세히 기술한다. • 이름(Dimension)에서 할 것 같은 무엇을 수행할 것인가를 기술한다.
구체적 행동	• 대상 직무를 수행하면서 해야 하는 행동들을 구체적으로 기술한다.

Behaviors Dimension Dictionary(예시)

의사소통(Communication)		
아이디어나 정보를 다양한 전달방법과 매체를 활용하여 개인 또는 집단에 이해하기 쉽고 명쾌하게 전달하는 Dimension		
관찰 포인트	행동지표	
경청	상대방이 말하는 도중에 끼어들지 않고 끝까지 듣는다. 메시지를 명확히 이해하고 상대방의 의도를 확인한다.	
요점 파악	문서상에서 제시하고 있는 요점을 바르고 빨리 파악한다. 대화 도중에 상대방이 말하고자 하는 요점을 바르고 빨리 파악한다.	
구두 표현	상대방의 수준에 맞게 의사 표현을 한다. 전달하려는 메시지를 명확히 밝힌다. 적절한 전달 Skill을 활용한다.	
문서 표현	상대방의 수준에 맞는 문장을 사용한다. 문서의 내용을 논리적인 순서로 전개한다.	

Behaviors Dimension들의 정의와 행동지표는 해당 직무나 역할에 관계없이 동일하다. 2개의 서로 다른 직무에서 직무를 성공적으로 수행하기 위해서 동일한 Dimension이 필요한 경우, 행동지표는 같되, 평가 기준은 다르게 적용한다. 예를 들어, 의사결정의 평가 기준은 세일즈맨보다 프로젝트 관리자에게 더 높은 수준을 요구한다고 기술한다.

5. Dimension Dictionary의 역할

각각의 평가센터에서 Dimension Dictionary는 북극성 역할을 한다. 왜냐하면 평가자가 관찰-기록-분류-평정을 할 때도, 평가가 끝나고 통합회의를 할 때에도, 보고서를 작성할 때에도, 피드백을 할 때도 반드시 사전을 참조하기 때문이다. 특히 Behaviors Dimension은 각 Dimension의 행동지표와 참가자가 보여주는 행동과 비교하여 일치하는 개수가 많으면 높은 점수를 받게 되고, 일치하는 개수가 적으면 낮은 점수를 받게 된다. 평가센터는 평가자에게 평가가 시작되기 전에 Dimension에 대해서 충분히 숙지할 것을 강조한다.

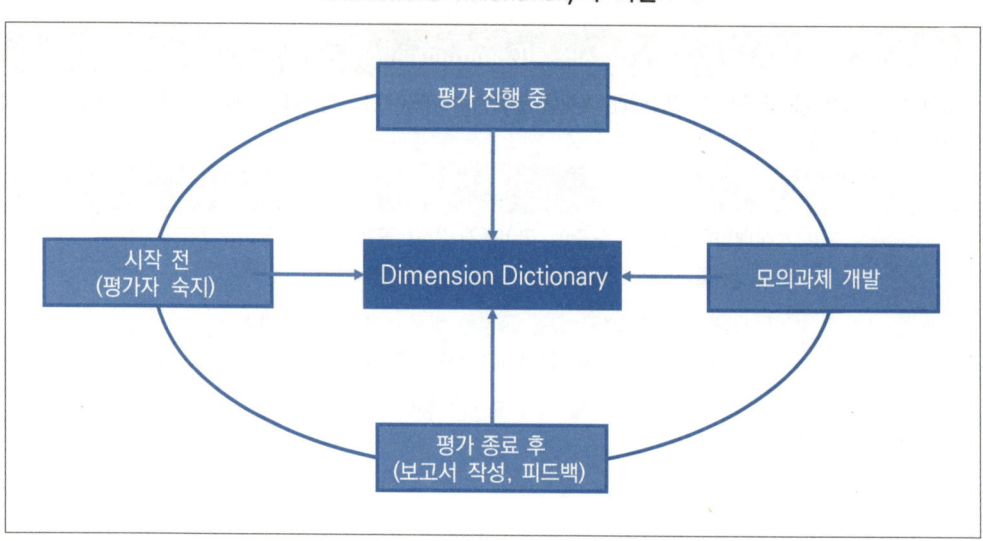

6. Dimension 활용의 이점

도출된 Dimension들은 각 평가센터의 프로세스의 모든 부분에서 없어서는 안 될 부분으로써, 직무 관련 데이터를 수집하는데 초점을 맞출 수 있도록 도움을 준다. 우선적으로 데이터를 수집하는 가이드로서, 해당 직무나 역할과 관련된 지식과 행동의 강점과 약점을 분석하기 위해서, 그리고 평가결과를 정확하고 공정하게 해준다. Dimension은 또한 평가센터 프로세스가 진행되는 동안 평가의 표준을 유지할 수 있도록 직무에 대한 수행의 표준을 정의하는데 도움을 준다. Dimension 활용은 아래와 같은 점 때문에 정확성, 공정성, 그리고 납득성의 3가지 목표를 달성하는 데 도움을 줄 수 있다.

- 참가자들이 어떻게 해당 직무를 수행할 지를 예측하기 위해 가장 중요한 직무관련 정보에 초점을 맞추게 한다.
- 모든 중요한 Dimension을 평가함으로써, 한 개의 Dimension에서 편중되는 것을 예방한다.
- 참가자의 정보를 공정하고 일관된 기준을 가지고 수집하고 평가하도록 한다.
- 참가자가 직무를 할 수 있는 사람인지(직무적합성), 조직(조직적합성)과 지역(위치적합성)에 만족할 사람인지를 알게 한다.

7. 평가센터에서 요구하는 Dimension

제1장에서 살펴본 바와 같이 선발/승진 평가센터, 진단 평가센터, 개발 평가센터 등 각각의 평가센터는 요구하는 Dimension이 다르다. 운영 목적에 따라 많은 차이가 있다. 이를 선정하기 위해서는 직무분석을 하게 되는데, 목적에 따라서 수집해야 하는 정보가 다르다.

어떤 조직은 평가목적과 일치하지 않는 Dimension을 선정하는 경우가 있는데, 이것은 조직에서 무조건 보고 싶은 것을 보고자 하기 때문이다. 예를 들어, 선발/승진이 목적인데, 직무에서 즉시 학습가능한 지식과 스킬을 평가하는 경우는 비효율적일 뿐만 아니라 인사원칙에 위배되는 것이다.

각 평가센터마다 어떻게 다른지 자세한 내용은 제5장, 제6장, 제7장에서 각각의 평가센터 도입사례를 보면 도움이 될 것이다. 여기서는 대략 어떻게 다른지 정도만 알아본다.

● 선발/승진 평가센터에서 요구하는 Dimension

선발/승진 평가센터는 선발 또는 승진을 목적으로 운영한다. 참가자의 학습 및 성장 잠재력에 대한 관리자들의 판단을 돕는 수단으로 사용되며, 선발/승진 평가센터는 성공잠재력을 지닌 사람을 확인하는 데 초점이 맞추어진다.

그러므로 선발/승진 평가센터에서는 이력서 및 자기소개서에 나오는 아주 기본적인 정보는 물론 지식/스킬 Dimension과 행동 Dimension들을 강하게 요구하게 된다. 기본적인 대인관계 역량이나 문제해결 역량과 같은 특성을 평가하게 된다.

고위공무원단 후보자는 행동 Dimension만 평가한다. 문제인식, 전략적 사고, 성과지향, 변화관리, 고객만족, 조정·통합 등 총 6개다. 미국의 어느 소방대는 Captain 승진 평가에서 관리자 경험과 소방 관련 자격증을 자격요건으로 하고, 구두 추론, 독해력 등 일반적 지능검사와 지배성, 사회성, 적극성 등과 같은 대인관계관련 유형과 계획조직, 의사결정, 갈등관리, 구두 의사소통, 문서 의사소통, 개인/집단 리더십 등 6개의 역량을 선정했다. OSS의 첩보원 선발에는 관찰력, 기억력, 계획조직 등 9개의 역량을 선정했다.

이와 대조적으로 현재의 지식과 스킬 수준을 측정하는 선발 프로그램도 존재한다. 예를 들어, 정부기관은 지원자가 규정이나 법령, 절차에 대한 지식을 갖고 있는지 확인하기를 원한다. 제조회사는 용접 직원이 장비나 원료를 다루는 기술이 있는지 궁금해 한다. 이런 경우에는 직무 샘플을 사용하여 현재의 지식과 기술을 평가하는 방법이 적합하다.

진단 평가센터에서 요구하는 Dimension

진단 평가센터는 진단을 목적으로 운영한다. 직원들의 장단점을 진단해 효과적인 스킬 개발의 기초 자료로 사용하고, 요구조건의 충족 여부에 따라 교육의 필요점을 발견하고 개발에 도움을 주기 위한 것이다.

그러므로 진단 평가센터에서는 미래에 갖추어야 할 조건들로서 행동 Dimension이 주요 요건이 된다. 역량이 주요 조건이 될 수밖에 없다. 진단 평가센터에서는 개발 가능한 요건들만을 진단해야 한다. 개발 가능한 기술이란 비교적 짧은 기간에 개인이나 조직의 합리적인 노력을 통해 향상될 수 있는 기술을 말한다. 그러므로 참가자에게 어떻게 피드백을 제공할 것인지, 어떤 교육훈련 프로그램이 가용한지, 참가자의 개발을 어떻게 관리할 것인지를 주의 깊게 생각해서 진단영역을 선택해야 한다.

진단 프로그램의 진단영역들이 목적과 일치하지 않는 경우가 있다. 교육훈련 요구를 진단하기 위해서 설계해 놓고, 적절한 기간 내에 개발될 수 없는 특징들을 진단하는 것이다. 예를 들어, 지적 능력의 경우가 그러하다. 단기간에 변화할 가능성이 거의 없는 이러한 영역을 평가하고 취약하다는 피드백을 주는 것은 납득하기 어렵다. 이보다는 문제분석이나 의사결정과 같은 보다 변화 가능성이 높은 요소를 평가하고 추후 개발 프로그램을 제공하는 것이 훨씬 바람직하다.

개발 평가센터에서 요구하는 Dimension

개발 평가센터는 현재 직무를 수행하는데 필요한 Dimension을 향상시켜 줄 목적으로 운영한다. 직원들은 성과를 높이고 싶어도 몰라서 또는 스킬이 부족해서 성과를 올리지 못하는 경우가 있다. 이때 필요한 요건들을 개발시켜 주기 위해서 도입한다. 개발 평가센터는 개인개발에 초점을 맞추는 것이 대부분이지만, 조직개발을 하는 경우에도 좋은 효과를 발휘한다.

그러므로 개발 평가센터에서는 당장 필요하고 개선이 가능한 지식, 스킬, 역량들이 주요 평가요건이 된다. 이때의 평가요건들은 참가자들을 선발하거나 탈락시키는 것이 아니므로 숙련도를 개선하기 위한 것들이어야 한다. 어떤 회사는 관리자의 요건으로 문화적 적응성, 갈등해결, 구두 의사소통, 정보탐색, 문제해결, 계획/조직화 등을 선정했다.

※ 참고사항

평가센터는 도입 목적에 따라 아래 그림처럼 선발/승진, 진단, 개발이라는 단어가 평가센터와 결합하여 선발/승진 평가센터, 진단 평가센터, 개발 평가센터라고 부른다. 각각의 평가센터는 동일한 평가센터 기법을 사용한다. 하지만, 각각의 평가센터는 목적에 맞게 평가센터 기법을 응용하기 때문에 진행프로세스, 절차, 방식, 결과 등이 다르다.

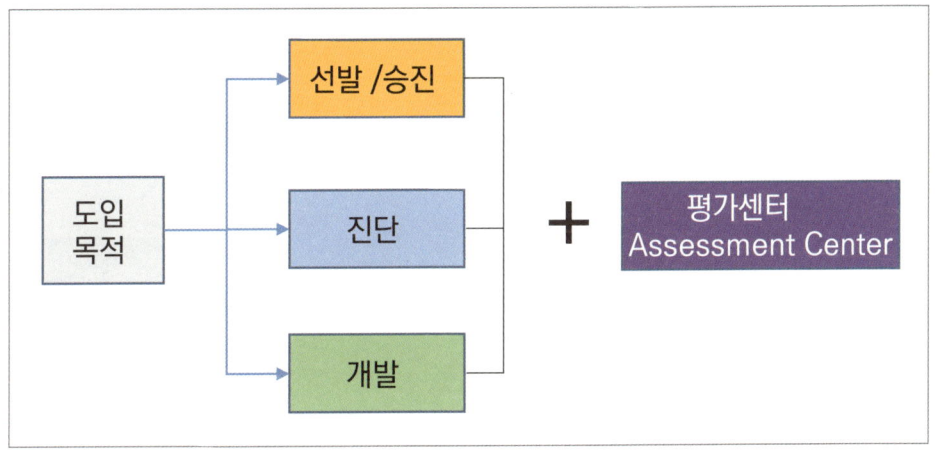

많은 사람들이 선발/승진 평가센터(Selection/Promotion Assessment Center)를 AC라고 알고 있다. 평가센터가 영어로 AC(Assessment Center)이므로, 선발/승진 평가센터를 AC라고 부르면 맞지 않는다. 또 개발 평가센터(Developmental

Assessment Center)를 줄여서 DC라고 부르고 있다. 이는 진단 평가센터(Diagnosis Assessment Center)의 이니셜과 같기 때문에 혼란스러울 수 있다. 평가센터 운영지침인 가이드라인에서는 개발 평가센터를 줄여서 DACs로 표현한다.

한편, 공무원들은 평가센터(AC)를 '역량평가제'라고 부른다. 과거 중앙인사위원회(지금의 인사혁신처) 시절에 붙여진 것으로 추정된다. 공무원들은 고위공무원단으로 진입하기 위해서, 또 6급에서 5급으로 승진하기 위해서는 역량평가를 통과해야 한다. 현재 인사혁신처에서 시행하고 있는 평가센터는 전형적인 선발/승진 평가센터인데, 3가지 Dimension 중에서 Knowledge/Skill과 Motivation Fit Dimension은 평가하지 않는다. 아래 그림(빨간 선)처럼 Behavior Dimension(역량)만을 모의과제로 평가하기 때문에 그렇게 부르는 것으로 이해할 수 있다.

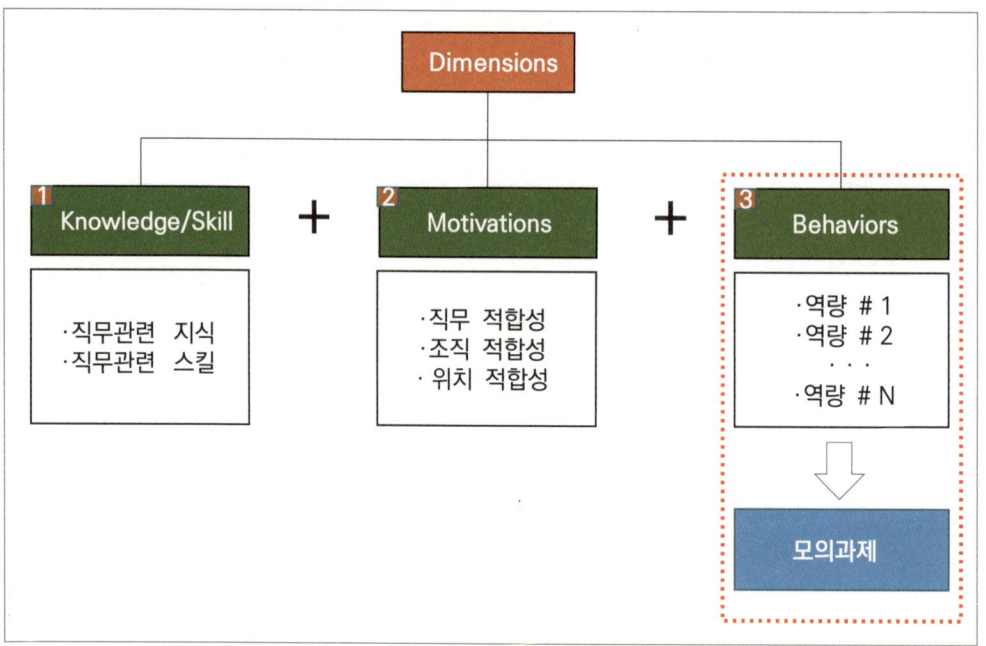

MEMO

제2장 Dimension(평가요건)이란 무엇인가?

제 3 장

Measurement(평가도구)는 어떤 것들이 있는가?

Measurements(평가도구)는 아래 그림에서 보는 바와 같이 평가센터의 구비요소 중 두 번째로 갖추어야 할 요소다. 평가도구는 Dimension이 결정되고 난 후에 선정하거나 필요한 것들을 개발한다. 선발/승진 평가센터, 진단 평가센터, 개발 평가센터에서 확인하고자 하는 요건들, 즉 Dimension은 다르다. 따라서 평가도구도 어떤 Dimension이 선정되었느냐에 따라 달라진다.

평가센터의 3대 구비요소(평가도구)

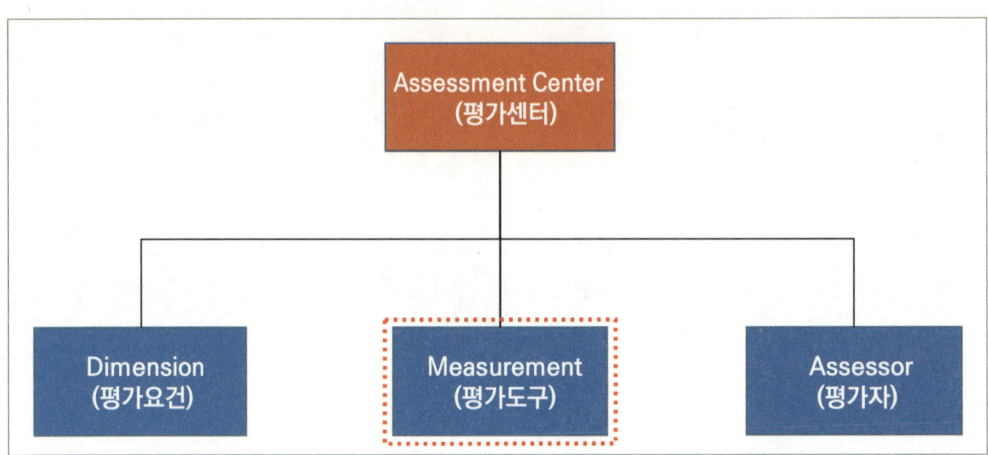

1. Measurement(평가도구)의 역할

평가센터는 참가자를 알기 위해서 개발된 평가기법이다. 좀 더 구체적으로 표현하면 참가자의 Dimension 수준을 알기 위해서 개발된 평가기법이다. 평가센터는 참가자를 알기 위해서 참가자를 면밀히 관찰해야함을 강조한다. 관찰은 주의깊게 살피는 것이다. 살피는 것을 Search한다고 한다. 정확하게 Search를 하게 해주는 것이 평가도구다. 평가도구는 참가자의 Dimension를 드러나게 하는 역할을 하며, 참가자에게 일을 시키는 역할을 한다.

> If a police officer or someone else in authority searches you, they look carefully to see whether you have something hidden on you.[34]
> Search는 경찰이나 조사할 수 있는 권한을 가진 사람이 어떤 사람이 무엇을 숨기고 있는지를 알기 위해 조사하는 것이다.

참가자들은 평가 장면에서 자신을 과대포장하려는 경향이 있고, 최대한 잘 보이려고 애를 쓴다. 이것은 참가자들을 의심하는 것이 아니라, 사람의 속성이 그렇다는 것을 감안해야 한다는 것이다. 평가는 겉으로 드러나는 것은 물론 속 중심, 동기, 목적 등을 명확히 밝히는 것이다. 정확한 평가가 가능하려면 적절하고도 정확한 평가도구를 선정해야 한다.

어떤 사람이 키를 잴 때, 체중계를 사용한다거나 몸무게를 잴 때, 혈압계를 사용한다거나 혈압을 잴 때, 줄자를 사용한다면 이건 코미디다. 이 예는 누구나 다 아는 것이라서 금방 보면 알 수 있지만, 평가센터에서 사용하는 기법들은 다양하기도 하고, 일부는 복잡하기도 해서 도구의 선정이나 개발에 심혈을 기울여야 한다.

Dimension 대 Measurement의 부적합 사례(예시)

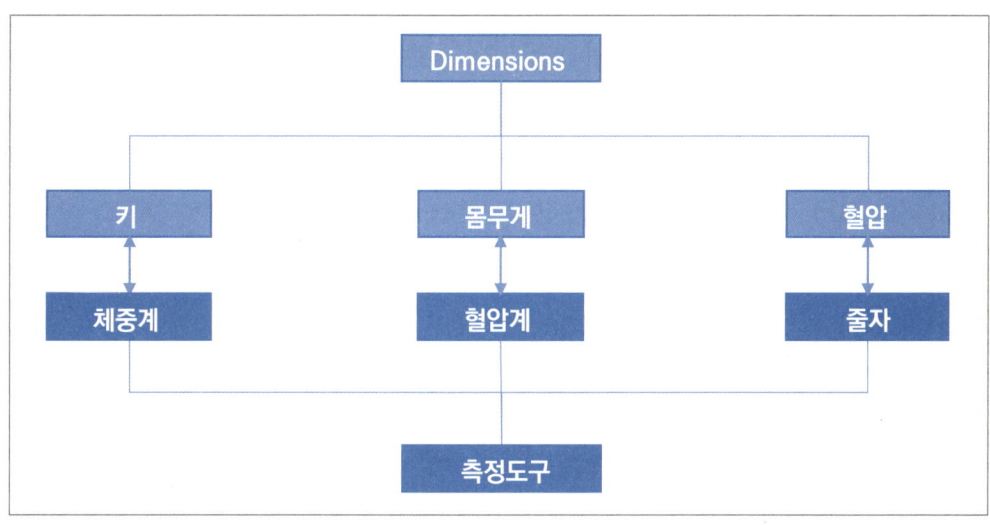

평가도구 중에는 평가센터와 유사한 평가 절차도 있고, 다른 절차도 있다. 대안적 평가방법은 지적능력, 흥미, 성격을 측정하는 지필 검사가 있다. 또 학력과 경력을 살펴보는 배경 인터뷰와 이력서, 수행 테스트/직무표본 테스트, 현업 수행의 효과성을 평가하는 성과평가 등도 있다. 이들 각 방법은 나름의 장점이 있고, 관리자로서 성공을 예측하는 데 도움을 준다고 알려졌다.[35]

[34] Collince Cobuild English Dictionary, "search"
[35] George C. Thornton III, Devorah E. Rupp, *Assessment Centers In Human Resource Management*, 5.

평가도구는 관찰이 가능한 도구가 있으며, 관찰이 어려운 도구도 있다. 아래 그림의 오른쪽은 수행성과 영역과 매우 유사하고, 직무에서 필요로 하는 구체적이면서 관찰 가능한 스킬과 행동을 측정하는 기법이고, 왼쪽은 직무상황과 상당히 다르고, 직무와 관련하여 추정된 매우 추상적인 특성을 측정하는 기법이다.

평가도구별 관찰가능 여부 비교

관찰불가			관찰가능
Paper and Pencil Test (지능 & 성격)	Structured Interviews (구조화된 인터뷰)	Simulation Exercises (모의과제)	Work Samples (직무표본)

평가센터의 핵심도구인 모의과제는 연장선 상의 오른쪽에 위치하고 있으며, 양 측면을 모두 가지고 있다. 어떤 모의과제는 유연성, 문제해결 능력과 같은 심리적 속성을 평가하기도 한다. 모의과제는 직무관련 행동이 나올 수 있도록 구체적이어야만 하며, 지능이나 성격과 비교하여 관찰이 보다 용이하게 개발되어야 한다.

2. Dimension과 Measurement의 관계

평가센터 기법의 특징은 이러한 각 평가기법을 적절히 혼합해서 사용한다는 것이다. 제1장에서 평가센터의 '센터(Center)'는 '평가도구들이 모여 있다.'는 의미라고 했다. 평가센터는 복수의 도구들을 사용한다. 평가센터는 하나 이상의 모의과제가 반드시 포함되어야 하며[36], 지필검사, 인터뷰와 같은 평가도구가 포함된다.

---

[36] TFT, *Guidelines and Ethical Considerations for Assessment Center Operations* (2015년), 제3항.

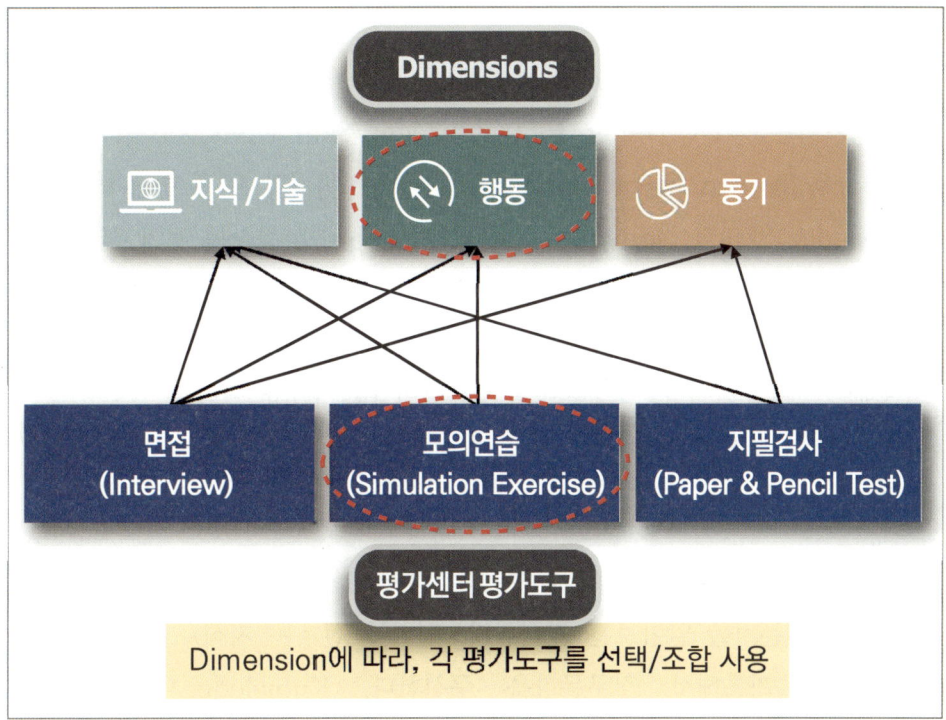

　평가센터는 어떤 Dimension이냐에 따라 여러 가지 평가도구를 선택하고 조합하여 사용하는데, Dimension 중에서 Behavior Dimension(빨간색 부분)이 평가의 큰 비중을 차지한다. Behavior Dimension(역량)은 모의연습(빨간색 부분)이 가장 적절하며, 모의연습은 모의과제가 핵심이다. 그래서 평가센터 기법은 행동 반응을 요구하며, 복수의 평가자에 의해 관찰과 평가를 종합하는 체계적인 절차들이 포함되어 있는 것이다.

　평가도구는 영상을 촬영하는 카메라를 생각하면 이해가 쉽다. 예를 들어, 어느 가수가 무대에 등장하면 한 카메라는 전체 장면을 포착하고, 한 카메라는 얼굴 모습(Close up)을 포착하고, 한 카메라는 옆 모습을 포착하고, 한 카메라는 관객의 모습을 포착하는 등 다각도로 가수를 포착한다. 평가도구도 이와 거의 같다. 어떤 도구는 A Dimension에 대해서 많은 부분을, 어떤 도구는 B Dimension의 특정한 부분을 세밀히 살펴보게 하는 역할을 한다. 따라서 적절한 평가도구를 선정하는 것은 예술이며, 평가센터 프로그램 설계의 핵심이라 할 수 있다.

3. Measurement의 종류

1) 인터뷰(Interview)

인터뷰 기법은 3가지 Dimension(Knowledge/Skill Dimensions, Behavior Dimensions, Motivation Fit Dimensions)을 모두 평가할 수 있지만, 인터뷰 기법은 Knowledge/Skill과 Motivation Fit을 확인하는데 사용하는 것이 적절하고, 평가영역이 지필검사와 중복되지 않도록 설계해야 한다. 또한, Behavior를 확인하는 도구는 모의연습(모의과제)이 핵심이므로, 인터뷰 결과는 모의과제 결과를 보조하도록 설계해야 한다. 사실상 모의과제를 사용하면 Behavior 인터뷰는 필요 없다.

● **Knowledge/Skill Dimensions 인터뷰**

Knowledge/Skill 인터뷰는 참가자가 직무에서 요구하는 지식과 스킬을 어느 정도 보유하고 있는지를 알아보는 인터뷰다. 인터뷰 설계는 지식/스킬 Dimension Dictionary에 기초해서 질문문항을 구성한다. Knowledge/Skill 인터뷰와 Motivation Fit 인터뷰는 반드시 구조화를 해야 한다. 구조화는 구조화 수준에 따라 완전 구조화, 반 구조화, 비 구조화로 구분되는데, 평가센터에서 하는 인터뷰는 완전 구조화이어야 한다. 완전구조화는 누가 질문을 해도 같은 정보가 수집되도록 질문을 설계해야 하고, 결과에 대해서도 누가 평가해도 같은 품질이 나오도록 설계된 것을 말한다.

● **Motivation Fit Dimensions 인터뷰**

Motivation Fit 인터뷰는 참가자가 조직, 직무, 근무할 지리적 위치에 대해서 어느 정도 만족하는지, 만족하지 않는지를 알아보는 인터뷰이므로, 인터뷰를 하는 동안에 참가자가 무엇을 좋아하고 싫어하는지에 대한 정보를 파악하는 것이 핵심이다. 인터뷰가 끝나면 참가자가 직무를 수행할 동기를 알려주는 신호(sign)가 포착되어 있어야 한다.

Motivation Fit을 평가하는 인터뷰는 다른 Dimension들보다 더 어렵다. 왜냐하면, 본인의 의사와 무관한 답변을 할 수 있기 때문이다. 예를 들면, 인사부서에 지원했는데 영업부서에서 근무할 의사가 있느냐고 질문하면 경험적으로 볼 때, 100% 근무하겠다고 대답한다. 또 서울에서 근무하길 원하고 있는데, 지방으로 발령을 내면 갈 수 있느냐고 물으면 역시 100% 간다고 한다. 동기적합성 질문을 신중히 해야 하는 이유가 바로 여기에 있다.

Behavior Dimensions 인터뷰

Behavior 인터뷰는 참가자의 과거 역량발휘 사례, 즉 행동사건을 수집하는 것이다. 어떤 사람이 그 직무를 잘 수행할 수 있는가를 검증하는 핵심은 그 사람이 과거에 비슷한 상황에서 어떻게 했는지를 수집하고 분석하는 것이다. 행동 사례를 수집하면 지원자의 근무경력, 경험, 지식, 동기 등을 폭넓게 이해할 수 있을 뿐만 아니라 장차 어떻게 직무를 수행할 것인지를 예측할 수 있다. 이것은 또한 지원자가 제공해 준 정보(입사 지원서 등에 기록된 정보)를 좀 더 완전하게 이해할 수 있게 해준다. 행동사례 인터뷰는 행동사건인터뷰(Behavioral Event Interview, BEI)를 주로 활용한다. *BEI에 대한 자세한 내용은 부록(8)에 제시되어 있다.*

BEI는 과거(최근 2년 이내에서 경험한)의 행동사례를 수집하는 기법이다. 행동사례를 수집하게 되면 과거의 역량발휘 수준을 알게 된다. BEI는 "과거 행동이 미래 행동을 예측 한다."는 원리에 기반을 두고 있다. BEI는 1) 해당 Dimension(역량)에 대한 행동 정보를 질문하고, 2) STARs를 명확하게 하기 위해서 후속질문을 하고, 3) 인터뷰를 하는 동안 기록을 하여야 한다. 질문은 반드시 아래 내용이 포함되어야 한다. 아래 내용을 STAR모델이라고 한다.

> The **Situation** or **Task** the candidate faced
> The **Action** the candidate took. (What did the person do?)
> The **Result** of the candidate's actions

평가센터에서 모의과제를 활용한다면 BEI는 활용할 필요가 없다. BEI는 모의과제를 보조하기 때문이다. 평가센터를 도입하지 않은 조직에서는 역량평가 도구로 BEI를 활용하기도 한다.

※ 참고사항

인터뷰의 장점과 단점

인터뷰는 의심할 여지없이 조직에서 가장 일반적으로 사용되는 평가방법이다. 전형적으로 인터뷰는 지원자에게 매우 높은 안면 타당성을 보이고 있다. 인터뷰는 구조화가 생명이다. 구조화된 인터뷰는 상당한 신뢰성과 타당성을 가질 수 있으며, 지능검사에 대해 증가적 타당성(incremental validity)[37]을 제공할 수 있다.

구조화된 인터뷰는 상황 인터뷰 또는 행동배경 인터뷰가 될 수 있다. 상황 인터뷰는 가정적 상황을 제시하는 질문을 포함하고 있으며, 상황에 대해 어떻게 반응할 것인지를 참가자에게 요구한다. 상황 인터뷰는 사람의 행위 의도를 평가하며, 행동의 실제적 표출을 요구하지 않는다. 행동배경 인터뷰는 과거 상황에서 참가자가 취한 행동을 기술하도록 요구한다.

구조화된 인터뷰는 평가센터 프로그램에 부가한다면 뛰어날 수 있다. 그러나 질문과 평가지침을 잘 만들기 위해서는 시간과 전문성이 필요하고, 행동배경 인터뷰는 자기보고식의 (self-reported) 정보에만 의존하고, 긍정적 반응은 속임수일 수 있다. 상황 인터뷰에서 참가자는 수행할 의도를 보이지만, 실제 상황에서는 스킬과 의지가 그렇게 나타난다는 보장이 없다는 것이 제약요인이다.

2) 지필검사(Paper and Pencil Test)

평가센터에서 지필검사는 Knowledge/Skill Dimensions과 Motivation Fit Dimensions를 평가할 수 있다. 다만, 앞서 언급한 인터뷰 내용과 중복되지 않도록 신경써야 하며, 두 가지 Dimension 중 어느 도구가 더 잘 평가할 수 있는지를 검토해서 설계한다. 지필검사가 어떻게 활용되는지는 제5장, 제6장, 제7장의 각 평가센터의 도입사례를 보면 알 수 있다.

---

[37] 어떤 측정치가 쉽고 값싸게 활용할 수 있는 다른 정보에 비하여 예측효율이 뛰어난 경우, 즉 예측효율이 어떤 증진을 가져왔을 경우 그 예측치는 증가적 타당성을 가지고 있다고 말할 수 있다.

※ **참고사항**

지능검사와 성격검사

지필검사는 일반적으로 주로 지능 및 성격검사를 말한다. 지필검사는 다양한 조직에서 거의 100년 동안 사용되어 왔다. 지능검사는 인지적 능력을 측정하기 위해서 만들어졌다. 일반적 정신능력(IQ) 또는 언어적, 수리적, 공간적 능력을 본다. 성격검사는 개인에게 안정적인 것으로 전제되고 있는 다양한 성격 특징들을 확인하기 위해서 만들어졌다.

지능검사와 성격검사는 상당히 다르며, 개발하는데 많은 시간이 소요된다. 다행히도, 적성 및 성격 특징에 대한 좋은 검사도구들이 많이 있으며, 개발 기간을 절약하면서 상대적으로 낮은 비용으로 구매할 수 있다. 이런 검사들은 많은 잇점들을 조직에 제공하고 있다. 이들의 단점으로는 조직의 필요성에 따라 맞춤식으로 만들어질 수 없다는 점이 있으며, 성격검사에 대한 반응은 속임수가 있을 수 있으며, 선발에서는 주의해서 사용되어야만 한다.

지능검사는 윤리적 집단에 대해서 역효과가 종종 나타나고, 성격검사도 역효과를 만들어낼 수 있다는 증거들이 제시되고 있다. 참가자들은 지필검사를 싫어할 수 있다. 조직의 선발절차에 불만족하는 지원자는 채용제안을 거절할 가능성이 있으며, 선발체계에 대한 불만으로 법률적인 이슈를 제기할 수 있다. 또한 쉽게 변화할 수 없는 안정된 속성을 측정하고 있기 때문에, 어떤 지필검사는 전문적인 영역에서는 적절하지 않을 수 있다.

3) 모의과제

모의연습(Simulation Exercise)은 평가센터의 핵심도구다. 모의연습은 제2장에서 살펴본 3가지 Dimension 중에서 Behavior Dimension(역량)을 평가하는 강력한 도구다. 모의연습은 모의과제를 활용한다.

평가센터는 모의과제(simulation exercise)를 포함한 몇 개의 구성요소가 포함되어야 한다.[38] 모의과제는 평가센터의 주요 특징 중 하나이며,[39] 모의연습을 가능하게 하는 핵심과제다. 모의과제를 상황과제, 평가과제, 실행과제, 연습과제, 진단과제라고 부르기도 한다. 모의과제는 참가자가 수행하게 될 업무나 역할을 실제 환경과 유사한 상황을 제시하고, 그 상황에서 어떤 행동이나 반응을 보이는지를 평가자가

---

[38] TFT, *Guidelines and Ethical Considerations for Assessment Center Operations* (2015년), 제3항.
[39] George C. Thornton III, Devorah E. Rupp, *Assessment Centers In Human Resource Management*, 103.

관찰/기록하여 평가하도록 설계된 여러 페이지의 문서를 말한다.

모의과제는 진짜 같은 가짜를 말한다. 가상의 주인공이 등장하고, 가상의 회사, 가상의 조직도, 가상의 팀원 등 과제 해결에 필요한 정보를 문서로 제시한다. 모의과제는 가상의 조직에서 가상의 주인공 역할을 하도록 하고, 역할을 수행하는 과정 또는 완료한 후에 역량을 평가한다. 모의과제를 통해 타인과의 상호작용, 문제해결과 같은 참가자의 복잡한 행동을 관찰할 수 있다.

모의과제는 서류전형, 단순면접, 인사고과 등에서 확인할 수 없는 미래 수행가능성에 대한 정보를 제공한다. 이런 정보는 선발/승진에 대한 의사결정을 보다 정확하고 타당하게 해 준다. 참가자는 실제 직무와 관련된 문제 상황을 해결하는 것이므로 제대로 평가를 받았다고 느끼는 평가 수용도가 높다.

모의과제의 품질이 평가의 품질을 좌우하므로 정교하게 개발되어야 한다. 평가센터 운영 지침인 가이드라인은 과제개발을 할 때, 아래와 같은 Simulation by Dimension Matrix를 작성하도록 강조한다. 모의과제가 어떻게 활용되는지는 제5장, 제6장, 제7장의 각 평가센터의 도입사례를 보면 자세히 알 수 있다.

행동차원(역량) vs 모의과제 매트릭스(예시)

	사례연구	구두발표	집단토론	인터뷰	서류함	정보탐색	집단과제	비즈게임
문제분석	O		O	O	O	O	O	O
의사결정	O	O	O	O	O	O		O
권한위임				O	O			
계획조직	O				O			O
스트레스		O				O		
팀워크			O					O
구두소통		O	O	O		O	O	O
문서소통	O				O			

O 잘 관찰할 수 있음

모의과제는 서류함(In-Basket), 역할연기(Role Play), 정보탐색(Fact Finding), 사례분석(Case Analysis), 집단토론(Group Discussion), 분석&발표(Analysis &

Presentation), 집단과제(Group Tasks), 비즈니스게임(Business Games) 등 종류가 다양하다. 매번 모든 과제를 다 사용하는 것은 아니다. 평가목적, 평가직무, 평가요건, 평가대상 등에 따라 최적의 과제들을 선정하고 개발해야 한다.

어떤 과제든 과제를 개발하기 위해서는 평가대상의 직무에 대해서 정밀 분석을 해야 한다. 현재 직무상황은 물론 미래의 직무환경까지 고려해야 한다.[40] 직무환경 분석과 함께 각종 문헌조사, 고성과자들의 인터뷰, 설문조사, 직무전문가(SME) 워크샵과 같은 방법을 통해 사례를 발굴한다. 이렇게 발굴된 사례들은 선발/승진 평가센터, 진단 평가센터, 개발 평가센터의 목적에 맞는 과제를 개발하는 데에 활용한다.

서류함(IB, In-Basket) 과제

In-Basket(이하 서류함)은 해결해야 할 Item들이 Basket 안에 들어 있다고 해서 붙여진 이름이다. 서류함은 선정된 역량 대부분을 확인할 수 있다. 그래서 서류함은 모의과제 중에 모의과제, 모제과제의 꽃으로 불린다.

서류함은 '서류처리 과제' 또는 '문서함 과제'라고도 하는데, 우리가 매일 열어보는 메일 수신함을 연상해 보면 이해가 쉽다. 문자 그대로 바구니 안에 해결하고 조치해야 할 여러 가지를 담아 놓고 참가자들이 그것들을 어떻게 해결하고 조치하는지를 보고 평가하기 위해서 고안된 과제다.

서류함 과제는 1953년에 미국 공군의 Educational Testing Service 연구팀에서 처음으로 개발했다. 이 과제의 목적은 의사결정, 문제정의, 조직화와 같은 교육 스킬들을 가르치는 공군대학의 효과성을 평가하기 위해서 고안되었다. 서류함 과제는 그 후, Bray와 그의 동료들에 의해 AT&T의 MPS 프로그램으로 활용되었다.[41]

업무를 수행하다 보면 여럿이 해결해야 하는 상황도 있고, 혼자 책상에 앉아 해결해야 하는 경우도 있다. 서류함은 혼자서 다양한 과제들을 단독으로 해결해야 하는 상황을 염두에 두고 개발된 과제다.

---

[40] 이런 직무분석을 전략적 직무분석이라고 한다.
[41] George C. Thornten III & Rose A. Mueller, *Developing Organizational Simulations* (London, LEA, 2004), 115.

개발 평가센터에서 서류함 과제를 해결하는 모습

서류함 과제는 많은 장점을 가지고 있다. 평가자는 참가자들을 직접 관찰할 필요가 없으며, 훈련된 평가자 이외에 다른 사람에 의해서도 모의과제를 관리할 수 있다. 평가 및 점수화 과정은 참가자들이 모의과제를 완수한 이후 조치 결과를 검토함으로써 이루어진다. 이런 구조는 이후에 평가자들이 편안할 때 다른 장소에서 평가가 이루어질 수 있음을 의미한다. 광범위한 Dimension(역량)들을 서류함에서 관찰할 수 있으며 관리계층에 특히 적절하다. 서류함은 참가자들의 관리 스킬을 평가하기 위하여 활용가능한 방법 중의 하나다.

서류함 과제는 개발하는데 상당한 시간이 필요하다. 약 20~30개 이상의 독립된 항목(item)으로 구성되며, 각각은 참가자들이 맡게 될 직무에서 해결해야 하는 문제들을 대표하고 있다. 많은 항목은 상호 관련되어 있으며, 이런 관계를 확인하기 위해 어느 정도의 창의성이 필요하다.

서류함 과제는 분석적 사고, 개념적 사고, 의사결정, 권한위임, 판단력, 결단력과 같은 당면과제를 해결하거나 판단해 의사결정을 하는 인지적 역량을 평가하는 데에 효과적이다. 계획조직, 관리통제, 주도성도 확인할 수 있으며, 문서 의사소통 스킬도 평가할 수 있다.

부가적으로 지시유형, 의견수렴방식, 원칙과 규정의 활용과 같은 개인의 업무처리 스타일을 확인할 수 있으며, 과제들의 처리 순서를 보고 우선순위에 대한 개념과 접근 논리도 알 수 있으며, 여러 개 아이템을 어떤 방식으로 통합하고, 연관 짓는지에 대한 통찰력도 알 수 있다. 서류함은 한 마디로 개인들이 머릿속을 꿰뚫어 볼 수 있는 과제라고 할 수 있다.

　서류함 과제에서 참가자는 해결하고 조치한 내용을 글로 제출한다.[42] 그리고 후속 인터뷰(Follow Interview)를 한다. 참가자가 과제를 완료하고 처리결과를 제출하면, 평가자는 짧은 시간에 1차 평가(예비평가)를 한다. 평가자가 평가하는 동안 참가자는 대기실에서 후속 인터뷰를 준비한다. 이 시간에 참가자는 미처 글로 표현하지 못한 것들을 정리하고 질문을 예상하고 답변을 준비하는 매우 긴박한 시간이다.

　후속 인터뷰는 참가자의 업무처리 접근방법과 주어진 상황에 대한 이해 등을 확인하기 위해서 실시한다. 후속 인터뷰는 참가자에게 피드백을 주기 위해 하는 것이 아니고, 참가자가 작성한 답안에 대한 역량의 발휘 정도를 명확하게 확인하기 위한 것이다.

　후속 인터뷰를 하기 위해서는 평가자들에게 인터뷰 지침이 있어야 한다. 인터뷰 지침은 평가자가 참가자들에게 일관되게 이루어질 수 있도록 충분히 구조화되어 있어야 하며, 참가자의 개인적 반응에 대해서도 답변이 이루어질 수 있도록 유연성도 있어야 한다. 참가자들이 해결하지 않은 항목에 대해 질문할 때, 평가자는 참가자가 중요한 것에 반응하지 않았다는 것을 믿을 수 있도록, 그리고 반응하지 않은 이유를 논리적으로 설명할 수 있도록 의식적이어야 한다. 인터뷰 시간은 과제 수와 확인해야 할 역량에 따라 길어질 수도 있고 짧아질 수도 있으나, 대략 15~30분 정도 진행한다. 후속 인터뷰가 끝나면, 평가자는 1차 평가결과와 인터뷰 결과를 종합하여 서류함 과제에 대한 최종평가를 한다. 서류함에서 제시하는 Item의 개수는 평가하는 역량의 개수에 비례하고, 과제 해결에 주어지는 시간은 Item의 개수에 비례한다.

---

[42] 최근에는 참가자에게 컴퓨터 타이핑과 수기를 선택하도록 한다. 참고로 일본은 글로 써서 제출하는 것을 더 선호한다. 왜냐하면 수기는 평소 사용하지 않는 두뇌 영역이 활성화되고, 오랫동안 기억에 남기 때문이다.

※ 참고사항

서류함(IB) 과제의 오해

서류함 과제는 Management에 초점이 맞추어져 있는 과제다. 즉, 관리 영역에서 발생하는 이슈들을 20~30개 Item으로 구성하고, 우선순위, Item간 관련성, 조정/통합, 단독의 사결정, 협업판단, 일정변경 등의 해결과정을 보기 위한 것이 서류함 과제다.

하지만, 우리나라의 공공부문에서 활용하고 있는 IB과제를 보면 분석&발표과제(AP)와 거의 유사하다. 4문제를 제시하고 3시간 동안 해결하라는 과제 상황은 서류함 과제의 본질을 벗어난 것이다. 하나의 Item의 길이가 너무 길고, 복잡한 반면, 개수는 3~4개다.

In-Basket은 고도의 분석을 요구하는 과제가 아닌데도, 분석영역에 초점을 맞추는 이유는 간단하다. 역량평가 초창기에 개발된 IB과제가 마치 표준처럼 잘못 알려져 있기 때문으로 판단된다. 역량평가의 타당도를 확보하기 위해서는 시급해 보완되어야 한다.

● 집단토론(GD, Group Discussion) 과제

Group Discussion(이하 집단토론)은 평가센터를 도입하지 않은 조직들도 채용 장면에서 약방의 감초처럼 활용하고 있는 과제다. 집단토론은 여러 사람이 모여 함께 아이디어를 주고받으면서 공동으로 과제를 해결하는데서 붙여진 이름이다. 서류함(IB) 과제가 혼자서 다양한 과제를 처리하는 단독상황에 알맞은 과제라면 집단토론은 집단상황에 알맞은 과제 중 하나다. 지금까지 고안된 모의과제 중에서 가장 빠른 두뇌회전이 요구되는 과제다. 왜냐하면 토론이 전개되는 상황이 매우 역동적이기 때문이다.

집단토론 모습

집단토론은 개인이 집단 장면에서 문제를 해결하기 위해 타인과 어떻게 상호 작용하는지를 관찰할 수 있는 최고 방법 중 하나다. 전형적으로 참가자들에게 조직과 문제의 본질에 대한 배경정보가 주어지고, 이후 그들은 집단구성원들과 이슈에 대해서 토론하도록 지시된다. 배경자료는 구체화될 수도 있고, 서류함, 사례연구, 정보탐색과 같은 이전의 모의과제의 정보를 이용하게 할 수도 있다.

집단토론은 참가자들에게 짧은 시간 동안 배경자료를 검토한 이후, 문제를 토론하고, 일정한 시간 내에 해결책에 도달하도록 지시된다. 이때 지시문은 매우 모호할 수도 있고, 매우 구체적일 수도 있다. 그리고 참가자들이 자신의 해결책에 어떻게 도달할 것인가에 대한 지시문은 평가되는 Dimension에 따라서 모호할 수도 있고 구체적일 수도 있다. 참가자들이 토론을 완료한 이후 평가자는 참가자들에게 결론을 설명하거나 결론을 정당화하도록 요구할 수 있다.

집단토론은 보통 4~6명을 한 조로 편성하여 이들에게 해결과제를 제시하고, 주어진 시간 내에 상호토론을 거쳐 공동으로 문제를 해결하거나 합의안을 마련하도록 요구한다. 집단토론은 아래와 같이 Leader Group Discussion과 Leaderless Group Discussion(LGD)이 있고, LGD는 Assigned Roles GD(AGD)과 None-Assigned Roles GD(NAGD)가 있다.[43]

집단토론 유형

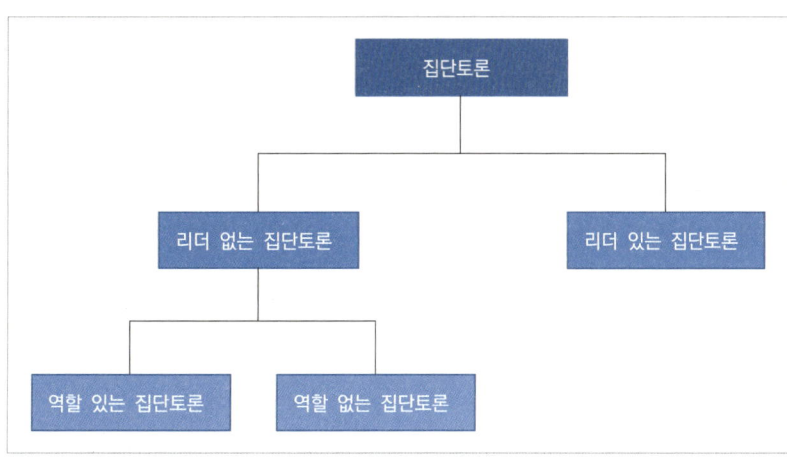

---

[43] George C. Thornten III & Rose A. Mueller, *Developing Organizational Simulations* (London, LEA, 2004), 84.

리더있는 집단토론은 리더가 토론을 이끌어 간다. 리더는 참가자 중에서 한 명을 선정하는 경우도 있지만, 이 경우는 매우 드물다. 일반적으로 평가자 또는 별도의 진행자가 리더역할을 맡는다. 리더는 토론 분위기가 침체될 때는 토론을 활성화를 시키고, 지나치게 과열될 때는 진정시키며, 참가자 모두에게 골고루 발언권을 부여하고, 아이디어를 묻는 등 토론을 원만하게 진행한다는 장점이 있는 반면, 참가자 스스로 토론의 분위기를 만들어가면서 논리의 공격과 방어의 수위를 조절하거나 비교적 말이 없는 동료를 배려하고 팀워크를 발휘하거나 팀을 이끄는 등 개인이 리더십을 발휘할 수 있는 여지를 차단하는 단점이 있다.

역할이 없는 집단토론(NAGD)은 같은 조에 편성된 멤버들에게 동일한 주제를 제시하고 토론을 통해 공동으로 합의안을 도출하도록 한다. 공동으로 합의안을 도출하기 때문에 토론이 시작되면 각 멤버들은 상황의 진전에 따라서 적극적인 전략을 구사할 수도 있고, 다소 소극적인 전략을 구사할 수도 있다.

반면, 역할이 있는 집단토론(AGD)은 멤버들에게 각각 서로 다른 역할을 부여하고 서로 다른 정보를 준다. 역할이 있는 집단토론은 역할이 있기 때문에 역할이 없는 집단토론보다 훨씬 격렬한 토론이 이루어진다. 적극성, 자기 주장성, 설득력, 주도성 등을 확인하려면 역할 있는 집단토론을 선정하는 것이 좋다. 즉, 대상직무에서 필요로 하는 요건이 어떤 것이냐에 따라 과제유형을 선정할 수 있다는 것이다.

집단토론에서 가장 먼저 평가할 수 있는 역량은 요점파악력이다. 요점파악력은 구두로 지시하거나 문서로 지시한 내용을 바르고 빨리 파악하는 역량이다. 참가자들에게 주제를 제시하고 제시된 내용을 파악할 수 있는 시간(주제에 따라 다르지만 통상 10분~30분)을 부여하는데, 이것을 토론전략 수립시간이라고 한다. 이 짧은 시간에 토론의 핵심을 얼마나 바르고 빨리 파악해 내는가에 따라 토론의 성패가 좌우된다. 이 시간에 제시된 정보를 읽고 토론의 방향을 수립하는 것이 핵심이다. 그 다음으로 평가할 수 있는 역량은 의사소통이다. 의사소통의 하위요소에는 문장표현력, 구두표현력, 경청, 발표가 있다. 집단토론은 문장표현력을 제외한 3가지 의사소통 하위요소를 볼 수 있다.

이 밖에도 설득력, 배려, 팀워크, 리더십 등을 볼 수 있다. 부가적으로 수시로 변하는 토론의 분위기에 대응하는 즉응력, 상대의 논리에 대한 허점 찌르기와 반론의 적절한 수위 조절, 비교적 말수가 적은 동료에 대한 발언기회를 주는 배려, 상대의 반론에 대한 스트레스 내성 등을 볼 수 있다. 또한 토론과정에서 인용하는 내용들을 보면 주어진 정보만을 활용하는지, 다양한 정보를 인용하고 있는지에 따라 참가자가 평소에 수집하고 있는 정보의 유형과 정보수집 루트도 알 수 있으며, 개인의 독특한 토론 스타일과 말투 등도 발견할 수 있는 다목적 과제라고 할 수 있다.

집단토론 과제를 개발할 때 각별히 유의할 점이 있다. 역할 있는 집단토론은 참가자에게 각각 서로 다른 정보를 제공하고 역할을 부여하기 때문에, 멤버가 6명이면 6명의 참가자에게 같은 수준의 정보를 주어야 한다. 특정한 참가자에게 유리하거나 불리하게 구성되어서는 안 된다.

○ 구두발표(Oral Presentation) 과제

Oral Presentation(이하 구두발표)은 분석할 자료를 주고 주어진 시간 내에 분석하고, 분석한 내용을 발표하는 과제다. 구두발표는 분석력과 발표력을 동시에 평가할 수 있는 강력한 과제다. 흔히 일컫는 PT가 여기에 해당된다.[44]

구두발표에서 참가자는 개인이나 조직에게 권한이 있거나 중요한 사람으로 특정한 주제에 대해서 공식적인 발표를 준비하고, 전달할 것을 요구받는다. 참가자에게는 먼저 발표준비를 위한 지시서와 자료들이 제공된다. 발표 이후, 평가자는 질문을 할 수 있다.

지시문에는 제품을 개발할 때 고려해야 할 수입국의 규제 법령을 제시하고 이를 통과하기 위한 기술적인 해결방법을 제시하라고 할 수 있고, 윤리와 도덕적 이슈, 변화의 당위성과 저항에 대한 이슈 등 개인의 가치관에 해당하는 주제를 제시할 수도 있다.

구두발표는 즉석 발표와 준비 발표가 있다. 즉석 발표는 준비하는 시간이 약 20분 이내로 짧게 주어진다. 준비 발표는 준비하는 시간이 길게는 60분 이상이 주어지고, 분석할 자료도 많다. 준비 발표는 평가가 이루어지기 몇 일(또는 1주일) 전에 참가자에게 지시서가 주어지기도 한다.

구두발표는 평가를 받는 사람 입장에서 볼 때, 자기 자신을 분명하게 드러낼 수

---

[44] George C. Thornton III & Rose A. Mueller, *Developing Organizational Simulations* (London, LEA, 2004), 71.

있는 절호의 기회가 된다. 주어진 자료를 잘 분석하고, 논리적으로 잘 구성해서 명쾌하게 전달할 수만 있다면 단 시간에 실력을 인정받을 수 있다. 미국의 AT&T의 관리자 성장 연구(MPS)에서 평가를 한 후, 참가자를 몇 개의 집단으로 나누어 성장 가능성을 예측했는데, 20년이 지난 후에 예상대로 상위 직급으로 승진을 거듭하는 사람들은 모두가 발표에서 우수하게 평가 받은 사람들이었다는 것이 증명된 바 있다.[45] *여기에 대한 자세한 내용은 부록(2)와 부록(3)에 제시되어 있다.*

구두발표는 제시된 관련 자료들을 분석하고 여러 사람들 앞에서 발표하게 하는 과제로 복잡한 자료 속에서 요점을 추려내고 많은 사람들 앞에서 자기주장을 얼마나 효과적으로 펼칠 수 있는지를 확인할 수 있는 과제이므로, 가장 먼저 확인할 수 있는 역량은 분석력과 발표력이다. 분석력은 주어진 상황을 세분하여 이해하거나, 상황이 함축하고 있는 의미를 단계적, 인과론적으로 파악하는 것이다. 주어진 상황의 부분적인 요소들을 체계적으로 정리하고, 서로 다른 측면이나 특성을 비교하고, 합리성에 근거하여 우선순위를 설정할 수 있는지를 확인한다.

다음은 발표력이다. 발표는 주어진 시간동안 준비하여 듣는 사람의 수준과 요구사항에 맞게 자신의 아이디어를 효과적으로 전달하는 것이 핵심이다. 발표가 진행되면 과제의 이해정도, 분석 수준을 확인할 수 있으며, 발표 Skill, 즉 강약조절, 속도조절, 시선처리 등은 물론 몸짓 하나하나를 포함한 body-language의 미세한 부분까지도 관찰할 수 있다. 또한 지나친 사투리, 쓸모없는 군더더기, 평소 말버릇까지 확인할 수 있다. 개발 평가센터에서 이런 것들을 피드백해 주면 깜짝 놀란다. 지금까지 몰랐다는 것이다. 이 밖에도 설득력, 구두표현력, 자신감, 감정이입과 평가자의 난감한 질문에 대한 스트레스 내성도 확인할 수 있다.

신입사원인 경우에는 사내에서 많이 활용하고 있는 오피스 관련 프로그램(파워포인트, 워드, 엑셀 등)을 활용하여 발표안을 제시하라는 지시를 하면, 분석력, 발표력과 동시에 OA관련 스킬도 확인할 수 있다. 집단토론을 빠른 두뇌회전이 요구되는 과제라고 했는데, 구두발표는 깊게 생각하는 힘과 전달하는 힘을 보는 과제다.

---

[45] MSC, *휴먼 어세스먼트 어디까지 나아갔는가?* (한국능률협회컨설팅 편역, 1990), 276.

🔵 모의면담(Interview Simulation) 과제

Interview Simulation(이하 모의면담)은 부하, 동료, 고객의 역할을 하는 사람을 1:1로 만나거나 그 이상으로 사람을 만나 대화를 하도록 하는 과제다. 모의면담 과제는 1:1 상호작용 모의과제, 인터뷰 모의과제, 역할연기 모의과제라고 부르기도 한다.[46] 이 과제는 1950년대 태도 변화를 촉진하기 위해서 개발된 Role Play를 응용한 것이다.

모의면담은 갈등상황이 다양하기 때문에 1:1 상황만 있는 것이 아니다. 두 당사자들의 분쟁을 조정하거나 두 개의 부서가 이해관계가 얽혀 있을 경우 부서장들을 불러 민감한 사안에 대해 조정, 통합해야 하는 경우와 같이 1:2 상황도 부여한다.[47] 팀장으로서 부하직원들 간 갈등을 중재하고 화해시켜야 할 경우도 있고, 임원으로서 두 개의 부서간의 이해관계가 복잡하게 얽혀 있는 문제를 조정, 통합해야 하는 경우도 있다. 또 팀장으로서 팀원 두 명의 불협화음으로 팀 내의 일이 잘 진행되지 않는 상황에서 두 팀원을 불러 화해시켜야 하는 역할을 수행하기도 하고, 구조조정으로 인해 두 개의 팀을 통합해야 하는 상황에서 완강히 저항하는 팀장들을 불러 설득을 통해 조정, 통합을 하는 역할을 수행하기도 한다. 주어지는 상황은 참가자가 향후 어떤 직무를 수행할 것인가에 따라 다양하게 구성한다.

2:1 모의면담 과제 수행 모습

참가자에게는 배경정보와 함께 상호작용을 준비하는 시간이 주어진다(대개 10~30분). 참가자는 평가의 목적에 따라 면담(또는 회의)에서 달성되어야 할 것에 대해서

---

[46] George C. Thornton III & Rose A. Mueller, *Developing Organizational Simulations* (London, LEA, 2004), 99.
[47] 인사혁신처의 공위공무원단 평가에서는 1:1, 1:2 두 가지를 사용하고 있다.

매우 구체적인 지시문을 받을 수도 있고, 모호한 지시문을 받을 수도 있다. 상호작용 이후 평가자는 참가자 및 역할연기자와 인터뷰를 할 수도 있다.

모의면담은 다른 과제와 달리 역할 연기자가 있다. 예를 들어, 화난 고객에 대응해야 한다면 화난 고객의 역할을 할 사람이 필요하다. 이런 역할을 수행하는 사람을 역할 연기자(Role Player)라고 한다. 연기자는 동일한 역할연기를 여러 번 반복하게 되는데, 연기를 할 때마다 똑같은 연기의 수준을 유지해야 한다. 왜냐하면 어떤 참가자에게는 불만 수준이 낮고, 어떤 참가자에게는 불만 수준을 높게 연기한다면 평가의 형평성에 문제가 생길 수도 있다.

연기자는 경우에 따라 전문 배우를 활용하는 경우가 있다. 그러나 대부분의 경우에는 평가자들이 연기를 한다. 평가자가 연기를 하는 경우에는 역할연기를 하면서 참가자의 행동을 관찰, 기록, 평정까지 해야 하는 이중의 역할을 수행한다. 이때 평가자는 고도의 전문성이 요구되기 때문에 사전에 특별히 훈련을 받아야 한다.

모의면담은 갈등의 원인을 파악하고 해결 방안을 상대방에게 설득해야 하므로 갈등해결, 협상력, 조정&통합, 설득력, 의사소통, 경청, 대인민감성, 배려, 결단력, 계획조직, 코칭, 스트레스 내성, 적응성, 의사결정 등의 역량을 확인할 수 있다. 또한 갈등을 해결하기 위해서는 상대방에 대한 이해가 먼저 이루어져야 하므로 대인이해 및 고객 지향과 같은 역량도 확인이 가능하다.

모의면담은 주로 업무 혹은 대인 갈등해결, 상대방에 대한 자문 및 조언, 의견 제시가 이뤄지는 상황에 적합하므로 부하 직원이 있는 관리자, 감독자 및 고객과 빈번한 접촉이 있는 직무에 적합한 과제다.

리더없는 집단토론처럼 모의면담 과제는 스트레스 상황에서 개인이 다른 사람과 어떻게 상호작용 하는가를 평가하는 가장 좋은 방법 중의 하나다. 이 과제는 상당한 정도의 상호작용을 요구하고, 참가자들의 행동을 관찰할 기회를 제공한다. 개인적 관점에서 타인과 효과적으로 상호작용하는 능력은 거의 모든 직무에서 중요하므로, 모의면담 과제는 여러 계층에서 활용하고 있다.

모의면담 과제의 이점은 참가자들이 직무에서 직면할 수 있는 실제적 작업환경 및 일반적 문제들과 매우 유사할 수 있다는 것과 매우 현실적이기 때문에 안면 타당성이 매우 높은 편이어서 참가자들에게 긍정적으로 받아들여진다는 것이다.

정보탐색(Fact Finding) 과제

Fact Finding(이하 정보탐색)은 진실을 발견해 내는 힘을 보기 위해서 고안된 모의과제의 한 종류다.[48] 정보탐색은 참가자에게 완전한 정보를 주지 않는다. 극히 일부분의 힌트만 주어진다. 왜냐하면, 문제를 해결하는데 미미한 정보를 근거로 해서 필요한 정보를 획득해 나가는 과정을 봐야 하기 때문이다.

정보탐색에서 참가자들에게는 발생한 상황에 대한 짧은 기술문 또는 현재 해야 할 의사결정 사항이 주어진다. 정보원천자(Resource Person)[49]에게 질문을 통하여 추가적인 정보를 수집하는데, 참가자들에게 제한된 시간이 주어진다.

정보원천자는 상황에 대한 많은 정보를 가지고 있는 훈련된 사람으로, 참가자의 질문이 적절하다면 참가자들의 질문에 대응한다. 참가자는 이러한 과정을 거쳐서 정보를 수집한 이후에, 해야 할 의사결정에 대한 구체적인 추천 안을 만들어야 하며, 마지막으로 그 의사결정에 대해 방어하도록 요구한다.

이런 기법은 구체적 사건이 발생하고, 논리를 제공하고, 사람들은 무엇을 할지에 대한 추천 안을 만들기 때문에 때때로 사건법(incident method)이라고도 불린다. 이 과제는 대화로 수행되고 정보가 정보원천자로부터 수집되기 때문에 사례연구 방법과는 다르다. 사례연구처럼 나중에 정보를 주고 문서로 추천 안을 작성하도록 할 수도 있다.

정보탐색과 사례연구의 비교

정보탐색 모의과제	사례연구 모의과제
• 구두로만 정보가 얻어진다.	• 문서로 정보가 주어진다.
• 하나의 사건/문제에 집중한다.	• 대개 복수의 문제를 가지고 있다.
• 분석과 의사결정에 짧은 시간이 주어진다.	• 읽고 생각하는데 많은 시간이 주어진다.
• 정보를 얻기 위해서 질문을 해야 한다.	• 모든 정보가 모든 사람들에게 제시된다.
• 추천 안은 구두로 제시된다.	• 문서적 추천 안이 제시된다.

---

[48] George C. Thornton III & Rose A. Mueller, *Developing Organizational Simulations* (London, LEA, 2004), 130.
[49] 참가자가 요구할 것으로 예상되는 정보들을 가지고 있는 사람을 말한다. 참가자가 정확하게 요구하면 요구한 정보를 주고, 애매하게 요구하면 정보를 주지 않는다.

정보탐색은 퍼즐 맞추기와 비슷하다. 퍼즐을 하나 하나 찾아 꿰어 맞추는 것을 연상해보면 정보탐색이 어떤 기법인지를 알 수 있다. 상대방과 대화를 나눌 때, 나이나 체중 등 개인의 Privacy(사적 비밀)에 해당하는 것들을 물으면 실례가 된다. 이때 실례가 되지 않으면서 상대방의 나이나 체중을 알아낼 수 있는데, 바로 정보탐색 기법을 적용하면 상대방이 전혀 눈치를 채지 못한 가운데 정보를 수집할 수 있다.

정보탐색은 완전한 정보를 주지 않거나 부분적인 정보만을 주는 개인들에게 접근해서 필요한 정보를 획득하도록 상황을 제시한다. 이때 개인들은 경쟁사에 근무하는 인물이 될 수도 있고, 인접부서의 동료, 고객, 심지어 자신의 죄를 완강히 부인하는 범인일 수도 있다.

경찰 수사관을 선발할 때나 정보를 수집하는 직무에 지원자를 선발하는 곳에서는 이 기법을 아주 유용하다. 예를 들어 어떤 경찰서에서 수사관을 선발한다고 해 보자. 지원자들에게 교통사고를 내고 달아난 범인(뺑소니)을 잡는 과제를 부여한다. 이때 주어지는 정보는 '2000CC 배기량을 가진 흰색차량' 정도의 희미한 단서만을 제공한다. 또 휴대폰 회사의 전략기획팀에서 팀원을 선발하는 경우, 판매실적이 부진한 상황을 제시하고, 판매부진을 타개할 방안을 마련하라는 과제를 부여한다. 이런 상황에서 참가자는 문제해결에 필요한 데이터를 확보하기 위해 정보수집에 나서야 한다.

정보탐색은 정보수집부터 시작한다. 참가들은 상황을 해결하는데 필요한 데이터를 얻기 위해서 질문 문항을 구성한다. 질문구성이 완료되면 정보보유자(Resource Person)에게 질문을 해서 과제해결에 필요한 정보를 획득해야 한다. 이때 정보보유자는 참가자가 질문한 내용만큼만 정보를 주며, 질문이 애매모호하거나 유도성 질문에는 일체의 대응을 하지 않는다. 또한 질문 도중에 힌트를 주거나 정보를 암시하는 말을 하지 않도록 특별히 훈련을 받는다.

정보탐색에서 평가할 수 있는 역량은 다양하다. 먼저, 필요한 정보를 규명하고 그것을 어떻게 획득하는가를 본다. 정보수집 역량은 역량 그 자체도 중요하지만 다른 역량을 발휘하는데 전제가 되는 역량이다. 그리고 스트레스 내성, 구두 의사소통, 민감성, 유연성, 결단력, 문제해결, 의사결정, 개념적 사고 등의 역량을 볼 수 있으며, 발표(PT)와 결합하여 진행하면 발표력, 설득력 등도 함께 볼 수 있다.

개발 평가센터를 도입한 한 회사의 신입사원 교육에서 신입사원들에게 정보탐색 과제를 제시하고 최종결과를 1페이지짜리 기획서를 작성하라고 제시하여 문서작성 역량까지도 볼 수 있었다. 개발 평가센터를 도입하여 신입사원에 활용하면, 정보탐색 과제는 확인하고자 하는 역량은 물론 기획서 작성요령과 회사에서 사용하고 있는 문서작성의 요령을 숙달시키는 일석삼조의 효과를 볼 있다.

사례연구(Case Study) 과제

Case Analysis(이하 사례연구)는 참가자들에게 복잡한 일련의 자료들을 제시하고, 보고서를 작성하도록 하는 모의과제다. 이 모의과제는 다양한 정보를 이해하고, 자료의 패턴을 찾아내고, 복잡한 상황에서 중요한 문제를 식별하고, 해결안을 추천하도록 하기 때문에 문제분석 모의과제라고도 알려져 있다.[50]

전형적으로, 사례연구에서 자료들은 조직 내 복잡한 상황, 조직 및 상황에 대한 배경정보, 문제와 관련된 주요 정보, 예산 및 비용 보고서와 같은 재무적 정보, 기타 참가자들에게 직무에서 유용하게 활용할 수 있는 정보 등을 포함한다.

경우에 따라서는 조직에서 이미 해결한 과제를 제시하고 우리 조직에서 해결한 방법에 얼마나 가깝게 접근하는지를 볼 수도 있다. 또 조직이 현재 다루고 있는 실제적 문제나 상황으로 사례연구의 내용을 만들 수 있다. 대상 직무의 부서는 관리자가 현재 해결하고자 하는 문제를 가지고 있을 것이다. 이런 문제를 제시하는 장점은 높은 안면타당성을 가지고 있으며, 분석에서의 아이디어는 실질적으로 조직에 기여할 수 있다는 것이다. 선발 장면에서, 현실적 문제를 제시하는 잠재적 단점은 참가자가 관련된 이슈나 정보를 이전에 접했다면 특정한 참가자가 유리하다는 점이다.

참가자들에게 자료들을 분석하고, 아래와 같은 이슈들이 포함된 보고서를 작성하도록 요구할 수 있다.

- 수익감소에 대해서 어떻게 행동해야 하는가?
- 공장을 확장하여야 하는가?
- 새로운 제품 믹스(product mix)가 고려되어야 하는가?

---

[50] George C. Thornton III & Rose A. Mueller, *Developing Organizational Simulations* (London, LEA, 2004), 61.

• 사업의 확장을 위해 재무적으로 어떻게 할 것인가?

사례연구는 어떤 역량들을 확인할 수 있을까? 과제를 받으면 제일 먼저 발휘되어야 하는 역량은 정보수집이다. 문제를 해결하기 위해서는 정보수집이 기본이다. 어떤 정보를 수집하느냐에 따라 해결의 품질이 달라지기 때문이다. 사례연구에서는 주어진 정보를 모두 활용하는지를 보고 정보수집 역량을 본다. 그 다음으로 분석력이다. 문제를 해결하기 위해서는 수집한 정보를 분석하는 것이 필수다. 이때 분석수준은 참가자가 제시하게 될 해결책의 품질과 직결된다. 해결책의 품질을 보면 참가자의 분석력을 한 눈에 알 수 있다. 논리적-체계적, 개념적 사고는 물론 대안을 개발하고 그 대안을 선택하는 기준을 마련하는 등 의사결정 역량도 확인할 수 있으며, 부가적으로 문서 의사소통도 확인할 수 있다.

어떤 Dimension을 확인하느냐에 따라 주어지는 사례의 유형과 성격을 가감할 수 있다. 참가자들에게 분석결과를 사용하도록 요구하기도 한다. 추천 안을 상사나 타인에게 발표하라는 내용을 추가하면 프레젠테이션(PT)도 동시에 확인할 수 있다. 의문점을 가지고 있으며, 참가자에게 도전적인 관리자 역할을 수행하는 평가자와 상호작용을 하고, 추천안을 방어하라고 하면 모의면접(1:1) 과제와 연결되고, 추천안을 다른 참가자들과 집단토론을 하라고 할 수도 있다.

● 집단임무수행(Assigned Leader Group Task) 과제

Assigned-Leader Group Task(이하 집단과제)는 참자가 중 한 사람에게 집단의 리더로서 행동하도록 프로그램의 운영 책임자 역할을 맡기고, 부여된 과제를 완료하도록 한다. 중간 관리자라면, 팀원들의 리더 역할을 맡길 수도 있고, 군대와 소방서, 경찰 부서의 평가센터에서는 장애를 넘기 위한 보드나 로프를 주고 팀을 이동시키는 리더 역할을 수행하게 할 수도 있다. 외국에서는 소방대장이나 형사반장 등 일정한 규모의 인원과 장비를 가지고 어려운 임무를 수행하는 리더들을 선발할 때 이 과제를 활용한다.

집단과제는 리더에게 역할을 부여하고, 리더가 과제를 해결하기 위해서 상황판단을 어떻게 하고, 주어진 가용자원들을 어떻게 활용하고, 의사결정을 어떻게 하는지를 알아보기 위해서 개발된 과제다. 한 참가자에게 리더 역할을 수행하게 하고, 다른 참가자들에게는 멤버의 역할을 수행하도록 한다. 이때 리더는 멤버들을 지휘하고 통제할 수 있는 권한이 주어진다.

집단과제 수행 모습

소방대장 1명을 선발하는 자리에 총 6명이 지원했다고 하자. 6명에게 번호표를 ①~⑥번까지 부여한다. ①번에게 리더 역할을 부여한다. ②~⑥에게는 멤버 역할을 부여한다. 역할 부여가 끝나면 과제를 부여하게 되는데, 예를 들면, 하천 건너편에 있는 가건물에 불을 지르고, 실재로 건물에 화재가 발생한 상황을 부여한다. 대원들을 이끌고 신속히 화재를 진압해 보라는 것이다. 이때 평가하고자 하는 역량이 어떤 것이냐에 따라서 화재진압에 필요한 자원들을 적절히 제공한다. ①번이 역할을 마치고 나면, 다음에는 ②번에게 역할을 준다. ⑥번까지 번갈아 가며 동일한 역할을 수행하도록 한다. 집단과제는 바로 이런 과정을 거치면서 6명의 지원자들이 가지고 있는 소방대장으로서의 역량을 확인하는 것이다.

위 상황은 매우 실제적이다. 몇 가지 엉성한 질문으로 소방대장을 뽑는다면 어떻게 될까? 소방대장을 뽑는데 필기시험을 본다면 어떻게 될까? 어떤 과목으로 봐야 할까? 미분적분을 잘 한다고 지휘를 잘 할 수 있을까? 평가센터는 집단과제 뿐만 아니라 실제로 하는 것을 보면서 평가를 한다는 것이 가장 큰 장점이다.

인재 발굴 및 육성의 글로벌 스탠다드

이 과제의 확실한 이점은 하급자 집단을 이끄는 많은 관리자들의 직무의 한 단면을 모사할 수 있다는 점이다. 집단토론처럼 이 과제는 다양한 리더십 스킬을 평가할 수 있다는 것이다. 불리한 점은 모든 참가자에게 역할을 수행할 기회를 제공해야 하므로 시간이 많이 걸린다는 것이다.

집단과제에서 확인할 수 있는 역량은 먼저 리더십(팀원을 원하는 방향으로 이끄는 힘)이다. 멤버들에게 역할을 부여하는 것에서 권한위임도 확인할 수 있다. 그리고 판단력, 의사결정, 결단력을 확인할 수 있다. 주어지는 상황을 해결하기 위해 가용자원을 어떻게 활용하느냐에 따라 창의성도 평가할 수 있다.

집단과제를 잘 응용하여 활용하면 기대 이상의 효과를 볼 수 있다. 어떤 조직이든 시종일관 혼자서 해야 하는 일은 거의 없다. 누군가와 함께 해야 하고, 그 중에는 반드시 리더가 있게 되어 있다. 집단과제는 어느 계층을 막론하고, 리더로서 멤버를 얼마나 잘 이끄는 지를 볼 수 있는 아주 유용한 과제다.

로드 미션(Road Mission) 과제

로드미션은 말 그대로 '길거리 임무수행'이다. 어디론가 나가서 과제를 수행하게 하고 그 과정에서 팀워크와 비즈니스 수완 등을 보고자 하는 평가과제이다. 과제를 제시하는 형태는 문서 또는 구두다. 과제는 상황에 따라 개인 단독으로 수행하게 할 수도 있고, 참가자가 많을 때는 여러 개의 조를 편성하여 조별로 과제를 수행하도록 한다.[51]

로드미션은 일정한 돈을 주고, 그 돈을 늘려오라는 과제를 줄 수 있다. 이때 제한된 시간과 돈을 늘릴 때 준수해야 하는 원칙도 제시할 수 있다. 로드미션을 다른 과제와 결합시킬 수도 있다. 다른 과제와 결합되는 경우에는 어떤 과제를 수행하는 중간에 급한 과제가 생겼다며 로드미션을 삽입하는 형식이 된다. 예기치 못한 상황으로 인하여 갑자기 중요한 미션이 주어지는 것이다. 이때 참가자들의 반응을 본다. 이러한 모습은 모두 관찰 대상이며 평가 대상이 된다.

로드미션은 개인에게 단독으로 과제를 부여하는 경우에는 문제해결, 분석과 판단, 비즈니스 수완 등을 우선적으로 확인할 수 있다. 조 단위로 과제를 부여할 경우에는

---

[51] Road Mission은 몇 년 전에 우리나라 S은행에서 적용한 과제다.

가장 먼저 관찰되는 역량은 팀워크다. 팀워크 역량이 지속적으로 발휘되는 가운데 문제해결, 분석, 판단, 비즈니스 수완 등이 나타난다. 보고자하는 역량이 어떤 것이냐에 따라 미션은 달라진다.

로드미션은 참가자들이 계속해서 움직이게 되어 있다. 참가자들이 움직이면 평가자들도 움직이면서 평가를 해야 한다. 조 단위로 과제를 부여한 경우, 어떤 조는 조원 전체가 함께 움직이면서 과제를 수행할 것이고, 어떤 조는 각 조원에게 임무를 쪼개서 할당하고 각자가 흩어져서 과제를 수행할 것이다. 이때 어떻게 평가할 것인가를 고민해야 한다. 가용한 평가자 규모에 맞도록 과제의 범위를 통제할 수 있어야 한다.

비즈니스 게임(Business Games) 과제

Business Games(이하 비즈니스 게임)는 많은 의사결정자들이 참여한다는 특징이 있다. 중대한 의사결정을 참가자들이 함께 하는 과제다. 서로 논의를 거쳐 당면한 문제의 원인을 분석하고 해결책을 내놓도록 요구한다.[52]

비즈니스 게임은 2차 대전 중 OSS의 평가 프로그램에서 첩보원을 선발하는 평가 프로그램에서 시작됐다. 로프와 보드를 활용하여 협곡을 넘어 군수물품을 공급하고 사람을 이동시키는 게임이었다. 그 후, 비즈니스 게임은 미국의 AT&T에서 관리자 성장연구(MPS, 자세한 내용은 부록 참조)를 할 때, 기본 과제로 진가를 발휘했다. 그때 참가자들은 초급관리자였으며, 즉석에서 물건을 사고 파는 상황을 부여했다. 참가자들은 주어진 돈을 가지고, 최저의 가격으로 사서, 최대의 가격으로 팔아 이익을 내야했다.

비즈니스 게임은 모사된 조직의 관점에서 많은 숫자가 대표될 수 있도록 설계한다. 서류함 과제는 한 일반 관리자의 사무에 다양한 업무에 대한 정보를 포함하지만, 비즈니스 게임은 통상 생산, 마케팅, 인사, 재무와 같은 많은 기능적 영역에서 동시에 일어나는 조직전반에 사람들이 포함된다.

또, 다른 과제들은 완료하는 시간이 1~2시간이지만, 비즈니스 게임은 최소한 3시간이 걸리고, 최종적으로 완료하는 시간은 하루 이상이 걸릴 수도 있다. 리더없는

---

[52] George C. Thornton III & Rose A. Mueller, *Developing Organizational Simulations* (London, LEA, 2004), 142.

집단토론과 비즈니스 게임은 둘 다 집단 과제다. 집단토론은 4~6명이 참가하지만, 비즈니스 게임은 12명 또는 그 이상이 참여한다.

집단토론은 문서에 토론 아이디어가 제시되어 테이블에 앉아서 수행하는 반면, 비즈니스 게임은 물리적인 주제를 다루기 위해서 몇 개의 방을 돌아다니면서 해결한다. 참가자들에게는 서로 다른 역할을 부여한다. 재무, 영업, 인사, 생산, 구매 등의 책임자 역할을 부여한다. 가령, HR부서에서 온 사람은 인적자원에 관련된 역할을 수행한다.

비즈니스 게임은 모의과제 중에서 가장 복잡한 과제이다. 따라서 개발하기가 다른 과제에 비해서 훨씬 어렵다. 조직에서 일어날 수 있는 광범위하고 복잡한 문제와 상황을 모사해야 하기 때문이다. A 모 회사의 임원들을 대상으로 비즈니스 게임을 개발한 적이 있었는데, 그때 구상했던 시나리오는 아래와 같다.

A사는 세계적으로 히트할 수 있는 제품을 개발하고 있었다. 개발비용이 당초 예상했던 것보다 많이 들어간 상태였고, 시제품을 제작하기 위해서 상당한 자금이 추가적으로 필요하다는 것을 나중에 알게 되었다. 긴급히 자금을 조달해야 하는 상황이 발생하게 된 것이다. 불행 중 다행으로 평소에 A사에 관심을 보였던 해외투자자가 한국에 온다는 것을 알았다. 투자자에게 사람을 보내 의도를 확인한 결과, 2일 후에 투자자는 A사를 직접 방문하여 A사의 전부서 임원들로부터 각 부서현황과 비전을 듣고 투자여부를 결정하겠다고 했다. 이에 A사 CEO는 전 임원들에게 "이번 투자유치는 반드시 성공해야 한다."는 지시를 했다.

다른 주제로는 "매년 같은 시기에만 반복되는 트러블 발생 이유를 찾아내라!" "OO공장을 국내에 남겨야 하는가? 해외로 옮겨야 하는가?" "주식투자 등 재무구조의 획기적인 향상 방안을 제시하라!" "최적의 생산량을 결정하라!" "Supply Chain을 재구성하라" 등도 상황으로 제시할 수 있다.

또한 비즈니스 게임은 아래와 같은 다양한 목적으로 활용할 수 있다.

- 개인들의 관리기술과 원칙 훈련(마케팅, 재무, 생산 등)
- 팀 멤버들 간의 신뢰 구축
- 조직 계층과 부서를 관통하는 조직개발 촉진
- 집단 간 상호작용과 의사결정 수행

비즈니스 게임은 다른 과제와 확연히 다르다. 여러 단위 조직(많은 부서)이 구성되어야 한다는 점, 과제를 수행하는 시간이 길다는 점(짧게는 2시간 길게는 하루 종일), 가능하면 통제범위와 구조화 범위를 줄여야 한다는 점, 상호작용을 해야만 해결책이 나온다는 점 등 고려할 점이 많다. 특별한 경우이기는 하지만 어떤 경우에는 신체적인 활동이 요구되는 경우도 있다.

비즈니스 게임에서는 계획조직, 결정분석, 문제분석, 팀워크, 유연성, 조직 민감성, 판단력, 결단력, 의사결정, 협조/조정통합 등을 확인할 수 있다. 또 때에 따라서는 참가자가 맡고 있는 분야의 전문 Knowledge/Skill을 확인할 수도 있다.

4) 모의과제의 이슈

지금까지 모의연습에 활용하는 모의과제들에 대해서 알아봤다. 이어서 모의과제의 장점, 모의과제 개수, 개발 시 유의사항, 진행의 표준화, 모의과제의 통합 등 몇 가지 이슈에 대해서 알아본다.

● 표준과된 검사도구 vs 모의과제

표준화된 검사도구를 구매하여 사용하는 것보다 모의과제를 개발하여 활용하는 것은 쉽지는 않다. 신뢰성과 타당성을 갖춘 모의과제를 개발하고, 관리하고, 점수화하는데 필요한 시간과 비용 측면에서 많은 전문가는 기존의 평가도구들에다 모의과제를 추가할 필요성에 대해 의문을 가질 수 있다. 그러나 모의과제는 다음과 같은 많은 장점이 있다.

- 의사소통, 문제해결, 대인관계, 리더십 등과 같은 차원은 모의과제에서 표출된 복잡하면서도 명백한 행동을 보지 않고는 평가하기 어렵다.
- 모의과제에서는 복수의 행동차원을 동시적으로 측정하는 것이 가능하다.
- 모의과제는 지필검사보다 직무관련성이 훨씬 높다. 따라서 참가자들에게 보다 높은 수용성을 가질 수 있다.
- 모의과제는 성격검사보다 속이기 어렵다.
- 모의과제는 미래의 직무성과와 승진을 예측하는데 타당성을 가지고 있다.
- 모의과제는 특정한 조직의 필요성을 충족시키기 위해 맞추어질 수 있다.

평가센터는 지필검사를 사용할지 모의과제를 사용할지의 문제가 아니다. 그보다는 어떤 상황에서 모의과제가 평가 프로세스에 사용될 수 있는가? 다른 평가도구들과 어떻게 통합될 수 있는가 하는 것이 문제이다. 중요한 것은 선정된 Dimension이 어떤 특성을 가지고 있는지를 확인한 후, 가장 적절한 과제를 선정하는 것이다.

모의과제 수

사용할 과제의 적정 수를 결정하는 것은 쉽지 않다. 과제의 숫자가 많을수록, 그리고 과제의 유형이 다양할수록 정확도는 높아진다. 미국에서 200여 개의 평가센터를 운영하고 있는 조직을 대상을 조사한 결과, 전형적인 평가센터는 대략 5개 정도의 과제를 사용하는 것으로 나타났다. 10개 이상을 사용하는 경우도 있다.

과제의 다양성이 필요하지만, 같은 유형의 과제를 두 번 이상 사용하면 효과적인 측면에서 지지를 받을 수 없다. 예를 들어, 두 가지 집단토론, 한 가지 인 바스켓과 인터뷰 시뮬레이션을 사용하는 것이, 네 번의 집단토론을 사용하는 것보다 더 낫다는 것이다.

어떤 사람의 행동을 설명할 때, 여러 상황에 걸쳐 일관성 있는 특성을 찾아낸다. 누군가가 다양한 상황에서 동일한 방식으로 행동한다면, 우리는 그 행동을 그 사람의 안정적인 속성에서 비롯된 것으로 인식한다. 예를 들면, 홍길동이라는 사람이 개인이 건, 소집단이건, 대규모 집단이건 그 앞에서 자기 결정 사항을 제대로 설명하지 못하고 혼란스러워한다면 우리는 그가 의사소통 스킬이 부족하다고 결론 내릴 수 있는 것이다.

동일한 유형의 소수의 과제 보다는 다양한 유형의, 짧은 과제(일부는 구두로, 일부는 서면으로, 일부는 개인적으로, 일부는 집단으로)를 많이 시행하는 것이 바람직하다. 이렇게 다양한 과제를 수행하는 가운데 참가자의 안정적인 속성을 추론하고, 이를 바탕으로 그의 미래 행동을 이해하고 예언할 수 있게 된다.

모의과제 개발 시 유의사항

모의과제들은 참가자가 보유하고 있는 Dimension에 대한 해석과 미래 관리자로서의 성공을 예측할 수 있는 기회를 얻게 해 준다. 또 개인들의 개발과 교육훈련 필요점을 알게 해주는 역할을 한다. 그러기 위해서는 그 직무에서 직면하게 될 다양한 상황을 잘 모사하는 과제가 개발되어야 한다.

과제를 개발할 때는 반드시 각 평가센터(선발/승진, 진단, 개발)의 목적에 기초를 두어야 한다. 과제의 유형이나 수준은 목적에 따라 달라져야 한다는 것을 개발자는 절대 잊어서는 안 된다. 평가센터 자체가 그 목적에 따라 설계되어야 하는 것처럼 개별 모의과제들도 각각이 지니는 특징을 고려하여 개발되어야 한다.

선발 및 승진 프로그램은 공정하고 정확한 결과를 얻어내기 위하여 엄격하고, 공식적이며, 사전기술적이며, 스트레스를 주는 상황을 강조해야만 한다. 반면에 개발 및 진단 프로그램에서는 참가자들이 새로운 스킬을 실험하고 실행하고 학습할 수 있도록 개방적이고 유연하고, 편안한 상황을 강조해야 한다.

▶ 잠재력을 확인하는 것이 목적일 경우

개인이 가진 잠재력을 확인하기 위한 프로그램일 경우, 과제의 목적은 잠재적 특성을 측정하는 것이 되어야 한다. 이 행동정보는 해당 직무에서의 성공을 예측할 수 있는 기본적 특성 정보를 제공한다. 이런 경우 직무를 성공적으로 경험했는지는 중요하지 않다. 중요한 것은 기본적 특성을 평가할 수 있도록 과제가 구성되어야 한다는 것이다. 이러한 과제는 구체적인 직무나 조직을 묘사하기 보다는 좀 더 일반적인 내용을 담아야 한다. 여기서 충실도는 중요한 이슈가 아니다. 왜냐하면 실체는 불확실하지만 앞으로 수행하게 될 다양한 직무를 고려하면서 성공을 예측하는 것이기 때문이다.

▶ 선발이 목적인 경우

선발 프로그램의 경우 대부분 참가자가 대상 직무에 대한 경험을 가지고 있지 않으므로 구체적 지식을 요구하는 과제에 제대로 대응하지 못한다. 그러므로 높은 충실도를 가진 과제가 오히려 부적절할 수 있다. 직무표본은 이러한 목적의 프로그램에 잘 안 맞는다. 대신 경험이 부족하더라도 기본적인 특성을 가지고 있다면 잘 수행할 수 있는 과제가 적절하다. 그러나 앞으로 수행하게 될 직무와의 적합도를 볼 수 있도록 중간 정도의 충실도는 가지는 것이 좋다. 만약 요구되는 스킬을 충실하게 가진 사람을 원한다면 직무표본[53] 과제가 적절하다.

▶ 진단이 목적인 경우

진단 프로그램에서 과제는 완전히 다르다. 진단은 현재 수준을 평가하는 것이다. 여기서 과제는 몇 가지 특성에 대한 정확한 측정치를 제공해야 한다. 선발 프로그램에서 역량별 점수는 전반적인 잠재력을 평가하는 중간 단계이지만, 진단 프로그램에서는 역량별 점수가 평가의 최종 결과물이다. 따라서 과제는 각 역량에 대한 상세한 측정치를 제공해야 한다. 이는 모든 역량이 개별적으로 철저하게 평가되어야 하며, 역량들 간 상관이 최대한 낮아야 한다는 것을 의미한다.

진단 목적의 평가센터는 비교적 많은 수의 과제가 필요하다. 예를 들어 집단을 리드하는 참가자의 능력을 평가하기 위해 평가자는 참가자의 집단 상호작용을 한 번 이상 관찰해야 한다. 선발 프로그램과 달리 진단 프로그램의 집단 리더십은 성공적 수행에 필요한 여러 특성 중 하나이고 이 특성에 대해서만큼은 어떤 측면이 부족한지 정확히 구체적으로 평가해야 한다.

예를 들면, 자신의 아이디어를 명확하게 전달하는 능력이 부족한지, 아니면 타인을 설득하는 주장 능력이 부족한지를 구체적으로 알아야 한다. 진단 프로그램의 과제들은 높은 충실도를 가져야 한다. 따라서 직무표본과 같은 과제가 적절하며 현재 스킬 수준을 평가할 수 있어야 한다.

▶ 개발이 목적인 경우

개발이 목적인 경우는 교육과정으로 운영되는데, 교육에서 배운 내용을 현장에서 곧바로 활용하도록 설계되어야 한다. 쉽지 않은 일이지만 교육과정에서 훈련받은 스킬을 직무 상황에서 활용할 수 있으려면 과제들이 몇 가지 특징을 가져야 한다. 과제가 직무와 아주 유사해야 한다. 또한 평가처럼 긴장되지 않는 환경에서 성공 경험을

---

[53] 한 업무를 그대로 모사한 것, 예를 들면, 비서의 타이핑 과제, 용접공의 용접 과제 등

할 수 있는 기회를 제공해야 하며, 정확한 피드백과 개발 정보를 제공할 수 있도록 구체적인 관찰이 가능한 상황으로 구성되어야 한다. 과제의 수는 충분해야 한다. 그래야만 참가자가 새로운 스킬을 체득하여 현업에서 효과적으로 사용할 수 있다.

● 모의과제 운영의 표준화

진행자는 참가자에게 설명하고 지시할 때 일관성을 유지해야 한다. 진행자가 어떻게 말하는지에 따라서 참가자의 행동에 영향을 미칠 수 있다. 참가자들 입장에서는 모의과제에 따라 어떻게 조치해야 하는지 애매할 수 있다. 이때, 참가자들은 실제로 중요한 것이 무엇인가에 대해서 어떤 힌트를 찾게 된다. 그들은 진행자로부터 단서를 찾는다. 이때 진행자가 참가자들마다 다르게 안내하면 참가자들은 각기 다른 방향으로 접근하게 된다.

개발자들은 진행자가 안내나 지시를 할 때, 그대로 읽으면 될 정도로 명확하게 글로 쓰여진 매뉴얼을 개발해야 한다. 이것은 검사도구 매뉴얼에서는 상식적인 것이다. 모의과제에서도 꼭 해야 하는 것으로 강력히 추천하는 부분이다. 이렇게 매뉴얼을 개발해 놓으면 진행자가 직접 설명할 수도 있고, 설명 내용을 비디오테이프 및 녹음기를 활용하는 방안을 검토해 볼 수 있다.

● 모의과제의 통합 문제

지금까지 설명한 각 과제들은 서로 관계가 없으며 각각 개별적으로 운영되는 것을 가정하여 설명했다. 그러나 두 세 개의 과제를 서로 연계하는 대안적 접근을 생각해 볼 수 있다.

예를 들어, 회사, 업종 및 경쟁 환경에 대한 단일 정보를 모든 과제에 적용할 수 있다. 서류함 과제의 배경 정보가 이후에 진행되는 집단토론에서 더 심도있게 다루어질 수 있다. 또 한 과제의 결과물이 다른 과제의 정보로 사용되도록 할 수 있다. 즉 참가자가 작성한 사례 연구 결과물이 집단토론의 출발점으로 사용될 수 있다.[54]

실제 조직에서 일하는 사람들은 시간이 흐름에 따라 환경에 익숙해지는데, 어떤

---

[54] Gaugler 등이 200개 이상의 평가센터를 조사했을 때 약 20%가 통합과제를 사용한 것으로 나타났다.

상황을 한번 겪으면서 습득한 정보 및 새로운 상황에 대처하는데 도움을 준다. 습득한 정보의 활용 능력을 평가할 수 있다는 점에서 볼 때, 통합과제가 분리과제에 비해 유리하다. 과제 수행 초기의 실패 경험을 딛고 일어서는 능력을 평가하는 데도 통합과제가 적절하다. 이것은 실제 직무에서는 대단히 중요하다.

통합과제를 활용할 경우에는 고려할 점이 있다. 한 가지는 관리자의 직무가 연속성이 적고 아주 짧은 단절적인 상호작용으로 이루어진다는 것이다. 어느 관리자의 일상을 생각해 보자. 전화로 재무적인 문제에 대해 잠깐 대화를 나누고, 다음에는 생산문제와 관련된 메모를 처리하고, 이어서 어떤 리더에게 현장 관리 문제에 대해 조언한다. 이상의 각 과제를 처리하는데 필요한 배경 정보, 관여된 사람, 그리고 요구되는 역량은 아주 다를 것이다. 이렇게 보면 서로 관련성이 없는 분리된 과제를 사용하는 것이 관리자 일상의 중요한 측면을 반영하는데 적절할 것이다.

다음 한 가지는 동기에 관한 문제다. 과제가 구분되어 있을 경우, 참가자는 각 과제에서 새로운 출발을 할 수 있다. 예를 들어, 누군가가 서류함 과제에서 저조했다면 집단토론에서는 이를 만회할 수 있는 기회를 가지는 것이다. 분리된 과제는 한 번의 실패가 다음 과제에 연이어 악영향을 줄 가능성이 줄어들게 된다.

결론적으로 통합과제를 사용하고자 하는 경우에는 위에서 언급한 내용을 충분히 검토하고 무엇보다도 참가자와 조직 내 이해관계자의 수용을 얻는 것이 중요하다.

※ 참고사항

◉ 모의과제별 두뇌회전 요구 수준

평가센터는 여러 개의 과제를 제시한다. 과제마다 두뇌회전을 요구하는 수준이 다르다. 아래 그림을 보자.

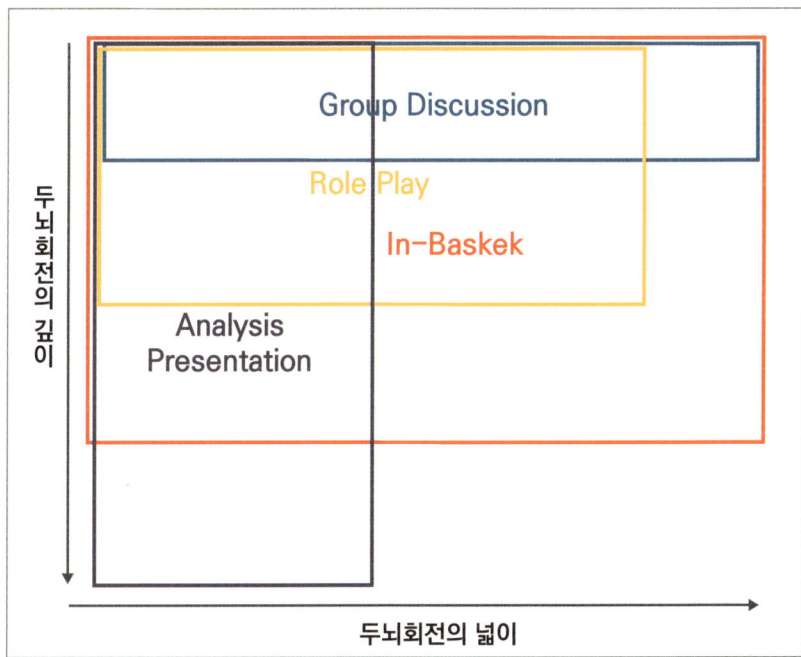

In-Basket을 보면 빨간색 영역이다. In-Basket은 모의과제 중에서 꽃이라 부르는데, 두뇌회전의 깊이는 Analysis Presentation보다는 덜 요구하지만, 넓이는 위 4개의 과제 중에서 가장 넓다. 넓다는 것은 그만큼 다방면에 신경을 써야 한다는 것을 의미한다. 경영 또는 관리의 전반에 대해서 출제된다.

Group Discussion은 두뇌회전이 깊이 요구되는 것은 아니지만, 그 대신 폭넓은 영역을 다루고 있는 과제이다. 위 4개의 과제 중에서 두뇌회전이 가장 빠르게 요구되는 과제다. 참가자가 어떻게 반응하느냐에 따라 적절한 대응을 해야 하기 때문이다.

Role Play는 두뇌회전이 Group Discussion보다는 빠르게 요구되지는 않지만, 폭넓은 영역에서 신경을 써야 한다. 특히 사람과 빈번히 만나는 직무에서는 이 과제를 잘 해결하는 것이 중요하다. 위 4가지 과제 중에서 민감성이 가장 많이 요구되는 과제이다.

Analysis & Presentation은 폭넓은 두뇌회전을 요구하지는 않지만, 두뇌회전의 깊이는 위 4개의 과제 중 가장 깊은 곳까지 들어가야 하는 과제이다. 분석해야 하는 영역에서 깊은 사고를 할 수 있어야 좋은 평가를 받을 수 있다. 이 과제는 분석 스킬을 가지고 있지 않으면 과제를 해결하는데 의외로 고전할 수 있다.

복수의 과제를 부여하는 것은 참가자가 어떤 상황에서 강점이 있는지, 약점이 있는지를 알아보기 위함이다. 이러한 정보는 조직 차원에서 선발/승진에도 결정적인 정보를 제공하며, 나아가 배치/전환에도 유용한 정보가 된다. 개인들에게는 자기의 전문분야를 결정할 때, 경력개발을 할 때도 유용한 정보가 된다.

MEMO

제3장 Measurement(평가도구)는 어떤 것들이 있는가?

제 4 장

Assessor(평가자)는 어떤 사람들인가?

평가자(Assessor)는 아래 그림에서 보는 바와 같이 평가센터의 구비요소 중 세 번째로 갖추어야 할 요소다. Dimension과 Measurement가 결정되면 이어서 평가자를 선발하고 훈련이 이루어진다. 평가센터가 운영되기 위해서는 운영책임자, 개발자, 평가자, 보조요원 등의 역할도 중요하다. 하지만, 평가의 품질을 좌우하는 평가자(Assessor)의 역할이 무엇보다 중요하다.

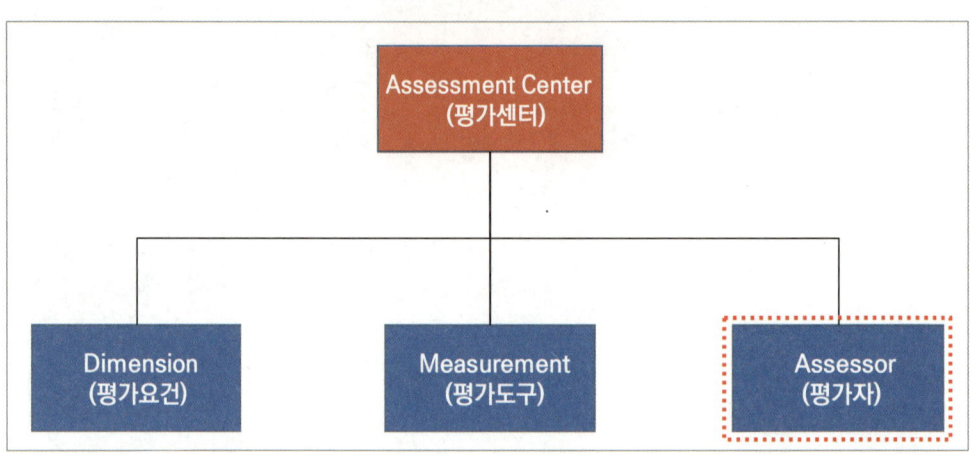

평가센터의 3대 구비요소(평가주체)

평가센터의 운영지침인 가이드라인에서 '평가자는 참가자의 행동들을 관찰하고, 기록하고, 분류하고, 평정한다. 그리고 평가자 통합회의 또는 통계적 집계 방법을 활용하여 참가자에 대한 평가결과를 종합한다.'고 기술되어 있다. 이를 위해 평가자는 평가센터에 관한 이론과 지식, 평가스킬에 대해서 반드시 훈련을 받아야 한다. 어떤 평가센터든 평가센터의 품질은 평가자의 품질과 직결된다.

평가자와 관련하여 평가센터에서 일반적으로 범하는 실수는 2가지라고 할 수 있다. 저품질 평가자와 적절하지 못한 평가자 훈련이 그것이다.[55] 품질을 제대로 갖추지 않은 평가자를 활용함으로써 참가자와 이해관계자로부터 부정적인 인식을 주고, 프로그램의 유용성을 감소시키고, 법적 소송에 직면하게 된다. 아무리 Dimensions을 잘 선정하고, Measurements를 잘 준비했을지라도, 평가자가 평가를 부실하게 하면 평가센터는 곧바로 심각한 타격을 받게 된다. 이러한 어려움은 평가자를 신중하

[55] Thornton & Gruys, 2003년.

게 선발하고 훈련을 강화함으로써 극복할 수 있다.

평가자는 약 50시간 정도 교육을 받는다. 몇 시간을 훈련해야 하는지에 대해 정해진 것은 없다. Dimension의 수와 평가과제의 수에 따라 달라진다. 기본적인 스킬인 관찰, 기록, 분류, 평정, 공유, 통합, 보고서 작성, 피드백 등 8가지에 대해서는 정확히 숙달해야함은 아무리 강조해도 지나치지 않는다.

1. 평가자 역할

평가자들은 참가자의 행동들을 관찰하고, 기록하고, 분류하고, 평정한다. 그리고 평가자 통합회의 또는 통계적 집계 방법을 활용하여 참가자에 대한 평가결과를 종합한다. 나아가 평가센터 종료 후 보고서 작성, 피드백을 하고 요청 시 코칭의 역할도 수행한다.

2. 평가자 선발

평가센터는 복수의 평가자를 활용해야만 한다. 평가자를 선발할 때, 인구통계학적인 면(인종, 나이. 성별 등)과 경험 면(조직 경험자, 직무경험자, 관리자, 심리학자 등)을 고려하여 다양하게 갖추어야 한다.[56]

평가자 훈련을 시작하기 전에, 조직은 내부인력으로 할 것인지, 외부인력을 할 것인지를 검토한다. 내부 평가자들은 인적자원전문가, 훈련전문가, 조직개발전문가 또는 일선 관리자가 될 수 있다. 외부 평가자들은 심리학자 또는 특별히 훈련이 된 컨설턴트들이 될 수 있다.

내부 평가자들의 이점은 그들이 통상 대상 직무에 매우 익숙하다는 점이다. 내부 평가자의 불리한 점은 훈련에 참여하고 평가를 해야하기 때문에 그들이 본업을 떠나 시간을 내야만 한다는 것이다. 외부 평가자들은 참가자에 대한 편견이 없이 객관적으로 참가자의 수행을 평가할 수 있다. 또한 외부 평가자들은 평가에 대한 특별한 경험이 있고, 행동에 대한 관찰과 평가에 대해서 훈련이 되어 있다. 외부 평가자의 불리한 점은 대상직무의 요구조건에 익숙하지 않다는 것이다.

---

[56] TFT, *Guidelines and Ethical Considerations for Assessment Center Operations* (2015년), 제3항.

인재 발굴 및 육성의 글로벌 스탠다드

이처럼 어떻게 구성할 것인가가 정해지면 다음으로 구체적인 선발 작업을 한다. 아래 기준은 내부 평가자를 선발할 때 사용하는 기준이다.[57] 하지만, 이 기준은 외부 평가자를 선정할 때도 적용할 필요가 있다. 앞에서도 설명했다시피, 평가자의 품질이 평가결과에 미치는 영향이 지대하므로, 평가센터를 도입하는 조직은 평가자 선발에 많은 고민과 공을 들여야만 한다.

1) 높은 수준의 성숙함을 갖춘 자

평가자는 높은 수준의 성숙함을 갖추어야 한다. 평가자는 존재 자체만으로 위엄이 있어야 한다. 이스라엘의 랍비에 비유할 수 있다. 특히, 조직 내부에서 양성되는 평가자는 평소에 주변 사람들로부터 신뢰와 존경을 받는 사람이어야 한다. 그래야만 평가결과가 권위가 있다.

2) 사람에 대한 호기심이 있는 자

평가자는 사람에 대한 호기심이 있어야 한다. 사람에 대한 호기심은 사람의 발전가능성과 성장가능성에 관심이 있는 것을 말한다. 사람을 볼 때, 편견이나 고정관념이 없어야 하고, 어떤 사람이 어느 정도 발전할 것인가에 대해서 궁금함을 가져야 한다.

3) 경청을 잘하는 자

평가자는 평가가 시작되면 참가자들은 행동(Say or Do)을 보이기 시작한다. Say는 들어야 하고, Do는 봐야 한다. 참가자들의 행동을 관찰하고 기록하는 것이 평가자의 가장 중요한 역할이므로 잘 듣고 잘 볼 수 있어야 한다. 특히 집단토론의 경우 자칫 한눈 팔면 참가자들의 행동을 놓치는 경우가 비일비재하다.

4) 통찰력이 있는 자

평가자는 평가상황에서 나타나는 참가자들의 행동을 보고 그 행동 이면의 보이지 않은 부분까지 볼 수 있어야 한다. 평가자의 통찰은 관찰, 기록은 물론 나중에 보고서

---

[57] 인도 공군에서 활용하고 있는 조건이다.

를 작성할 때까지 이어진다.

5) 상담이나 교육분야에 근무한 경험이 있는 자

평가자는 평가하는 것이 대단히 중요하지만, 평가 후에도 역할이 있다. 참가자의 역량개발을 위해 코칭도 하고 멘토 역할도 할 때가 있다. 평가자는 공정하고 정확해야 하지만, 사람들의 성장에 대해서도 조언을 해 줄 수 있는 스킬을 갖추어야 한다.

6) 업무성과가 높은 자

평가자는 평소 업무성과가 높아야 한다. 조직 내에서 업무실적이 높고 평균 또는 그 이상의 관리수준을 보유하고 있는 사람들이 평가를 하면 평가를 받는 사람들이 결과를 더욱 신뢰한다. 일상생활에서 허점이 많이 노출되거나 자기 일도 제대로 못하는 사람이 평가를 하면 권위가 서지 않기 때문이다.

7) 지속적인 학습능력이 있는 자

평가자는 공부하는 사람이어야 한다. 공부하는 것이 일이어야 한다. 다양한 산업을 알아야 하고, 다양한 직무에 대해서 알아야 하고, 최신 경영 및 관리기법들도 알아야 한다. 그러기 위해서는 꾸준히 공부하는 것이 중요하다.

8) 체계적-조직화에 능한 자

평가자는 체계적이고 조직화에 능해야 한다. 평가센터는 체계적으로 운용된다. 각 프로세스마다 평가자의 역할이 있다. 그때마다 차질이 없이 역할을 수행할 수 있어야 한다. 운영 프로세스를 잘 이해하고 필요한 자원을 활용할 수 있어야 한다.

9) 높은 달성기준과 업무표준을 가지고 있는 자

평가자는 달성기준이 높아야 한다. 관찰, 기록 수준도 높아야 하고, 보고서 작성 수준도 높아야 하고, 피드백 수준도 높아야 한다. 달성기준은 본인이 스스로 설정하는 것이다. 도자기 장인이 가지고 있는 정신과 같다. 장인이 도자기가 가마에서 나왔을 때, 마음에 들지 않으면 스스로 깨버리는 것과 같이 평가자도 도달해야 할 높은 수준을 가지고 있어야 하고, 나름의 높은 업무표준을 가지고 있어야 한다.

10) 강인한 체력을 보유한 자

평가자가 갖추어야 할 조건 중 가장 기본적인 조건이 체력이다. 평가자는 상황에 따라서 상당한 시간 동안 쉬지 않고 일을 해야 하는 때도 있고, 평가 당일 의외로 늦게까지 일을 해야 할 때도 있고, 여러 날을 계속해서 평가해야 하는 상황도 있다. 이때 필요한 것이 체력이다.

11) 소신과 철학이 있는 자

평가자는 평가에 대한 소신과 철학이 있어야 한다. 평가자는 개별적으로 평가를 마친 후, 전원이 모여서 '평가자 회의'를 한다. 이때 자신이 평가한 결과를 다른 평가자 앞에서 발표하게 되는데, 당당하게 발표할 수 있어야 하고, 다른 평가자가 발표하는 내용이 자신이 관찰하고 평가한 결과와 다를 때에는 소신있게 이의를 제기할 수 있어야 한다. 또 나의 의견이 반대에 직면할 때, 자기주장을 분명하게 할 수 있어야 한다.

12) 편견과 고정관념이 없는 자

평가자는 사람에 대해서 편견이 없어야 한다. 평가자는 자신의 주관이 아니라 관찰하고 기록한 내용을 가지고 평가를 한다. 이때 개인의 추론이나 추측, 일반화, 모호함 등 편견이나 고정관념이 개입되어서는 안 된다.

13) 윤리적으로 고결한 자

평가자는 윤리적으로 고결함을 갖추어야 한다. 참가자에게 사전에 정보를 알려주는 일은 절대로 없어야 한다. 또 아는 사람을 평가하게 되는 경우, 배척 의사를 알려야 한다. 그리고 평가결과를 산출할 때 어떤 유혹에도 흔들려서는 안 된다.

3. 평가자 규모

평가자 규모는 여러 가지 돌발상황에 대비하여 필요보다 약간 많은 인원을 확보할 필요가 있다. 언제나, 어떤 평가자는 시간 내에 평가자 역할을 수행하기 어려운 사람이 있고, 다른 사람은 훈련을 완료하지 못하는 사람도 있다. 나중에 사람을 추가하기보다는 처음에 약간 초과하는 인력을 훈련하는 것이 좋다.

평가자 대 참가자의 최소 비율은 몇 가지 변수가 있다. 그것은 활용하는 과제들의 유형, 평가하게 될 Dimension 수, 평가자의 역할들, 데이터 통합 방법 유형, 훈련받은 평가자 수, 평가자의 경험, 평가센터의 목적 등이다. 평가자 대 참가자의 비율은 평가자의 인지 부하를 줄이기 위해서 최소화해야 하고, 잠재적 오류를 최소화하기 위해서, 선발이나 승진 목적으로 평가결과를 활용하는 참가자의 상위 관리자는 자신의 지휘를 받는 참가자를 평가하는데 포함해서는 안 된다.

4. 평가자가 익혀야 할 지식과 스킬

1) 지식

평가자들은 스킬을 훈련하기 전에 먼저 알아야 할 것들이 있다. 평가와 관련하여 조직의 의도와 목적을 알아야 하고, 조직의 특성, 참가자들의 특성, 대상직무의 특성에 대해서 잘 알고 있어야 한다.

첫째, 평가자들은 평가에 관하여 조직의 정책과 실행방침을 이해해야 한다. 특히, 평가자들은 평가결과가 어떻게 활용되는지를 알아야만 한다. 예를 들면, 선발용인지, 승진용인지, 훈련용인지, 개발용인지, 연구용인지 등을 알아야만 한다. 그리고 평가결과가 조직의 인적자원관리 프로세스의 큰 시스템에 어떻게 적합한지를 알아야만 한다. 예를 들면, 평가결과가 선발용인 경우, 평가자들은 결과가 선발 초반에 활용되는지, 선발 직전에 마지막 허들인지를 알아야만 한다. 추가적으로, 평가결과에 누가 접근할 수 있는지를 알아야만 한다. 그리고 참가자들은 어떻게 피드백을 받는지 알아야만 한다. 그리고 정보에 접근이 허용된 사람 외에 절대로 참가자의 수행에 대해서 토론을 해서는 안 될 사람이 누구인지를 명확히 알아야만 한다.

둘째, 조직 특성에 대해서 잘 알아야 한다. 어떤 조직은 간단하지만, 어떤 조직은 상당히 복잡하다. 총 인원은 몇 인지, 조직구조는 어떻게 되어 있는지, 예산은 어느 정도인지, 지휘(통제)체계, 주요 제품들과 그와 관련 주요 업무들은 어떤 것들이 있는지 분석을 한다.

셋째, 참가자의 특성을 잘 알아야 한다. 대상자를 확인하고 분석을 하기 시작하면, 조직에서 대상자들에게 대해서 생각하고 있는 것들을 알 수 있다. 예를 들어, 팀장으로 승진시키기 위해 평가센터를 활용하기로 했다면, 최고의 팀장 스킬을 보유한 사람들을 팀장으로 승진시키는데, 이들은 특정 분야의 기술자로서 탁월한 성과를 보이지만, 이들이 맡는 직무들은 고유의 역할들이 서로 달라서 승진해서 탁월한 성과를 낸다는 보장이 없을 수 있다.

넷째, 대상직무에 대해서 잘 알아야 한다. 대상자들이 맡게 될 직무에서 대해서 소상히 알아야 한다. 어느 정도까지 관리하고 감독하는지, 활용하고 있는 장비와 운용, 유지/보수는 어떻게 하는지, 부하직원들의 훈련 등 인적자원관리, 행정적인 업무는 어떤 것들이 있는지 등을 평가가 시작되기 전에 소상히 알고 있어야 한다.

2) 스킬

평가자들은 반드시 평가스킬에 대해서 훈련을 받아야 한다.[58] 평가자로서 임무를 수행할 수 있는지를 보여주어야 하며, 사전에 자세히 기술된 기준에 도달하여야 한다. 훈련은 평가센터의 목표와 목적, 평가할 Dimension들과 행동들의 관계, 평가과제의 활용, 행동의 분류 및 평가 등을 교육해야 한다.

또한, 행동을 근거로 점수 매기는 방법과 평가자의 눈높이를 맞추는 교육이 포함되어만 한다.[59] 평가자는 참가자가 행동들을 보인 후에만 참가자를 평가하도록 해야 한다. 또한, 평가자가 피드백까지 제공하기로 했다면, 훈련에서 참가자가 피드백을 수용하고 행동의 변화를 할 수 있도록 그에 대한 전략도 다루어야 한다.

평가자들이 관찰할 때, 구체적으로 행동을 관찰하고, 기록하고, 평정할 수 있도록 체계적인 절차를 마련해야 한다. 이 절차는 노트에 기록하는 것을 포함하여 BOS 또는 BARS, 행동 체크리스트 등이 포함되어야 한다. 관찰은 참가자의 모의과제 수행을

---

[58] TFT, *Guidelines and Ethical Considerations for Assessment Center Operations* (2015년), 제7항.
[59] 평가자의 눈높이를 맞추려면 frame-of-reference training(참조 틀)이 마련되어야 한다.

녹화한 비디오나 오디오를 봄으로써 할 수도 있다. 평가자는 관찰하고 기록하는 내용을 바탕으로 통합회의 또는 통계적 통합을 준비해야 한다. 행동의 분류, 점수, 보고 등을 위해서 평가센터에서는 미리 양식을 마련해야 한다.

각 참가자의 행동을 관찰하고 기록한 것을 통합하는 방법은 통계적 방법과 합의 토론 방법이 있다. 이 프로세스 활용은 전문가들이 인정하는 표준화된 방법으로 수행해야 한다. 통합은 역량별 점수, 과제별 역량점수, 과제별 점수, 과제 간 역량점수, 종합 순위 등으로 이루어지며, 평가센터의 목적에 따라 다소 달라질 수 있다. 합의 토론(consensus meeting)으로 이루어지는 경우, 평가자들은 평가과제에서 수집된 역량 관련 행동 정보만을 고려해야만 한다. 평가센터 프로세스 외에서 얻은 정보는 고려하지 않는다.

어떤 통합 방법을 사용하든지 점수는 신뢰할 수 있는 프로세스에 의해서 매겨져야 한다. 점수를 계산하고 해석하는 것은 다양한 평가과제에서 참가자가 어떤 수행을 보였는가를 고려해야 한다. 이때 참가자가 그들 직무에서 수행하게 될 민감한 과제들의 수에 따라 어떤 역량에 대해서는 가중치를 줄 수 있다. 참가자 중에는 어떤 역량이 어떤 과제에서는 높게 나오고, 어떤 과제에서는 낮게 나오는 경우가 있다. 여기에 주목하면 의미 있는 정보를 발견할 수 있다. 이때 발견한 정보는 피드백할 때 포함한다.

위와 같은 역할을 수행하기 위해서 평가자들이 반드시 익혀야 할 스킬은 관찰, 기록, 분류, 평정, 공유, 통합, 보고서 작성, 피드백 등 8가지다. 이 중 앞의 6가지는 평가를 하기 위해서 반드시 필요한 스킬이고[60], 보고서 작성 및 피드백은 평가가 끝난 후에 필요한 스킬이다.

---

[60] DDI, "Welcome to Assessor Training", 15.

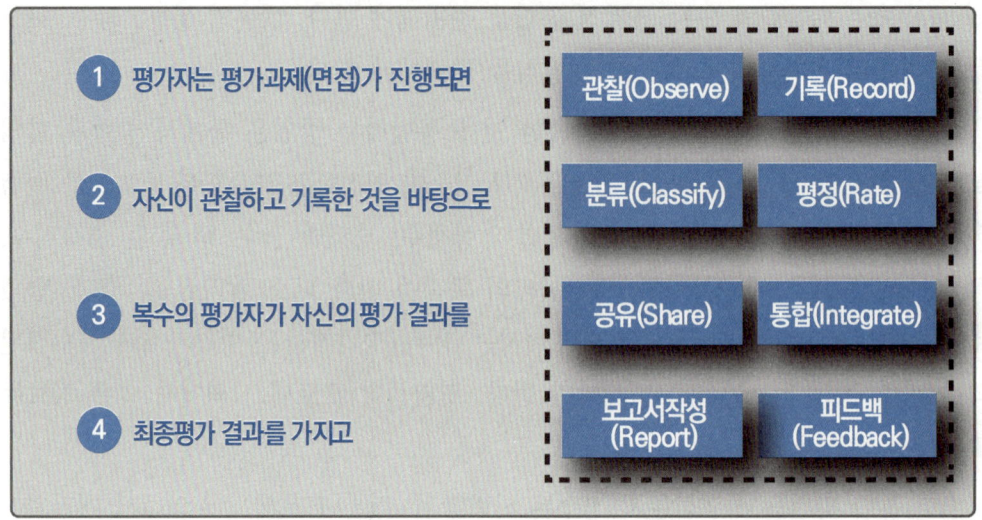

평가자가 익혀야 할 8가지 스킬

이러한 Skill들은 참가자가 과제를 수행함으로써 발휘되는 행동정보를 평가자가 체계적으로 관찰하고 활용할 수 있도록 개발된 것이며, 사용되는 기법과 절차들은 평가자의 세밀한 관찰과 기억을 돕기 위해 고안된 것들이다. 평가사들에게 관찰해야 할 중요한 행동 영역들을 훈련함으로써 복잡한 과제 수행 중에 주의를 집중하도록 돕고, 참가자가 발휘한 역량들의 수준을 체계적으로 평가할 수 있도록 한다.

관찰(Observe)

평가자가 익혀야 할 스킬은 관찰, 기록, 분류, 평정, 공유, 통합, 피드백, 보고서 작성 등 8가지다. 이 중에서 관찰만큼 중요한 스킬은 없다. 왜냐하면 나머지 7가지 스킬은 모두 관찰을 바탕으로 이루어지기 때문이다.

역량평가와 관련된 책들을 읽다보면, behavior in simulations, behavior on prepared forms, behavior by dimension, dimensions based on behavioral evidence 등과 같이 Behavior란 단어가 많이 나온다.

행동 정의

Behavior is an individual actually <u>says or does</u> in an Exercise.[61]
행동(behavior)은 연습에서 개인이 실제로 말로 표현한 것(Say) 또는 행한 것(Do)이다.

These "things" include job-relevant behavior.(what a person **<u>says or does</u>** that results in good or poor performance)[62]
직무와 관련된 행동은 좋은 성과 또는 부실한 성과를 내는 사람의 말과 행위다.

    행동(Behavior)은 참가자가 실제로 하는 말(say)과 행위(do)를 말한다. 이 행동의 정의는 너무나 중요하다. 평가자는 이 정의를 반드시 숙지해야 한다. 이것이 평가자 훈련의 전부라고 해도 과언이 아니다. 평가사 훈련에서 행동을 이해하는데 많은 시간을 들여 깊이 다루는 이유가 여기에 있다. 평가가 시작되면 참가자들은 행동을 보이기 시작한다. 참가자들이 보인 행동을 제 2장에서 이미 알아본 Dimension Dictionary에 있는 행동지표(Behavior Indicator)와 비교하여 많이 일치하면 높은 점수를 주고, 적게 일치하면 낮은 점수를 주는 것이다. 역량을 평가한다는 것은 각각의 행동지표를 평가한다는 말인데, 행동지표는 모두 Say or Do로 되어 있다. 행동지표에 형용사나 부사가 들어가면 잘못된 것이다.

    관찰은 참가자의 행동을 듣고 보는 것이다. 참가자가 하는 Say를 잘 듣고, 참가자가 하는 Do를 잘 보는 것이다. 얼핏 쉬워 보일지 모른다. 훈련을 시켜보면 어려워한다. 평가자 훈련을 할 때, 동영상을 보여주면서 관찰해 보라고 하면, 5분이 지나가고 있는데도 기록을 하지 않는 사람들이 많다. 그저 감상만 하고 있다. 무엇을 봐야할지 아직 감이 잡히지 않는 것이다. 사전에 충분하다 할 정도로 설명을 했는데도 어려움을 느끼는 것을 보면 관찰이 쉬운 것은 아니라는 것을 알 수 있다. 그래서 먼저 하는 것은 각각 역량의 정의와 행동지표를 숙지하도록 한다.

    평가는 참가자에게 과제를 제시하는 순간부터 시작된다. 과제를 받은 참가자는 그 내용을 읽고, 해결하기 시작한다. 참가자가 과제를 해결하기 시작하면 평가자는 참가자의 행동들을 관찰한다. 평가가 시작된다는 것은 행동을 관찰하기 시작한다는 의미가 된다.

---

[61] DDI, "Welcome to Assessor Training", 17.
[62] DDI, *Harvard University Competency Dictionary*, 4.

평가자는 평가가 시작되기 전에 어떤 과제는 어떤 역량이 평가된다는 것을 알고 있다. 그 과제에서 참가자가 발휘하는 행동을 잘 관찰하면 그 과제에서 평가하고자 하는 역량을 평가하게 되는 것이다. 관찰이 부실하면 자동적으로 평가가 부실해진다. 평가를 준비하는 수험생들은 평가가 이렇게 시작된다는 것을 눈여겨 본다면 좋은 평가를 받는데 도움이 될 것이다.

기록(Record)

기록은 관찰한 것을 준비된 양식 또는 메모지에 적는 것을 말한다. 기록은 관찰과 동시에 이루어진다. 평가자는 참가자가 과제를 수행하는 매 순간에 나타나는 행동들을 기록한다.

기록은 평정 시에 정확성을 증가시키며, 보고서 작성과 피드백 시에는 참고자료로 활용되고, 낮은 점수를 받는 참가자에게는 증빙자료가 된다. 따라서 평가자는 기록이 습관화되어야 한다.

- 기록은 평정의 정확성을 증가시킨다.
- 기록은 다른 평가자들과 공유하고 통합하는 시간에 신뢰도를 높인다.
- 다른 과제에 참여한 참가자의 다른 행동 패턴을 평가하는 평가 팀에 도움을 준다.
- 기록은 승진 후보자가 낮은 점수를 받았을 경우, 방어 수단이 된다.
- 이의 제기 또는 법적 소송에서 증명하는 문서가 된다.
- 참가자들에게 피드백을 줄 때, 증거를 제시할 수 있다.
- 평가가 개발 목적일 때, 개발해야 할 포인트를 제시하는데 도움이 된다.

기록의 전통적인 방식은 처음부터 끝까지 빈 노트에 기록하는 것이다. 그러나 최근에는 아래와 같이 특별히 고안된 Sheet를 활용한다. 아래 관찰표는 참가자가 보일 수 있는 행동을 미리 예상하고 제시한 것이다. 제시된 행동 외에 추가로 관찰되는 행동들은 기록란에 기록하도록 한 것이다.

Analysis & Presentation Observation Sheet(예시)

역량	과제 수행 시 관찰된 행동	Check
의사결정	매출증대를 위해 효과적으로 판매활동비를 활용하기 위한 정보를 수집한다	
	판매활동비를 얼마를 어떻게 사용할 것인지 수집한 정보를 분석한다.	
	가용자원 확인하고, 매출액 목표를 세울 수 있는 설득력 있는 대안을 개발한다.	
	판매활동비 지원활동과 매출증대와의 관계를 논리적으로 제시한다.	
	판매활동비 지원활동이 제대로 실행될 있도록 구체적인 실천방안을 마련한다.	
	제시된 대안이 잘 실행되고 있는지 모니터링 할 수 있는 방안을 마련한다.	
	기록	
성과관리	매출성과목표를 매장 별로 정렬하고 할당한다.	
	기존 상품판매와 신제품 판매비율이 6대4가 되도록 판매전략을 수립한다.	
	매장 별로 성과목표를 달성하기 위해 점주들이 해야 할 사항들을 정의한다.	
	점주들에게 동기부여가 될만한 매력적인 지원방법을 설득력 있게 제시한다.	
	매출목표를 달성했는지 지속적으로 확인하고 보상하는 방안을 마련한다.	
	기록	
의사소통	매출목표달성을 위해 개발된 대안을 논리적이고 명확히 점주들에게 전달한다.	
	통계, 비유, 예제, 유머 등 다양한 스킬을 활용하여 점주의 관심을 이끌어 낸다.	
	점주들의 수준과, 요구사항에 맞추어 메시지를 구성하고, 내용을 전달한다.	
	발표하는 도중 듣는 사람이 얼마나 이해하고 받아들이는지의 정도를 점검한다.	
	전달 스킬들을 잘 활용한다. (시선, 말투, Body Language 등)	
	경청한 후, 메시지를 정확히 이해하고 상대방의 의도를 확인한다.	
	기록	

관찰과 기록에서 피해야 할 것들이 있다. 평가자는 아래와 같은 관찰/기록들은 피하도록 훈련되어야 한다.

- 지나친 일반화(사투리를 자주 쓰기 때문에 의사전달이 잘 안 될 것으로 판단됨)
- 장래 행동 예측(중요한 세미나라고 기록했으므로 반드시 참석할 것임)
- 행동의 해석 시도(화가 나서 책상을 두드렸음)
- 판단적 결론, 추론(기획팀에 근무하므로 발표를 잘 할 것임)
- 참가자에 느낌(문제해결 시 혼란스러워함)
- 참가자의 저변에 깔려있는 성격 기술 시도(내향적인 것 같음)
- 하찮은 행동(회의가 진행되는 동안 하품을 함)

기록은 적는 것이다. 훈련을 시켜보면 멍하게 바라만 보고 기록을 하지 않는 경우가 너무나 많다. 무엇을 기록해야 할지 모르겠다는 것이다. Dictionary에 있는 행동지표와 연결이 잘 안되기 때문에 그런 것이다. 이 점을 강조하고 여러 번 반복하면 점점 좋아진다.

아무리 좋은 관찰을 했다 해도 기록하지 않으면 관찰은 아무런 의미가 없다. 기록이 부실하면 평가는 자동으로 부실해질 수밖에 없다. 관찰과 기록의 품질이 평가의 품질을 좌우한다고 해도 과언이 아니다.

분류(Classify)

분류는 기록한 행동들을 Dimension(여기서는 주로 역량)의 행동지표로 옮기는 것을 말한다. 즉, 기록한 행동들을 평가하고자 하는 역량의 행동지표와 매칭시키는 작업이 분류이다. 아래 그림은 평가자기 빈 양식에 기록한 내용을 분류하는 작업과정을 표현한 것이다.

분류 과정

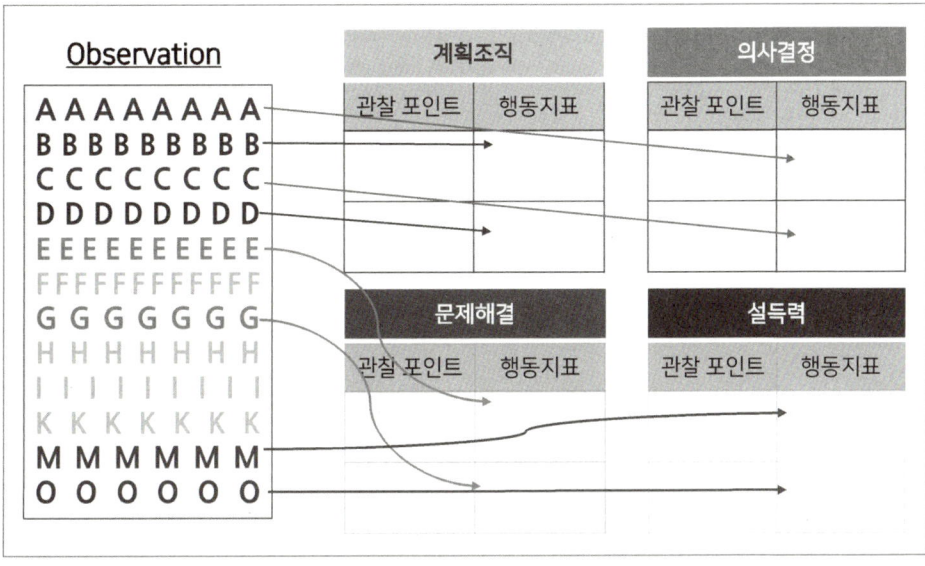

분류를 하면 참가자의 행동이 평가하고자 하는 역량의 행동지표와 어느 정도 일치하는지를 알 수가 있다. 훈련을 시켜보면 기록을 잘하고서 엉뚱한 역량으로 옮기는 사례가 비일비재하다, 이것을 예방하는 최선의 방법은 역량의 정의와 행동지표를 숙지하는 것이다. 아무리 관찰/기록을 잘했다고 해도, 분류가 제대로 이루어지지 않거나 분류작업이 잘못되면 전혀 다른 평가결과가 나올 수 있다.

평정(Rate)

행동이 분류되면, 평가자는 평가하고자 하는 Dimension(역량)의 점수와 참가자의 수행을 평가할 준비가 된 것이다. 평정은 역량의 행동지표로 옮겨진 참가자의 행동들(양과 질)과 비교하여 각 역량에 대한 점수를 매기는 것을 말한다. 통상적으로 5점 척도(1~5점)를 활용한다. 역량의 행동지표와 수행 중에 관찰하고 기록한 행동들이 완벽하게 일치하면 5점, 일치하는 것이 전혀 없으면 1점을 준다. 통상 3점이면 합격수준이다. 이것은 약속이다. 이 약속을 균일하게 맞추는 것이 평가자 훈련의 핵심이다.

평정척도(BARS)

구간	문제분석
	발휘된 행동 수준
5	매우 효과적임; 퍼져있는 자료를 통합함; 실질적 증거로 실제의 문제를 문서화함; 자료에서 독특하고 정보적인 추세분석을 수행함
4	
3	목표치(on target); 모의과제에서의 주요 문제들이 언급됨; 설문조사로부터 자료를 사용함; ROI의 적절한 계산을 행함
2	
1	기대 이하; 상황에 대한 깊이없는 가정을 함; 임시팀의 보고서에서 제공되는 자료를 사용하지 못함; 조직에서 근원적 문제를 표현하는데 실패함

구간	의사결정
5	매우 효과적임; 각 추천안에 대해 비용-효익 분석을 함; 해결책에 대한 우선순위가 언급되고, 문서화됨
4	
3	목표치(on target); 3개의 구체적 추천안을 만들고 근거를 제시함; 각 해결책들이 식별된 문제와 어떻게 관련되어 있는가를 언급함
2	
1	기대 이하; 추천안이 사실에 의해 지지되지 않음; 추천안의 부정적인 결과를 언급하지 않음

추가적으로, 평가자들은 아래에 나오는 평정에 대한 일반적인 실수를 피하기 위해 훈련되어야만 한다.

▶ 후광효과

후광효과는 각기 다른 평가요건(역량)에서 참가자의 수행을 개인적으로 평가하지 않고 전체 인상에 기초하여 평정하는 것을 말한다. 이것이 가능한 이유는 구체적 행동 사건보다 일반적인 인상에 의존하기 때문이다. 어떤 평가자는 대인 민감성과 의사소통 스킬에서 높은 점수를 받는 사람은 효과적인 리더십 스킬을 발휘할 것이라는 신념이 있다. 이것을 피하기 위해서 평가자는 각 역량을 독립적으로 평가한다는 것을 기억해야 한다. 모든 역량에서 높을 수도, 낮을 수도 있다는 것을 기억해야 한다. 훈련하는 동안 서로 다른 특성 프로파일을 가진 개인들의 사례를 토론함으로써 도움을 받을 수 있다.

▶ 최신성

최신성은 이전의 전체 행동을 반영하여 점수를 주기보다는 가장 최근의 행동들에 기초하여 점수를 매기는 것을 말한다. 이것이 가능한 이유는 과제의 후반부의 행동에 대해서 주의가 과도하게 쏠리기 때문이다. 예를 들어, 참가자는 과제 전반에 걸쳐 적절한 수행을 한다. 그러나 과제 후반부에 결정적인 실수를 한다. 이것을 보고는 과제 전체에 대해서 낮은 점수를 주게 된다. 이것을 피하기 위해서 평가자들은 과제가 진행되는 동안 내내 기록을 해야 하는 것을 명심해야 한다. 점수를 매길 때 모든 행동 기록을 검토해야 한다. 체크 시트를 통해서 전체 효과적, 비효과적 행동을 빠르게 포착하는데 도움을 받을 수 있다.

▶ 유사성

유사성은 평가자 자신과 유사하거나 다른 참가자의 특성, 성격에 대하여 낮은 점수를 주거나 높은 점수를 주는 것을 말한다. 이것이 가능한 이유는 자기 자신의 관점을 지지받기를 원하기 때문이다. 어떤 평가자는 참가자의 성별에 기초하여 여성 평가자는 남성 참자가보다 여성 참가자에게 더 높은 점수를 준다. 이를 피하기 위해서는 최고의 방어는 잠재적 편견을 인식하는 것이다. 평가자들은 수행에 기초하여 평가를 한다는 것을 명심하고 참가자의 언행이나 특성에 대해서 자신과 유사하거나 다르다고 판단하는 것을 무시하도록 노력해야 한다. 이때 BARS 평정 척도는 편견에 기반하지 않고 수행에 기반한 평가를 할 수 있도록 도움을 준다.

▶ 고정관념

고정관념은 수행에 기초하기 보다는 특별한 집단의 멤버십에 기초하여 평가하는 것을 말한다. 이것이 가능한 이유는 구체적인 행동보다는 문화, 종교, 인종, 성별에 대하여 일반적인 개인의 편견과 가정에 의존하기 때문이다. 어떤 평가자는 남성보다 여성이 덜 적극적이라는 신념을 가지고, 여성의 리더십 점수를 더 낮게 준다. 이를 피하기 위해서는 편견에 대한 솔직한 토론이 이들 편견을 조명해 줄 수 있다. 추가적으로, 평가자들은 긍정적인 편견도 해롭다는 것을 인식해야 한다. 체크 시트와 BARS 평정척도가 실제 수행에 기초한 평정을 하도록 도움을 줄 수 있다.

▶ 지나친 긍정적/부정적 측면 강조

지나치게 긍정적인 측면/부정적인 측면 강조는 다른 사람의 한 측면을 지나치게 보고 참가자의 수행의 한 측면을 크게 보는 것을 말한다. 이것이 가능한 이유는 어떤 행동들은 평가자들에게 지나치게 영향을 미쳐 드라마틱하게 보기 때문이다. 어떤 평가자는 참가자가 보여준 모든 다른 긍정적인 행동보다 한번 보여준 부정적인 행동에 더 무게를 두고 점수를 매긴다. 이를 피하기 위해서는 평가자는 모든 참가자의 행동들이 제공되는 점수가 중요하다는 것을 명심해야 한다. 참가자의 전체를 종합적인 관점에서 볼 수 있도록 체크 시트와 BARS 평정척도를 활용한다.

▶ 중심화 경향

중심화 경향은 모든 참가자에게 평균 점수를 주는 경향을 말한다. 이것이 가능한 이유는 평가자는 평가에 몰두할 의지가 없고, 안전하게 진행하는 것을 원하기 때문이다. 어떤 평가자는 너무나 자주 중간 점수를 준다. 이를 피하기 위해서는 훈련하는 동안, 높은, 중간, 낮은 점수를 주는 실습을 해 본다. 낮은, 중간, 높은 점수의 정의가 들어있는 훈련 참조 틀을 활용한다.

▶ 엄격성

엄격성은 모든 참가자에게 낮은 점수를 주는 경향을 말한다. 이것이 가능한 이유는 지나친 높은 기준을 가지고, 마땅히 긍정적인 피드백을 주는 것을 불편해하기 때문이다. 어떤 평가자는 너무 자주 평정척도를 낮게 적용한다. 이를 피하기 위해서는 중심화 경향을 참조한다.

평정 실수는 훈련 시에 실습과 피드백을 강화하면 줄일 수 있다. 정확한 평정을 하기 위한 효과적인 방법은 이전에 이루어진 행동들에 기초하여 독립적으로 점수를 매겨보게 하는 것이다. 그리고 그 점수에 대해서 집단토론을 하게 한다. 집단토론 시에 각 평가자들은 자신들이 점수를 생성한 프로세스와 각 평가요건의 효과적, 비효과적 예시를 인용한 구체적인 행동을 설명하도록 한다. 독립적으로 점수를 매기는 이 프로세스에서 토론은 평가자들이 모든 점수를 일관된 방식으로 숙달할 때까지 계속 되어야만 한다.

공유(Share)

관찰에서 평정까지는 개별적으로 한다. 공유는 평가자 개인이 수행한 평정결과를 다른 평가자들에게 보고(공개)하는 것을 말한다. 여러 평가자가 공유하기 위해서 모이는데, 이것을 Integration meeting 또는 Consensus meeting이라고 한다.

참가자 A의 어떤 역량을 평가자 甲, 乙, 丙이 평정했다고 하자. 그러면 평가자 甲, 乙, 丙이 각각 A에게 준 점수를 공개하는 것이 공유다. 이때 각 평가자는 그렇게 점수를 준 근거를 함께 말해야 한다. 이때 서로 평가한 점수가 대부분 일치하지만 때로는 다를 수 있는데, 이런 경우를 대비해서 공유과정이 있는 것이다. 공정하고 정확한 평가결과를 내기 위해서 고안된 장치가 바로 이 미팅이다.

평가자 선발 조건에서도 언급했듯이, 이때 각 평가자는 자기가 관찰하고 기록한 내용을 소신껏 발표하는 것이 중요하다. 그래야만 다른 평가자들에게 정확한 평가를 할 수 있도록 도움이 되고, 참가자에게 제공할 피드백 자료도 풍부해진다.

통합(Integrate)

통합은 개별 평가자들이 준 점수에 대해서 눈높이를 맞추는 것을 말한다. 개별 평가자들이 공개한 점수가 다를 수 있고, 일치하는 때도 있다. 이런 경우를 대비해서

인재 발굴 및 육성의 글로벌 스탠다드

고안된 장치가 바로 통합회의다. 甲, 乙, 丙이 참가자 A를 평가한 결과, 甲과 乙은 같은 결과가 나왔는데, 丙이 점수를 상당히 높게 주었거나 아니면 낮게 주었다면, 이때 丙은 甲과 乙에게 자신이 왜 그러한 점수를 주었는지를 설명해야 한다. 이때 설명은 자신의 주장과 관점이 아니라 Behavior를 근거로 설명해야 한다. 만약 丙이 甲과 乙을 설득하지 못하면 丙의 점수는 문제가 된다. 첫째 문제는 丙의 눈높이다. 둘째 문제는 다른 평가자의 눈높이다. 눈높이가 서로 맞지 않으면 좋은 관찰과 기록을 하고도 서로 다른 평가결과를 내놓는다.

평가자 훈련에서는 이 점을 누누이 강조하고 눈높이를 맞추는 훈련을 반복한다. 이것은 신뢰도와 직결된다. 신뢰도는 누가 평가해도 같은 점수가 나오는 것을 말한다. 평가자의 눈높이를 맞추는 것은 평가의 품질을 높이는 것이고, 한 사람의 참가자도 억울함에 없도록 하기 위한 것이므로 대단히 중요한 절차이다. 눈높이 차이를 해결하는 방법은 반복해서 숙달하는 수밖에 없다. 각 Dimension(역량)의 점수가 2점과 3점은 하늘과 땅 차이다. 왜냐하면, 3점이면 Pass, 2점은 Fail이기 때문이다.[63]

평가자 훈련에서 공유 및 통합 장면

[63] 인사혁신처는 2.5점 이상이면 Pass, 2.5점 미만이면 Fail이다.

● 보고서 작성(Reporting)

보고서 작성은 평가센터 종료 후에, 참가자 개개인에게 제공할 평가결과를 문서로 작성하는 것을 말한다. 평가센터가 시작되기 전에 어느 참가자를 어느 평가자가 작성한다는 '참가자 할당표'를 작성한다. 평가자는 자신이 작성하기로 되어 있는 참가자의 점수를 공유하고 통합하는 과정에서 다른 평가자가 진술한 내용과 기록한 내용을 넘겨받고, 또 자기가 관찰하고 기록한 내용을 참조해서 보고서를 작성한다. 보고서 내용과 분량은 평가센터의 목적에 따라 다르다. 자세한 내용은 제5장, 제6장, 제7장에 제시되어 있다.

● 피드백(Feedback)

피드백은 평가결과를 개개인에게 알려주는 것을 말한다. 피드백은 구두 피드백과 문서 피드백이 있다. 구두 피드백은 참가자와 평가자가 대면하여 설명하는 것이고, 문서 피드백은 보고서를 전달해 주는 것이다. 보고서와 피드백은 평가센터의 목적에 따라 내용과 형식이 달라진다. 피드백은 조직의 상황과 평가센터의 목적에 따라서 평가자가 하는 경우도 있고, 인사담당자가 하는 경우도 많다.

과제가 승진-훈련-개발에 활용될 때, 참가자는 그들이 수행한 결과에 대하여 피드백을 기대한다. 또한 이 피드백을 제공하는 최적의 위치에 있는 평가자가 누구인지를 기대한다. 피드백을 제공하는 방식이 피드백을 받는 참가자의 인식과 적용에 영향을 미친다.

더욱이 좋지 않은 결과가 나왔을 때, 피드백을 주고받는 것이 어려울 수 있다. 그래서 피드백을 효과적으로 수행하는 것을 평가자 훈련에서 다루는 것은 중대한 사안이다. 피드백 훈련은 효과적인 피드백의 핵심요소의 검토와 토론으로 시작해야만 한다. 피드백은 아래와 같은 요소가 들어가야 한다.

[즉시] 피드백 미팅은 평가자와 참가자 둘 다 정보가 신선할 때, 즉 가능하면 실제 과제가 끝나고 가장 가까운 시간에 해야만 한다. 또한 피드백을 기다리는 것은 스트레스가 될 수 있기 때문에 피드백 시점은 참가자의 인내를 줄이기 위해서 대단히 중요하므로 가능한 한 빨리 하는 것이 좋다.

[객관적이고 행동 위주] 피드백은 사람의 특성보다 행동에 초점을 맞출 때 효과가

있다. 예를 들면, 대인관계 스킬이 부실하다는 것을 참가자에게 말하는 것보다 비효과적인 대인관계 행동들을 제공하는 것이 더 효과적이다. 오로지 사람에게 초점을 맞춘 긍정적인 피드백은 해로울 수 있다. 그래서 긍정적인 피드백 또한 행동 위주로 해야만 한다.

[구체적이고 건설적으로] 피드백은 참가자가 각 역량에서 강점과 약점을 보인 구체적인 행동에 기초해서 해야만 한다. 직접 인용하거나 비언어적 행동은 이런 노력에서 도움이 될 것이다.

[지지적] 참가자는 성장과 개발을 위한 기회로 피드백 프로세스를 검토해야만 한다. 그러므로 피드백은 부정적인 비판과 가혹하지 않도록 긍정적인 행동에 초점을 맞추어 지지적인 방식으로 표현해야만 한다. 평가자를 보살피는 사람, 인간적인 사람으로 인식한 참가자는 그들의 전문적인 조언에 관심을 가지며, 그들의 피드백을 수용하고 실행에 옮긴다는 증거가 있다.(Goode, 1995년)

[개발적인 측면] 피드백 세션은 참가자가 변화를 위한 구체적인 목표를 설정하고 자기개발계획을 수립하는데 도움을 준다. 이상적으로는 참가자가 자신의 목표를 향해 나아갈 수 있도록 토론을 할 수 있는 상사나 멘토를 갖는 것이다. 추가적으로 평가자는 참가자의 개발 니즈와 관련된 자원(예, 도서, 교육과정 등)을 제공할 수 있다.

평가센터의 평가결과는 공정성, 객관성, 정확성이 중요하다. 이 3가지는 결국 평가자의 품질에 달려있다. 따라서 평가자 훈련은 평가센터의 필수이며, 눈높이를 맞추는 것이 가장 중요하다.

지금까지 평가자가 익혀야 할 8가지 스킬에 대해서 알아봤다. 이 스킬들은 반복해서 숙달해야 하고, 훈련과정에서 요구하는 수준까지 도달하지 못하는 후보자들은 중도에 탈락시키거나 평가사로서 활동할 수 있는 기회를 줘서는 안 된다. 평가센터의 품질은 평가에서 나오며, 평가의 품질은 평가자에 달려 있기 때문이다.

5. 평가자의 수행결과 점검 및 갱신

평가자는 평가 훈련을 받은 뒤, 6개월이 지나기 전에 평가 경험을 가져야 한다.

이보다 시간이 더 지났는데도 평가 경험이 없다면(2년 연속 2번의 기회가 없다면), 재교육을 받거나 훈련된 평가자로부터 특별 코칭을 받아야 한다. 제때에 경험을 하지 않으면 훈련받는 내용이 기억에서 멀어지기 때문이다. 모든 평가자는 평정의 일관성과 합의 스킬에 대해 정기적으로 점검을 받아야 하고, 필요한 경우 단기 재교육을 받아야 한다.

평가에 참여하는 평가자들은 주기적으로, 체계적으로 수행결과에 대해서 점검을 받아야 한다. 점검 결과, 훈련 시에 제시한 수행기준에 미달 또는 전문성이 떨어진다고 판단되거나 정확성과 신뢰도가 원하는 수준에 미치지 못하면, 재훈련, 재인증, 인증취소 및 참여 중지 등의 조치를 해야 한다.

6. 보조요원 및 관련자들의 훈련과 품질

평가자는 아니지만, 참가자와 접촉하는 사람들이며, 의사소통, 관리, 기록 유지 등을 포함하여 평가센터 운영에 책임이 있는 사람들이 있다. 이들을 보조요원과 관련자들이라고 부른다. 평가센터의 모든 보조요원과 관련자들은 자신들의 역할을 효과적으로, 정확하게, 일관되게 수행할 수 있도록 적절한 훈련을 시켜서 품질을 높여야 한다.

▶ 평가센터 총괄 운영책임자(assessment center administrator)

평가센터 운영에 대해서 모든 것을 감독하고 책임을 지는 가장 높은 수준의 전문가를 말한다. 이들은 평가센터 설계자와 과제개발자이기도 하고, 정책 문서를 개발하고 유지하는 감독을 하고, 진행 중인 평가 및 타당성 검증의 증거를 수집하는 책임이 있다. 이들은 평가센터를 운영하고, 필요한 자재들을 조달하고, 평가자와 보조요원을 훈련하고, 문서작성, 정보 공유 및 보호, 위험관리, 품질 통제 등의 업무를 책임진다.

▶ 평가센터 코디네이터(assessment center coordinator)

총괄 운영책임자의 지휘를 받아 운영 지원 임무를 수행하는 사람이다. 평가센터 운영 프로세스, 진행일정표, 관련 자료 조달, 평가과제 및 다른 평가도구 관리, 안내요원들과 연락을 취하고, 평가자 점수/보고와 관련 문서를 수집하고 관리하고, 통합회의 시에 점수를 집계하고, 피드백 보고서를 교정하고 준비하며, 필요한 추가적인 역할을 담당하는 사람이다.

▶ 역할연기자(Role Player)

역할연기자는 해당 평가과제에서 일대일, 전화, 또는 다른 소통 수단을 통해 참가자들과 접촉하는 사람들이다. 따라서 역할연기자는 평가센터의 전반적인 맥락과 자신이 맡은 평가과제의 맥락을 이해하여야 한다. 이들은 자신이 맡은 역할에서 요구하는 것을 깊게 이해하고, 각 참가자로부터 표준적인 반응을 끌어내야 한다. 이들은 자신의 취해야 할 행동들의 각본을 이해해야 하며, 즉흥적으로 행동하는 것이 어디까지 허용하고 있는지를 이해해야만 한다.

▶ 조직 의사결정자들

평가센터 프로그램의 신뢰성, 윤리성, 절차의 공정성을 확보하기 위해서 평가센터 총괄 책임자는 조직의 관리자와 리더들에게 관련 교육을 해야 한다. 이들은 피드백 보고서를 받아보고, 평가결과를 해석하고, 활용하는 사람들이다. 평가결과를 채용, 승진, 승계계획 등에 활용할 경우 중대한 쟁점이 발생할 수 있기 때문이다.

▶ 그 밖의 역할 수행자들

평가센터 프로그램 내에서 다른 역할들이 있다. 위에서 언급한 평가자뿐만 아니라 각 개인이 해야 할 역할이 있다.

- 평가센터 프로그램에 대한 정보를 제공하는 사람들
- 참가자들을 교육하고 관리하는 사람들
- 모의과제 검토/수정하는 사람들
- 검사 도구 관리자들
- 평가결과를 활용하여 통계표 등을 만들어 보고하는 사람들
- 보고서를 작성하는 사람들

- 피드백 제공 책임을 맡은 코치 및 다른 사람들
- 또 다른 행정 지원 및 보조요원들

모든 요원이 그들의 역할을 유능하게 수행할 수 있도록 그들의 임무들을 명확히 하는 것이 중요하다. 모든 요원을 잘 훈련하여 평가영역들과 참가자들 간에서 일관되고 효과적으로 임무를 수행하도록 해야 한다.

※ 참고사항

● 평가자의 또 다른 역할 : 촉진자(Facilitator)

개발 평가센터에서 평가자 역할은 선발/승진이나 진단 평가센터와는 차이가 있다. 개발 평가센터에서 평가자는 참가자들이 새로운 스킬을 배울 수 있도록 돕거나 집단이 더 나은 팀워크를 발휘할 수 있도록 지원하는 역할을 하기 때문에 촉진자로 부른다.[64]

촉진자들은 여러 종류의 평가센터에서 요구되는 많은 스킬을 가지고 있어야만 한다. 행동을 관찰, 기록해야 하며, 관찰한 행동을 정확히 Dimension으로 분류해야 하고, 이러한 관찰들을 다른 촉진자들과 참가자들에게 정확히 전달해야 한다. 평가만을 위한 평가센터에서 요구되는 특정 스킬들은 촉진자에게 그렇게 중요한 것이 아닐 수 있다. 각 Dimension별 수행 효과성 판단이나 조직에서의 장기적 성공예측은 촉진자의 역할이 아니며, 조직의 요건에 대한 깊은 이해가 필요한 것도 아니다.

반면, 촉진자는 효과적인 구두 의사소통, 공감, 경청능력과 같은 교육스킬을 가져야 하고, 우호적인 태도로 훈련 집단에서 나타나는 행동에 대해 효과적인 피드백을 제공할 수 있어야 한다. 촉진자는 통상 조직의 관리자나 인사 담당자 또는 외부의 교육훈련 전문 컨설턴트들이다. 컨설턴트는 조직과 직접적인 관련이 없고 행동을 객관적으로 관찰할 수 있기 때문에 가치있는 통찰을 제공할 수 있다. *자세한 내용은 제6장에 제시되어 있다.*

---

[64] George C. Thornton III, Devorah E. Rupp, *Assessment Centers In Human Resource Management*, 207.

🔵 속아 넘어가기 쉬운 '의사소통' 역량

의사소통 역량은 거의 모든 직급에서 필수 역량으로 등장한다. 의사소통 역량이 그만큼 중요하기 때문일 것이다. 평가사들은 의사소통 역량을 평가할 때, 각별한 주의를 기울이지 않으면 지원자들의 소위 '말빨'에 속아 넘어갈 수 있다. 의사소통 역량은 결코 말빨을 보는 것이 아니다.

의사소통 정의에 Convey라는 단어가 나온다. Convey는 실어 나른다는 뜻이다. 그러므로 의사소통은 자신의 주장이나 아이디어를 다양한 매체(구두, 문서, 기기 등)를 통해 실어 나르는 것이다. 이것을 전달이라고 한다. 의사소통은 자신의 컨텐츠를 보내고, 상대방이 어디까지 이해하였는가를 확인하는 것까지가 포함되어야 한다.

여기서 주목해야 하는 것은 보내는 것과 보내 온 것을 받는 것이다. 다른 말로 송신과 수신이 잘 되어야 한다는 것이다. 예를 들어, 서울에서 부산까지 어떤 물건(컨텐츠)을 보낸다고 생각해 보자. 이때 실어 나르는 수단으로 비행기, 기차, 선박, 버스, 자가용 등을 검토할 수 있다. 수단이 어떻든 보내는 물건은 변하지 않는다. 물건을 어떤 수단을 이용하여 보내놓고 거기서 끝내면 안 된다. 제 시간에 도착했는지, 물건이 이상이 없는지 확인하고 받는 사람이 만족하는지 까지를 확인해야 제대로 된 전달이다.

우수한 사람들은 자기가 발신을 하였으면 수신이 잘 되었는지 반드시 확인하는 모습을 보인다. 특히, 집단토론에서 지원자들은 자기주장을 하게 되는데, 자기의 말만 하고 끝내는 경우가 많다. 이때 평가사들은 지원자가 하는 말의 내용과 의도 등을 파악하지 않은 체, 목소리, 발언의 양으로 평가하는 실수를 범해서는 안 된다.

목소리, 강약, 속도, 제스처 등은 의사소통의 기본이다. 이런 기본기만으로는 원만한 의사소통은 어렵다. 이러한 기본에 컨텐츠의 질이 따라야 줘야한다. 상대방을 설득하려면 논리적이고 체계적이어야 한다. 그 다음으로 상대방이 어느 정도 이해했는지를 확인해야 한다. 이해도가 미진하다고 판단되면 추가적으로 보충설명을 해야 한다. 여기까지 갖춘 지원자는 좋은 평가를 받을 수밖에 없다. 평가사들은 지원자의 '말빨'에 속지 않아야 한다.

MEMO

제4장 Assessor(평가자)는 어떤 사람들인가?

제 5 장

선발/승진 평가센터는 어떻게 작동되는가?

인재 발굴 및 육성의 글로벌 스탠다드

이번 장에서는 선발/승진 평가센터(Selection/Promotion Assessment Center)가 어떻게 작동하는지를 살펴본다. 먼저, 진행 프로세스를 살펴보고, 이어서 도입사례를 살펴볼 것이다. 진행 프로세스와 사례를 살펴보면, 선발/승진 평가센터가 어떻게 작동하는지, 무엇을 준비해야 하는지, 산출물은 어떤 것인지, 기대효과는 무엇인지 등등을 알 수 있을 것이다.

선발/승진 평가센터(Selection/Promotion Assessment Center)는 선발과 승진을 목적으로 개발된 프로그램을 말한다. 우리나라에서는 AC로 알려져 있고 그렇게 부르고 있지만, 정확한 용어가 아니라는 것은 이미 설명한 바 있다.

평가센터는 처음에 선발을 목적으로 개발되었다. 최초 독일에서 조종사 선발에, 영국에서는 장교 선발에, 미국에서는 첩보원(Spy) 선발에 활용했다. 전쟁이 끝난 후, 1956년에 미국의 AT&T에서 '관리자 성장 연구'라는 주제로 20년간 연구가 진행되었는데, 연구결과가 1971년 Harvard Business Review 紙에 게재되면서 승진을 예측하는 프로그램으로 널리 알려지게 되었다.[65]

미국(1997)과 독일(2003)에서 평가센터를 운영하는 조직을 조사한 결과, 약 45~50%가 승진 목적으로 평가센터를 운영하는 것으로 나타났다. 최근에 평가센터를 운영하는 200여 개의 조직을 대상으로 한 연구에서 68% 이상이 승진 및 잠재력의 조기 확인을 목적으로 평가센터를 활용하고 있는 것으로 나타났다.[66]

우리나라는 1990년대에 상륙했지만, 평가에 대한 거부감·이해 부족 등으로 지지부진하다가 IMF를 계기로 'Global Standard'란 용어가 화두가 되면서 대기업에서 적극적으로 도입을 시작하여 현재는 삼성, SK, LOTTE, KT, POSCO 등 대기업에서 신입사원 선발, 중간관리자 선발, 고위직 승진 등 자사의 실정에 맞게 다양하게 활용하고 있으며, 일부 중견기업·중소기업에서도 도입하고 있다.

대한민국 정부는 2006년 중앙인사위원회(현재는 인사혁신처 주관)에서 고위공무원단 선발에 처음 도입한 이후, 공무원 채용, 중간관리자 승진 등에 도입했으며, 공무원들은 6급에서 5급으로 승진하기 위해서는 평가센터 기법을 통한 요구수준을 통과해야 하므로 공공기관을 포함한 공사, 공단에서도 경쟁적으로 도입하고 있으며, 서울

---

[65] 일본 책 논문 인용 제시한다.
[66] George C. Thornton, Deborah E. Rupp, *Assessment Center in Human Resource Management: Stratigies for Prediction, Diagnosis, and Development* (2006), ??.

시청, 서울시교육청을 필두로 지자체에서도 속속 도입하고 있다.

선발/승진 평가센터는 제1장에서 언급한 정확성, 공정성, 수용성이 생명이다. 이 3가지는 평가결과에서 결정된다. 참가자를 정확히 평가해야만 미래 수행을 예측할 수 있고, 참가자 모두에게 동일한 질문, 동일한 과제, 동일한 해결 시간을 주어야 하고, 평가센터 프로세스 전반에서 차별적 요소가 없어야 한다. 또 참가들이 합격이나 탈락 여부와 관계없이 참여하는 과정에서 많은 것을 배웠고 유익했다는 인식이 들도록 해야 한다. 특히, 탈락한 사람들이 탈락한 이유가 자신이 직무에서 요구하는 것을 제대로 입증하지 못해서 탈락할 수밖에 없었다는 것을 인정하고 결과를 수용하도록 하는 것이 중요하다.

1. 선발/승진 평가센터 프로세스

선발/승진 평가센터의 진행 프로세스는 아래 그림과 같다. 개발 평가센터와 진단 평가센터의 프로세스도 대동소이하다. 그러나 내용 면에서는 완전히 다르다. 그 내용이 어떻게 다른지 살펴보자.

선발/승진 평가센터 진행 프로세스

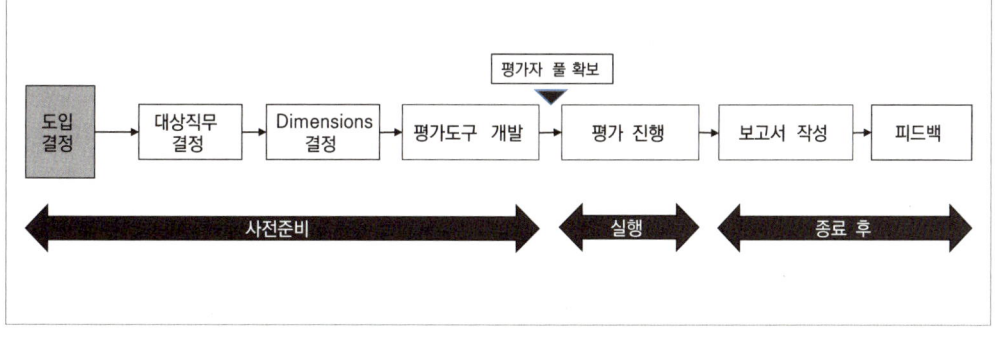

1) 사전준비 단계

선발/승진 평가센터의 사전준비는 대상직무(Target Job) 결정에서부터 평가자를 훈련하고 풀을 확보하는 것까지가 포함된다. 어느 프로그램도 마찬가지이겠지만, 평가센터의 사전준비는 프로그램의 성패가 달려있기 때문에 심혈을 기울여야 한다. 평가자 훈련까지 마치면 평가계획을 작성하고, 그 계획에 따라 참가자들에게 평가 안내문을 발송하면 모든 준비가 끝난다.

(1) 대상직무 결정

도입이 결정되면 그 목적에 따라 어느 직무를 대상으로 평가할 것인지를 결정한다. 대상 직무를 선정하는데 정해진 원칙은 없다. 선발의 경우에는 신입직원과 경력직원으로 나뉠 수 있다. 경력직 선발과 승진은 인원이 소수이므로 곧바로 평가센터를 실행하면 된다. 한편, 신입직원인 경우에는 지원인원이 많기 때문에 채용 프로세스의 마지막 단계에서 평가센터를 실행하는 것이 효율적이다. 즉, 채용 프로세스 초반에 다른 도구를 통해 상당수의 인원을 Screen out(검증)으로 옥석을 가린 후, 소수의 참가자를 대상으로 평가센터를 운영하는 것이 비용과 시간을 아낄 수 있다.

(2) Dimension(평가요건) 결정

선발/승진 평가센터의 Dimension은 개발 평가센터나 진단 평가센터에서의 Dimension들보다 범주가 더 넓다. 특히, 선발 시 Dimension 범주는 승진 시 Dimension 범주보다 더 넓고 촘촘하게 해야 한다. 선발에 지원하는 참가자들은 조직이 생소하고, 조직에서도 이들을 잘 모르기 때문이다.

선발 시에는 아래 그림과 같이 빨간색으로 표시된 3가지 범주의 Dimension을 모두 포함할 필요가 있다. 제2장에서 살펴본 것처럼, 외부인력을 충원할 경우는 위 3가지를 집중적으로 조명할 필요가 있다. 특히, 경력직 사원을 선발할 때는 상당히 꼼꼼하게 확인하고 신중하게 결정할 필요가 있다.

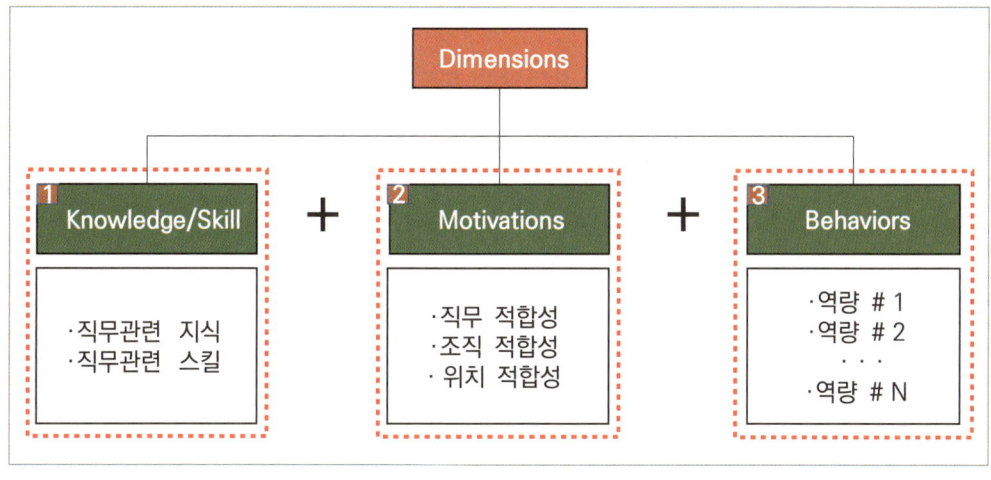

선발/승진 평가센터 시 Dimension 범주

　선발을 위한 Dimension은 승진과 달리 현재 수준의 스킬과 역량들이 도출되어야 한다. 예를 들면, 정부 지원기관은 참가자가 절차, 법규, 규정들을 확실히 알고 있는지를 원할 것이고, 제조회사의 경우는 용접공이 장비와 재료를 활용하는 스킬이 확실한지를 알기 원할 것이기 때문이다. 그러나 대상자와 직무가 우선 결정되는 것이 중요하다.

　Dimension을 결정하기 위해서는 반드시 체계적인 분석을 해야 한다.[67] 과거에 직무분석을 했으면 과거 직무분석 결과와 그동안의 훈련 자료와 필요한 정보를 수집한다. 이렇게 수집한 정보들을 기반으로 직무요건을 새로 만들고, 관련 경험과 관련 자격증 취득 등을 최소 자격요건으로 추가한다. 이어서 대상직무에서 발휘해야 할 역할을 도출한다. 계속해서 대상자들이 해야 하는 과제 목록, 지식, 스킬, 역량들을 찾는다. 이때 수행업무의 중요성을 판단하기 위해서 주제 전문가를 참여시킬 필요가 있다.

　승진을 위한 Dimension은 미래를 예측하는데 필요한 정보를 얻기 위한 것이어야 한다. 승진은 새로운 직위에서 성장하고 배울 수 있는 역량과 잠재력을 가진 지원자를 찾는 것이다. 새로운 직위에서 직무를 성공적으로 수행하기 위해서는 여러 가지 요건을 갖추어야 한다. 역량을 포함하여 인성, 리더십 스타일 등이 포함될 수 있다.

---

[67] TFT, *Guidelines and Ethical Considerations for Assessment Center Operations* (2015년), 제3항.

인재 발굴 및 육성의 글로벌 스탠다드

평가센터 결과를 어느 정도 반영해야 할지, 어떤 정보들을 산출할지도 사전에 결정해야 한다.

내부인력 승진의 경우, 그동안 조직생활을 하면서 관련 지식/스킬과 동기적합성은 충분히 검증되었다고 판단이 되면, Behavior Dimension(역량)만 평가할 수도 있다. 정부/공공기관에서는 선발/승진 평가센터를 역량평가제라고 부르는데, 그 이유는 위의 그림과 같이 3가지 Dimension 중에 지식/스킬, 동기적합성은 평가하지 않고 역량만을 평가하기 때문이다.

역량만을 평가하는 경우, 역량들은 서로 중복되지 않고 누락이 없도록 선정해야 한다.[68] 이때 역량의 갯수는 통상 5개 내외로 선정한다.

선발/승진 시 평가 역량

공무원 채용	5	공무원으로서의 자세, 전문지식과 활용, 의사소통과 논리력, 품행 및 성실성, 성장가능성
서울시 5급	5	변화관리, 정책기획, 성과지향, 협의/조정, 의사소통
고위공무원단	6	전략적 사고, 성과지향, 조직관리, 조정/통합, 문제인식, 고객지향
P사 임원	5	미래대응, 의사소통, 변화관리, 협상/조정, 부하육성
K사 팀장	5	성과관리, 변화관리, 계획조직, 부하육성, 의사소통

역량 선정에 참여하는 사람들이 주의해야 할 것이 있다. 역량은 대상직무를 수행하는데 성공과 실패를 좌우하는 것들을 잘 반영해야 한다는 것이다. 어떤 조직은 벤치마킹이라는 이름으로 다른 조직에 활용하는 역량을 그대로 도입하는 것을 볼 수 있었다. 다른 조직에서 이러 이러한 역량을 활용한다고, "우리도 하자!"라는 생각으로 결정하면, 평가자는 물론 의사결정자 등 여러 주체가 큰 혼란에 빠질 수 있고, 미래 수행을 예측하는 것은 고사하고 참가자로부터 강한 저항에 직면할 수 있다.

지식과 스킬을 선정(결정) 할 때 반드시 염두에 둬야할 부분이 있다. 선발/승진 평가센터에서 말하는 지식과 스킬은 Professional&Technical이라는 것에 초점이 맞춰져야 한다는 것이다. 조직에 들어와서 쉽게 배우고 숙달할 수 있는 지식과 스킬을

---

[68] MECE(Mutually Exclusive Collectively Exhaustive)는 글로벌 컨설팅사 맥킨지의 분석기법으로 중복과 누락이 없이 분석하는 원칙을 말한다.

포함해서는 안 된다는 것이다. 예를 들어, 파워포인트, 워드, 엑셀과 같은 소프트웨어는 누구나 쉽게 배울 수 있는 것들이다. 이런 Dimension들을 확인하기 위해서 비용과 시간을 낭비하지 말라는 것이다. 미국 등 선진국에서는 이것을 법률로 엄격히 규정하고 있다.

(3) 평가도구 개발

Dimension이 결정되면 이어서 평가도구를 선정하거나 개발에 들어간다. 평가도구는 아래 그림에서 보는 바와 같이 어떤 Dimension이냐에 따라 조합이 달라진다. 평가도구를 선정하거나 개발할 때는 Dimension을 가장 잘 평가할 수 있는 도구들로 최적의 조합이 되도록 신경을 써야 한다. 이렇게 최적의 조합을 강조하는 이유는 어느 한 도구에서 약간 미진한 부분을 다른 도구에서 보완이 되어 완전한 프로파일을 생성할 수 있기 때문이다.

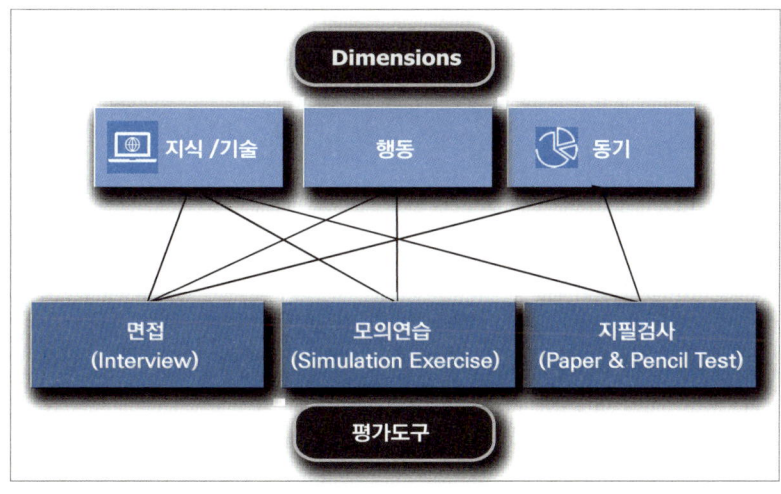

Dimension과 Measurement의 관계도

제3장에서 살펴본 서류함 기법(In-Basket)은 참가자에게 과제를 부여하면 참가자는 과제를 분석하고 적절한 조치를 한다. 참가자는 조치사항을 수기 또는 컴퓨터로 작성하여 제출한다. 평가자들은 참가자가 제출한 조치사항을 읽고 평가를 한다. 이때 참가자에게 꼭 확인해야 할 부분을 발견하게 된다. 그럴 때 필요한 것이 인터뷰다.

즉, 어떤 Dimension은 서류함 기법이라고 하는 모의과제와 인터뷰 기법이 평가도구로 선정되는 것이다.

역량을 평가할 때는 평가도구로 모의연습이 필수다. 모의연습은 모의과제가 핵심이다. 모의과제 개발은 역량마다 평가에 적합한 과제유형이 선정되도록 아래와 같은 매트릭스를 작성한 후 과제를 개발한다. 아래 표를 보면 알 수 있듯이, 모의과제는 반드시 역량을 중첩(Cross Check)하여 평가할 수 있도록 개발해야 한다는 점이다. 역량은 혼자서 일을 할 때, 여럿이서 협업을 할 때, 일대일 면담에서, 많은 사람들 앞에서 발표할 때 등 각각 발휘되는 양상이 다르기 때문이다. 이렇게 해야만 어느 영역에서 강점이 있고, 어느 영역에서 취약한지를 알 수 있다.

역량 대 평가과제 매트릭스(예시)

	문제해결형 과제	집단토론형 과제	갈등해결형 과제	분석발표형 과제
A 역량	O		O	O
B 역량	O	O		
C 역량	O		O	
D 역량	O	O		O
E 역량	O		O	

* O은 관찰가능하다는 의미

한편, 직급이 낮고 단순한 직무에는 직무표본(Work Sample)이 적절하다. 직무표본은 하는 일을 그대로 시켜보는 것을 말한다. 그러나 관리직을 위한 과제개발을 할 때는, 역량이 순차적으로 발휘되는 것이 아니라 몇 개의 역량이 동시에 발휘된다는 점을 반드시 고려해야 한다.

(4) 평가자료 개발

과제 개발이 완료되면, 평가가이드를 개발한다. 평가가이드는 선정된 Dimension, 즉 지식과 스킬, 동기적합성, 역량들을 평가하는 방법이 담긴 문서다. 역량을 평가하는 경우, 평가가이드는 모의과제의 상황, 평가역량, 평가척도, 긍정적 행동사례와 부정적 행동사례 등이 포함되어야 한다. 평가가이드는 평가자 교육 시에 활용하며, 문서로 배부하여 평가가 진행되는 동안 휴대하도록 한다. 평가가이드는 평가자가 평가할 때 의문점이 없도록 세밀하게 작성해야 한다. 평가가이드가 완성되면 기록양식 등 필요한 보조자료들을 개발한다.

(5) 평가자 훈련 및 풀 확보

평가자는 평가센터의 품질을 좌우한다. 가장 먼저 해야 할 일은 훈련받게 될 평가자 후보들의 자격요건을 결정하는 것이다. 자세한 내용은 제4장에 언급되어 있다. 평가자 규모는 예상치 못한 사정이 발생할 수 있다는 것을 감안하여 필요한 인원보다 약간 상회하는 것이 좋다. 또한 내부 평가자와 외부 평가자의 비율을 어떻게 할 것인가도 결정해야 한다.

평가자 규모가 결정되면 훈련 내용과 방식을 결정해야 한다. 훈련 내용과 방식은 정해진 것은 없다.[69] 이미 결정된 Dimension과 개발된 과제들을 고려하여 결정하면 된다. 평가자 훈련에서 가장 중요한 것은 양질의 평가자를 확보하는 것이다. 최종 평가자로 투입할 인원을 어떤 조건으로 확정할 것인가도 미리 결정해야 한다. 요구조건에 미달하는 후보는 과감히 탈락시켜야 한다. 요구조건을 통과했더라도 매 차수별 평가가 진행된 후에 평가결과를 확인하여 부실하게 활동한 평가자는 다음 평가에 제외시켜야 한다. 경험적으로 볼 때, 이렇게까지 엄격하게 수행한 조직은 거의 없거나 드물다.

(6) 진행요원 교육

진행요원들은 평가자처럼 사전에 교육을 한다. 진행요원 교육은 평가자를 보좌하고 참가자를 안내하게 되는데 참가자의 동선관리가 대단히 중요하다. 진행계획을 참조하여 평가에 차질이 없도록 교육해야 한다. 진행요원들은 교육을 받은 대로 평가와 관련된 사항을 사전 안내하고, 필요한 물품(인쇄물, 필기도구, 번호/명찰, 음료수, 필기도구 등)을 준비한다.

---

[69] 가이드라인

(7) 진행계획 작성

진행계획은 참가자 수, 평가자 수, 평가도구 수, 평가실(room) 수 등을 고려하여 일정 및 시간계획을 작성한다. 또 어떤 과제에 어떤 평가자를 투입하며, 참가자를 어떻게 매칭시킬 것인가를 고려하여 정교하게 짜야 혼선이 없다. 또 평가결과를 공유하고 통합하는 시간과 방식 등을 결정해야 한다. 참가자 대기실, 준비실 등을 어떻게 마련할 것이며, 참가자 간 동선이 겹치지 않도록 하는 것도 중요하다.

모의과제는 누가 배포하고 회수할 것이며, 과제를 배포할 때 어디까지 정보를 제공할 것인가를 결정해야 한다. 어떤 조직에서는 동일하게 전달하기 위해서 전달 내용을 녹음해서 제공하는 경우도 있다.

(8) 참가 안내문 작성 및 발송

사전 안내자료는 최소한 2주 전에는 발송해야 한다. 안내자료에는 평가 장소, 도착 시간, 준비물, 유의사항 등이 포함된다. 이때 중요한 것은 컨디션 조절을 잘 해야 한다는 점을 주지시켜야 한다. 평가는 혼신을 힘을 다해 기량을 발휘해야 하는 힘든 과정이므로 최상의 컨디션을 유지해야 한다는 것을 강조한다.

2) 실행 단계

평가센터가 진행되면 긴장감이 감돈다. 각지에서 참가자들이 시간에 맞추기 위해서 속속 도착한다. 평가자들은 참가자들보다 먼저 도착해서 과제를 검토하고 평가가이드를 읽어보면서 평가준비를 한다. 진행요원들도 참가자들보다 먼저 도착해서 준비한 것들이 이상이 없는지 다시 한 번 점검한다.

사전준비 단계에서 수립한 진행계획에 따라 차질없이 진행되는 것이 관건이다. 평가가 진행되는 동안에는 일체의 방해요소가 없도록 통제가 완벽해야 한다. 그래야만 참가자, 평가자 모두 방해받지 않고 혼신의 힘을 쏟을 수 있기 때문이다.

프로그램 운영자가 오리엔테이션과 프로그램 내용 및 진행 일정을 설명하면 평가가 시작된다. 평가가 시작되면, 참가자들은 지시에 따라 인터뷰에 응하기도 하고, 모의과제를 수행하기도 한다. 평가자들은 참가자가 과제를 수행하기 시작하면 행동

(Say or Do)을 관찰하고 기록을 한다. 이어서 기록한 내용을 바탕으로 분류하고 평정을 한다. 과제들이 모두 끝나면, 참가자들은 귀가하고, 평가자들은 개인별로 평정한 내용을 공유하고 통합하여 최종평가를 한다. 이 과정에서 평가자 간 평가결과가 상이하게 나타난 경우, 그 차이를 규명하는 토론 작업을 거쳐 일치된 평가결과를 도출한다. 이때 합의가 여의치 않을 경우 꽤 긴 시간동안 토론이 이어지기도 한다.

이렇게 하여 평가가 끝난다. 평가가 끝나면 평가자들은 사전에 할당된 참가자에 대한 보고서를 작성한다. 보고서는 본인이 관찰하고 기록한 내용과 동료 평가자들이 관찰/기록한 내용을 종합하여 작성한다.

3) 종료 후 단계

평가가 종료된 후에는 진행 주체별로 해야 할 일들이 있다. 담당 실무자(통상 인사부서)는 평가가 끝나면 참가자를 대상으로 설문 또는 인터뷰 등을 통해 평가 프로그램에 대한 정보를 수집/분석하여 진행상 미비점을 보완하여 다음 평가에 대비한다.

평가자들은 보고서를 작성하고 피드백을 한다. 보고서는 통상 2주 이내에 완료한다. 피드백은 보고서가 완료되면 곧바로 하는 것이 좋다. 왜냐하면 참가자는 결과에 대해서 궁금하게 생각하고 있기 때문이다. 보고서 내용은 전체 종합 점수(순위)가 중요하다. 참가자들의 강점역량과 약점역량을 분석하는데, 그렇지 않은 경우가 더 많다.

승진 프로그램에서 피드백을 제공하는 주된 목적은 관리자에게 승진 결정을 내리는데 사용할 수 있는 정보를 제공하는 것이다. 승진 결정에 사용되는 대부분 평가센터에서 참가자들은 인사 담당자를 통해 구두 피드백을 받는다. 한 연구에서 조직의 67%가 인사 관리자가 피드백을 주관했고, 프로그램의 30%가 평가자가 피드백을 제공했다는 보고가 있지만, 피드백은 조직의 상황과 여건에 따라 피드백 주체를 결정하면 되는 일이다.

일반적으로 승진 프로그램의 피드백은 종합 평점, 각 평가요건의 강점과 약점, 다양한 과제에서 나온 증거들로 구성되며 통상 30분에서 한 시간 정도 진행된다. 피드백 제공자는 우호적이어야 하지만, 참가자에게 과도한 친절을 베풀어서는 안 된다. 전반적인 평가 평점이 높은 참가자들에게는 이것만으로 승진이 보장되는 것은 아니라는 점을 반드시 주의시켜야만 한다. 왜냐하면, 즉각적인 결원이 없을 수도 있고,

의사결정자가 평가센터 점수 이외에 다른 정보를 사용할 수도 있기 때문이다. 만약 평가센터의 평가결과가 부정적인 참가자라면, 이러한 결정이 내려진 이유를 이해할 수 있게 설명해야 한다. 이의 제기를 위한 절차가 있는지 등에 관한 여러 질문이 따를 것에 대비하여 피드백 제공자는 모든 관련 질문들에 관한 조직의 정책을 분명히 알고 있어야 한다.

평가센터 결과가 승진 결정을 위해 사용된다면, 평가결과는 의사결정을 내리게 될 관리자에게 제공된다. 의사결정자는 각 개인의 평가결과를 알아야 하고, 상대적인 비교가 가능한 자료를 참고할 수 있어야 한다. 비교자료는 집단 전체의 평가결과나 과거 동일 프로그램에서 평가되었던 보다 큰 집단의 결과일 수 있다. 비교자료는 의사결정자가 평가결과를 해석할 수 있는 하나의 기준이 될 수 있다. 예를 들면, 검토 중인 한 후보자가 대부분의 다른 참가자들에 비해 높은 수준의 수행을 보이는 것으로 나타났다면, 관리자는 이러한 평가정보에 더 높은 비중을 둘 것이다.

의사결정자는 개인의 승진 가능성에 관한 최종 평정에 가장 큰 관심을 가진다. 다양한 역량에서의 강점과 약점 평가 역시 유용하게 쓰인다. 물론, 회사에서의 근무 기간, 경력, 최근 성과와 상사 추천과 같은 후보에 관한 기타 정보들이 종합적으로 제시되어야 한다. 이러한 모든 정보는 후보자의 직무 적합성에 관해 가치 있는 정보를 제공한다.

아래 표는 한 직무에서 최종 리스트에 올랐던 6명의 참가자에 대한 평가보고 예시이다. 이 보고서에는 각 후보자의 종합 평점과 역량별 평점이 제시되어 있으며, 평가자의 이름도 함께 제시되어 있다. 평가자를 아는 것은 의사결정자가 결과를 해석하는 데에 도움을 줄 수도 있다.

지원자별 종합평가 결과

	지원자 1	지원자 2	지원자 3	지원자 4	지원자 5	지원자 6
의사소통	3	4	5	4	3	2
계획조직	3	3	4	4	4	3
대인감수성	1	4	3	4	4	3
권한위임	2	3	3	3	3	2
의사결정	5	3	2	4	3	2
분석적 사고	5	3	3	3	3	2
주도성	2	3	2	3	3	3
종합 평가 점수	2.5	3	4	4	4	2

*합격 수준 : 3점   평가자1 : 이규환, 평가자2 : 박재석, 평가자3 : 서명우

역량별 점수는 종합 평점이 갖는 한계를 극복하고 보다 구체적인 정보를 제공해 줄 수 있다. 예를 들면, 지원자 1의 권한위임 역량과 대인관계 역량에서 전반적으로 낮은 점수를 얻었기 때문에 승진이 어려울지 모른다. 하지만 분석적 사고 역량과 의사결정 역량에서는 다른 후보자들에 비해 높은 점수를 얻었다. 만일 의사결정자가 분석적 사고나 의사결정과 같은 특정 역량에서 강점을 가진 사람을 찾고 있다면, 이 결정자는 낮은 종합평점에 관계없이 요구되는 역량에서 높은 점수를 나타낸 지원자 1을 승진시킬 것이다.

2. 도입 사례

아래 각 사례는 조직, 대상 업무, 평가 프로그램의 특징이 제시되어 있다. 같은 선발/승진 평가센터라 하더라도 도입목적에 따라 특징이 조금씩 다르다는 것을 알 수 있을 것이다. 이러한 특징들이 인사관리에 어떻게 연계되는지 주목할 필요가 있다. 배경, 목적, 대상자, 대상 직무, 평가요건, 과제, 운영, 피드백, 결과 등을 눈여겨보면서 우리 조직에 시사하는 바가 무엇인지를 살피는 것이 중요하다.

―― 인재 발굴 및 육성의 글로벌 스탠다드

1) 국내 사례

◉ 대한민국 고위공무원단 후보자[70]

▶ 도입 배경

고위공무원을 범정부적 차원에서 효율적으로 인사 관리하여 정부의 경쟁력을 높이기 위해 2006년 7월 1일부터 고위공무원단 제도가 시행되었다. 아울러 고위공무원단으로서의 기본 역량을 갖춘 사람만이 고위공무원단에 진입할 수 있도록 역량 교육 및 평가를 의무화했다.

▶ 실시 연혁

연도	내용
2001	정부 표준역량(19개)에 대한 역량모델 설계
2003~2005	• 52개 중앙행정기관의 국장급 이상 직위에 대한 직무분석 실시 • 역량평가 체계 마련
2006	• 고위공무원단 제도 시행 및 역량평가 실시(7월) • 9개 역량, 6개 실행과제, 7명의 평가자
2009	• 고위공무원단 역량평가 체계 개편 • 6개 역량, 4개 실행과제, 7명의 평가자
2010	• 고위공무원단 역량평가 평가위원 수 확대(7→9인)

인사혁신처는 정부 표준역량에 대한 역량모델 설계 및 국장급 이상 직위에 대한 직무분석을 실시하는 등 다년간의 준비를 거쳐 역량평가 체계를 마련, 2006년 7월 고위공무원단 제도 시행과 동시에 역량평가를 최초 실시하였고, 2009년 역량모델 개편 및 2010년 평가위원 수 확대 이후 "6개 역량, 4개 실행과제, 9명의 평가자"라는 평가체계를 유지하고 있다.

▶ 평가 대상자

원칙적으로 고위공무원으로 신규 채용되려는 자, 4급 이상 공무원이 고위공무원단

---
[70] 인사혁신처 홈페이지, https://www.mpm.go.kr/mpm/info/infoBiz/compAppr/compAppr01/

직위로 승진임용되거나 전보되려는 자는 역량평가를 통과해야 한다.

▶ **역량개발 교육과정**

4급 이상 공무원이 고위공무원단 직위로 승진임용되고자 하는 경우에는 역량평가를 받기 전에 고위공무원단후보자과정(5일 과정, 국가공무원인재개발원)을 의무적으로 이수해야 한다.[71] 이때, 사전 역량다면진단 및 e-러닝을 통한 역량기초교육을 실시한다. 개방형 직위 등의 민간후보자는 의무적으로 교육을 이수할 필요는 없으나 본인이 원하는 경우에는 인재정책과에서 실시하는 단기교육 및 국가공무원인재개발원 e-러닝과정 '고위공무원 역량 및 역량개발의 이해'를 수강할 수 있다. 역량평가를 통과하지 못한 경우에는 부족한 역량을 보완하기 위해 역량레벨업과정(국가공무원인재개발원)을 선택하여 이수할 수 있다.

▶ **평가요건(Dimension, 역량)**

고위공무원단 역량평가를 통해 검증하는 역량은 문제인식, 전략적 사고, 성과지향, 변화관리, 고객만족, 조정·통합 등 총 6개다.

	역량명	정의
사고	문제인식	정보의 파악 및 분석을 통해 문제를 적시에 감지·확인하고, 문제와 관련된 다양한 사안을 분석하여 문제의 핵심을 규명하는 역량
	전략적 사고	장기적인 비전과 목표를 설정하고, 이를 실행하기 위한 대안의 우선순위를 명확히 하여 추진방안을 확정하는 역량
업무	성과지향	주어진 업무의 성과를 극대화하기 위한 다양한 방안을 강구하고, 목표달성 과정에서도 효과성과 효율성을 추구하는 역량
	변화관리	환경 변화의 방향과 흐름을 이해하고, 개인 및 조직이 변화상황에 적절하게 적응 및 대응하도록 조치하는 역량
관계	고객만족	업무와 관련된 상대방을 고객으로 인식하고, 고객이 원하는 바를 이해하고 그들의 요구를 충족시키려 노력하는 역량
	조정·통합	이해당사자들의 이해관계 및 갈등상황을 파악하고, 균형적 시각에서 판단하여 합리적인 해결책을 제시하는 역량

---

[71] 제6장에서 설명하는 '개발 평가센터'의 한 형태를 띠고 있다.

▶ 모의과제

역량은 평가센터기법에 따라 모의 직무상황에서 평가 대상자가 보이는 행동을 평가위원이 직접 관찰하여 평가하는데, 4개의 구체적인 평가과제를 활용한다.

평가과제	내용	소요시간
1:1 역할수행	현안문제 기자 인터뷰	준비 30분/평가 30분
1:2 역할수행	정책의 찬반 대립, 부처/부서 간 이해관계 조정	준비 30분/평가 30분
서류함 기법	여러 현안과제의 해결방안 마련(보고서 작성 후 질의응답	준비 50분/평가 30분
집단토론	사업 선정, 예산 감축 등 쟁점사항 합의/조정	준비 40분/평가 50분

▶ 평가자

한 번의 평가 시에 6명을 평가하는데 9명의 평가위원이 참여한다. 평가위원은 전·현직공무원단, 관련 학계 대학교수, HR분야 민간전문가들로 Pool을 구성하는데, 평가위원이 되기 위해서는 사전에 평가교육을 이수한 후 실제 역량평가를 수차례 관찰하여 충분한 경험을 쌓아야 한다.

▶ 통과 기준

역량 항목별로 5점 만점으로 평가하여 6개 역량의 평균점수가 보통 이상(2.50점 이상)인 경우에는 통과된다.

▶ 재평가

승진임용의 경우 역량평가 미통과시 횟수제한 없이 재평가가 가능하다. 다만, 2회 연속 미통과 시 마지막 평가일 후 6개월 경과 후, 3회 연속 미통과 시 마지막 평가일 후 1년 경과 후 재평가가 가능하다. 개방형·별정직 직위 임용후보자는 소속장관이 요청하는 경우 1회에 한하여 재평가를 받을 수 있다.

▶ 역량평가 결과 피드백

평가 후에는 평가 대상자에게 역량평가 통과 여부, 역량 수준, 역량별 강점 및 약점, 역량개발 조언 등을 담은 결과보고서를 통보한다. 이를 통해 자신의 역량수준과 부족한 역량을 인식하고 역량개발로 연계할 수 있도록 한다.

▶ 고위공무원단 후보자 역량평가 운영 현황

고위공무원단후보자 역량평가는 연간 약 70회(주 2회) 운영한다. 2006년부터 2018년말까지 총 909회 평가가 이루어졌으며, 평가대상자 5,442명 중 1,197명이 통과하지 못하여 미통과율은 22.0%다.

● 대한민국 과장급 공무원 역량평가[72]

▶ 도입 배경

고위공무원단 역량평가 제도가 성공적으로 정착되고, 중앙부처 중간관리직의 적정 역량 보유 필요성이 강조됨에 따라 역량평가 대상을 과장급으로 확대했다. 이에 따라 각 중앙부처에서는 과장급 보직 부여를 위해 자체적으로 역량평가를 실시하거나 인사혁신처에 평가 대행을 요청해야 한다.(자체평가기관 : 감사원, 외교통상부, 관세청, 특허청)

▶ 실시 연혁

연도	내용
2006	• 고위공무원단 제도 시행 및 역량평가 실시('06.7.)
2009~2010	• 과장급 공통역량 도출 및 실행과제 개발 • 대검찰청 역량평가 대행 • 역량평가 시범운영(3차례)
2010	• 과장급 역량평가 실시근거 마련(공무원 임용령) • 과장급 이하 역량평가 인증제 실시
2013	• "과장급 역량평가 의무화" 정부 국정과제로 선정
2015	• 과장급 역량평가 의무화

---

[72] 인사혁신처 홈페이지, https://www.mpm.go.kr/mpm/info/infoBiz/compAppr/compAppr02/

인사혁신처는 과장급 역량평가를 하기 위해 2009년부터 과장급 공통역량 도출, 시범운영 등 역량평가 체계 구축을 위한 준비를 했다. 2010년 「공무원 임용령」에 과장급 역량평가 실시근거를 마련하였으며, 2015년부터는 역량평가를 통과한 사람만이 과장 직위에 신규채용, 승진임용, 전보될 수 있도록 의무화했다. 과장급 역량평가 체계는 "6개 역량, 4개 실행과제, 6명의 평가자"로 구성되어 있다.

▶ 평가 대상자

과장급 직위로 신규 채용되려는 자, 과장급 직위로 전보 또는 승진임용되려는 자는 역량평가를 통과해야 한다. 〈 근거법령 〉「공무원 임용령」, 「공무원 임용규칙」

▶ 역량개발 교육과정

고공단후보자 과정과는 달리 과장후보자과정(3일 과정, 국가공무원인재개발원 등)은 의무적으로 이수해야 하는 것이 아니라 본인이 선택할 수 있다. 과장 후보자 정규 교육과정을 이수하기 어려운 사람과 개방형 직위 등 민간후보자는 본인이 원하는 경우 인재정책과에서 실시하는 단기교육 및 국가공무원 인재개발원 e-러닝과정 '과장급 표준역량과 역량평가의 이해'를 수강할 수 있다. 또한, 인재개발원에서는 역량평가를 통과하지 못한 사람을 대상으로 '역량레벨업' 과정을 운영하고 있다.

▶ 평가요건(Dimension)

과장급 역량평가를 통해 검증하는 역량은 정책기획, 성과관리, 조직관리, 의사소통, 이해관계조정, 동기부여 등 총 6개다.

역량명		정의
사고	정책기획	다양한 분석을 통해 현안을 파악하고, 개발하고자 하는 정책의 타당성을 검토하여 최적의 대안을 제시하는 역량
업무	성과관리	조직의 미션과 전략에 부합하는 성과목표를 수립하고, 이를 달성하기 위해 업무 집행과정을 점검하고 관리하는 역량
	조직관리	전체 조직 및 각 부서간의 관계를 고려하여 목표 달성을 위한 실행 계획을 수립하고, 필요한 자원을 확보하며, 업무를 배분하고 조직화하는 역량
관계	의사소통	상대방의 의견을 경청하여 그 의미를 정확히 이해하고, 자신의 의견을 명확하고 효과적으로 전달하는 역량
	이해관계조정	공동의 목적을 위해 다양한 이해관계자들 간의 갈등을 해결하고, 협력적인 업무 관계를 구축·유지하는 역량
	동기부여	부하직원들이 같은 조직의 구성원으로서 자발적인 노력과 적극적인 자세로 업무를 수행할 수 있도록 유도하고 지원하는 역량

▶ **모의과제**

평가센터기법에 따라 모의 직무상황에서 평가대상자가 보이는 행동을 평가위원이 직접 관찰하여 평가하는데, 4개의 구체적인 모의과제를 활용한다.

▶ **평가자**

평가자는 전·현직공무원단, 관련 학계 대학교수, HR분야 민간전문가들로 Pool을 구성하는데, 평가위원이 되기 위해서는 사전에 평가교육을 이수한 후 실제 역량평가를 수차례 관찰하여 충분한 경험을 쌓아야 한다. 한 번의 평가 시에 6명을 평가하는데 6명의 평가자가 참여한다.

▶ **역량평가 통과 기준**

역량 항목별로 5점 만점으로 평가하여 ① 6개 역량의 평균점수가 보통 이상(2.50점 이상)인 경우, ② 6개 역량의 평균점수가 2.30점 이상이고, 이 중 2개 이상 역량의 점수가 3.0점 이상인 경우 통과한다.

▶ **재평가**

승진임용의 경우 역량평가 미통과시 횟수제한 없이 재평가가 가능하다. 다만, 2회 연속 미통과 시 마지막 평가일 후 6개월이 경과해야 재평가가 가능하다. 개방형직위, 경력경쟁채용시험에 따라 임용되는 직위, 공개모집절차에 따라 임용되는 책임운영기관 직위 임용후보자는 소속장관이 요청하는 경우 1회에 한하여 재평가를 받을 수 있다.

▶ 평가결과 피드백

평가 후에는 평가대상자에게 역량평가결과 통과 여부, 역량 수준, 역량별 강점 및 약점, 역량개발 조언 등을 담은 결과보고서를 통보한다. 이를 통해 자신의 역량수준과 부족한 역량을 인식하고 역량개발로 연계할 수 있도록 피드백 기회를 제공한다.

▶ 과장급 후보자 역량평가 현황

과장급 후보자 역량평가는 연간 140회(주 4회) 운영하고 있다. 2009년부터 2018년말까지 총 1,084회의 평가가 이루어졌으며, 평가대상 6,471명 중 1,571명이 통과하지 못하여 미통과율은 24.3%다.

2) 해외 사례

● Palmore Fire Department (PFD)[73]

▶ 개요

PFD는 소방위(Fire Lieutenant, 초급간부)들을 소방경(Fire Captain, 소방서 팀장, 또는 현장대응 지휘팀장)으로 승진시키기 위해 평가센터를 활용했다. PFD는 승진하는 대원들이 보여주는 관리 스킬에 대해서 만족할 수 없었다. PFD는 최고의 소방 스킬을 보유한 소방위들을 소방경으로 승진시키는데, 이들은 화재진압 기술자로서 탁월한 성과를 보이지만, 이들이 맡는 직무들은 고유의 역할들이 서로 달라서 소방경으로 승진해서 탁월한 성과를 낸다는 보장이 없었다. PFD는 또한 소수자와 여성 지원자들에게도 공정하다는 인식을 심어주고 이를 제도적으로 개선하길 원했다. 그래

---

[73] George C. Thornton III, Devorah E. Rupp, *Assessment Centers In Human Resource Management* (London, Lawrence Erlbaum Associates, 2006), 18-24.

서 우수한 소방위들이 향후 효과적인 소방경이 되기 위해 개발해야 할 역량을 규명하기 위해서 승진평가센터를 구축하기로 했다.

▶ 조직

PFD의 조직은 상당히 복잡한 편이다. 인원은 400명이 넘고 20여 개의 지구대가 있다. PFD는 소방 관련 특수 장비 구매 비용을 포함하여 200억이 넘는 예산을 집행한다. PFD는 화재진압, 응급의료 서비스, 위험물 처리, 재난구제, 화재 예방수칙 제정, 시민 소방교육, 재난 예방 등의 업무를 담당한다. 소방본부는 소방서장(Fire Chief)이 지휘한다. 소방경(Fire Captain)은 신입 소방대원과 소방위들을 지휘 감독하는 것이 주 임무이며 행정적인 업무도 수행한다.

▶ 대상 직무

평가센터는 소방위들이 향후 우수한 소방경(captain)이 되려면 어떤 특성을 가지고 있어야 하는지를 평가하기로 했다. Captain의 직무는 담당 지구대 전체를 관리 감독한다. 모든 장비를 운용하고 보수하는 업무를 포함하여 검사, 훈련, 소방대원 기술 훈련 등 기술적인 부분과 인적자원관리와 함께 행정적인 업무를 한다. 그러므로 Captain은 소방수들과 중간관리자 그리고 행정적 요원들까지 감독하고 관리를 해야 한다. 소방위들은 주로 화재진압 시 소방대원(팀)들을 지휘하지만, captain의 역할은 서로 다른 역량과 가치관을 가진 인력을 관리하고 지원하는 광범위한 과제들이 있다.

PFD는 매일 소방대를 운용하는 가운데 상세한 보고서를 작성하고, 일정계획을 수립하고, 대원들의 수행실적을 평가를 잘하고, 대원들을 상담하고, 갈등을 해결하고, 훈련도 잘 시키는 일선 관리자(captain)를 원하고 있다. 그래서 평가센터를 구축하면서 PFD는 Captain으로 성공하는데 중요한 특성을 분석하기로 하고, Captain으로서 장기간 필요한 스킬을 규명하기 위한 평가센터 프로그램을 개발하기로 했다.

▶ 평가요건(Dimension)

Captain의 역할을 확인하기 위해 먼저 직무분석을 실시했다. 과거 직무분석 결과와 그동안의 훈련 자료와 필요한 정보를 수집하고 검토했다. 먼저, captain들이 해야 하는 과제 목록, 지식, 스킬, 능력들을 찾기 시작했다. 수행업무의 중요성을 판단하기 위해서 주제 전문가를 참여시켰다. (예: senior captain, assistant chiefs, fire chief 등)

이렇게 수집한 정보들을 기반으로 직무요건을 새로 만들고, 최소한 자격요건을 개발했는데, 소방대원으로서, 중간관리자로서 관련 경험과 소방 관련 자격증 취득을 자격요건으로 추가했다. 또 Captain으로서 효과적으로 직무를 수행하는데 필요한 구두 추론, 독해력 등 일반적 지능 검사와 지배성, 사회성, 공격성(적극성) 등과 같은 대인관계 유형과 개인 특질을 포함시켰다. 그리고 captain이 발휘해야 할 6개(계획조직, 의사결정, 갈등관리, 구두 의사소통, 문서 의사소통, 개인/집단 리더십)의 역량을 도출했다.

▶ 모의과제

직무분석을 통해 captain으로서 정기적으로 다루어야 할 과제와 규칙적으로 다루어야 하는 상황을 도출하고 이러한 상황에서 직면하게 될 문제들을 규명했다. 이것을 기본으로 몇 개의 과제를 개발했다. 과제를 개발할 때 직무분석 정보를 활용했다.

첫 번째 과제는 In-Box(통상 In-Basket이라 부르는)이다. 이 과제는 책상에 앉아서 혼자서 일을 처리하는 상황을 모사한 것이다. captain으로서 여러 과제를 주어진 시간 내에 수행하는 것이다. 과제 중에는 휴가 신청에 대한 거절 또는 승인, 근무조 편성(소방대원들과 중간관리자 간), 시간 내에 인트라넷 접속/입력 완료하기, 사고보고서를 소방대 신문에 올리기, 소방 관련 정보와 비관련 정보 분류하기 등이 있다. 이 과제는 계획조직, 의사결정, 문서 의사소통을 평가한다.

두 번째 과제는 서로 갈등이 있는 두 명의 중간관리자를 만나는 것이다. 두 명은 소방팀 운영에 대해서 매우 다른 의견과 철학과 가지고 있다. 그들은 현재 위에서 하달된 지시사항을 곧바로 시행하는 것에 대해 동의(휴게실을 넓히는 문제와 침대의 공유 등)를 하지 않고 있다. 첨예하게 대립하고 있는 두 사람을 만나 갈등을 해결해야 한다. 이 과제에서 평가하는 것은 집단 리더십, 문서 의사소통, 갈등관리, 의사결정 역량이다.

세 번째 과제는 부하 대원의 수행 평가에 대해서 제공된 문서와 보고서를 검토하고, 수행 평가를 준비하고, 수행에 대한 피드백을 제공하는 role play 과제다. 이 과제는 계획조직, 구두 의사소통, 문서 의사소통, 개인 리더십을 평가한다.

마지막 과제는 핵심 장비의 작동 여부를 점검하는데, 어느 부분을, 어떻게 점검할 것인지를 훈련을 시키는 강의안을 발표해야 한다. 참가자는 주어진 시간에 다양한 매뉴얼, 안전 표준 준칙, 기타 자료들을 확인하면서 발표준비를 한다. 그리고 실제로 훈련생 역할을 하는 평가자 앞에서 시범을 보이는 것이다. 이 과제는 계획조직, 의사결정, 구두 의사소통, 리더십이다.

▶ 참가자

참가자는 스스로 지원하거나 captain이 지명할 수 있다. 단, 스스로 지원한 사람은 소방서장(chief)의 승인이 있어야 한다. 그 후, 본부 인사관리 담당 임원이 최소한의 자격요건을 검증하여 최종 승인한다. 모든 참가자는 최소한의 자격요건을 갖추었는지를 확인하기 위한 검사를 받아야 한다. 평가는 하루 동안 6명이 받는다. 평가가 시작되기 전에 평가센터 운영에 관한 오리엔테이션을 한다.

▶ 평가자

다른 관할구역에 있는 chief, battalion chief, assistant chief들이 평가자로 참여한다. 이 방식은 전형적인 방식이다. 전통적인 방식에서 평가자들은 보통 참가자보다 2개 계층 이상의 상위 직위의 관리자들이 참여한다. 평가자들은 인정받은 프로젝트를 진행했거나 다른 평가 경험이 있는 산업조직심리학자들로부터 훈련을 받는다. 평가자들은 과제를 수행하는 참가자들을 관찰하고 역량과 관련된 행동을 관찰하고 그것들을 평가한다. 이때 심리학자와 센터 운영책임자는 통합회의를 진행하는데, 이때, 인지능력 검사와 성격검사 결과를 공유한다. 통합회의가 끝나면 보고서를 작성하고, 구두와 문서로 피드백을 한다.

▶ 운영

평가는 하루 만에 끝난다. 평가자들은 평가가 끝나는 오후 늦게부터 저녁까지 정보들을 통합한다. 이 과정에서 서로가 관찰한 내용을 공유하고, BARS 방식[74]으로 개발된 평가지표에 따라 평가를 한다. 이어서 운영책임자가 결과를 취합한다. 평가자들은 참가자당 대략 45분 정도 토론한다. 차이가 나는 부분에 대해서 집중적으로 토론하고, 서로가 동의하는 점수(1~5점)에 도달한다, 여기까지 끝나면 최종 점수를 집계하고 승진할 순위까지 확정한다. 이 결과에 동의하지 않는 평가자가 있으면 관련 근거에 대해서 철저한 토론을 계속하고, 토론 결과에 대해서 문서로 작성하여 chief에게 보낸다.

▶ 피드백

평가가 끝난 후, 평가자들은 각 참가자에게 평가결과에 대해서 피드백을 한다. 피드백은 참가자가 수행하면서 발견된 역량의 강점과 약점, 그리고 역량을 향상할 수 있는 권고안이 포함된다. 얼마 후에 문서로 작성된 평가결과를 제공한다. 이때 참가자에게 주어지는 피드백 내용은 상세하지 않다. 의사결정에 꼭 필요한 요소와 후보자가 받은 점수와 관련된 내용만 포함된다. 이런 피드백을 의사결정 피드백(decision feedback)[75]이라고 한다. 대신 fire chief에게는 더 상세한 개인별 평가결과를 제공한다. 이때의 보고서에는 지금까지 참석한 후보자들이 모두 포함된다.

▶ 활용

PFD의 평가결과는 승진을 위한 전체 평가점수가 포함되는데, 소방서장이 승진을 결정하는데 필요한 일련의 정보를 담고 있다. PFD는 승진을 결정할 때, 역량 평가결과와 함께 과거 수행실적, 사고 기록, 안전 위반 등과 같은 다른 정보들을 확인하고 활용하도록 했다. 소방서장은 평가결과에서 나온 정보와 후보자의 상위 관리자가 추천하는 내용(현 직무에서 관찰된 수행실적 등)을 참고하여 최종적으로 승진을 결정한다.

▶ 결과

PFD는 평가센터의 프로그램에 대한 효과성 평가를 했다. 평가는 설문 조사를 통해서 했는데, 평가결과는 상위 관리자들(chief, assistant chief, captain 등)의 평가

---

[74] 평가척도가 1Level~5Level로 정해져있다.
[75] 개발 평가센터에서 제공하는 개발 피드백(developmental feedback)은 이보다 훨씬 상세하다.

가 좋았다. 이들은 lieutenant들이 현재 갖추고 있는 스킬이 captain이 되는 데 필요한 스킬과 얼마나 부합하는지를 알 수 있는 정보를 제공한다고 믿는다는 것이다. 이전에는 이런 정보가 전혀 없었다. 도입 5년 후에 평가센터가 확고히 자리 잡게 되었다. 소방서장은 새로운 승진한 captain들이 다양한 영역에서 업무를 감당할 수 있고, 각 지구대를 운영하는데 필요한 더 나은 스킬을 갖춘 lieutenant들이 승진하게 된 것을 기쁘게 생각했다. 시간이 흐르면서 이들은 직무에서 우수한 성과를 내며 상위 직급으로 승진하는 모습을 보였다. 이는 조직으로 보면 리더십 재능을 가진 소방위 계층의 pool이 한층 두터워졌다는 것을 의미한다.

▶ 요약

PFD의 평가센터는 승진 의사결정을 위한 정보를 제공하기 위해서 설계된 것이다. 역량과 과제는 소방대에서 장기간 성공하기 위한 잠재력을 가진 사람을 규명하기 위한 것이었다. 평가센터 결과는 관리자로서 필요한 역량들의 점수와 전체 순위가 포함되었다. 발견된 점들은 오로지 참가자에 대한 피드백과 소방서장이 승진 의사결정을 위해서만 제공되었는데, 평가결과는 승진 의사결정과 관련된 다른 정보와 통합되어 활용하였다.

오피스 서플라이 시스템(OSS, Office Supply System)[76]

▶ 개요

OSS사는 영업직 및 기술직 직원을 지역 관리자로 승진시키는 의사결정을 위해 평가센터를 도입했다. 오랫동안 OSS는 고위 관리직 승진자의 관리능력에 만족하지 못했다. 최우수 실적의 영업사원이나 기술력을 인정받은 기술직 사원을 관리직으로 승진시킨 결과, 개인 차원에서 뛰어난 성과를 낸다고 해서 반드시 우수한 관리자가 되는 것은 아니라는 것을 알았다. 그래서 최우수 영업직원이나 서비스 담당자 중 관리자로서 성공할 수 있는 사람을 변별할 수 있는 평가센터를 개발하기로 했다.

---

[76] George C. Thornton III, *Assessment Centers In Human Resource Management* (Addison-Wesley Pulishing Co, 2002), 15-26.

▶ 조직

OSS는 미국 전역에 걸쳐 도매점과 소매점에 사무 관련 용품과 기기를 판매하는 회사다. 일부 품목은 자체 생산을 하지만 대다수 품목은 다른 제조사로부터 구매해 소비자들에게 재판매하는 형식이다. 물품 카탈로그가 있어 소비자들은 메일이나 전화 주문을 통해 물품을 구매할 수 있다. 조직의 강점은 영업직원과 기술진을 통해 소비자와 직접 접촉할 수 있다는 점이다. 회사 정책은 구매액과 관계없이 적어도 한 달에 한 번은 모든 소비자와 접촉해야 한다는 것이다. 대부분 직접 주문을 하지만, 고객과의 관계 형성이나 불량품 및 배송 문제는 영업직원과 기술자가 전담하고 있어서 영업직과 기술직의 역할이 대단히 중요하다.

▶ 대상 직무

이러한 영업직과 기술직 직원 중에서 중간 관리자(일선 관리자)로서 잠재력을 지닌 사람을 확인하려는 목적으로 평가센터를 설계했다. 일선 관리자는 지역 관리자로서 20명 정도의 판매직원과 10명 정도의 서비스 기술직원을 담당한다. 지역의 단위는 인구밀도가 적은 넓은 지역도 있고 대도시의 세분된 작은 지역도 있다. 그 상위 관리자는 몇 개의 지역을 총괄 관리한다. 그 위에 모든 지구를 총괄하는 총괄지구 관리자들이 있다. 일부 지구에는 부분 관리자가 있다. 총괄지구 관리자는 지구 관리자를 책임지고 영업 부사장에게 직접 보고한다.

지역 관리자로 전직하는 직원들이 상위의 관리자로서 성공할 수 있는 잠재력이 없다는 것이 조직의 고민이었다. 일선 관리자는 기본적으로 일상의 업무를 관리하는 것이 기본이지만, 이런 역할을 넘어서서 중견 관리자로서 타 부서와 협조하고, 새로운 시장으로의 진입 여부를 결정하며, 재무적 판단을 하고 새로운 상품을 도입하는 것과 같은 역할에서도 성공할 수 있는 사람을 원했다. 따라서 일선 관리자뿐만 아니라 중견 관리자로서의 성공에 중요한 특성들을 주의 깊게 분석하여 이를 중심으로 평가센터를 설계하기로 했다. 중간 관리직에서의 장기적 성공잠재력을 판별할 수 있도록 평가센터 프로그램을 구성했다. 상당수의 평가센터가 이런 목적으로 사용된다. 200여 개의 조직을 대상으로 한 연구에서 61%가 평가센터가 비관리직으로부터 관리직으로 승진시킬 때 활용했다. (Gaugler, 1990)

▶ 평가요건(Dimension)

OSS는 일선 및 중견 관리자로서 장기간의 성공에 필요한 특징들을 측정하기로 했다. 이를 위해 OSS사 관리직의 직무요건 분석, 유사 직무의 직무분석 결과 검토, 리더십과 관리능력에 관한 문헌 연구 등을 실시하였다. 그 결과, 리더십, 영향력, 의사결정, 관리 동기, 효과적 의사소통 등이 일선 및 중견 관리자로서의 성공에 중요한 것으로 확인되었다.

▶ 모의과제

직무분석을 통해 관리자로서 직면하게 될 일상적 업무들과 업무수행 시 발생할 수 있는 문제들을 확인하고 주요 내용을 모사했다.

서류함 과제에서는 관리자로서 서류업무에 마주치게 될 전형적인 행정적 문제들을 제시하였는데, 평가 역량은 의사결정, 관리 동기와 효과적 의사소통이었다. 두 개의 집단토론 과제는 관리자들 간의 협조가 필요한 상황을 모사했다. 한 과제는 새로운 출장경비 정책을 수립하기 위한 토론이었고, 다른 과제는 어느 지역이 신상품의 시범 출시 추가 자원을 받을 것인지를 결정하는 것이었다. 이외에 프로젝트를 납부기한 내 완수하는 데 있어 스텝들과 문제를 겪고 있는 부하직원 역할을 연기하는 사람과 면담을 하고, 서비스 불만으로 전화를 한 소비자와 통화를 하는 과제를 개발했다. 또한, 몇 개 지역에 대한 복잡한 정보를 분석한 후 이 정보를 기반으로 새로운 마케팅 전략을 제안하는 분석과제도 개발했다.

OSS는 승진 후보자가 효과적 관리자로서 필요한 기본적인 지적능력과 성격 특성이 있는지 판단하기 위해 지능 및 성격검사를 했다. 지능검사를 통해 정량적 추론, 독해력, 일반지능을 측정했으며, 성격검사를 통해 권위, 사회성, 공격성과 같은 대인관계 유형 및 성격 특성을 측정했다. 심리검사는 산업조직 심리학자의 지원을 받아 진행했다.

▶ 참가자

6명의 영업 담당자와 서비스 기술자가 평가센터에 참가했다. 개인적으로 신청하거나 지역 관리자로부터 추천을 받은 사람들이었으며, 개인 신청자는 회사 인력개발

관리자의 승인을 받아야 했다.

▶ 평가자

총괄지구 관리자, 부문 관리자, 지구 관리자 계층에서 3명의 관리자가 주요 평가자 임무를 수행했다. 이는 전형적인 경우로서 통상 참가자의 상위 두 계층 관리자를 평가자로 선정한다. 임상/산업/조직 심리학적인 훈련을 받은 회사의 인사관리 담당자가 평가자를 교육했다. 관리자는 과제를 관찰하고 수행을 평가했으며, 인사관리 담당자들은 평가과제 운영과 통합 토론을 진행하고, 지능 및 성격검사를 하여 보고서를 작성하고 참가자와 관리자에게 서면 피드백을 했다.

▶ 운영

평가는 1일 또는 1일 반 정도 진행된다. 평가자는 추가로 1일 또는 1일 반에 걸쳐 관찰을 정리하여 점수를 부여하고, 다른 평가자들과 수집한 정보를 통합했다. 평가자는 자신의 관찰을 효과적 수행하기 위해 평가 체크리스트를 활용하여 점수를 부여한다. 평가자 간 점수 차이가 있을 때는 토론을 통해 합의를 이룬다. 평가 차원별로 합의에 도달하면 운영자가 통계적 공식을 이용해 점수를 종합하여 조직에서의 성공을 예측하는 종합점수를 산출한다. 평가자들이 이 점수에 동의하지 않으면 증거를 찾기 위해 더욱 철저한 토론을 진행한다. 통계적 공식을 사용하여 평가결과를 통합하는 방법은 평가센터의 15% 정도만이 채택했던 것으로 Gaugler 등의 연구(1990)에서 밝히고 있지만, 이러한 통계처리는 확산 추세에 있는 것으로 보인다. 각 후보자에 관한 토론은 대략 2시간 정도 소요되었다. 평가자들이 이러한 토론을 진행하는 동안 후보자들은 회사의 사업 분야에 대해 1일간 교육을 받은 후 현업으로 복귀했다.

▶ 피드백

한 달 이내에 인사관리 담당자가 각 참가자에게 평가센터 결과에 대한 피드백을 준다. 피드백은 평가결과와 승진 가능성에 대한 구두 설명으로 이루어진다. 피드백 직후 참가자는 간략한 결과보고서를 받는다. 각 참가자에 대한 세부 보고서는 승진 결정권자인 지구 및 총괄지구 관리자에게만 제공된다. 여기에는 동일 직무를 대상으로 해서 지금까지 평가한 모든 참가자 자료와 참가한 집단 특성을 분석한 자료가 포함된다.

▶ **프로그램의 다른 요소**

승진 가능성에 대한 종합점수를 포함하는 OSS사의 평가결과는 승진 결정권자인 지구 관리자가 사용할 수 있는 정보 중 하나였다. 의사결정 시 성과 평가 및 영업실적과 같은 다른 정보를 참조하도록 하는 것이 조직의 방침이었다. 이러한 정보와 후보자의 상사 의견을 참조하는 것은 현업의 직무수행을 고려했다는 증거가 된다. 승진 권한을 가진 지역 관리자는 인사 파일의 모든 정보를 검토하고 인터뷰를 한 후 최종 의사결정을 한다.

▶ **결과**

평가센터 시행 8년 후 OSS사는 프로그램의 효과를 평가했다. 대부분 지구 및 총괄 지구 관리자들은 평가센터가 영업직과 기술직에 대해 이전에는 없었던 정보를 제공했다고 믿었으며, 지역 관리자의 승진 의사결정에 평가센터 결과를 사용해 왔다고 보고했다.

※ **강조사항**

승진 평가센터는 상위 직위에서의 성공에 필요한 자질을 평가하기 위한 절차 중 일부로 보아야 한다. 일부라는 점에 주목해야 한다. 자격 사항 검토, 인사부서의 의견, 직속 상사에 의한 업무성과 평가, 핵심적 스킬과 지식, 인사 전문가와의 인터뷰, 관리자와의 인터뷰, 신체검사 등이 평가 절차에 포함될 수 있다. 이러한 활동들은 잘 정의된 Dimension을 중심으로 전개되어야 한다. 한 평가요소는 반드시 한 개 이상의 절차를 통해 평가되어야 한다. 예를 들어 구두 의사소통 스킬은 다수의 인터뷰, 성과 평가, 그리고 평가센터를 통해 측정될 수 있다. 반면, 위임 역량은 평가센터와 관리자 인터뷰를 통해서 평가될 수 있다.

제6장

개발 평가센터는 어떻게 작동되는가?

이번 장에서는 개발 평가센터(Developmental Assessment Center, DACs)가 어떻게 작동하는지를 알아본다. 먼저, 진행 프로세스를 살펴보고, 이어서 도입 사례를 살펴볼 것이다. 개발 평가센터의 진행 프로세스와 사례를 살펴보면, 개발 평가센터가 어떻게 작동하는지, 무엇을 준비해야 하는지, 산출물은 어떤 것인지, 기대효과는 무엇인지 등등을 알 수 있을 것이다.

선발/승진 평가센터와 개발 평가센터는 둘 다 같은 기법을 사용하지만, 차이점은 목적이 다르다는 것이다. 선발/승진 평가센터가 Dimension을 검증하고 미래수행을 예측하는 것을 목적으로 개발된 프로그램이라면, 개발 평가센터는 직원들의 Dimension(지식, 스킬, 역량)을 높여 줄 목적으로 개발된 프로그램이다.

개발 평가센터라는 용어는 Rodger and Mabey가 영국 텔레콤에서 관리자 개발 전략의 한 부분으로 운영 중인 센터를 기술하기 위해서 처음 사용했다.[77] 미국에서는 평가센터의 약 40%가 개발 평가센터이고, 영국에서는 414개 업체를 조사한 결과 43%가 이 방법을 활용하는 것으로 나타났다. 미국에서 1971년 초반에 AT&T에서 사용했고, 영국에서 1970년 중반에 ICL에서 사용했다. 일본에서는 1973년도에 미국의 DDI로부터 평가센터(AC)를 도입했는데, 도입 당시 'Assessment'라는 단어의 뉘앙스가 사람을 평가한다는 의미가 강해서 거부반응이 강했었다. 이에 대한 대응으로 개발 평가센터가 등장하게 되었는데, 일본에서는 평가센터 6회 중 5회(83%)가 개발 평가센터로 압도적으로 많다.[78]

개발 평가센터는 일종의 충전용 프로그램이라고 할 수 있다. 자동차의 배터리가 방전되면 곧바로 충전해야 움직일 수 있듯이 직원들로 방전된 것들을 채워야만 보다 좋은 성과를 낼 수 있다. 조직에 있는 모든 직원은 자신의 직무에서 성과 책임이 있다. 현재 직무를 잘 수행하고 있다 하더라도 조직의 측면에서 보면, 좀 더 높은 성과를 기대한다. 그러기 위해서는 현재보다 더 높은 수준의 역량과 지식과 스킬이 필요하다. 이때 그 직무에, 그 직급에 필요한 역량과 지식과 스킬을 도출하고 그것을 교육과정으로 개발한 프로그램이 개발 평가센터다.

개발 평가센터는 전문분야에서 성공하는 데 필요한 개발 가능한 Dimension(역량)

---

[77] Iain Ballantyne and Nigel Povah, *Assessment and Development Centres*, (GOWER, 2004), 142-59.
[78] 일본 MSC, *휴먼 어세스먼트는 어디까지 나아갔는가?*, 한국능률협회컨설팅 역 (서울, 한국능률협회컨설팅, 1990), 34.

들을 피드백하고, 코칭하고, 실행하는 것을 돕는다. 개발 평가센터는 직원 개발 프로그램의 출발점이라고 할 수 있다. 개발 프로세스는 여러 가지 요소들이 있다. 프로세스에는 실습, 학습을 최대화하기 위한 과제 설계, 자신 성찰 활동, 목표 설정 세션, 코칭, 피드백이 등이 있다.

개발 평가센터 프로그램을 활용하면 참가자들은 과제를 수행하면서 미처 몰랐던 부분과 미숙했던 부분들을 알게 된다. 참가자들은 교육이 진행되는 동안 지식과 스킬이 향상되고 많은 것을 느끼게 된다. 개발 평가센터 프로그램은 직원들에게 역량개발을 하라고 말하지 않아도 알아서 역량개발을 하게 하는 효과가 있다. 이것이 개발 평가센터를 도입하는 가장 큰 이유다.

개발 평가센터의 특징은 과정이 진행되는 동안 강력한 피드백이 주어진다는 것이다. 교육이 진행되는 동안 참가자들은 여러 개의 모의과제를 수행한다. 각각의 모의과제를 수행할 때마다 동료 및 FT의 피드백이 주어지기 때문에, 전방위로 Dimension(역량)들이 평가된다. 교육이 끝날 즈음, 참가자는 자신의 수행결과와 동료 및 FT의 피드백을 바탕으로 자기개발계획(IDP)을 작성하고 종료한다.

개발 평가센터는 참가자에게 평가하고자 하는 Dimension을 투명하게 공개해야 한다. 새로운 시도와 도전을 북돋아 주고, 비위협적이고 비경쟁적인 학습 환경을 조성하기 위해서 세심한 주의를 기울여야 한다.[79] 평가자는 관찰하고 평가하는 것뿐만 아니라 참가자 스스로 역량을 향상시킬 수 있도록 목표 수립하는 과정에서 코칭과 피드백을 준다. 참가자들은 또 자기 성찰 활동에 참여한다. 자기 성찰 활동은 참가자들이 역량을 이해하고, 강점과 개발 니즈를 알고, 개선 목표를 수립하고, 교육과정에서 경험한 스킬을 현업에 적용하는 방법을 알 수 있게 하는 장치인 것이다. 참가자는 종료 후에도 개선 및 개발 활동을 지속해서 이어간다. 그리고 어느 정도 시간이 흐른 후에 개선 정도를 추적하여 확인한다.

개발 평가센터 프로그램은 실제로 개발 가능한 역량을 선택하는 것이 핵심이다. 이 프로그램은 시간이 지나면서 역량이 개선하기 위해서 트랙 방식으로 진행한다. 즉, 같은 유형의 과제를 반복하게 되는데, 처음 과제에서 받은 피드백 내용을 다음 과제에서 수정된 행동을 함으로써 과제가 진행되는 동안 역량이 개선되고 향상되도

---

[79] Edison (2003), guidelines for conducting a "developmental Planning workshop"

록 설계한다. 그러므로 개발 평가센터는 선발/승진 평가센터나 진단 평가센터보다 시간이 더 많이 소요된다.[80]

개발 평가센터는 진행 전에 평가하고 개발되어야 할 Dimension에 대해서 참가자의 숙련도에 대해서 정보를 수집한다. 이 단계는 나중에 역량의 개선 정도를 확인하는 기준이 되므로 필요한 단계이다. 이 정보는 다양한 방법을 통해 얻을 수 있다. 참가자는 물론 다양한 경로(직속 상사, 부하직원)를 통해 Dimension 점수들을 수집한다. 직무의 성격에 따라서는 클라이언트, 고객들로부터 수집될 수 있다. 또 관련한 정보를 조직으로부터도 얻을 수 있다. 이때 중요한 것은 두 가지인데, 첫째, 어느 방법을 활용하든지 교육과정 안에서 개발되어야 할 Dimension에 초점을 맞추는 것이고, 둘째, 이전에 점수를 수집하는 방법과 나중에 점수를 수집하는 방법이 같아야 한다는 것이다. 이것은 나중에 개발 평가센터 프로그램을 평가하고 타당성을 위해서 중요하다.

개발 평가센터의 다른 중요한 단계는 참가자에게 개발 평가센터 프로세스, 평가하게 될 Dimension들, 개발 평가센터에서 모사하게 된 조직의 배경에 대해서 알려줘야 한다는 것이다. 이것은 시작 이전에 또는 시작 직전에 일어나야 한다. 예를 들어, 개발 평가센터 시작 몇 주 전에 참가자들은 개발 평가센터 프로세스 개요, 상세하게 정의된 Dimension들, 프로그램에서 모사한 조직에 대한 배경 읽기, 프로그램을 최대한 활용하기 위한 Tip 등을 받는다.

개발 평가센터는 활용 영역이 상당히 넓다. 대상별로 기업, 공공기관, 대학생, 고등학생, 심지어 초등학생에까지 적용한 사례가 있으며, 목적별로 전략추진 및 혁신 도구로, 산업시설 견학 프로그램으로, 리더십 향상프로그램으로 활용하기도 한다.

개발 평가센터는 조직개발에도 좋은 결과를 얻어낼 수 있는 유용한 프로그램이다. 수동적 업무 관행을 타파하고자 하는 경우, 느슨한 조직의 기강을 바로잡아야 할 경우, 새로운 조직으로 출범을 앞둔 경우, 서로 다른 조직이 합쳐져서 혼란스러운 경우 등에 활용한 사례들이 있다.

---

[80] TFT, *Guidelines and Ethical Considerations for Assessment Center Operations* (2015년), 제4항.

1. 개발 평가센터 진행 프로세스

개발 평가센터 진행 프로세스는 선발/승진 평가센터의 진행 프로세스와 대동소이하다. 그러나 내용 면에서는 완전히 다르다. 그 내용이 어떻게 다른지 살펴보자.

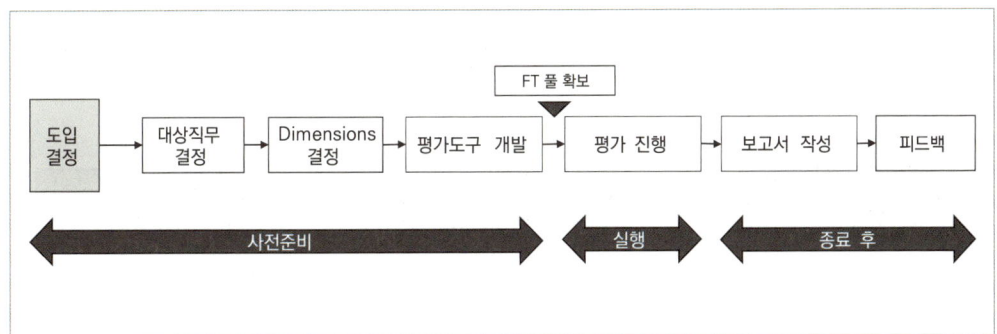

1) 사전준비 단계

개발 평가센터의 사전준비는 대상직급(직무) 결정에서부터 퍼실리테이터(FT)를 선정/확보하는 것까지가 포함된다. FT가 확보되면 진행계획을 작성하고, 참가자들에게 입과 안내문을 발송하면 모든 준비가 끝난다.

(1) 대상 직무(직급) 결정

도입이 결정되면, 어느 직무(또는 직급)을 대상으로 교육을 진행할 것인지를 결정한다. 대상 직무 결정은 제8장에서도 알아보겠지만, 도입 초기에는 시범적으로 대상 직무를 선정하고 몇 차례 진행해 보면서 참가자들의 반응을 살펴보는 것이 중요하다. 경험적으로 볼 때, 개발 평가센터는 프로그램 종료 후, 만족도를 물으면 만족한다는 의견이 압도적이다. 일부 참가자는 강한 피드백에 거부감을 보이기도 하지만, 이러한 참가자도 교육이 끝날 때쯤에는 피드백의 의미를 알게 된다.

(2) Dimension(평가요건) 결정

개발 평가센터에서 결정되는 Dimension은 아래 그림에서 보는 바와 같이 빨간

선으로 표시된 부분, 즉 Knowledge/Skill과 Behavior Dimension이 된다. Motivation Dimension이 빠지는 이유는 대상자들이 재직 중인 직원들이기 때문이다. 이미 검증된 것으로 보는 것이다.

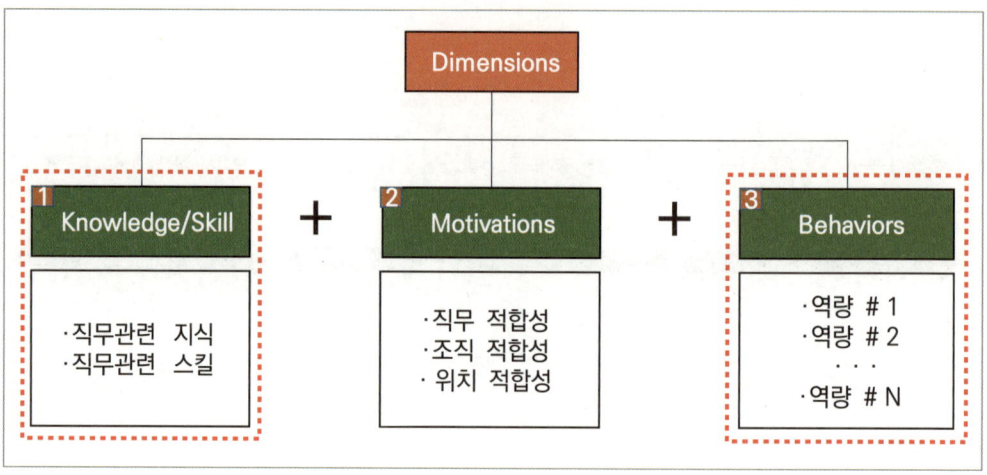

Dimension 결정 시 유념해야 할 것은 선정되는 Dimension은 진단 평가센터와 같이 개발 가능해야 한다. 그러나 진단 평가센터보다 더 구체적이어야 한다. 그리고 훈련이 가능해야 한다. Dimension들은 관찰이 쉬워야 한다. 개발 가능하다는 의미는 이것들이 프로그램 내에서, 그리고 프로그램이 끝난 후에 합당한 노력과 합당한 시간을 투입할 때 개발이 되는 것을 말한다.

가끔 교육 담당자들이 경영층으로부터 "왜? 교육의 효과가 없느냐?"고 질문을 받으면 별로 할 말이 없다. 이런 경우 담당자들은 결과를 측정할 수 있는 Tool이 없다고 하소연하지만, 교육내용을 자세히 들여다보면 거기에는 개발이 매우 더디거나 개발이 거의 불가능한 내용이 포함된 경우가 많다. 교육을 통해서 향상되는 것들이 있고, 향상이 잘 안 되는 것들이 혼용되어 있기 때문이다.

어떤 Dimension은 그 속성상 개발이 매우 쉬운 것이 있는가 하면, 개발이 매우 어렵거나 매우 더딘 것들이 있다. Behavior Dimension(역량) 중에 감수성 역량이 있다. 감수성 역량은 상대방의 속마음까지 읽어내는 감각이 있어야 하므로 쉽게 개발이 안 되거나 거의 불가능하다. 이런 역량은 선발 시에 평가해야 한다. 반면 계획/조직화 역량은 시간과 자원을 활용하는 것이므로 비교적 쉽게 개발이 된다. 개발이 쉬운 역량은 FT가 피드백을 해 주면 본인이 무엇을 잘했고, 무엇을 보완해야 하는지를 금방 안다. 그래서 다음 과제에서는 개선된 행동을 할 수가 있다. 즉, 개발 평가센터에서 Dimension들은 교육이 진행되는 동안 향상이 이루어질 수 있는 것들로 선정되어야 한다는 것이다. 그러므로 프로그램 설계자들은 이 부분에서 심혈을 기울여야 한다.

개발 센터에서 Dimension을 결정하는 방법으로는 여러 가지가 있으나 경험적으로 볼 때, 직무분석이라는 절차를 완벽하게 수행하는 것보다는 참가자, 참가자와 함께 일하는 팀원, 참가자의 상사 등과 인터뷰를 하는 것이 좋다. 참가자로부터는 어떤 교육을 받았는지, 직무수행 상 어려운 점이나 애로사항은 무엇인지, 습득하고 싶은 것들은 무엇인지 등을 청취하고, 팀원들로부터는 참가자들이 어떤 점을 잘하고 어떤 점에서 미흡한지 등을 청취하고, 상사들로부터는 상사가 참가자에게 요구사항, 보완할 점 등을 청취하고, 조직으로부터는 참가 예정자들에게 바라는 인재상, 강조사항 등 다각도에서 바라보는 것들을 고려하면 무난하게 Dimension을 찾을 수 있다. 이때 수집한 정보들은 Dimension 결정뿐만 아니라 모의과제를 개발할 때도 유용하게 활용하게 되므로 잘 정리할 필요가 있다.

(3) 평가도구 개발

Dimension이 결정되고 나면 평가도구를 선정하거나 개발한다. 이때 평가도구는 어떤 Dimension이냐에 따라 조합이 달라진다. 개발 평가센터에서의 평가도구도 다른 평가센터와 마찬가지로 모의과제가 핵심이 된다. Dimension이 Behavior(역량)가 주를 이루기 때문이다. 모의과제 개발은 선발/승진 평가센터와 진단 평가센터에서 개발하는 절차와 대동소이하지만, 과제의 내용과 성격은 완전히 다르다.

모의과제 개발은 모의상황을 구성할 소재를 발견하는 것이 관건이다. 소재가 충분하면 비교적 쉽게 개발할 수 있지만, 소재가 빈곤하면 어려울 수 있다. 경험적으로 소재를 찾는 방법으로는 행동사건면접(BEI)이 유용하다. 이때 인터뷰 대상자는 참가 예정자 중에서 고성과자이어야 한다는 것이다. 왜냐하면, 조직에서 개발 평가센터를 도입하는 이유가 모든 참가자가 고성과자들의 수준에 올라오길 기대하기 때문이다.

그러한 이유로 교육 진행 중에 이루어지는 피드백은 당연히 고성과자의 수준에 맞추어지게 된다. Dimension을 결정하는 과정에서 수집한 정보와 고성과자들의 행동사례를 결합하면 모의과제 개발에 필요한 소재가 풍부해진다.

개발 평가센터는 같은 유형의 과제를 하나 이상 개발한다. 내용과 난이도는 약간 다르게 개발한다. 그렇게 하는 이유는 진행 중에 Dimension이 향상되어야 하기 때문이다. 그래서 한 개 이상의 과제가 필요한 것이다. 먼저, 하나의 과제를 진행하고 잘한 점과 보완할 점에서 대해서 즉시 피드백을 한다. 피드백을 받은 참가자는 다음 과제에서 전에 받았던 피드백 내용을 상기하면서 과제에 임하고 다시 피드백을 받는다.[81] 두 번째 피드백 내용은 앞에서 한 피드백 내용이 얼마나 개선되었는지 확인해 주는 것이다.

(4) 교육 자료 개발

과제 개발이 끝나면, Self Assessment Sheet(스스로 평가하도록 개발된 평가표), FT 및 동료 피드백 시트, 각종 양식, FT 진행 교안(PPT) 및 교육진행에 필요한 보조 자료(동영상 등)들을 개발한다.

(5) 퍼실리테이터(FT) 확보

개발 평가센터는 교육과정으로 운영하기 때문에 교육을 진행하는 주체(강사)가 있어야 한다. 개발 평가센터는 참가자들이 과제를 잘 수행하도록 안내하고 과제 수행이 끝나면 피드백을 하도록 설계되어 있다. 그래서 진행 주체를 FT(Facilitator, 촉진자)라고 부른다.

FT는 평가자 훈련을 받고, 평가 경험이 있는 사람이어야 한다. 가장 이상적인 것은 FT가 Dimension 결정에도 참여하고, 모의과제 개발에도 참여하고, 프로그램 설계에도 참여하고, 교육까지 진행하는 것이다. 그러나 현실은 그렇지 않은 경우가 많다. Dimension을 결정하는 주체, 모의과제를 개발하는 주체, 프로그램을 설계하는 주체, 교육을 진행하는 주체가 다 다른 경우가 너무 많다. 조직의 상황을 고려하여 어쩔 수 없는 고육지책이라고 하지만, 효과적이지 못하다. 이러한 현실은 개발 평가센터의

---

[81] 다음 과제는 첫 번째 과제에 이어서 곧바로 하기도 하고, 몇 개월이 지난 후에 하는 경우도 있다.

고유한 장점을 살리지 못한다는 측면에서 아쉬운 대목이다.

개발에 참여하지 않은 사람이 FT로 투입되면 평가센터 도입 배경, 모의과제 내용, 참가자 등에 대해서 제대로 모르기 때문에 자신감도 없고 피드백도 제대로 할 수 없다. 개발 평가센터의 성공 여부는 FT들에 달려있다고 해도 과언이 아니다. 따라서 FT의 자격조건 및 확보에 심혈을 기울여야 한다. FT는 평가센터에 대한 지식과 평가 경험이 있고, 강사 경험이 있는 자로 선발되어야 하며, 사전에 시범 강의 또는 모의 진행을 통해 진행역량을 검증할 필요가 있다.

(6) 시간/일정 결정

교육시간은 아래 표와 같이 3일이 적당하며, 4~5일로 진행할 수도 있다. 교육시간은 별도로 정해진 것은 없다. Dimension 수, 모의과제 수, 참가자의 수를 고려하여 결정하게 된다.

교육 시간표(3일)(예시)

1일차	2일차	3일차
1. 진행절차 설명 2. 프로그램 구성/개요 설명 3. 평가차원 해설 4. 평가방법 설명 　- 행동의 관찰/기록 　- 행동 평가	제2회 모의연습 : 서류함 과제 　a. 평가차원 해설/조치요령 　b. 과제해결	제4회 연습 : 분석발표 과제 　a. 평가차원 해설/조치요령 　b. 과제해결 및 발표준비
중식(12:00~13:00)	중식(12:00~13:00)	중식(12:00~13:00)
제1회 모의연습 : 집단토론 　a. 평가차원 해결 　b. 토론/관찰요령 　b. 토론 결과 피드백	c. 개인별 자기평가 d. 결과 피드백	c. 개인별 발표 d. 결과 피드백
석식(18:00~19:00)	석식(18:00~19:00)	석식(18:00~19:00)
5. 대인관계스타일[82] 진단 　a. 진단 및 해석지표 설명 　b. 결과 피드백	제3회 모의연습 : 정보탐색 　a. 평가차원 해설/조치요령 　b. 과제해결 및 보고서 작성 　c. 결과 피드백	6. 관찰된 장단점 분석 7. 자기개발계획서 작성/발표 8. 과정 정리

(8) 참가 대상자 선정 및 안내문 발송

개발 평가센터를 운영하는 담당 부서(통상 교육부서)는 사전에 참가자를 선정하고, 인원이 많을 경우, 차수를 결정한다. 인원은 Class 당 24명 내외가 적당하며, Class 편성은 반드시 동일직급으로 편성해야 한다.[83] 준비가 끝나면 참가 안내문을 보낸다.

사전 안내자료는 최소한 2주 전에는 발송해야 한다. 안내자료에는 교육취지, 목적, 장소, 도착시간, 준비물, 유의사항 등이 포함된다. 이때 중요한 것은 컨디션 조절을 잘 해야 한다는 점을 주지시켜야 한다. 평가는 혼신을 힘을 다해 기량을 발휘해야 힘든 과정이므로 최상의 컨디션을 유지해야 한다는 것을 강조한다. 컨디션 유지는 3개의 평가센터 모두 동일하게 강조하는 부분이다.

2) 교육 진행

교육 담당자는 교육 당일 날은 사전에 안내한 내용을 다시 한 번 주지시키고 FT를 소개하면 교육이 진행된다. 이후는 FT가 진행한다.

준비 단계에서 진행계획을 작성하게 되는데, 그 계획대로 교육과정이 차질없이 진행되는 것이 중요하다. 진행 주체는 FT이고, FT의 주된 역할은 피드백이다. 개발 평가센터는 과제수행->피드백을 반복하는 것이 특징이다. 몇 개의 과제들이 주어지는데, 과제가 끝날 때마다 피드백을 한다. 피드백은 개발 평가센터의 생명이다. 피드백은 참가자들이 수행한 결과에 대해서 강점(Strong Point)과 보완할 점(Developmental Needs)에 대해서 객관적으로 전달하는 것을 말한다.

피드백에는 3종류가 있다. 첫째, 자기 피드백이다. 자기 피드백은 본인이 과제를 수행하면 체험하고 느낀 점들이다. 동일직급이 참여하기 때문에 동료들이 과제를 수행하는 것을 보면서 자연스럽게 자신과 비교를 하게 된다. 경험적으로 볼 때, 참가자들은 스스로 과제를 수행해보면서 많이 부족하다는 점을 느낀다. 이때 본인들에게는 은근한 충격으로 다가온다. 여기서 말하는 충격이란 자신의 수준을 정확히 알게 되므

---

[82] 개발 평가센터는 종종 심리검사 도구를 사용한다. 대인관계스타일 진단결과는 Dimension 수행결과와 결합하여 자기개발에 참고할 수 있도록 제공한다. 더불어 긴장감을 해소하고 흥미를 유발하는 효과가 있다.
[83] 여러 직급이 섞이면 위계질서 때문에 자유로운 토론과 동료 피드백이 어려워진다.

로 향후 개발 의지를 강하게 갖는다는 것을 말한다. 이것이 개발 평가센터를 도입하는 이유다.

둘째, 동료 피드백이다. 동료들이 미리 준비한 관찰 시트에 행동을 관찰하고 기록하여 잘한 점과 보완할 점을 알려준다. 이때 동료들의 눈에 비친 자신을 발견하게 된다. 어떤 평가센터든 피드백은 행동(say or do)을 관찰하고 기록한 내용을 근거로 전달하는 것이므로 대부분의 피드백 내용이 비슷하다. 즉, 여러 동료들이 동일한 내용을 피드백해 줄 때, 그동안 몰랐던 자신의 모습을 발견하게 된다. 이 과정에서도 충격을 받는다.

셋째, FT 피드백이다. FT는 동료 피드백을 참고하여 미진한 부분을 보완한다. FT는 전문가이기 때문에 동료들이 피드백한 내용보다 더 깊은 내용을 피드백한다. 이때 FT는 감정을 상하지 않는 선에서 피드백을 강하게 해서 자극을 줘야 한다. 자극이 강할수록 자기개발 활동의 의지가 강해질 것이기 때문이다.

FT는 참가자들이 부정적 피드백에 대해 강하게 저항하는 경우, 긍정적 피드백 포인트를 찾기 어려운 경우, 잘못된 동료 피드백이 지배적일 때 이를 어떻게 교정해야 할 것인가 등에서 어려움을 느낀다.[84] 이에 대한 보완책으로는 피드백을 제공하기에 앞서 부정적 피드백의 긍정적 기능에 대해 이해시키기, 우회적으로 접근하기, 과제의 구조를 설명함으로써 교육생 스스로가 부족한 점을 느끼도록 하기 등이 있다.

FT의 역할은 관찰한 그대로 정확하게 전달하는 것이 중요하다. 필자도 프로그램을 진행하면서 피드백에 대해서 반발하는 참가자를 몸소 체험했다. 이는 대부분 보완해야 할 점을 피드백할 때 나타난다. FT는 참가자의 반발을 두려워해서는 안 된다. 저항은 주로 수행 결과가 좋지 않은 사람들에게서 나온다. FT의 피드백은 개인에게 살과 피가 된다는 점을 인식하도록 하는 것이 중요하다. 부정적 피드백의 긍정적 효과를 설명하기보다는 사전에 어떤 식으로 피드백이 이루어진다는 점을 잘 설명해야 한다.

이때 활용하는 도구가 '조해리 창' 모델이다.[85] 조해리 창은 4가지 창이 있는데,

---

[84] 진선미, "공무원 역량개발센터의 효과 향상 요인에 대한 탐색적 연구" (한국인사행정학회, 한국인사행정학회보 19권 4호, 2020), 142.
[85] 조해리 창(Johari's Window Model)은 Joseph Luff와 Harry Ingham이 1950년에 개발한 것으로, 열린 창-숨겨진 창-보이지 않는 창-미지의 창이 있다. 개발 평가센터가 효과적을 보기 위해서는 숨겨진 창과 보이지 않는 창을 잘 설명해야 한다.

숨겨진 창은 타인은 다 알고 있는데 본인만 모르는 창이다. 이 창에 대해서 잘 설명하는 것이 중요하다. 개발 평가센터에서 피드백은 본인이 모르고 있는 부분들에 대한 정보들이다. 이때 중요한 것은 수용, 즉 받아들여야 한다는 것이다.

이렇게 3가지의 피드백은 과제를 수행할 때마다 주어지고, 참가자들은 그때마다 자신의 강점과 부족한 점을 알게 된다. 피드백을 받은 참가자는 자기 성찰 시간을 갖는다. 이때 참가자들은 교육 기간 내내 동료들의 역량 발휘 수준과 본인의 발휘 수준을 비교해 보면서 차이(gap)을 발견하게 한다.

교육이 진행되는 동안 대부분 참가자는 스스로 심한 충격을 받는다. 자신과 함께하고 있는 동료들과 비교가 되기 때문이다. 특히, 우수한 참가자들이 더 많은 충격을 받는 것을 볼 수 있는데, 이것은 아주 좋은 현상이다. 향후 발전의 여지가 더 많다는 것을 의미하기 때문이다. 이때 받은 충격은 자기개발계획에 반영하게 된다. 자기개발계획서의 Format은 교육목적을 고려하여 다양하게 설계할 수 있는데, 주로 강점을 활용하는 부분과 약점을 보완하는 부분이 포함된다. 이렇게 하여 자기개발계획서 작성을 마치면 모든 교육과정이 끝난다.

3) 종료 후 단계

개발 평가센터에서 참가자를 위한 보고서 작성과 피드백은 선택사항(Optional)이다. 프로그램을 시작하기 전에 조직에서 요구하는 경우에는 보고서를 작성한다. 다만, 모든 차수가 끝나고 나면 종합보고서를 작성한다. 이때 작성하는 보고서에는 교육을 진행하면서 참가자들에게서 관찰된 특이사항, 평가결과에 분석, 운영에 대한 향후 개선 방안, 조직에서 지원해야 할 사항 등이 포함된다.

개인들에게 하는 피드백은 교육 종료 후가 아니라 교육 중에 이루어진다는 것을 앞에서 살펴봤다. 개발 프로그램의 목적은 참가자들이 새로운 스킬을 개발하도록 돕는 것이므로 수행에 관한 즉각적인 피드백을 제공하고 새로운 행동 양식을 연습할 기회를 주는 것이다. 만약 참가자가 모든 과제를 아무런 지침없이 수행하고 행동을 교정할 기회 없이 종료 후에 피드백을 받는다면 학습은 거의 일어나지 않을 것이다.

종료 후, 참가자들은 자신의 수립한 계획에 따라 자기계발 노력을 실천하고, 조직에서는 이들의 실천을 지원한다. 조직은 종합보고서를 토대로 참가자들이 자기계발을 할 수 있도록 지원방안을 마련하여 추진한다. 지원방안에는 사내·외에 운영되고 있는 교육 프로그램 안내 및 지원, 인터넷 사이트 소개, 필요한 서적 구매 배포 등이 포함될 수 있으며, FT에게 수시로 자문하거나 참가자들에게 상담을 요청하는 것도 검토해 볼 수 있다.[86] 약 1년 정도 지난 시점에 다시 한 번 개발 평가센터를 수행하여 그동안 발전 정도를 확인해 봤을 때, 몰라보게 향상된 직원들의 모습을 볼 수 있었다.

2. 도입 사례

아래 각 사례는 조직, 대상 업무, 평가 프로그램의 특징이 제시되어 있다. 같은 개발 평가센터라 하더라도 도입목적에 따라 특징이 조금씩 다르다는 것을 알 수 있을 것이다. 이러한 특징들이 인사관리 및 직원들의 개발에 어떻게 연계되는지 주목할 필요가 있다. 배경, 목적, 대상자, 대상 직무, 평가요건, 과제, 운영, 피드백, 결과 등을 눈여겨보면서 우리 조직에 시사하는 바가 무엇인지를 살피는 것이 중요하다. 사례는 조직개발에 활용한 사례도 포함되어 있다. 개발 평가센터는 조직개발에도 유용하게 활용할 수 있다는 것을 보여준다.

1) 국내 사례

◉ **전략추진 및 혁신 Tool로 활용**

▶ 도입목적

K사(경남 사천 소재)는 2가지 고민을 하고 있었다. 첫째 고민은 '역량'을 근간으로 한 신인사제도를 정착시키고자 역량 모델링을 완료한 상태였는데, 어떤 방법으로 역량을 평가하고 진단할 것인가하는 것이었고, 두번째 고민은 전략을 새롭게 수립하였는데, 이를 강력히 추진할 혁신의 Tool을 찾고 있었다. K사의 이런 상황을 동시에 해결할 수 있는 방법으로 개발 평가센터를 도입하게 됐다.

---

[86] 한국수자원공사는 부서장급 개발 평가센터 프로그램 종료 후, 후속으로 코칭을 도입했다.

▶ 평가요건(Dimension)

K사는 역량모델링이 되어 있었기 때문에, 역량모델링을 할 필요가 없었다. 그 대신 직원 각자 본인들에게 해당하는 역량들을 알려 주고, 그 역량들이 현재 어느 수준에 있다는 것을 정확히 인식시키는 것이 중요했다.

▶ 대상직무

어느 계층부터 해야 효과가 있을까를 고민하고 실무 담당들과 상의할 결과, 팀장부터 적용해 보자는 의견이 지배적이었다. 임원진들에 의하면 팀장들은 자기가 제일 일을 잘 하고 있다는 생각을 하고, 타성에 젖어 있다는 것이었다. 그래서 개발 프로그램의 우선 대상자들은 팀장으로 결정했다.

▶ 모의과제

서류함(In-Basket), 역할있는/역할없는 집단토론(Group Discussion), 발표(Presentation) 등 4 개의 과제를 개발하고 3박4일 과정으로 프로그램을 설계했다.

▶ 프로그램 진행

프로그램을 설계할 때, FT(진행전문강사) 피드백 시간을 많이 포함시켰다. 팀장들의 견고한 프레임을 깨줘야 했기 때문에 피드백 시간을 많이 포함시킨 것이다. 또 동료가 동료들을 피드백하도록 설계했다. 그렇게 하기 위해서는 진행 초반에 평가자 훈련에 준하는 관찰요령에 대해서 교육을 했다. 동료가 동료들의 수행하는 모습을 직접 관찰하고 피드백이 가능하도록 한 것이다. 본인이 아무리 잘한다 해도 동료들의 예리한 눈은 피할 수 없도록 한 것이다. 팀장들은 동료들의 수행성과를 보면서 놀라는 기색이 역력했다.

▶ 결과

회사 차원에서는 직원들의 역량 프로파일을 확보할 수 있었고, 참가자 개인들은 역량향상 계획을 수립하여 지속적으로 노력하는 계기가 되었다. 교육에 참가한 팀장들은 강도 높은 피드백에 당황스러운 모습을 보이기도 했다. 기존 교육을 생각하고 들어온 팀장들의 허를 찌른 것이다. 이것은 의도적이었다. 혁신을 하기 위해서는 사고방식부터 바꿔어야 했기 때문에 강력한 피드백을 포함시킨 것이다.

팀장들은 말로만 듣던 역량이라는 개념을 확실히 알 수 있게 되었다는 의견이 지배적이었다. 무엇보다도 일하는 방식이 통일되고, 혁신에 성공하지 못하면 버티기 힘들다는 공감대가 형성된 것이다. K사는 개발 프로그램을 통해 직원들의 역량개발을 위한 동기부여는 물론 전략을 추진하는 강력한 혁신 Tool로써도 유용하게 활용할 수 있었다.

팀장들 대부분이 다른 계층에도 적용하면 좋겠다는 의견이 많아서 하위 계층으로 확산하는 기대 이상의 성과를 얻었다. 그 후, 차장->과장->대리급으로 확산되었다.

● 신입사원 조기적응 교육에 활용

▶ 도입목적

이 프로그램은 개발 평가센터를 신입사원들의 조기적응 교육에 활용한 사례다. 신입사원들뿐만 아니라 누구나 새로운 조직은 낯설기 마련이다. 조직의 문화, 운영방식, 조직구조와 계층, 특히 자기가 근무할 팀이 궁금할 것이다. 핵심은 얼마나 빨리 적응하느냐이다. P사(포항 소재)의 최고경영자는 "신입사원들이 2~3년이 지나도 자신의 분야에서 분명한 성과를 낼 수 없는가?"라며 신입사원들의 조기전략화를 강조했다. 이에 교육부서에서는 여러 가지 방법을 찾던 중에 개발 평가센터 프로그램을 도입해 보자는 제안을 받아들이게 되었다.

▶ 평가요건(Dimension)

우선, 최근 입사하는 신입사원들의 특징을 최대한 반영하기로 했다. 신입사원을 직접 데리고 일하고 있는 팀장을 만나서 요구사항을 청취했다. 또 입사 3년차 정도의 선배사원들로부터는 신입사원들에게 해 줄 조언을 요청했다. 그리고 갓 입사한 신입사원들로부터는 애로사항과 고충을 알려 달라고 했다.

인터뷰를 종합한 결과, 최근 신입사원들은 어학실력이 뛰어나고, 정보수집이 빠르고, 자신감이 있는 반면, 개인주의 성향이 강한 것으로 나타났다. 이러한 경향은 현 조직의 운영방식과 문화에 적응하는데 걸림돌이 될 수 있다고 판단했다. 따라서 조직의 운영방식이나 문화에 적응하는데 필요한 조직이해, 의사소통, 대인이해, 계획수립 등의 역량을 도출했다.

▶ 프로그램 설계

5개의 평가과제를 개발했는데, 각 과제마다 특성을 살리면서도 조직의 모든 고민사항을 최대한 포함시키도록 노력했다. 프로그램 설계는 조직과 개인 간의 가치관과 입장 차이 등을 반영하는데 초점을 맞추었다. 예를 들면 현장 직원들과 신입사원들과의 갈등 상황(상당한 연령차), 신입사원들이 잘 이해하지 못하는 야간근무를 할 수밖에 없는 이유, 사원과 팀장 간 위계질서 유지 요령, 문서 및 구두 보고요령과 부서 간 의사소통 요령, 직장예절 등에 대해서 과제를 수행하면서 간접체험을 통해 조직에 적응할 수 있는 요령을 터득하도록 정교하게 설계했다. 피드백 내용들도 신입사원들이 조직생활 초기에 겪는 실수사례와 시행착오를 줄이는데 초점이 맞추었다. 이렇게 개발된 교육과정은 4박 5일 동안 진행했다. 교육은 P사의 신입사원의 조기전략화의 로드맵 초반에 시행하였다. 교육시간 내내 처음 시작하는 회사생활 적응에 연착륙하도록 하는데 집중하였다.

▶ 결과

신입사원들은 새로운 조직에 대한 막연한 두려움에서 벗어날 수 있게 되었다는 반응을 보였고, 자신들이 무엇을 어떻게 해야만 빠른 시간 내에 자신의 업무를 가질 수 있는가를 알게 되었다고 했다. 한편, 교육 담당자는 "신입사원들에게 회사생활 전반에 대해서 감을 잡을 수 있게 해 준 점, 업무를 잘 수행하기 위해서는 역량이 중요하다는 점을 인식하는 계기가 되었다."고 했다.

대학생 산업견학 프로그램에 활용

▶ 도입목적

L(경기도 평택 소재)사는 '대학생 회사 방문 프로그램'을 운영해 오고 있었다. 해마다 회사를 방문하는 대학생들에게 회사를 소개하고, 식당에서 줄서서 밥 타먹는 정도의 경험을 주는 것 외에 특이한 내용은 없었다. 새로 부임한 교육 담당자는 지금까지의 프로그램은 별다른 효과가 없다고 판단하고 좋은 프로그램을 찾고 있던 중에 필자로부터 개발 평가센터를 제안받게 되었다.

L사는 이전에 대학생들의 취업역량을 조사한 바가 있었다. 인사 담당자들과 대졸 신입사원들에게 동시에 물어 보았는데, 수리능력과 외국어 능력을 제외한 나머지 역량에서는 괴리도가 너무 컸다. 여기서 말하는 괴리도란 인사 담당자가 생각하는 수준과 대졸 신입사원들이 자기 자신을 생각하는 수준과의 차이를 말한다. 본인들은 높다고 하지만 인사 담당자들이 볼 때는 형편없다는 것을 알고 있었다.

▶ 프로그램 설계 및 운영

서류함 기법과 집단토론, 분석&발표를 과제로 선정하고 프로그램을 설계했다. 대학생들에 집단토론이나 발표는 익숙한 편이어서 편안한 모습을 보였다. 그러나 서류함 과제를 수행하면서 당황하는 모습을 보였다. 서류함 과제는 많은 발신자로부터 온 해결과제를 짧은 시간에 고도의 집중력이 요구되도록 설계했다.

▶ 결과

학생들은 기업에서 사람을 뽑는 방식이 변하고 있다는 것을 실감할 수 있었다는 반응이 가장 많았다. 또 기업에 오면 어떻게 일해야 한다는 것을 알게 되었다는 반응도 꽤 많았다. 그리고 특이한 점은 학생들을 인솔했던 담당자로부터 연락이 온 것인데, 학생들이 복귀하여 수업태도가 확 달라졌고, 지금까지 보던 책 목록들이 바뀌었다는 것이다.

인재 발굴 및 육성의 글로벌 스탠다드

※참고사항

> **대학교의 개발 평가센터 도입 효과**
>
> 대학교에서 개발 프로그램을 도입하면 학교도, 학생들도 많은 도움을 받을 수 있다. 대학에서 개발 평가센터를 도입하려면 졸업 임박한 4학년보다는 저학년 때, 개발 평가센터를 도입하여 경험하게 해 주는 것이다.
>
> 프로그램이 도입되면 학생들은 기업에서 어떻게 사람들을 바라보고 있는지, 어떤 방식으로 채용하는지를 알 수 있다. 기업에서 요구하는 인재나 선발방식을 알게 되면 학교생활이 달라진다. 개발 프로그램은 학생들에게 지금까지의 학교생활을 되돌아보게 하고, 공부 목표를 재정립하게 하고, 취업역량을 높이는 일석삼조의 효과가 있다. L사의 산업시설 견학 프로그램이 이를 증명하고 있다.

● 초등학생의 리더십 개발에 활용

▶ 도입목적

개발 평가센터는 학생들의 리더십 개발에 아주 유용하게 활용할 수 있다. 이 사례는 주니어 리더십 개발에 시사점을 준다. 여기서 말하는 주니어는 초등학생 3학년에서 6학년까지를 말한다. 학부모들은 가능하다면 자녀들이 리더를 경험하기를 바라고 있었다. 주니어 리더십 개발 프로그램은 이런 부모들의 니즈를 반영하여 개발했다. 이 프로그램에 참여하는 대상 학생들은 현직 반대표, 학년대표를 포함하여 리더 역할에 도전하기로 결심한 학생들이었다. 누구나 리더를 해 볼 수 있으면 좋겠지만, 현실은 그렇지 못하기 때문에 이런 프로그램에 참여하면 간접적으로 리더의 경험을 할 수 있다.

▶ 개발자 구성

평가요건과 과제 개발에 도움을 줄 선생님을 찾았다. 초등학생들을 대상으로 경험이 있는 5명의 선생님들이 참여하기로 했다. 이들의 역할은 초등학생들의 생활상에 대해서 생생한 증언을 해주는 것이다. 학생의 입장, 학부모의 입장, 선생님들의 입장 등을 소상히 토의하고, 평가요건 개발과 과제 개발에 필요한 자료와 아이디어를 제공해주었다.

▶ 평가요건(Dimension)

평가요건은 자기발견, 자기조절, 갈등중재, 발표력 등 리더로서 갖추어야 할 역량을 도출하였는데, 이들 역량들은 리더로서 자기 자신을 먼저 알고, 타인을 리드하는 데 필요한 역량들로 구성했다. 역량모델링은 경험이 풍부한 선생님들의 아이디어로 그리 어렵지 않게 해결했다.

▶ 모의과제

역량이 잘 드러나도록 다양한 상황을 제시하는 것이 핵심이었다. 또 하나의 핵심 쟁점은 초등학생들은 문서로 과제를 제시했을 때 쉽게 구성해야 한다는 것이었다. 참여 선생님들의 경험을 기본으로 하여, 리더로서 직면하게 되는 다양한 상황들로 구성하였다. 예를 들면 학교생활에 적응하지 못하는 친구를 어떻게 적응하도록 할 것인가? 사사건건 리더에게 저항하는 얄궂은 친구를 어떻게 해야 할까? 등등의 상황을 제시했다.

▶ 과정진행

초등학교 3~6학년까지 학생들을 대상으로 6주간 진행했다. 과정진행은 개발에 참여했던 선생님들이 맡았다. 선생님들이 평가자(촉진자) 역할을 수행했다. 이들은 사전에 평가자에 준하는 내용들을 익히도록 했다. 진행하는 과정에서 일부 미흡한 점은 곧바로 보완하였다.

예기치 못했던 에피소드를 소개하면, A라는 학생이 있었는데 이 학생은 집단토론에서 말이 별로 없었다. 토론이 끝난 후 그 학생은 "자기가 졌다."고 생각했다. 그리고 곧바로 울음을 터뜨리기 시작했다. 진행을 맡은 선생님은 "토론은 이기고 지는 것이 아니라 자기 주장을 하는 것" 이 목적이라고 설명하고 이해시키는데 진땀을 흘리기도 했다. 또 다른 과제 상황에서 B 학생은 자기 분에 못 이겨 우는 학생도 있었다. B 학생에 대해서는 나중에 엄마에게 '자기조절' 역량에 대해서 자세한 피드백을 해 주었다.

▶ 결과

6주간의 프로그램을 마친 학생들은 자신감이 많이 향상되었고, 리더가 어떤 역할을 해야 하는지 알 수 있었다고 소감을 발표했다. 진행과정에서 화를 참지 못했던 학생들, 집단토론에서 '졌다'고 말한 학생들도 재미있었고 도움이 되었다고 말했다.

이 과정은 오직 나 밖에 모르는 이들 학생들에게 어렸을 때부터 나와 상대방이 어떻게 다른지를 이해하는 시간을 많이 가져야 한다는 것을 깨우쳐주는 프로그램이었다.

2) 해외 사례

일본전신전화주식회사(NTT)[87]

▶ 도입목적

NTT는 1980년 4월에 민영화되었다. 공기업에서 민간기업으로 바뀐 것이다. 민영화함으로써 기존보다 훨씬 기동력이 있고 탄력성이 필요해졌다. 이에 책임과 권한을 명확화하고, 분권화한 사업부제를 도입했다. 고객에 대한 서비스 단위를 하나의 사업부로 하고, 자기완결형의 결산을 할 수 있도록 체제를 만들었다. 지역에 있는 지점과 영업소를 묶어 '지사'라 하고, 지사들을 묶어 '지역사업본부'라고 했다.

이러한 변화에 신속히 그리고 유연하게 대응할 수 있는 사업능력 및 실천력 등을 습득시키기 위해서는 어떤 교육이 필요할까를 검토한 결과, '자기 자신의 관리역량의 강점과 약점을 객관적으로 인식하고, 민간기업의 관리자로서 적합한 역량을 몸에 익히는' 것을 목적으로 한 교육이 필요하다는 결론에 도달하고, 연수 프로그램 중 하나로 개발 평가센터를 포함하기로 했다.

개발 평가센터의 도입목적을 '관리역량에 관해서 강점과 약점을 명확히 하고, 개인의 잠재역량, 자질이 장래에 어떻게 발휘될 것인가를 알게 하고, 약점과 강점을 본인에게 피드백하고 자기개발의 방향결정과 동기부여를 하고, 개인의 육성요구 니즈를 명확하게 한다.'로 정했다.

---

[87] 일본 MSC, *휴먼 어세스먼트는 어디까지 나아갔는가?*, 한국능률협회컨설팅 역 (서울, 한국능률협회컨설팅, 1990), 71-84.

▶ 모의과제

모의과제는 3가지 즉, In-Basket, Group Discussion, Analysis & Presentation 으로 선정했다.

▶ 교육진행

각 차수별 일정은 2일로 했으며, 수료한 인원은 매년 약 50여명이었다. 교육 중에 발견된 점은 아래와 같다.

- 개인적으로 가지고 있는 풍부한 개성을 실재의 관리에 활용하고 있는 사람이 적다.
- 주어진 직책에서의 관리는 어느 정도 할 수 있지만 임의상황에서 리더십이 부족하다.
- 라인적성을 가지면서도, 현실에서는 스탭기능을 요구하고 있어서 관리 체험 부족을 초래하고 있다.

교육 중에 발견된 것들은 민영화 이전에 NTT의 기업풍토의 결점이라고 일컬어지던 것이었는데, 고스란히 그대로 드러난 것이다.

▶ 결과

교육생들의 반응은 매우 긍정적이었다. 참가자 모두가 100%가 유익(대단히 유익 25%, 유익 75%)했다고 평가했으며, NTT 관리자들은 프로그램을 통해 자신이 무엇을 잘 하고, 무엇이 약하며, 향후 어떻게 자기개발을 할 것인가를 알게 해 주는 귀중한 기회를 갖게 되었다고 했다. 주요의견으로는 아래와 같다.

- 자기의 강점과 약점, 특히 약점을 재인식하게 되었다.
- 관리자로서 상황에 따른 태도와 행동 면에서 스스로를 다시 볼 수 있어서 대단히 유익했다.
- 다른 멤버와의 상호관계에서 새로운 약점도 인식할 수 있어서 좋았다.
- 타 부문, 분야 사람과의 발상이 차이가 난다는 점을 생생하게 체험했다.

인재 발굴 및 육성의 글로벌 스탠다드

● Auto Manufacture Worldwide(AMW)[88]

▶ 도입목적

AMW은 리더십 개발 프로그램의 하나로 개발 평가센터를 구축했다. AMW은 우수한 인력을 선발하고 이들의 역량을 개발시키기 위해 많은 노력을 하고 있었다. AMW은 장차 우수한 리더를 양성하기 위해서 지속해서 리더십 스킬을 개발함과 동시에 성장 잠재력이 높은 직원들에게 개발기회를 제공할 'Talent Pipeline'을 구축했다.

AMW은 세계적 기업으로써 해외에 근무할 관리자들을 준비시키기 위한 프로그램을 설계했다. AMW은 리더십을 개발시켜주기 위해서 개발 평가센터를 활용했다. 평가센터의 목적은 승진이나 진단의 목적이 아니므로 전체 잠재력을 평가하지 않았다. 직원들에게 실제로 훈련에 참여하게 하여 경험을 쌓도록 하는 도구로서 평가센터를 활용한 것이다.

▶ 대상직무

AMW은 사이트 매니저들이 미리 준비해서 상급부서의 책임/교대 매니저로 성장하기를 기대하고 있었다. AMW은 많은 제품 공급, 회사의 복잡성, 산업에서의 독특함 때문에 외부 인력을 영입하는 것보다 사이트 매니저가 성장하는 것을 선호하고 있었다. AMW은 사이트 매니저들이 현 직무에서 경험하는 것들이 상급부서의 책임/교대 매니저가 되기 위한 스킬개발에 별로 도움이 되지 않는다는 것을 알았다. 그래서 AMW은 이들을 위한 최적의 리더십 스킬을 향상시켜주기 위해서 개발 평가센터를 구축하기로 한 것이다. 이 프로그램은 사이트 매니저가 한 단계 더 성장하기 위한 스킬을 개발할 목적으로 대상직무는 사이트 매니저이다.

▶ 평가요건(Dimension)

세계적인 사이트 매니저로서 더 잘 수행하는 데 필요한 수행 관련 역량들을 발견하기 위해서 직무분석을 실시했다. 직무분석에는 AMW 사업을 수행하는 전 지역에 있는 주제 전문가들이 참여했다. 차원(역량)들은 개발 평가센터 또는 리더십 개발 프로

---

[88] George C. Thornton III, Devorah E. Rupp, *Assessment Centers In Human Resource Management* (London, Lawrence Erlbaum Associates, 2006), 30-36.

그램이 지향하는 바를 달성하기 위한 것이다. 이때의 차원들은 매니저들을 선발하거나 탈락시키는 것이 아닌 숙련도들 개선하기 위한 것들이었다. 직무분석을 통해 발견된 역량들은 문화적 적응성, 갈등해결, 구두 의사소통, 정보탐색, 문제해결, 계획/조직화 등이었다.

▶ **모의과제**

3개의 과제(Role Play, Fact Finding, Presentation)를 두 병렬 구간으로 개발했다. 각 구간에서 참가자들은 사이트 매니저로서 과제를 수행한다. 병렬 과제들은 유사하지 않은 다른 사이트들에서 발생하는 통합의 문제들에 도전하는 것이다. 참가자는 먼저, 첫 번째 구간에 참여하고 피드백을 받는다. 그런 다음 두 번째 구간에서 과제에 도전하면서 첫 번째 구간에서 받은 피드백 내용을 개선하는 성과를 보여야 한다. 최종적으로 두 번의 피드백과 코칭이 이루어진다.

Role Play 과제는 문화적 적응성 스킬을 평가한다. 이 과제에서 참가자는 출하 감독자 역할을 수행한다. 참가자가 속해 있는 사이트와 전혀 다른 문화를 자신의 사이트로 접목해야 한다. 문화가 다른 상황에서, 출하 감독자들은 매우 다른 방식으로 일하는 직원들과 상호작용을 해야 하는데, 이 과정에서 직원 대 직원, 감독자 대 감독자, 직원 대 감독자 간의 갈등이 발생한다. 참가자에게 이메일, 메모, 어떤 개인이 작성한 문서 등을 주며, 추가적으로 두 사이트의 문화에 대해서 상세한 정보를 준다. 참가자는 각 분야로부터 추가적인 정보를 수집해야 하며, 이어서 갈등을 해결하고 한 팀으로 효과적으로 일하는 방안을 마련하기 위해서 미팅을 주도해야 한다.

두 번째 유형의 과제는 Fact Finding이다. 이 과제는 참가자가 의사를 결정하는데 필요한 정보를 충분히 주지 않고 작은(미미한) 정보만을 제공한다. 정보 제공자(resource person)는 평가자 중 한 명이 담당하며, 참가자가 자료를 요청하면 줘야 하는 정보를 많이 가지고 있다. 단, 참가자가 올바른 질문을 할 때만 자료를 준다. 이어서 질문과 답변시간을 갖는다. 이렇게 정보를 수집한 후에는 참가자는 자신의 추천안을 제시하고 본인의 의사결정을 정당화하는 근거를 제시해야 한다. 정보 제공자는 추가적인 정보를 주고, 참가자들이 처음 결정했던 생각을 바꾸어 수정 보완할 기회를 준다. 이 과제는 참가자들에게 정보탐색, 문제해결, 갈등관리, 효과적인 의사소통을 평가한다.

마지막 과제는 Presentation이다. 이 과제는 재무 관련 데이터와 시장조사 결과를 분석한 후, 제품 라인 신설에 관한 추진안을 발표하는 과제다. 이 과제는 계획조직, 문제해결, 구두 의사소통 역량을 평가한다.

▶ 참가자

AMW의 목표는 부서 책임자와 감독자 후보군에 있는 사이트 매니저를 성장시키는 것이다. 평가센터는 잠재력이 높은 사람들을 규명하는 것이 아니고, 매니저로서 한 단계 업그레이드된 리더십 스킬을 갖추도록 하는 것이며, 미리 준비만 하면 얼마든지 성장 가능성이 있다는 것을 확신시켜 주기 위한 것이다. 사이트 매니저들이 리더십 프로그램에 참여하면 진단 프로세스를 통해 자신이 높은 성장 가능성이 있다는 것을 알게 된다.

▶ 평가자/촉진자

이 프로그램의 평가자는 많은 임무를 수행한다. 평가자를 촉진자(Facilitator)라고 부르는데, 이들은 행동을 관찰하고 기록을 해야 하며, 참가자들이 과제에서 배울 수 있는 피드백을 즉시 제공해 주어야 한다. 이들은 평가자보다 코치나 훈련전문가에 가깝다. 이들은 통합 세션에서 참가자들이 보인 역량의 강점과 보완할 점, 각 참가자에게 제공할 코칭과 피드백 내용에 대해서 합의한다. 평가센터 진행 중에 두 번의 피드백이 이루어지므로 운영책임자와 촉진자는 신속하고 효과적으로 움직여야 한다. 평가자들은 HR부서, 교육훈련부서 뿐만 아니라 각 지역에 있는 부대표도 참가했다.

▶ 피드백

승진 평가센터와 진단 평가센터와는 달리 개발 평가센터는 더 깊은 피드백을 해야 한다. 피드백 내용에는 무엇을, 어떻게 해야 할지에 대한 단기적, 중기적, 장기적 목표를 설정하는 것이 포함된다. 리더십 개발 프로그램을 통해 다양한 피드백이 이루어지는 이러한 피드백을 '개발 피드백(developmental feedback)'이라고 했다.

첫 번째 피드백 세션은 첫 번째 구간이 완료된 후에 한다. 이때 촉진자는 첫 번째 구간에서 관찰된 역량 관련 행동들을 피드백하고, 첫 번째 구간의 과제에서 약점으로 드러난 내용을 다음 구간에서 어떻게 적용할지에 대한 방안을 참가자와 함께 논의한다. 두 번째 피드백 세션은 두 번째 구간의 과제가 끝난 후에 한다. 이때 촉진자는 두 번째 구간에서 드러난 역량 관련 행동들을 피드백함은 물론 첫 번째 구간에서 받은 피드백 내용 중에서 두 번째 구간에서 개선된 점들을 피드백한다. 추가하여 참가자들이 그들의 직무 관련 역량에서 일관되게 나타나는 약점 행동을 개선할 방법에 관해서 토론한다. 촉진자는 매월 1회 코칭을 하고, 참가자는 매년 새로 개발된 평가 과제에 참석한다.

▶ 프로그램의 다른 요소

참가자들은 프로그램에 참석하기 전에, 다면평가를 받는다. 다면평가를 하는 이유는 각 참가자의 역량의 숙련도에 대한 정보들을 수집하기 위한 것이다. 다면평가는 표준화된 질문지를 통해 이루어지며, 자신은 물론 감독자들, 동료들, 부하직원들이 참여한다. 한편, 자기 반추 질문지가 있는데, 이것은 참가자 자신의 역량 수준에 대해서 답하는 형식으로 평가가 진행되는 동안에 이루어지며 각 구간이 끝날 때 완료된다. 또한, 분기에 한 번 하는 다면평가도 있다. 이는 사이트 매니저가 가져야 할 결정적인 역량이 얼마나 개선되고 있는지를 파악하기 위한 것으로서 개발 평가센터의 효과성을 알아보기 위한 것이다. 이 다면평가 결과는 평가 후, 추가적인 개발 피드백을 제공하기 위해서 실시하는 월간 코칭 세션의 한 부분으로 참가자에게 제공한다.

▶ 결과

리더십 프로그램에 참석여부를 결정하는 참여 프로세스에 대해서 출하 감독자들에게서 약간의 불만이 나왔다. 회사에서는 이 프로그램이 순수하게 개발을 위한 프로그램이므로 개인들이 스스로 참여할 수 있다는 방침이었지만, 개인에게 의사결정권이 없다는 것이다. 직원들에게는 리더십 프로그램이 중간 관리자에게는 'Royal Road' 라는 강한 신념이 있다. 그런데도 제기되는 불만은 참가 프로세스에 문제가 있다는 것이다. 왜냐하면, 평소 수행평가 데이터를 가지고 프로그램에 참여 여부를 결정하는데, 일부 직원들은 불공정하다는 불만을 제기한다.

이러한 타당한 비판에도 불구하고 참여한 사람들은 놀라운 성과를 보였다. 평가가 끝난 후에 시행되는 다면평가 결과를 종합해 볼 때, 평가에 참여한 후 역량의 숙련도가 몰라보게 증가했음을 보여주었다. 그 후, 승진한 사이트 매니저들은 리더십 프로그램 교육을 받으면서 '열심히 준비해야겠다.'라는 다짐을 하게 해주었다고 말했다.

▶ 요약

AMW는 직원들을 실제로 개발시키기 위해서 평가센터를 활용했다. 관리자들에게 한 단계 업그레이드된 스킬을 개발하게 하도록 복수의 평가과제를 개발하고, 과제 간의 구간을 설정하는 등 리더십 프로그램을 폭넓게 활용함으로써, 사이트 매니저에게 경험하게 하고, 개발해야 할 목표를 설정하게 하고, 깊은 피드백을 제공했다. 그 결과, talent pipeline을 견고하게 유지하고 계속해서 인재 pool이 성장하고 있다.

연방 상업진흥원(Federal Commercial Promotion Agency, FCPA)[89]

▶ 도입목적

FCPA은 정부기관으로 기업과 무역협회가 외국에 나가 상품과 서비스의 판매를 촉진하도록 돕는 기능을 수행한다. 우리나라의 K.O.T.R.A(대한무역투자진흥공사)와 비슷한 업무를 수행하는 정부기관이다. 이 기관은 미국 기업들이 진입 장벽을 극복하도록 현지의 구매 대리인과 협력하는 방법을 알려준다. 세계시장 환경이 크게 바뀌게 되자 의회와 백악관 그리고 이익단체들은 F.C.P.A의 수동적 업무관행을 질타하며 좀 더 적극적인 자세를 취하라는 요구가 빗발쳤다. 이것은 기관 경영진들에게 커다란 압박이었다. 기관 경영진은 세계 시장을 모사하는 평가센터를 설계하기로 결정했다. 다양한 과제를 통해 참가자들은 운영에 필요한 새로운 가치를 토론하고 새로운 스킬을 연습하며 좀 더 효과적으로 협력하는 법을 배우는 기회를 가질 수 있어야 했다. 미국 경제에 대한 압력에 대처하고, 상품을 더 효과적으로 수출하기 위해서는 더 많은 조정이 필요함을 깨달았다. 수출을 증가시키려면 통상 한 개 산업 부문에서 일하던 부서가 서로 협력하여 더 광범위한 상품을 다룰 수 있어야 한다. 게다가 세계 경제

---

[89] George C. Thornton III, *Assessment Centers In Human Resource Management* (Addison-Wesley Publishing Co, 2002), 26-31.

와 정치 변화는 해외 판촉활동과 미국 내 다양한 부서 간 협력 방식 모두에서 새로운 가치와 접근법을 요구하고 있었다.

▶ 평가요건(Dimension)

몇 가지 이유로 기관 경영진은 전통적 직무분석이 이 프로그램에 적합한 차원을 찾아내는데 부적절하다고 판단했다. 첫째, 모든 전문직과 관리직은 새로운 직무활동이 요구되었다. 둘째, 현재 직무에는 새로운 환경에서 요구되는 상호작용 방식이나 스킬이 포함되어 있지 않았다. 따라서 전통적 관찰법이나 질문지법을 사용해서 업무를 연구하는 것은 불가능한 일이었다. 경영진은 전략적 직무분석이라고 불리는 연역적 접근법을 사용하기로 결정했다. 조직 내 여러 계층에 걸친 다양한 부서의 직원들과 미래 직무 요구에 관해 토론하고 산업별 대표들로 구성된 패널을 소집해 도움이 될 만한 새로운 직무활동 유형을 제안하도록 했다. 조직의 새로운 목표에서부터 시작하여 패널리스트들은 조직 내 모든 직원들에게 요구되는 스킬과 능력을 확인했다.

선택된 차원을 살펴보면, 개인 차원에서는 주도성, 자기주장, 영향력이 중요한 차원이었고, 집단 차원에서는 협력과 협상Skill, 조직차원에서는 직원들이 외국시장의 변화를 인식하기 위해 넓은 시야와 조직 외적인 사건에 대한 민감성을 갖추어야 했다.

▶ 모의과제

세계시장을 모사하기 위해 인사관리 담당자는 일련의 통합적 과제를 개발했다. 과제에 대한 배경 정보는 개요 책자에 포함시켰는데, 모사된 세계경제에 대한 자료, 몇몇 가상국가에 대한 정보, 미국 내 다수 회사에 대한 세부 내용들로 구성되었다. 운영자는 각 참가자들에게 모사된 기관의 과제를 할당했는데, 그들이 실제 직무와는 다른 것이었다. 모사된 기관은 FCPA과 유사했지만 참가자들이 자신이 경험한 규정과 관행에 의존할 수 없을 정도로 달랐다. 개요 책자를 숙지한 후, 각 참가자는 조직의 가장 시급한 당면문제를 확인하고 이에 대한 후속활동을 제안하도록 요구받았다. 기관의 임원 앞에서 각자의 제안을 토론하는 자리를 가졌으며, 미국 기업과 해외 사업의 대표자 역할을 하는 촉진자는 참가자들을 만나 사업 기회와 서비스에 대한 질문을 했다. 참가자들은 평가자와 만날 수 있었고, 다른 기관의 담당자들과의 회의를 계획했고, 공문을 작성하는 등의 행동을 했다. 이러한 다양한 활동은 정부 교육시설의 몇 개 교실에서 진행되었다. 주기적으로 평가센터 관리자는 집단에게 메모를 보내어 정보를 요구하거나 집단활동을 요구하는 제안을 했다.

요약하면, 서로 관련된 일련의 통합과제를 사용한 것이다. 한 과제에서 제공된 정보는 다음 과제에서 유용했다. 몇 가지 별개 과제들이 전체 흐름 속에서 진행되었다. 평가자는 계획된 과제 반응과 집단 활동을 통해 유발되는 반응을 관찰했다. 동일 유형의 과제가 두 번씩 진행되어 행동에 대한 피드백을 받고 행동을 변화시킬 수 있는 기회를 제공했다. 예를 들어, 첫 집단토론 후 피드백을 주면, 다음 집단토론 상황에서 지적된 단점을 보완할 수 있었다.

▶ 참가자/촉진자

프로그램이 진행되는 과정에서 실무자, 일선 관리자, 중간 관리자, 경영진 등 조직 내 위계를 대표하는 모든 집단이 참여했다. 단일 평가센터 프로그램에는 대개 해당 지역, 사업부 또는 부분에서 단 한 명만 참가했다. 따라서 서로 직접적인 관계에 있는 사람들은 동일 프로그램에 참가하지 않았다. 이러한 조정을 통해 참가자들은 편안하게 직무에 부합하는 새로운 행동방식을 찾고 기존 방식과 가치에 도전하는 등 민감한 문제를 더욱 적극적으로 논의할 수 있었다.

▶ 평가자

이 프로그램의 평가자들은 선발 목적의 평가센터 평가자와는 매우 상이한 역할을 수행했다. 평가자를 촉진자라고 지칭하며, 행동을 관찰하고 즉각적인 피드백을 제공해 참가자들이 과제 수행 자체에서 학습할 수 있도록 돕는 책임을 가지고 있었다. 촉진자는 개인행동, 집단 간 상호작용 그리고 전체 조직의 효과성을 관찰했다. 그들은 평가나 판단보다는 교육전문가로 간주되었다. 이들에게는 과정 관찰 스킬이 특히 중요하다. 따라서 촉진자는 교육과 조직개발을 책임지는 인사 담당자가 역할을 수행하는 것이 일반적이다. 컨설턴트나 대학교수가 촉진자 역할을 맡는 경우도 자주 있다.

▶ 피드백

프로그램이 진행되는 동안 촉진자는 차원과 관련된 행동을 관찰하고 메모했다. 촉진자들은 주기적으로 만나 초기 인상을 공유했다. 제대로 과제를 수행하지 못하여 특별한 안내가 필요한 참가자를 대상으로 후속 관찰을 했다. 몇 개의 장소에서 동시에 과제를 수행하기 때문에 모든 참가자를 체계적으로 관찰하기 힘들었으며, 따라서 과제의 주요 부분이 끝난 후 참가자 집단과 촉진자 집단이 만나서 현 단계까지의 과제 수행을 검토했다. 참가자들은 자신의 수행에 대해 촉진자와 다른 참가자들로부터 피드백을 받았다. 평가센터 운영자는 기관이 당면한 문제에 관해 토론을 활성화하는 질문과 피드백을 제공했다. 피드백을 받은 참가자는 다음 과제에서 새로운 행동방식을 연습할 기회를 가질 수 있었다. 촉진자가 향상된 모습을 관찰하면 짧은 설명을 통해 조직 목표에 부합하는 행동변화를 강화시켰다.

▶ 프로그램 설계

FCPA의 평가센터는 대규모 조직개발 과정의 일부분이었다. 프로그램 참가에 앞서 일련의 자기평가 테스트를 실시하였으며, 인사 담당자가 그 결과를 채점하고 정리하였다. 참가자의 동료가 평가차원과 관련된 개념을 측정하는 표준화된 질문지를 통해 각 참가자의 직무행동에 대한 정보를 제공했다. 과제 활동 후, 참가자들은 테스트와 질문지 결과를 확인하였으며, 이를 평가센터의 관찰과 비교하였다. 이렇게 다양한 경로를 통해 관리자로서 역할 수행과 관련된 여러 관점의 견해를 제공받을 수 있었다. 평가센터 프로그램 초기에 참가자들은 기관의 방향 변화와 성공에 요구되는 새로운 행동 양식에 대해 토론했다. 이 차원은 효과적 직무모델로서 평가센터 활동의 행동 지침으로 사용되었다. 따라서 피드백은 초기의 틀에서 볼 때 더 의미있는 것이었다.

▶ 결과

FCPA은 평가센터의 경험이 관리 교육과 팀워크 개발에 있어 효과적임을 발견했다. 이 프로그램을 통해 기관은 새로운 임무를 명확하게 정의할 수 있었고, 직원들에게 이러한 임무 수행에 필요한 관리기술을 보여줄 수 있었다. 차원은 모호한 목표를 직무에서 수행해야 할 구체적 행동으로 전환시키는 수단이 되었고 업무 패턴을 쉽게 변화시킬 수 있게 되었다.

일부 집단은 평가센터 경험 후, 조직 내 도전적인 문제를 논의할 때 평가센터 경험을 언급하기 시작했다. 일부 참가자들은 평가센터의 상황이 직무상황과 거리가 있으므로 별 소득이 없었다고 말했다. 또 다른 참가자들은 직무에 익숙한 사람만이 적절한 코멘트를 줄 수 있다고 생각하여 외부 컨설턴트가 피드백을 주는 것에 반대했다. 기관 역시 평가센터에서 얻은 통찰이 실제 직무로 연계될 것인지에 대해 우려했다. 그래서 참가자들이 주기적으로 만나 새로운 스킬을 적용하면서 겪었던 어려움을 논의할 수 있는 모임을 마련했다.

▶ 프로그램 요약

FCPA의 평가센터는 다른 프로그램들과 비교해 장점도 있고 단점도 있었다. 과제는 앞선 두 프로그램보다 더욱 실제 직무상황에 가까웠다. 평가센터 프로그램은 편안한 환경 속에서 새로운 스킬을 연습하고 공정한 관찰자로부터 피드백을 받을 수 있는 기회를 제공했다. 평가센터 정보는 즉시 동료 질문지, 자기평가 테스트와 통합되었다. 부정적인 측면으로는 다수의 참가자가 여러 장소에서 과제에 참여하기 때문에 촉진자가 주의깊게 참가자들을 관찰하는 것이 힘들다는 점을 들 수 있다.

※ 참고사항

● 개발 평가센터 운영 시 유의사항

개발 평가센터 운영은 조직 전체의 분위기가 평가센터가 지향하는 가치 및 목표에 부합되어야 한다. 예를 들어 개방적 의사소통, 참여적 의사결정, 과감성과 혁신성을 개발하기 위해 설계된 평가센터를 가정해 보자. 아무리 훌륭하게 진행된 평가 프로그램이라 하더라도 참가자가 형식적이고 독단적이며, 사소한 실수에도 처벌이 이루어지는 업무의 일상생활로 돌아간다면 그 효과는 오래가지 못한다. 마찬가지로 개발 프로그램에서 제시된 원리들을 조직 내에서 다양한 방식으로 지지가 되어야 한다. 예를 들어 최고경영자의 발언, 고위 경영진의 행동, 노조 및 외부 조직에 대한 대응 방식, 인사부서에서 이루어지는 의사결정 등이다. 조직운영 방식을 변화시키는 것은 쉬운 일이 아니다. 즉, 모든 짐을 평가센터에 지울 수 없는 법이다. 이 프로그램은 변화가 요구되는 경직적인 조직을 개발하고, 직원들의 업무 관행 및 안이한 타성을 혁신하는 데 많은 도움이 된다.

● 개발 평가센터 결과의 오용

개발 평가센터의 결과를 오용하지 않아야 한다. 개발 목적의 평가센터는 승진에 대한 로드맵을 만들어 주지 못한다. 해외 일부 조직에서는 개발 평가센터의 결과를 승진에 반영하는 경우가 있었다. 우리나라에서도 몇몇 기업들은 교육목적으로 실시해 놓고, 결과를 승진에 반영하는 곳이 있다. 이것은 매우 잘못된 것이다. 개발 평가센터의 평가결과는 미래를 예측하는 승진에 정확하지도 않으며, 직원들의 반발을 초래할 가능성이 농후하다.

● DACs는 백신이 아니다!

우리나라는 Developmental Assessment Center(DACs)가 DC라고 알려져 있고 그렇게 부르고 있다. DACs는 앞에서 살펴본 바와 같이 당장 필요하고 개발 가능한 Dimension을 도출하여 교육과정 중에 이것들을 향상시켜 줄 목적으로 진행하는 프로그램이다.

승진 목적의 평가센터와 개발 목적의 평가센터는 둘 다 평가센터 기법을 활용하는 것은 같지만, 목적 면에서, 내용 면에서 완전히 다르다. 개발 목적의 평가센터는 동료들이 피드백을 하고, FT가 피드백을 하는 가운데 자신이 미처 몰랐던 부분을 알게 되고, 알게 된 내용은 곧바로 현업에서 활용할 수 있도록 설계된 프로그램이다.

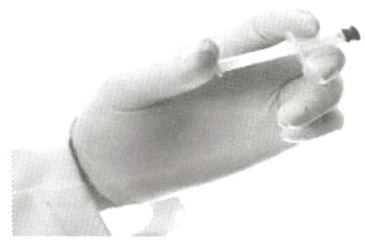
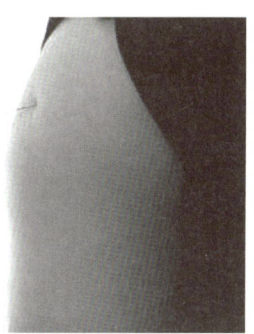

DC는 백신이 아니에요!

공공기관에서는 승진 평가센터를 운영하기 전에 개발 평가센터라는 이름으로 수험생들게 기회를 준다. 일종의 백신인 셈이다. 이것은 개발 평가센터가 아니다. 이럴 경우에는 모의평가라고 부르는 것이 맞는다. 개발 평가센터는 승진 평가센터의 백신이 아니다.

제6장 개발 평가센터는 어떻게 작동되는가?

MEMO

제 7 장

진단 평가센터는 어떻게 작동되는가?

이번 장에서는 진단 평가센터(Diagnosis Assessment Center)가 어떻게 작동하는지를 살펴본다. 먼저, 진행 프로세스를 살펴보고, 이어서 도입사례를 살펴볼 것이다. 진행 프로세스와 사례를 살펴보면, 진단 평가센터가 어떻게 작동하는지, 무엇을 준비해야 하는지, 산출물은 어떤 것인지, 기대효과는 무엇인지 등등을 알 수 있을 것이다.

진단 평가센터는 우리가 정기적으로 하는 건강검진을 생각하면 이해가 쉽다. 건강검진을 하면 어디에 문제가 있는지를 조기에 발견하여 적절한 조치를 하듯이, 진단 평가센터가 운영되면 직원들은 강점과 약점이 무엇인지 알게 되고, 자연스럽게 어떤 교육과 훈련을 받아야 할지를 알게 된다. 진단 평가센터는 진단이 목적이므로 Dimension(역량)별 타당도와 신뢰도를 강조한다. 개인의 강점과 개발 필요점을 지원하기 위해서는 나타나는 행동이 특히 중요하기 때문이다.[90]

진단 평가센터는 선발/승진 평가센터와 개발 평가센터와는 또 다른 모습을 띤다. 조직이 직원들에게 기대하는 역량, 지식, 스킬의 수준들을 미리 정해 놓고 우선 희망하는 직원들에게 지원하고 응시하게 해 직원들의 현재 보유수준을 진단하도록 개발된 프로그램으로써, 직원과 조직에 이점을 제공한다.

응시한 직원들은 조직에서 원하는 수준과 자신의 현재 수준을 비교할 수 있는 이점과 함께 앞으로 자신의 경력개발에 중요한 단서를 포착하는 기회를 제공한다. 조직의 입장에서는 어떤 직원이 어떤 역량, 어떤 지식, 어떤 스킬을 어느 정도 보유하고 있는지 파악해 전산 시스템에 입력해 두었다고 개인 상담 시에 피드백 자료로 활용하기도 하고, 배치전환 시에 참고자료로 활용하기도 하고, 중요한 프로젝트 팀을 구성할 때 일정한 검색 조건으로 검색하면 적임자를 쉽고 빠르게 찾을 수 있다는 이점이 있다.

진단 평가센터에 참가자들은 자신의 스킬 수준이 회사에서 요구하는 수준과의 Gap을 알게 되고, 훈련을 받지 않아도 될 영역에서 시간 낭비를 하지 않고, 꼭 받아야 할 교육과 훈련을 받을 수 있게 된다. 또 한 가지 놀라운 사실은 자신들이 세운 훈련계획대로 제때 적절한 방법으로 이수한 사람들이 더 높은 연봉을 받는 직위로 더 많이 승진했다는 것이다. 그런 측면에서 보면, 진단 평가센터는 선발/승진 평가센터나 개발 평가센터보다 더 웰빙(well-being) 프로그램이라고 할 수 있다.

---

[90] TFT, *Guidelines and Ethical Considerations for Assessment Center Operations* (2015년), 제5항.

1990년대 후반부터 2000년대 초반까지의 연구결과에 의하면[91] 미국의 경우, 개발계획을 수립할 목적으로 평가센터를 도입한 업체는 51.2%, 훈련 의사결정을 위해서 평가센터를 도입한 업체는 34.4%였다. 이와는 대조적으로 독일에서 10% 미만의 업체가 훈련 필요점을 확실히 할 목적으로 평가센터를 활용한 것으로 조사되었다.[92] 아쉽게도, 우리나라에는 진단 평가센터를 도입한 조직은 거의 찾아볼 수 없다. 이 영역이 앞으로 활성화되어야 할 영역이다.

진단 평가센터는 개인들에게는 개발계획을 수립할 목적으로, 조직은 훈련 필요점을 확인할 목적으로 도입된다. 진단 프로그램이 진행되면 여기에 참여한 직원들은 자신이 수행한 수준과 조직이 미리 정해 놓은 수준을 비교해 갭을 알게 되고, 끝난 후에는 새롭게 발견된 갭을 보완하기 위해 향후에 어떤 방법으로, 언제까지, 어느 수준까지 향상할 것이라는 계획을 수립하도록 한다. 이것은 개발 평가센터와 유사한 면이 있다. 다만, 진단 평가센터는 미래 어느 시점에 도달하여야 할 목표점을 지향한다는 점이 개발 평가센터와 다르다. 한편, 조직은 개인들이 강점과 약점을 정확하게 파악하고 향후 역량 개발에 도움이 되는 교육 프로그램을 제공해야 한다.

1. 진단 평가센터 진행 프로세스

진단 평가센터의 진행 프로세스는 아래 그림과 같이 선발/승진 평가센터와 개발 평가센터의 진행 프로세스와 거의 같다. 그러나 내용 면에서는 전혀 다르다. 그 내용이 어떻게 다른지 살펴보자.

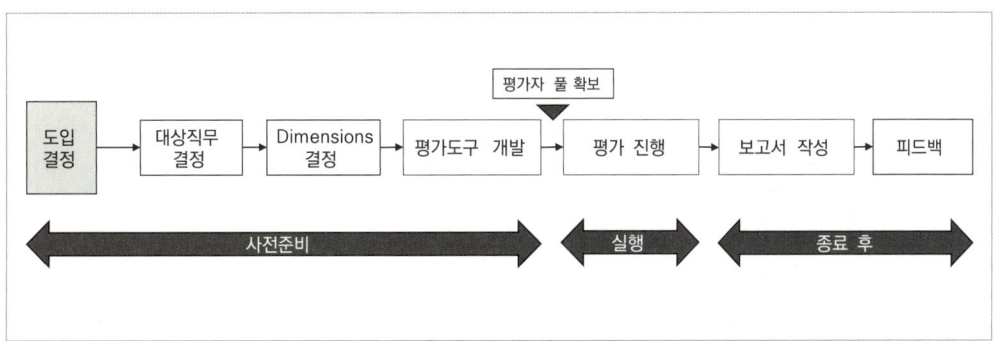

[91] Spychalski 등 (1997)
[92] Krause & Gebert (2003)

1) 사전준비

진단 평가센터의 사전준비는 대상 직급(직무) 결정에서부터 평가자 훈련 및 풀 확보까지가 포함된다. 평가자 풀이 확보되면 진행계획을 수립하고, 그 계획에 따라 참가자들에게 진행 안내문을 발송하면 모든 준비가 끝난다.

(1) 대상직무(직급) 결정

도입이 결정되었다면, 대상 직무를 결정한다. 대상 직무는 진단 평가센터의 목적에 따라 결정하면 된다. 그 직무에서 대상자가 많을 때(20명이 넘을 경우)는 누구부터 참여시킬 것인가를 고민하게 된다. 예를 들어 프로그래머 경우, 입사 순으로 할 것인지, 프로그래머 경력 순으로 할 것인지 등을 결정한다.

(2) Dimension(차원) 결정

참가자가 결정되면, Dimension을 도출한다. 진단 평가센터에서 Dimension은 개발 평가센터처럼 아래 그림에서 보는 바와 같이 빨간 선으로 표시된 부분, 즉 Knowledge/Skill과 Behavior Dimension이다. Motivation Dimension을 포함해야 한다고 판단되면 포함시키면 된다. 여기서 굳이 Motivation Dimension이 빠지는 이유는 대상자들이 재직 중인 직원이므로 이 Dimension은 이미 검증된 것으로 본다는 것이다.

진단 평가센터에서의 Dimension

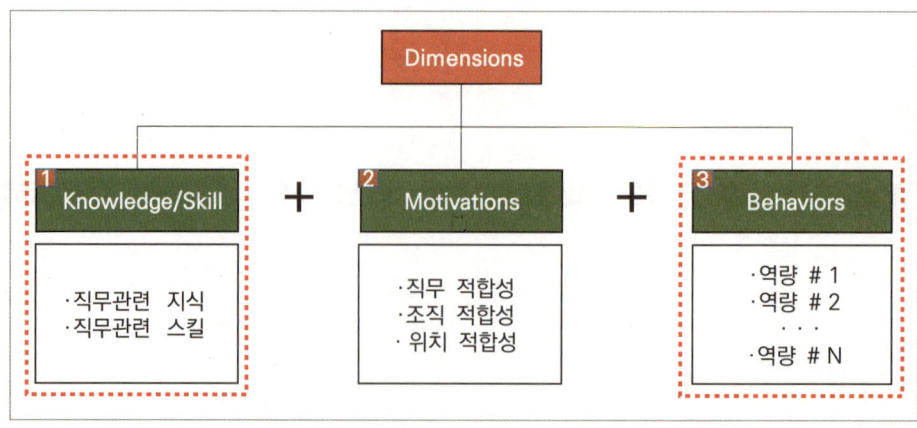

이때 도출되는 Dimension은 현 직무에서 발휘해야 하는 스킬이어야 하며, 장기간의 성공을 예측하는 것이 아니어야 한다. 더 중요한 것은 진단 프로그램의 Dimension들은 적절한 교육이 주어진다면 충분히 향상시킬 수 있는 스킬이어야 한다는 점이다.

개발 평가센터와 언뜻 유사하게 보이지만 개발 평가센터는 교육이 진행되는 동안 곧바로 향상될 수 있거나 아주 단기간에 향상이 가능한 것에 초점을 맞춘다는 것이고, 선발 평가센터에서의 주요 관심은 전반적인 잠재력을 예측하는데 있기 때문에 장기적으로 성장할 수 있는지를 예측할 수 있는 Dimension에 초점을 맞춘다.

진단 프로그램에 평가하는 Dimension은 오직 개발 가능한 스킬이어야 한다. 개발 가능한 스킬은 개인이나 조직에 의해서 합당한 노력과 합당한 시간에 개선을 할 수 있는 것을 말한다. 그래서 조직은 참가자에게 줄 수 있는 피드백에 대해서 신중하게 생각해야 한다. 훈련 프로그램들은 그것들이 진단되었다면 약점들은 개선이 가능해야 한다. 그리고 약점을 극복하는 것을 돕기 위해서 조직과 상사의 도움도 필요하다. 만약 조직이 평가한 역량의 약점을 해결하는 후속 자원들을 제공할 수 없거나 후속 지원을 할 의향이 없다면, 그 역량을 진단 프로그램에서 평가해서는 안 된다.

진단 평가센터의 실패 사례도 있다. 한 평가센터는 의욕이 앞선 가운데 훈련 활동들을 통해 가용한 시간 내에 개발할 수 없는 특성들을 평가하려고 설계했다. 그런 예들은 지적 그리고 개인의 내적 심층부에 있는 특성들이었다. 이것들을 안정적인 특질이라고 한다. 이렇게 설계하면 훈련 필요점을 진단하기는 해도 여러 가지 문제가 있다. 이런 특질들은 평가하기도 어려울 뿐만 아니라 짧은 시간에 변화가 어려운데 그것들의 결점을 누가 피드백을 줄 수 있느냐이다. 그들을 평가하기 위해서 더 많이 신경을 써야 하고, 약점을 위한 후속 훈련을 제공하는데 문제가 따른다.

다른 포인트는 미래에 개발이 더디거나 개발이 어려운 이런 특질을 평가하여 강점과 약점을 포함하는 개인 전체의 모습을 제공하는 것은 의미있는 정보일 수 있다. 진단 평가센터에서 안정적인 특질에 대한 평가는 모든 사람이 후속 개발을 기대하지 않는다면 유익할 수는 있다. 그러나 이것은 무모한 도전이다. 이런 특질은 선발이나 승진 시에 보는 것이 맞는다.

진단 프로그램은 반드시 적절한 시간 내에 개발될 수 있는 스킬을 평가해야만 한다. 이러한 프로그램의 개발은 짧은 오리엔테이션만으로도 학습이 가능한 스킬과 변화가 어려운 개인적 특질이라는 양 극단 간에 균형을 잡는 것이 필요하다.

(3) 평가도구 개발

평가도구 개발에서 중요하게 고려해야 할 포인트가 있는데, 바로 참가자의 직무 경험과 전문성을 얼마나 고려할 것인가 하는 문제다. 선발/승진 평가센터에서는 참가자가 과제에 대한 경험이 거의 없다는 것을 가정하고 장차 그 자리에서 성공적으로 업무를 수행할 수 있을 것인가를 보기 때문에 참가자들에게 구체적인 지식이나 전문적인 스킬을 요구하지 않는다. 반면, 진단 및 개발 프로그램의 경우에는 참가자의 이전 경험을 전제하고 스킬 수준을 평가하거나 스킬을 향상시키기 위한 프로그램을 설계해야 한다.

진단 평가센터의 과제는 각 Dimension별로 참가자의 수행을 여러 번 관찰할 수 있도록 구성되어야 한다. 결과 산출과 통합에 많은 시간이 소요되더라도 각 Dimension에 대한 철저한 분석이 이루어져야 하기 때문이다. 향후의 행동 개선활동은 참가자가 주도하지만 평가자와 직속상사의 검토가 반드시 따라야 한다.

준비 단계에서 수행하는 평가자료 개발, 평가자 훈련, 진행요원 교육, 진행계획 작성, 참가 안내문 작성 및 발송은 선발/승진 평가센터와 개발 평가센터와 유사하므로 자세한 기술은 생략한다.

2) 실행 단계

사전준비 단계에서 수립한 진행계획에 따라 차질없이 진행되어야 함은 다른 평가센터와 동일하다. 평가가 시작되면 참가자들은 준비된 과제를 해결하고, 평가자들은 관찰하고 기록하고 점수를 매기는 과정이 진행되는데, 다른 평가센터와 거의 유사하다. 진단 평가센터의 어떤 프로그램은 지식시험을 보기도 하고, 온라인으로 진행되는 경우도 있다.

4) 종료 후 단계

진단 평가센터는 참가자들이 무엇을 더 교육받아야 하는지, 무엇을 더 훈련받아야 하는지를 알기 위해서 진행되기 때문에, 프로그램이 끝나면, 조직은 참가자들에게 어떤 내용을 어떻게 지원할 것인가를 결정해야 한다. 우선적으로 지원할 것은 교육 프로그램을 개발하여 부족한 부분을 향상시키도록 하는 것이다. 참가자들은 자신의 강점과 약점을 알게 되었으므로 약점을 보완하는 계획을 수립하고 향상 노력을 한다. 반면, 평가자들은 다른 평가센터와 마찬가지로 보고서 작성과 피드백을 한다.

(1) 보고서 작성

보고서는 각 Dimension별로 상대적 강점과 약점이 기술되어야 한다. 진단결과를 정확히 알 수 있도록 구체적인 설명이 이어져야 한다. 승진 프로그램의 보고서가 3~4페이지인데 비해 진단 보고서는 훨씬 길다. 진단 보고서는 각 Dimension별 한 페이지 분량으로 제공된다. 진단 평가센터의 보고서는 Dimension에 대해 단순히 점수를 매기는 것으로 그치는 것이 아니라 더 많은 세부 내용을 전달하기 위해서 보다 긴 보고서가 요구되는 것이다.

(2) 피드백

진단 평가센터의 피드백은 각 Dimension(역량)별로 자세한 수행 정보를 제공하게 된다. 진단에서 피드백은 보고서와 함께 가장 먼저 개인들에게 제공되어야 하며 다음으로 반드시 직속상사에게 전달되어야 한다. 직원이 개발되기 위해서는 늘 함께 일하는 직속상사의 개입이 필수적이기 때문이다.

피드백 내용은 역량과 관련된 구체적인 행동들이어야 하며 그 행동 하나 하나에 대해서 수행 당시 상황과 분위기는 물론 참가자의 말과 행동(say or do)들로 표현해야 한다. 왜냐하면, 이때 주어지는 정보가 자기개발계획과 후속으로 이어지는 교육훈련활동의 기준이 되기 때문이다.

평가자가 최종 보고서를 작성하기 전에 참가자에게 구두 피드백을 제공하는 경우도 있는데, 이는 참가자의 발언을 보고서에 반영하고 혹시 있을지 모르는 오해를 바로잡을 수 있는 기회를 제공하기 위함이다.

참가자가 보고서의 내용을 수용하고 이에 근거하여 개발계획을 수립하도록 만드는 과정은 매우 중요하다. 이 과정이 끝난 후 평가자는 상사와 피드백 미팅을 진행하면서 참가자의 성장에 필요한 개발과제가 실제 수행될 수 있도록 도울 수 있을 것이다. 따라서 평가자는 참가자들의 경력 발전을 돕는 일종의 멘토 역할을 한다고 볼 수 있다.

2. 도입 사례

다음에 제시되는 사례들은 조직, 대상 업무, 평가 프로그램의 특징이 제시되어 있다. 같은 진단 평가센터라 하더라도 도입 목적에 따라 특징이 조금씩 다르다는 것을 알 수 있을 것이다. 이러한 특징들이 인사관리 및 직원들의 역량개발 및 경력개발에 어떻게 연계되는지 주목할 필요가 있다. 배경, 목적, 대상자, 대상 직무, 평가요건(차원), 과제, 운영, 피드백, 결과 등을 눈여겨보면서 우리 조직에 시사하는 바가 무엇인지를 살피는 것이 중요하다.

◯ Technosoft[93]

▶ 개요

Technosoft는 컴퓨터 소프트웨어와 하드웨어를 판매하는 회사다. 회사의 임무는 가장 좋은 컴퓨터 부품과 완제품을 많이 파는 것이다. 회사는 탁월한 품질의 제품을 제공하고 고객을 만족시켜 회사의 명성을 얻고자 한다. Technosoft는 개인 고객들은 물론 각종 학교, 대학, 조직 및 기관에 제품을 판매한다. Technosoft는 고객 서비스, 끈끈한 내부 결속력, 제품 개발의 탁월함 등으로 회사 가치를 높이려고 노력하고 있다.

▶ 도입 목적

Technosoft는 조직에서 'tech'라고 부르는 엔지니어, 개발자, 컴퓨터 소프트웨어 설계자로 활동하고 있는 이들에게 어떤 훈련을 시킬 것인가(훈련 필요점)를 진단하기 위해서 평가센터를 활용했다. 각 tech가 가지고 있는 경험, 스킬, 지식은 모두 다르

---

[93] George C. Thornton III, Devorah E. Rupp, *Assessment Centers In Human Resource Management* (London, Lawrence Erlbaum Associates, 2006), 25-29.

고 독특해서 평가센터를 활용해서 각 tech의 프로파일을 생성하고, 훈련계획을 수립하기 위해서 평가센터를 활용하게 되었다.

Technosoft는 두 가지 목적 즉, 우선 각 tech의 스킬이 얼마나 차이가 나는지를 알고, 이러한 차이들을 줄여주기 위한 훈련계획을 수립하기 위해서 평가센터를 도입했다. 대체로 이들은 과거 경험들이 비슷하고 이들이 수행하고 있는 기술들이 거의 같다는 것이다. 이는 각 tech에게 훈련과 교육 기회가 필요하다는 것을 보여준다. 그래서 TechnoSoft는 tech에게 적절한 경험을 제공하고 훈련 요구를 확인하는 공정한 방법을 마련하기를 원했다. 그렇게 하여 현재 위치에서 효과적인 성과를 내도록 tech들을 위하여 훈련이 필요한 영역을 규명하기로 한 것이다.

▶ 대상 직무

대상직무는 당연히 tech들이다. Technosoft는 최신 기술에 대한 정보를 신속하게 업데이트하고 유지하는 것에 도전을 받고 있다. 이것은 모든 tech가 새로운 프로그래밍 언어들과 프로토콜을 배워야만 하고, 응용프로그램과 구사하는 기법들에 대해서 정통해야 함을 의미한다. Technosoft는 기술인력 시장에서 개인들이 가지고 있는 스킬과 경험이 크게 변화되고 있다는 것을 발견했다. 이것은 직원의 교육 훈련에 많은 시사점을 준다. 개인차가 있으므로 신속한 변화에 대응하려는 인력들을 위해서도 차별화된 교육 훈련이 필요한 것이다.

지금까지 직원들에게 하는 교육은 효율성만을 너무 강조하는 경향이 있었다. 그래서 더욱 tech들을 위한 특별교육 훈련계획이 필요하게 된 것이다. 추가하여 tech들에는 최근 팀 중심 사고, 대인관계 스킬, 적응성, 유연성이 더 많이 요구되고 있다는 것을 알았다. 그래서 기술적 스킬뿐만 아니라 이와 같은 '비기술적 스킬'(nontechnical Skills)도 평가할 필요가 생기게 된 것이다.

▶ 평가요건(Dimension)

이러한 요구에 부응하기 위해서 Technosoft는 '진단 평가센터'를 수행할 수 있는 전문업체에 찾았다. 빠른 속도로 변화하고 있는 소프트웨어 tech에게 필요한 Dimension들을 찾아내야 하므로, 향후 5년 후에 필요하다고 판단되는 'Soft Skill'

과 'Technical Knowledge'를 규명하기 위해서 전략적 직무분석[94]을 실시했다. 필요한 역량들의 범주는 아래 5가지이다.

- Technical knowledge : 앞으로 개발될 프로세스와 최근에 개발되고 있는 특별한 응용프로그램에 대한 지식
- Cognitive skills : 의사결정, 복잡한 문제해결, 비판적 사고, 정보탐색
- Communication skills : 사회적 감수성, 말하기, 독해력, 문서작성, 적극적 경청
- Motivation dimensions : 유연성, 적응성, 주도성
- Project relevant skills : 프로젝트 관리, 팀워크

진단 평가센터는 이러한 영역 각각에서 tech들의 어느 정도 숙달 수준을 보이고 있는지를 평가하기 위해 개발되었다. 외부에서 온 컨설턴트들은 Technosoft에서 현재 실시하고 있는 교육과정을 분석하기 위해 교육훈련부서와 함께 작업을 수행했다. 이 과정에 tech들도 참여시켰다.

▶ 지식시험 및 모의과제

첫 번째 구성요소는 향후 빠르게 부상하는 특정 기술에 대한 지식시험이다. 이 시험은 Technosoft의 경쟁력에 큰 영향을 미칠 새로운 기술과 관련된 시험으로 기술이 변화될 때마다 시험문제도 매번 바뀌었다.

두 번째 구성요소는 다단계 과제로서 새로운 기술과 환경에 적응하고 배워나가는 능력과 동기 여부를 평가한다. tech들은 평가를 목적으로 만든 새로운 응용프로그램과 컴퓨터 언어를 가지고 시연을 해야 한다. 또 해당 프로그램에 사용할 컴퓨터 언어를 요구하는 것도 포함되었다. 코딩의 어느 부분에서 문제가 있는지를 점검하고 해결해야 하며, 특정한 목적으로 사용하는 응용프로그램의 사용법을 동료에게 가르쳐야 한다. 프로그래머들은 위와 같은 과제들을 수행함은 물론 인지, 동기, 의사소통 관련 스킬도 평가를 받는다.

세 번째 구성요소는 tech는 마케팅 부서에 근무하는 직원을 컨설팅하라는 과제를 준다. 이 직원은 기술적인 부분에서 업무수행을 힘들어하는 직원이다. 이러한 문제를

[94] 전략적 직무분석은 현재는 물론 미래에 요구되는 직무요건들을 발견하는 직무분석 방법이다.

가지고 있는 직원은 롤 플레이어로 훈련받은 직원이 맡는다. tech는 기술적 언어를 사용할 줄 모르는 직원이 앞으로 해야 할 것들과 잘못된 것들을 지도하기 위해서 적절한 행동절차를 결정해야 하고, 이슈가 무엇인가를 파악하기 위해서 정보들을 수집해야 하고, 이 직원과 의사소통을 해야 한다. 이 과제는 인지적 역량과 의사소통 역량을 평가한다.

네 번째 구성요소는 팀과 함께 일하는 과제이다. 팀에는 제품부서에서 현재 활용하고 있는 소프트웨어에 대한 정보와 함께 현 시스템에 대한 많은 문제점과 결함에 대한 정보가 상세히 기술된 정보를 받는다. tech는 또한 현재 시스템을 대체할 수 있는 안을 가지고 있는 몇 개의 협력업체들로부터 정보를 받는다. 팀은 대안들의 장단점을 토론하고 검토하여 부서에서 선택해야 할 최적의 대안을 제시해야 한다. 그들은 또한 채택될 대안이 결정되었을 때, 무엇을 해야 하며, 누가, 언제, 어떻게 해야 하는지 업무분장을 검토해야 한다. 이 과제는 팀원들이 부서장에게 발표하는 과제다. 각 팀원이 해야 할 과제 내용이 포함되어야 하며, 추진계획의 핵심적인 내용이 담긴 제안을 하는 것이다. 이 과제는 인지적 스킬, 의사소통 스킬, 프로젝트 관련 스킬을 평가한다.

▶ 대상자 선정

경영진은 모든 tech를 평가센터에 참가시킬 것인지를 결정해야 했다. 왜냐하면, 프로그램은 변화에 대한 적응력을 높이고 최신의 지식에 초점이 맞추어져 있기 때문이다. 선임자 순으로 할 것인지, 가장 오래된 자들을 먼저 참여시키고 근무연수에 따라 순차적으로 참여시킬 것인지를 결정해야 했다. 컨설턴트들은 3가지 이유를 들어 선임 tech들을 먼저 하자고 제안했다. 첫째, 선임 tech들은 회사에서 가장 오래된 사람들인데, 이들은 갓 대학을 졸업한 프로그래머들보다 낡은 정보와 지식을 가지고 있기 때문이다. 둘째, 선임 tech들은 후임 tech들을 이끌어야 하므로 이들이 먼저 참여하면 본 프로그램의 장점을 먼저 알고 후임 tech들을 지원할 수 있는 장점이 있다는 것이다. 셋째, 선임 tech들은 나중에 평가자와 조교의 역할을 맡길 수 있으므로, 그런 임무를 수행하기 위한 관련된 스킬을 준비할 수 있는 시간을 확보할 수 있다는 것이다.

▶ 평가자

여기에서 평가되는 역량들은 기술적인 측면에서, 심리적인 측면에서 높은 수준의 역량들이므로 이 영역에 정통한 평가자들이 요구되었다. 그래서 훈련전문가, 심리학적 배경이 있는 인사부서 담당자, 외부 컨설팅팀, 조직 내 주제 전문가들(SME)로 평가자들을 구성했다. 그리고 외부 컨설팅팀이 평가자 훈련, 평가, 운영, 통합회의, 피드백 제공 등을 주도했다. 회사(교육훈련부서)는 외부 컨설팅팀의 경험과 노하우를 전수 받는데 2년 정도 걸렸다. 2년이 지난 후에는 내부에서 자체적으로 진행할 수 있었다.

▶ 프로그램

이 평가센터는 우수한 고급 기술인력을 평가하기 위해서 설계되었다. 어느 정도로 복잡하게 개발할 것인가가 중요하며, 이는 참가자들의 안면 타당도를 높이는 것과 관련이 있다. 확실한 것은 참가자들이 앞으로 무엇을 더 교육을 받아야 하고 더 훈련받아야 할 것인지를 알게 하는 것이다. 그래서 평가센터는 프로그램의 효율성을 증가시키고 비용을 줄이는 방법을 고민한 끝에 컨설팅팀은 회사의 도움을 받아 프로그램 관리, 평가 안내, 커뮤니케이션 허브 등의 웹 기반 프로그램을 개발했다. 참가자들이 이 시스템에 접속하여 등록하고 탑재된 여러 활동을 선택할 수 있도록 했다. 시스템에는 시스템 전반에 대한 안내와 활용 지침, 평가받게 될 역량, 평가결과에 근거한 맞춤형 훈련과정 등이 포함되어 있다.

회사는 먼저, 시스템을 개발하고, 평가에 참석하기 2주 전까지 '프로그래머 방'에 접속하여 적응도에 관련한 지식시험을 보게 했다. 이때 물론 시험감독관은 원격으로 통제한다. 평가는 2주 연속 금요일에 4시간 정도 진행된다. 다단계 과제는 첫 주 금요일 오전에 먼저 1개가 진행되고, 다음 주 금요일 나머지 2개의 과제(역할연기와 집단토론)가 진행된다.

평가자들은 물론 무선으로 휴대용 컴퓨터를 통해 해당 프로그램에 접속한다. 평가자들은 시스템에 관찰 기록한 내용과 점수를 입력한다. 평가자들이 실시간으로 점수를 입력하면 역시 실시간 자동으로 점수가 통합된다. 모든 내용이 입력되면 각 참가자의 프로파일이 자동으로 형성되고, 이어지는 평가 활동이 생성된다.

평가자 보고서는 각 연습과제가 끝난 후에 자동으로 작성된다. 통합하기 위해서 평가자들은 '통합회의 방'에 접속하여 각 참가자의 프로파일을 검토한다. 프로파일은 지식시험 결과와 평가자들이 각각 점수를 매긴 과제별 역량 점수가 포함되어 있다. 통합미팅은 반나절 정도 걸리며 모든 프로파일을 토론하고, 각 참가자가 획득한 전체 역량 점수들에 대해서 합의 평정한다. 이때 전체 서열 명부는 작성하지 않는다.

▶ 피드백

통합이 이루어지는 동안, 운영 책임자(administrator)는 각 tech가 얻은 최종 역량 점수를 입력한다. 시스템은 각 참가자의 '훈련 필요점 프로파일'을 생성한다. 참가자들에게는 그들의 평가결과와 훈련 필요점 프로파일이 자동으로 발송된다. 이 보고서는 어느 훈련과정에 참여할 수 있는지를 알려주면서, 어느 날짜, 어느 시간에 온라인으로 참여할 수 있는지를 알려준다. 이후 각 참가자는 어떤 교육과 훈련을 받을 것인가에 대한 목표와 훈련계획을 수립하기 위해서 자신들의 상사와 만난다.

▶ 프로그램의 다른 요소

참가자들은 자신이 작성한 훈련계획에 따라 웹 기반 프로그램을 계속해서 활용한다. 그들은 시스템에 접속하여 이미 마친 과정과 아직 마치지 못한 과정을 확인할 수 있고, 계획 대비 진도를 확인할 수 있다. 또 과정에서 얻은 시험 점수를 확인할 수 있다. 아울러 자신의 훈련계획에 포함되어 있지 않은 다른 훈련과정과 자격시험도 확인할 수 있으며, 도전할 때 회사로부터 어떤 보상을 받을 수 있는지를 확인할 수 있다. 또 시스템은 tech에게 새로운 훈련과정을 알려주며, 이 과정이 역량을 평가하는 과정이라면 낮은 평가를 받은 사람에게는 자동으로 e-mail이 간다. 그렇게 하는 이유는 tech에게 빨리 보완할 기회를 주기 위한 것이다.

▶ 결과

평가센터가 끝났을 때, 밝혀진 Skill Gap에 따라 과정들을 개발했는데, Gap을 느낀 본인들이 선택하여 수강할 수 있도록 훈련 코스들을 모듈화했다.[95] 이 프로그램

---

[95] 개발된 모듈은 전원이 수강할 필요가 없다. 본인들이 판단하여 개발이 필요한 과정만 수강하면 된다.

이 도입한 이후로 두드러지게 개선된 점은 tech들이 이전보다 훨씬 훈련에 적극적이었다는 점이다. 평가를 받은 tech들은 자신의 스킬 수준이 회사에서 요구하는 수준과의 Gap을 알게 된 점이 너무 좋았고, 훈련을 받지 않아도 될 영역에서 시간 낭비를 하지 않고, 꼭 받아야 할 교육과 훈련을 받을 수 있었다고 진술했다. 관리자들도 tech들이 변화에 대한 적응이 빨라졌고, 팀과 함께 일하는 것, 비기술직 직원들을 컨설팅하는 것 등 광범위하게 개선되었다고 말했다. 또 <u>한 가지 놀라운 사실은 자신들이 세운 훈련계획대로 제때 적절한 방법으로 이수한 사람들이 더 높은 연봉을 받는 직위로 더 많이 승진했다는 것이다.</u>

▶ 요약

Technosoft의 진단 평가센터는 '훈련 필요점'을 진단하기 위해서 설계되었다. 추가하여, 평가센터의 결과가 교육훈련부서의 기능을 더욱 확장해 준 것이다. 웹 기반 시스템은 tech에게는 변화에 적응하는 것을 돕고, 수시로 정보를 갱신하여 최신 정보를 제공해 줌으로써, tech의 필수 도구가 되었다.

● Kimberly[96]

▶ 평가요건(Dimension)

평가요건(Dimension)을 선정하기 위해서 먼저 직무분석을 실시했다. 이 진단 프로그램의 평가요건은 일선 관리자로서 성공적인 업무수행에 요구되는 스킬과 역량이었다. 행정적 관리스킬은 계획조직화, 위임과 관리통제와 같은 차원이었으며, 의사결정 영역에서는 문제분석과 의사결정 스킬을 확인했고, 구두 또는 서면 의사소통 스킬도 포함했다. 각각은 구체적 행동으로 기술되었으며 평가자가 그 의미를 충분히 구분할 수 있도록 정의되었다. 예를 들어, 문제분석은 상황과 관련한 사실의 이해, 저조한 수행의 원인규명을 포함하였고, 반면에 의사결정은 해결 대안들에 대한 심도있는 평가와 효과적 대안 선택을 포함했다.

Dimension의 효율적 수행 간에 일부 관련이 있을 수도 있으나 한 Dimension에

---

[96] George C. Thornton III, *Assessment Centers In Human Resource Management* (Addison-Wesley Pulishing Co, 2002), 20-26.

서 우수한 수행을 보이고, 다른 Dimension에서 저조한 수행을 보이는 것이 가능하도록 정의되었다. 선정된 것들은 관리자가 현재 직무에서 발휘해야 하는 스킬이며, 장기간의 성공을 예측하는 것은 아니었다.

▶ 모의과제

총 4가지 과제를 개발했다. 선발 프로그램에서 사용된 과제와 유사하지만, 더 복잡하고 더 많았다. 중요한 것은 이 과제들은 일반 적성보다는 특정 스킬을 입증해 보일 수 있도록 구성되었다는 것이다. 서류함 과제의 경우 선발/승진 센터 프로그램보다 두 배 정도 길었고, 효과적 위임과 관리통제 스킬을 사용하도록 개발했다.

참가자들은 저조한 수행을 보이는 직원의 업무 행동과 관련된 두 개의 서로 다른 문제를 다루는 능력을 보여 주어야 했다. 정보수집 과제는 참가자들에게 소량의 정보만을 제공하고 판단을 요구하는 것이었다. 일반적으로 정보원은 평가자 중 한 명이며 많은 정보를 지니고 있어 참가자가 올바른 질문을 한다면 충분한 정보를 얻을 수 있었다. 질의응답이 끝나면 참가자는 제안하고 제안의 근거를 제시해야 했다. 정보원은 참가자의 판단에 도전하고 더 많은 정보를 제공한 후에 참가자들이 자신의 판단을 바꾸도록 요구했다. 이 과제는 문제분석, 탐색질문, 경청능력과 스트레스 상황에서도 균형을 유지하는 능력을 평가했다. 마지막으로 구두보고에서는 마케팅과 재무자료를 검토하고 생산라인 신설에 대해 제안을 했다. 재무분석과 프레젠테이션 스킬이 이 과제를 통해 평가되었다.

▶ 참가자

이 프로그램의 참가자는 일선 관리자였다. 1년 정도 관리 업무를 수행한 신임 관리자들로서 관리 기본 교육을 받았고 직무에 대한 경험도 가지고 있었다. 평가센터는 참가자들의 관리감독 상 단점을 극복할 수 있는 개발계획을 수립하는데 있어 유익했다. 프로그램 시행 초기에 숙련된 관리자도 평가를 받았으며 역시 개발 요구 진단을 통해 도움을 받았다.

▶ 평가자

평가자는 부문장, 중역이라 불리는 상위, 차상위 관리자였다. 모든 경우에 평가자는 참가자들과 동일 부서 근무자가 아닌 사람들로 구성하였기 때문에 공정한 평가를 할 수 있었으며, 피드백을 주는 평가자는 과거 참가자와 함께 근무한 적이 없는 사람들이었다. 이러한 조정을 통해 평가자는 객관적으로 참가자의 행동을 관찰하고 직무수행 정보와 독립적인 평가정보를 제공할 수 있었다. 직무수행에 관한 내용은 직속상사와 논의하였다.

▶ 프로그램

프로그램은 5일간 실시되었다. 처음 이틀 반 동안 개인과제와 집단과제가 실시되었다. 각 평가자가 최소한 다른 두 과제에서 해당 참가자를 관찰할 수 있도록 계획했다. 과제 참여와는 별도로 참가자들은 각 Dimension에 대한 자기평가를 했다. 평가과제 참여 후 2일간 관리 훈련이 실시되었다. 마지막 날에는 개발계획의 첫 단계가 진행되었다. 참가자들은 관리기술의 향상을 위한 계획의 개요를 작성했다. 참가자들이 교육을 받고 초기 개발계획을 세우는 동안 평가자들은 관찰을 통합했다. 종합평정은 의미가 없기 때문에 하지 않았다. 중요한 것은 Dimension별 각 개인의 장단점에 대한 주의 깊은 평가였다. 평가자는 서너 시간 동안 Dimension별 수행에 대해 토론하고, 합의에 도달했다. 합의 도출 토론은 대다수의 평가센터에서 사용되는 방법이었다.

▶ 피드백

선발/승진 평가센터보다 더 상세한 진단 보고서가 작성되었다. 각 Dimension별로 참가자가 과제에서 보여 주었던 효율적 행동과 비효율적 행동을 비교하여 자세하게 설명했다. 평가자는 참가자가 문제를 보인 평가요건은 물론 모든 평가요건에 대해 상세한 평가를 했다. 예를 들어, '저조한 위임'은 모호한 요구, 지시의 결여, 부적절한 과제 점검에 기인하였다. 저조한 위임의 행동사례를 보면, 참가자는 행정적 관리업무는 쉽게 위임할 수 있었지만, 기술이 요구되는 업무에서는 하급자에게 책임을 부여하지 않았다. 는 식으로 보고서를 작성하고 피드백을 했다.

평가자는 각 참가자에게 앞으로의 행동방식에 대해 제안을 했다. 예를 들어, 참가자의 상사와 논의해서 부하직원들에게 과제를 할당할 것을 권했다. 또 단점으로 지적된 사항과 관련된 독서를 제안하기도 했다. 덧붙여 개발을 위한 앞으로의 행동방법을 조언했다. 대략 평가 2주 후에 두 번에 걸쳐 피드백을 제공했으며 주요 평가자가 주관했다. 주요 평가자는 상위 또는 차상위 관리자이지만 참가자와 같은 부서가 되지 않도록 했다.

첫 회 피드백은 참가자만 참석했다. 관찰한 행동과 Dimension별 진단결과를 자세히 설명한 후 평가의 근거를 제시하고 참가자가 이를 수용할 수 있도록 설득했다. 두 번째 피드백에는 참가자와 직속상사가 함께 참석했다. 목적은 평가센터에서 보인 개인의 장점과 개발 필요점을 설명하기 위한 것이었다. 이후 세 사람은 평가결과와 참가자의 업무수행을 비교하고 평가 프로그램의 마지막 날 참가자가 작성했던 개발계획 초안을 검토했다. 개발계획에서 참가자가 지속적으로 노력할 필요가 있는 몇 개 영역을 선택했다. 계획의 실행은 참가자와 직속상사의 책임이 되었고 평가자는 자문 역할만을 할 수 있었다.

▶ 프로그램의 다른 요소

이러한 종류의 평가센터가 성공하려면 큰 규모의 인사관리 시스템의 일부로만 기능해야 한다. 참가자와 직속상사는 개발계획의 구체적 단계들을 실행해 나가야 한다. 관리기법을 강화하는데 활용할 수 있는 프로그램이 가용해야 하고, 관리자는 직무향상을 지도하고 격려하고 강화해야 한다. 킴벌리사에서 평가센터 이후 첫해에 나타난 효과는 모든 교육 프로그램을 검토해서 불필요한 것은 삭제하고 참가자들에게 공통으로 나타났던 단점을 개발하기 위한 프로그램을 추가했다는 것이다.

▶ 결과

프로그램 실시 1년 후 교육훈련 관계자들이 그 효과를 평가했다. 참가자와 직속상사를 인터뷰한 결과 대부분의 참가자들이 그 결과에 만족하는 것으로 밝혀졌다. 평가센터가 참가자들의 개발 필요점에 대해 가치있는 통찰을 제공했다고 믿었다. 이 프로그램으로 말미암아 이전부터 생각은 있었지만 실행하지 못했던 개발계획을 시작할 수 있었다는 것이다. 교육훈련 관계자들은 교육 프로그램 참가에 대한 직원들이 불평

이 줄어들었다는 것에 주목했다. 과다하고 불필요한 교육은 감소했고, 직원들은 자신에게 필요한 구체적 내용을 담고 있는 교육 프로그램을 쉽게 발견할 수 있었다.

몇 가지 문제점이 발견되었다. 몇몇 참가자들은 자신들의 장점과 단점에 대해 주의 깊은 피드백을 받지 못했다. 진단적 정보없이 단지 일반적으로 우수하다 저조하다는 말만 들었을 뿐이다. 이 문제는 후속 평가자 교육을 통해 해결되었다. 일부 참가자들은 정확한 피드백을 받았지만 아무런 후속조치도 없었다고 말했다. 프로그램의 시작 시점에서 관리자들은 단점을 보완할 수 있도록 지속적으로 업무 행동을 지도할 것이라 하였으나, 사후 조사결과 지도가 거의 없었던 것으로 나타났다. 주된 이유는 관리자들이 지도 방법을 몰랐기 때문이었다. 관리자들의 요청에 따라 업무와 관련하여 부하직원을 지도하는 방법에 대한 교육 프로그램을 개발했다. 평가센터의 결과가 원래 취지를 벗어나 승진 결정 등에 오용될 수 있음을 걱정하는 경우도 일부 나타났다.

※ 강조사항

진단 평가센터는 훈련 요구를 확인하고, 개발 계획을 수립하며, 실제 훈련을 실행하는 과정의 첫 단계에 해당된다. 선발/승진 평가센터는 프로그램이 종료되면 끝나지만, 진단 평가센터는 이제부터 시작이다.

어떤 조직은 기술 혹은 행정 직위의 비감독직 관리자(엔지니어, 회계원 등), 일선 감독자, 부서장이라는 세 계층의 관리자를 위한 개발 시스템을 활용했다. 이 시스템은 평가센터, 경력계획, 다면 피드백, 개발계획, 관리자를 위한 코칭 훈련 등이 포함되었다. 평가센터 종료 시 두 시간에 걸쳐 경력계획 세션이 있었는데, 여기서는 컨설턴트의 간단한 발표, 집단토론, 자신의 강점과 약점을 이해하기 위한 워크시트 작성, 경력 경로 확인, 경력목표를 성취하기 위한 단계 설정 등이 포함되었다. 이 프로그램은 참가자들 스스로가 자신의 경력을 책임지고 능력을 개발하도록 유도하려는 목적에서 개발된 것이었다. 참가자와 그의 직속 상사는 평가센터의 피드백 및 직무 성과 정보를 토대로 개발계획서를 작성했다.

진단 평가센터의 종료는 그것으로 끝이 아니라 개발의 새로운 시작이다. 따라서 종료 후 직원들의 개발을 위해서는 교육부서(또는 인사부서)에서 조직적인 지원이 필요하며, 나아가 직속 상사의 전폭적인 지원이 필요하다.

MEMO

제7장 진단 평가센터는 어떻게 작동되는가?

제 8 장

평가센터를 도입하려면
어떻게 해야 하는가?

지금까지 여러 장에 걸쳐서 평가센터에 대해서 살펴봤다. 평가센터는 거의 100여 년의 기간 동안 수많은 조직에서 적용해 왔으며, 수많은 전문가들이 검증을 하면서 오늘날에 이르고 있다. 또 하나의 검증장치로 평가센터를 위한 국제회의[97]를 들 수 있다. 매년 열리는 국제회의는 평가센터에 대한 주요 이슈(나라별 새로운 법률 제정 등)가 생기면 TFT를 구성하여 즉각 반영하여 보완한다. 평가센터를 인재평가 기법의 Global Standard라고 말하는 이유가 바로 여기에 있다.

많은 조직에서 평가센터를 도입하고자 한다. 평가센터 도입은 아래 그림과 같이 평가센터를 구축하는 것을 말한다. 평가센터를 구축한다는 것은 평가요건, 평가도구, 평가자 등 3대 구비요소를 독자적으로 갖추는 것을 말한다. 어느 조직에서 평가센터가 구축되면 그 조직은 인재들을 평가할 준비가 된 것이다. 어느 조직의 인사실무자는 "우리 조직에 이러한 모습을 갖추는 것이 꿈"이라고 한다.

평가센터가 구축된 모습

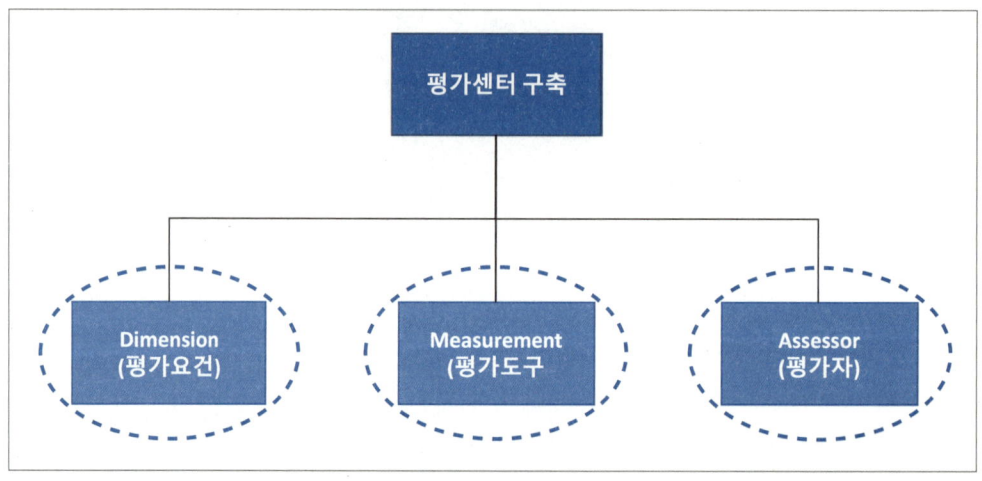

조직에서 평가센터를 구축하는 일은 쉽지 않을 수 있다. 도입단계에서 완벽한 계획이 수립되어야 한다. 계획에는 도입 취지, 운영 및 실행 방안, 활용방안, 기대효과 등이 명쾌하게 정리되어야 한다. 평가센터 구축은 실무 담당자 혼자서만 확신을 가졌다고 해서 저절로 되는 것이 아니다.

---

[97] 국제회의 명칭 : "International Congress on the Assessment Center Method"

기획 및 초기 단계에서 의외의 장애물을 만날 수 있다. 담당 실무자들은 장애물들을 넘어서기 위해서 충분한 정보들을 수집하고 고민을 할 필요가 있다. 평가센터 기법은 세계적으로 널리 쓰이는 타당도가 매우 뛰어난 평가기법이지만, 구성원들은 평가결과에 대해서 민감할 수밖에 없다. 평가센터에 평가(Assessment)라는 단어의 뉘앙스 때문이다.

평가센터 도입 시에 변화관리가 필요하다. 어떤 제도든지 새로 도입하거나 시행하려는 경우, 직원들의 도전에 직면하게 되는 경우가 종종 있다. 제도 도입의 깊은 취지와 배경을 설명함에도 불구하고 자신의 이익을 따져보고 불리하다 싶으면 저항을 한다.

조직에서 평가센터 도입을 발표하면 직원들은 "이게 뭔가?" "어떤 의도를 가지고 도입하는가?" 라는 의문점을 가지게 된다. 당연히 손익을 따지게 된다. "왜 갑자기 이 시점에서 평가센터를 도입한다는 것인가? 라며 불리하다는 생각이 들면, 우선 반발부터 한다. 특히 노동조합에서 반발할 수 있음도 고려해야 한다.

가장 이상적인 형태는 경영진에서 도입을 지시하는 것이다. 그러나 사정은 그렇지 않은 경우가 더 많다. 지시가 있든 없든 상관없이 도입 초기에 이해 관계자들을 설득하고 공감대를 형성하는 것은 필수적이다. 특히 경영진의 전폭적인 지지를 얻는 노력은 아무리 강조해도 지나치지 않는다. 또한 필요할 때마다 전문가의 조언과 지원을 받는다면 그만큼 평가센터 구축시간을 단축할 수 있을 것이다.

1. 평가센터 도입에 실패하는 이유[98]

평가센터 도입에 실패하는 이유(10가지)를 살펴보는 것은 평가센터를 시작도 해보기 전에 실패하는 경우가 있기 때문이다.

대부분 계획이 부실해서 그런 것이다. 어떤 경우에는, 꼭 필요한 사람들이 사전 논의 단계에서 제외된다. 또 다른 경우, 경영진의 후원을 얻는데 충분히 관심을 기울이지 않는다. 때로는 담당자의 이동으로 평가센터를 추진해갈 사람이 없어서 계획이 시행조차 되지 않는다. 다른 경우는 평가센터가 인사 문제에 대한 적합한 해결책이

---

[98] Cam Caldwell, George C. Thornton III, Melissa L. Gruys, "Ten Classic Assessment Center Errors" (Public Personnel Management Volume 32 No.1 Spring 2003), 73-85.

아니라는 이유로 채택되지 않기도 한다.

예비작업이 예상보다 버거운 나머지 실행으로 넘어가지 못하기도 한다. 직무분석이나 과제 개발에 매달리는 동안 이 일들이 지나치게 시간을 소모한다고 결론짓는 것이다. 혹은 파업 때문에 시간을 쏟느라 평가센터 개발을 위한 업무가 잠시 중단되었다가 재개되지 않는 사례도 있다.

어떤 조직에서는 평가자 훈련이 문제가 되기도 한다. 평가 업무가 너무나 과중하다고 여기고 포기하는 사례가 있다. 평가자들이 평가가 너무 벅차다고 지레 겁을 먹는 경우가 여기에 해당된다.

결과가 오용되거나 사용되지 않기 때문에 실패하기도 한다. 예를 들어, 진단 혹은 개발을 위한 프로그램의 결과가 승진 결정에 사용되는 경우다.[99] 신뢰성이 무너지게 되는 것이다. 어떤 경우에는 결과가 활용되지 않는다. 예를 들면 평가센터를 실행해서 유능한 인재를 확인하고 개발 요구를 확인했지만, 아무런 후속조치가 없었다. 참가자들은 무엇인가를 기대했을 것이지만, 조직이 이 기대에 전혀 대응하지 않으면, 불만이 널리 퍼지게 된다.

성공을 예측하지 못했기 때문에 실패하는 경우도 있다. 즉 평가와 미래의 성과 사이에 관계가 입증되지 못한 경우이다. 이는 평가의 오류이거나 아니면 직무수행에 필요한 요건들을 정확하게 측정되지 않았기 때문일 것이다. 일례를 들면, 평가센터에서 낮은 점수를 받은 사람을 우여곡절 끝에 채용한 어느 회사가 있었다. 그런데 이 사람이 실제로 업무 수행에서 매우 성공적이었으므로 이 회사는 평가센터를 지지하지 않게 되었던 것이다.

때로는 고위 경영진의 지원, 이를테면 시간, 예산, 시설, 지원 발언 등을 얻지 못해서 실패하는 경우도 있다. 최고 경영진의 지원이 부족하면 잘 진행되고 있는 프로그램조차 망가질 수 있다. 핵심 임원의 지지는 어떤 평가센터건 매우 중요한데, 특히 개발을 목적으로 실행될 경우는 더욱 그렇다. 경영진의 후속활동에 크게 의존하기 때문이다. 아래는 평가센터 도입 시에 나타날 수 있는 실수들이다.

---

[99] 우리나라에서도 개발 평가센터를 도입하고, 그 결과를 승진에 활용하여 크게 논란이 된 바 있다. 개발 평가센터는 현직급, 현직무에 필요한 지식, 스킬, 역량을 평가하기 때문에 그 결과를 승진에 활용하는 것은 아주 잘못된 것이다.

1) 부실한 계획

많은 평가센터가 부실한 계획으로 출발도 하기 전에 실패한다. Thornton은 부실한 계획의 원인을 다음과 같이 열거한다.

- 도입을 결정하기 전에 필요한 사람을 포함시키지 않는다.
- 세심한 고민 없이 상급자의 지원을 요청한다.
- 담당자의 잦은 이동으로 권위자와 협조자가 없다.
- 평가센터를 활용하는 목적이 부실하다.
- 평가센터를 수행하기 위해서 필요한 작업을 과소평가한다.
- 프로세스는 몰입할 수 있는 것보다 더 많은 자원을 필요로 한다는 것을 소홀히 여긴다.
- 평가자들은 시간이 요구되므로 참여하길 꺼린다.

평가센터 프로세스를 진행하기 위해서는 여러 가지 작업을 해야 한다. 하나씩 수행하다 보면 생각보다 할 일이 많다고 느껴질 수 있다. 담당자들은 이점을 충분히 이해하는 것이 중요하다. 잘 수행된 평가센터는 평가센터의 철학, 기술을 충분히 이해할 것을 요구한다. 평가센터를 수행하기 위해서 행정적으로 적절한 준비가 필요하다.

가이드라인은 철저한 직무분석, 검사 요소들의 개발과 타당도, 지원자의 오리엔테이션, 평가자 선발과 훈련, 실제 검사의 계획과 실행, 각 지원자의 공식적인 점수를 매기는 절차의 확인, 요약 보고서 준비, 이해관계자들에 대한 정보 제공 등을 강조한다. 이 단계들은 평가센터 수행을 하기 위한 의사결정에 포함된 핵심 멤버들이 참여하기 전까지는 발생하지 않는다. 평가센터를 수행하기 위해서 가정 먼저, 인사 담당자들은 평가센터 프로세스가 조직의 요구에 잘 부합하는 것인지 확신을 가질 필요가 있다. 의사결정권이 있는 부서와 조직의 리더들, 함께 밀접하게 일을 하는 구성원 집단, 프로세스를 수행하기 위해 필요한 조직의 자원들의 신뢰를 얻어야 한다. 잘 계획되지 않은 평가센터는 필연적으로 참가자와 이해관계자들의 불만족으로 이어진다.

계획에는 평가센터 결과를 참가자의 관련 데이터(예 : 이전 직무 경험, 수행평가 점수, 백그라운드 인터뷰 결과, 직무지식 검사 점수)와 함께 어떻게 활용할 것인지를 포함해야 한다. 초기에 평가센터의 역할에 대해 명확히 하지 않으면 조직 멤버들 사이에 의견이 달라서 마지막 순간에 데이터를 버리게 된다.

2) 부실한 직무분석

평가센터를 수행하고 평가하기 이전에 효과적인 직무분석을 하지 않으면 문제들이 자주 발생한다. 어떤 조직에서는 승진시험에서 8개의 핵심 과제(task)로 구성된 3년 전 직무기술서를 활용했다. 평가센터 프로세스 결과에 대해서 프로세스에 참가한 참가자가 심각하게 문제를 제기했다.

직무분석은 평가센터 프로세스의 중요한 요소로서 확실히 수행해야 한다. 그럼에도 상당의 조직에서 너무 드물게 직무분석을 한다. 잘 준비된 직무분석은 평가센터 프로세스 내용 타당도를 입증한다. 직무분석은 효과적인 과제개발과 타당성 프로세스로서 핵심 요소다. 직무분석의 중요성을 강조하는 것은 선발과 시험에 대한 소송을 대비하는 일이기도 하기 때문이다.

조직이 법률적으로 방어할 수 있는 HR 시스템을 갖기를 원한다면, 체계적인 직무분석을 대체할 수단은 없다. 직무분석은 시간이 소요되지만, 투자를 검토하는 것보다 더 여러 가지 유익이 있다. 기본적으로 직무기술서를 일부분 떼어다가 붙이는 경우가 있는데, 이것은 정보를 잘못 이해하거나 잘못 활용되는 댓가를 지불해야 한다는 말이 된다. 이처럼 직무분석이 법적 및 품질 리스크와 관련됨에도 불구하고, 불행하게도 매우 일반적으로 많은 조직이 평가센터 프로세스의 한 부분으로 잘 발전된 직무분석을 수행하는데 실패한다.

3) 취약한 Dimension(평가요건) 정의

가이드라인은 평가센터에서 평가하게 될 평가요건들을 명확하게 정의해야 한다고 강조하고 있다. 이것은 직무분석과 밀접한 관련이 있다. 차원들은 일관되게 관찰하고 정의될 수 있는 행동들의 군집이다. 평가요건은 대상직무에서 누군가가 기대하는 평가요건의 효과적인 수준, 행동을 보여주는 상황 하에서 평가요건을 이루는 행동들을 표현되도록 잘 정의해야 한다.

또한 너무 많은 평가요건(역량)을 평가하는 욕심을 부리는 경우도 있다. Spychalski 등은 평가센터의 종합연구에서 많은 조직에서 많은 역량을 평가한다는 것을 발견했다. 모든 조직의 15%가 단일 평가센터에서 18개의 역량을 평가하고 있었다. 또 다른 연구에서는 역량들을 2개의 카테고리(수행 스킬, 대인관계 스킬)로 나뉘어 있다는 것을 발견했다. 개수가 많은 역량을 평가하는 것보다 숫자가 적은 역량들을 평가하는 것이 정확하게 평가된다는 것도 발견했다. 잘 개발된 평가센터는 직무분석에서 발견된 정보와 역량들을 매칭시킨다.

4) 부실한 모의과제

직무관련 모의과제를 효과적으로 개발하기 위해서 개발에 신중해야 한다. 어느 조직에서는 과제들을 빌려오기도 하고, 문제은행에서 가져오기도 하는데, 이것은 직무에서 요구하는 조건과 부합하지 않으며 예측 타당도를 달성하기 위한 조건에도 맞지 않는다. 모의과제들을 선택하여 차원들이 요구하는 것을 정확하게 평가하는 것은 예술에 가깝다. 어떤 조직의 리더 역할은 다른 조직과 상당히 다를 수 있다. 이때 어느 조직의 리더에 맞는 역할을 수행하는 참가자를 선발하기 위해서 어떻게 모의과제를 개발할 것인가? 하는 문제가 있다.

모의과제 개발의 핵심은 직무과제를 정확히 평가하기 위해서 실제 작업을 잘 묘사하는 것이다. 모의과제 설계의 세련된 접근은 질적 양적 측면에서 모두 중요하다. 모의과제의 설계는 참가자의 측면에서 신중하게 고려되어야 하고, 한 사람 또는 그 이상의 참가자들이 불공정하게 이득을 취하지 않도록 신중하게 고려되어야 한다.

실제 직무를 수행하는 것에 기반하여 모의과제를 개발하는 것은 일반적으로 적절하다. 직무 복제는 신중해야 한다. 대상 직무와 관련하여 비정상적인 상황이나 성격과 맞지 않는 역할을 연기하라고 과제를 설계하는 것은 심각한 문제를 유발할 수 있다.

모의과제들의 운영은 표준화에 신중해야 한다. 과제개발의 한 부분으로 과제를 운영하는 지침이 명확하고 구체화되어야 한다. 어떤 프로그램은 매 시간 일관되게 알려주기 위해서 모든 안내사항을 동영상으로 제작하여 활용할 필요가 있다. 어떤 과제는 문제 직원, 성난 고객, 신문 기자를 묘사하여 역할 연기자를 활용한다. 이런 경우에는 역할 연기자에 대한 명확한 지침을 제공해야 한다.

5) 부실한 사전 검증

선발 및 진단 프로세스에서 일반적 실수는 모의과제를 사전에 검증하지 않아서 실패하는 것이다. 과제의 설계는 내용 타당도와 구성 타당도를 고려해야 한다. 내용 타당도는 개발되어야 할 직위의 작업 영역과 적절하게 매칭하고 있는가를 의미하는 것이고, 구성 타당도는 직무 관련 과제를 수행하기 위해서 요구되는 구체적인 지식, 스킬, 태도, 행동을 정확하게 측정할 수 있는가를 의미한다.

사전검증은 평가자들, 과제 연기자들, 참가자들의 의견을 들어야 한다. 운영 책임자는 질문을 통해 과제가 실제로 평가하고자 하는 것들을 평가하도록 설계되었는지를 알아야 한다. 특히, 참가자들에게는 각 과제에서 난이도와 복잡도 등에 대해서 피드백을 할 수 있도록 분위기를 조성해야 한다. 이때 나오는 정보는 내용과 구성 타당도 평가와 부합되어야 한다.

6) 부적격의 평가자들

평가자 결정은 평가센터 프로세스의 타당도와 신뢰도에 상당한 영향을 미칠 수 있다. 평가자는 참가자를 아는 사람이 포함되어서는 안 된다. 평가자들은 평가하고자 하는 분야의 전문성과 기술적 지식과 관리자 직위에 기초해야 한다. 내부 평가자는 참가자의 직무를 잘 알고, 그들보다 두 직급 위의 사람이어야 한다. 그래야 평가에 대한 권위가 있다. 평가자는 평가센터 산출물에 지대한 관심을 가져야 한다. 평가자들은 참가자의 직무요건을 분별할 수 있는 역량을 보여줘야 한다. 역할 연기자는 굳이 평가 스킬을 갖추지 않아도 된다. 이들은 평가센터 프로세스 상에서 '연기자'로서 참여할 기회를 갖는다. 그러나 평가센터 목적과 예측 타당도를 약화시키지 않는 정도라면 평가자에 포함시킬 수도 있다.

7) 부적절한 평가자 훈련

평가센터 프로세스에 참여하는 평가자는 전형적으로 주제 전문가들, 행동 평가에 경험이 있는 사람들이 선발된다. 평가센터 가이드라인은 행동과 차원을 관찰, 분류하고 참가자들을 적절하게 평정하는 스킬을 보여주는 프로세스에 관하여 강한 훈련을 받아야 한다고 추천한다. 아래는 가이드라인에서 평가자 훈련에 필수적으로 포함되어야 하는 요소들이다.

- 평가자가 평가하고 판단하게 될 직무 및 직무군, 조직에 대한 광범위한 지식
- 평가하게 될 차원, 차원의 정의, 직무수행의 관련성에 대한 지식과 이해, 효과적/비효과적인 수행 예시
- 평가 테크닉의 이해와 지식, 평가센터에서 관찰할 차원 관련 전형적인 행동과 기대되는 행동, 실제적 행동의 사례 및 예시 등
- 센터에서 활용하는 양식에 대한 지식을 포함하여 차원에 해당하는 행동의 관찰, 기록, 분류할 수 있는 능력
- 어떻게 통합하는지를 포함하여 평정 절차 및 평가의 지식과 이해
- 어떻게 평가 데이터가 활용되는지를 포함한 조직의 평가 실행과 정책의 이해와 지식
- 피드백 절차의 지식과 이해
- (피드백의 요청이 있을 때) 정확한 구두 및 문서 피드백을 할 수 있는 능력

평가자는 때때로 역할 연기 시나리오 또는 상호작용 과제에서 참여하기 위해서 훈련을 받는다. 추가하여 이들은 모의과제를 평가하기도 한다. 훈련시간과 유형은 평가 프로세스와 그들의 경험에 의해 달라질 수 있다. 표준은 이틀정도다. 공공영역에서 평가센터 타당도에 영향을 미치는 문제가 자주 발생한다. 이들은 종종 평가센터 과제와 역량의 독특한 관점을 고려하지 않고, 기본적인 내용만 반복하는 것을 볼 수 있었다. 가이드라인은 평가자를 적절히 훈련하지 않고 실패하는 것에 관심을 두고 있다.

8) 참가자의 부적절한 준비

참가자는 평가센터 프로세스가 진행되기 이전에 평가센터 프로세스에 대하여 충분한 정보를 제공받아야 한다. 많은 조직들은 평가 프로세스에 대해서 참가자에게 알려주는 것을 소홀히 한다. 어떤 조직은 승진 평가센터에서 평가센터 프로세스를 문서로 요약해서 제공하고 상세히 프로세스를 제공했다. 직무 요건을 결정하기 위한 직무 기술서를 갱신한 것을 복사하여 제공하였으며, 평가하게 될 역량들에 대해서도 자세

히 제공했다.[100] 참가자들에게 문서로 된 정보를 공지하고 검토해 볼 수 있도록 하고 평가 프로세스에 대해 공식적으로 질문을 할 기회를 가지도록 해야 한다. 가이드라인은 모든 지원자에게 제공할 기본 정보를 아래와 같이 규정하고 있다.

- 목표 : 프로그램의 목표와 평가센터의 목적을 밝혀야 한다. 조직은 평가 이전에 과제의 일반적인 본질과 평가하게 될 Dimension들을 결정해야 한다.
- 선발 : 센터에 참가하게 될 개인들을 어떻게 선발할 것인가를 밝혀야 한다.
- 선택 : 개발, 승진과 같은 직원의 조건으로 평가센터에 참여할 선택권을 준다.
- 요원 : 평가자 훈련과 구성을 포함한 평가자 진행요원에 대한 일반적인 정보를 제공한다.
- 자료 : 개인들이 조직에 의해 수집하고 유지할 수 있는 완전한 평가센터 자료를 제공한다.
- 결과 : 평가센터 결과를 어떻게 활용할 것인가와 얼마나 오랫동안 자료를 유지할 것인가를 알린다.
- 피드백 : 언제, 어떤 종류의 피드백을 제공하는지를 알린다.
- 재평가 : 재평가의 절차를 안내한다.
- 접근 : 평가센터 보고서에 누가 접근할 수 있는지, 어떤 조건 하에 접근할 수 있는지를 밝힌다.
- 접촉 : 결과를 어디에 저장하며, 누구에게 접촉하면 기록을 볼 수 있는지를 밝힌다.

이러한 구체적인 가이드라인이 있음에도 불구하고 평가센터들은 참가자들에게 평가센터 프로세스를 제공하지 않으며, 적절한 정보와 유형의 안내를 하지 않거나 소홀히 한다.

9) 조잡한 행동 문서와 점수화

참가자의 행동을 관찰하고 분류하는 공식적인 절차는 평가센터 프로세스의 핵심적인 스킬이다. 조직은 평가자들에게 개인적인 서술과 함께 관찰한 내용을 수식하지

---

[100] 우리나라에서는 이 부분에 대해서 소홀하다. 참가자에게 역량사전을 사전에 제공해야 한다. 참가자는 무엇을 평가받는지를 알 권리가 있다.

않고 신중하게 문서화하는 스킬을 발전시키길 기대한다. 평가자의 점수의 정확성은 역량들의 숫자와 관련이 있다. 행동 문서화 프로세스는 행동 평가 합의에 기반하기 때문에 정확한 기술이 핵심이다. 평가자의 기록이 생명이다. 잘 훈련되고 양심적인 평가센터 책임자는 참가자의 행동을 평가자가 기술할 때 사적인 기술을 허용해서는 안 된다고 강조한다. 정확한 피드백 프로세스는 구체적이고 객관적인 것을 평가자에게 요구한다. 이러한 표준을 타협하면 평가센터 프로세스의 예측 타당도는 강점 자체를 잃게 된다.

10) 결과의 미활용

평가센터의 결과는 그것들을 어떻게 활용할 것인지 프로세스 이전에 규명하지 않으므로 활용되지 않을 수도 있다. 애써 얻은 결과를 활용하지 않는 것은 이해가 되지 않는다. 그렇게 되면 다른 선발 도구와 같이, 평가센터 프로세스가 준비될 수 있고, 참가자들은 그들의 실제 직무 수행과 일치되지 않는 방식으로 대응하여 심혈을 기울이지 않을 수 있다.

지금까지 평가센터 도입과정에서 일어날 수 있는 10가지 실수들을 살펴봤다. 이러한 실수들은 평가센터의 예측 타당도를 떨어뜨리고 평가센터 결과를 왜곡시킴으로써 평가센터의 강점이 희석될 수 있다. 이러한 실수를 예방하기 위한 추천안은 아래와 같다.

> ▶ 프로세스에 대해 공부하라. 평가센터에 대해서 잘 정리된 책들이 있다. 이런 책들을 요리책처럼 생각하지 말고 폭넓게 읽어야 한다.
>
> ▶ 가이드라인을 획득하라. 가이드라인은 평가센터를 수행하는데 고려해야 할 사항들에 대해서 언급하고 있으므로, 가이드라인에 대해서 전반적으로 토론하고 주의 깊게 읽어야만 한다. 평가센터의 표준을 이해하고 따라야 한다. 불행하게도 많은 자칭 평가센터 전문가들은 이것들을 따르지 않으며 전반적으로 익숙하지도 않다.
>
> ▶ 가이드라인을 준수하라. 평가센터 서비스를 제공하는 기관, 외부 컨설팅 업체, 또는 스스로 평가센터를 수행하는 조직은 가이드라인을 고수해야 한다. 가이드라인이 평가센터 프로세스가 성공할 것을 보장하지는 않을지라도 가이드라인을 따르지 않는 프로세스는 타당하지 않으며 성공을 예측할 수 없다

위 3가지 간단한 추천안은 조직이 고품질의 참가자들을 규명하고 선발하기 위한 가능성을 증대시킬 것이다. 많은 조직의 경험에서 볼 때, 인가된 가이드라인과 표준을 따른다면 더 많은 성공을 이룰 것이다. 평가센터 도입의 10대 실수는 평가센터 실패의 원인에 대해서 더 많은 정보를 제공하고 관련자들에게 용기를 주고, 약점을 극복할 수 있는 통찰력을 제공할 것으로 믿는다. 많은 조직들이 가이드라인을 준수하여 조직과 참가자를 위해 탁월한 결과를 얻는데 성공하길 기대한다.

2. 평가센터 도입 시 해야 할 일

평가센터를 도입하려면 치밀한 준비가 필요하다. 조직에서 평가센터를 성공적으로 도입하기 위해서는 2가지를 확실히 해야 한다. 먼저, 도입 목적을 분명히 하는 것이고, 다음으로 마스터플랜(정책문서 작성)을 수립하는 것이다.

1) 도입 목적 검토

조직에서 평가센터를 도입하고자 할 때, 가장 먼저 검토해야할 부분은 도입하고자 하는 목적을 명확히 하는 것이다. 평가센터는 목적에 따라 선발/승진 평가센터, 진단 평가센터, 개발 평가센터가 있다. 이들 평가센터는 각각 목적이 다르다.

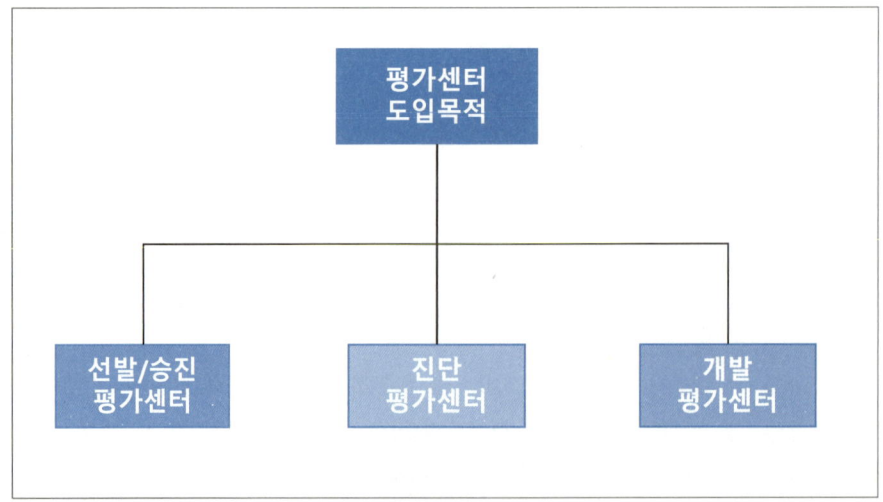

선발/승진 평가센터는 인재를 선발(채용)하거나 승진 시에 활용할 수 있도록 설계되는 프로그램을 말한다. 신입사원을 선발하거나 경력사원을 채용할 때, 또 내부에서 승진하는 인재를 평가하기 위해서 활용한다.

진단 평가센터는 조직에서 직원들에게 기대하는 역량의 수준과 지식의 수준과 스킬의 수준들을 미리정해 놓고, 우선 희망하는 직원들에게 지원/응시케하여 직원들의 현재 보유수준을 진단하도록 개발된 프로그램이다. 이 프로그램은 개인과 조직에 이점을 제공한다. 참가자 본인들은 조직에서 원하는 수준과 자신의 현재 수준을 비교할 수 있는 이점과 함께 향후 자신의 경력개발에 중요한 단서를 포착하는 기회를 제공한다. 조직에서는 진단 결과를 반영하여 교육훈련 프로그램을 설계하여 운영한다. 지식과 기술이 빨리 변화는 직무, 직종은 진단 평가센터가 매우 유익하다. 미리 대비하여 준비하게 하는 효과가 있다.

개발 평가센터는 평가센터 기법을 응용하여 교육으로 활용할 수 있도록 설계된 프로그램을 말한다. 이 평가센터는 선발목적과는 완전히 다르다. 참가자의 역량을 검증하고자 하는 것이 선발목적이라면 교육목적은 직원들의 역량과 지식과 스킬을 향상시켜 줄 목적으로 개발된 프로그램이다. 현재 직무를 잘 수행하고 있다하더라도 조직의 입장에서 보면 좀 더 높은 성과를 기대한다. 그러기 위해서는 현재보다 더 높은 수준의 역량이 발휘되어야 한다. 이때 그 직무에, 그 직급에 필요한 역량과 지식과 스킬들을 도출하고 그것을 교육과정으로 진행하는 것이 개발 평가센터다.

2) 정책문서 작성

평가센터를 도입하기로 결정했다면 평가센터를 조직 안으로 들여오는 것이다. 조직 안으로 평가센터를 들여오기 위해서는 정책문서(Policy Document)를 준비하고 동의를 얻을 필요가 있다. 정책문서는 평가센터 시행에 대한 마스터플랜이다. 정책문서에 기술되는 절차는 신중해야 한다. 정책문서는 평가센터를 평가하고, 적용하고, 개발해야 할 것 등이 구체적으로 제시되어야 한다. 아래 내용은 가이드라인에서 제시하고 있는 정책문서에 포함되어야 할 것들이다.[101]

---

[101] TFT, *Guidelines and Ethical Considerations for Assessment Center Operations* (2015년), 제6항.

(1) 목표

이것은 평가센터 프로그램의 목적이 된다. 평가센터는 다양한 목적으로 활용한다. 목적은 선발, 진단, 개발로 크게 나누어지는데, 이렇게 하는 목적은 사전 검증, 채용, 승진자 조기 규명, 잠재력 평가, 승계계획, 전문가 등을 발굴하기 위한 것이다. 정책문서에 포함될 목표들은 아래와 같다.

- 생성되게 될 평가 데이터는 어떤 의사결정을 위해서 사용하게 될 것인가를 밝혀야 한다.
- 만약 조직에서 데이터를 승진 의사결정에 활용하기를 바란다면, 먼저 참가자들과 의사소통을 해야 한다. 의사결정이 참가자들에게 어떤 이점이 있는지를 명확히 기술하여야 한다. 또한, 정책문서는 평가결과에 대해서 누가, 어디까지 접근할 수 있는지를 명확히 밝혀야 한다.
- 프로그램의 설계, 개발, 적용, 검증은 어떤 방법으로 수행되는지를 밝혀야 한다.
- 차원(역량) 선택, 모의과제 내용, 평가자 선발 및 훈련, 점수 산정, 피드백, 평가에 대한 의사결정은 모두 목표에 부합해야 한다.

(2) 참가자(피평가자)

평가할 인원, 선정 방법, 안내 절차, 피평가자가 수행해야 할 활동들을 명시한다.

(3) 평가자 및 보조인원

평가자는 성별, 나이, 관련 배경, 전문성, 자격요건 등을 어떻게 고려할 것인지, 어떤 방법으로 평가자를 선발할 것인지, 최종 평가자 풀은 어떻게 구성할 것인지, 평가자 훈련은 어떤 프로그램으로 어떻게 시킬 것인지, 평가자는 어떻게 평가하고 자격을 부여할 것인지, 다른 프로그램(롤 플레이어, 코디네이터)의 요원들은 어떤 방법으로, 어떻게 훈련시킬 것인가를 명시해야 한다.

[평가자 구성]

조직에서 자체적으로 평가센터를 운영하기 위해서는 평가사들을 어떻게 구성할 것인지, 몇 명을 양성해야 할 것인지를 판단해야 한다. 평가사 운영방식에는 1)자체인력만으로 구성하는 방식 2)완전히 외부전문인력(기관)에 맡기는방식 3)내부인력과 외부전문가를 혼합하여 구성하는 방식이 있다. 여기에는 각각의 장점과 단점이 있다. 내부의 자체 인력으로만 운영할 경우에는 비용이 비교적 적게 드는 반면, 평가사들의 눈높이를 맞추는 것과 진행 및 운영의 노하우를 확보하는데 상당한 시간이 걸린다. 혼합방식으로 운영하게 되면 다소의 비용이 들어가고 내부인력들에게 참관기회를 제공할 수 있고, 평가자 간의 눈높이를 맞추는 것은 물론 진행 및 운영의 경험을 빨리 축척할 수 있는 반면, 다소의 비용이 든다는 것을 감안해야 한다. 따라서 도입 초반에는 외부인력과 내부인력을 혼합하여 구성하는 것이 바람직하다.

▶ [규모 결정]

규모를 결정할 때는 평가를 받아야 할 사람들이 몇 명 정도인가를 먼저 살펴봐야 한다. 피평가자의 인원을 따질 때는 직급별로 따져 보아야 한다. 어느 기업의 직급체계가 사원->대리->과장->차장->부장->임원순이라고 한다면, 사원은 몇 명? 대리는 몇 명? 과장은 몇 명? 등 이런 식으로 따져서 연간 수용해야 피평가자들을 직급별로 인원을 계산하게 되면 평가사의 규모가 나온다.

내부 평가자는 각 직급별로 2단계 이상이 평가자가 되어야 한다는 원칙이 있다. 즉, 사원을 평가하는 평가자는 과장급 이상, 과장을 평가하는 평가자는 부장급이상, 차장을 평가하는 평가자는 임원급으로 한다는 원칙을 지키는 것이 좋다. 그리고 임원을 평가하는 평가자는 통상 외부의 전문기관에서 담당하는 것이 좋다.

평가센터 운영지침인 가이드라인은 '평가자는 피평가자보다 두 단계 이상의 상급자가 되어야 한다.'고 추천한다. 이렇게 하는 이유는 평가의 권위와 관련된다. 평가결과의 신뢰도와 타당도를 높이기 위한 것이다. 만약 피평가자와 동일한 레벨 혹은 한 단계 위의 평가자가 평가를 해서 권위가 서지 않을 경우, 평가결과를 받아들이지 않거나 평가에 불만을 가진 피평가자를 설득하기 곤란한 경우가 생길 수도 있기 때문이다.

(4) 데이터 활용

조직 내에서 평가기록들은 어떻게 관리할 것인지, 결과 보고서는 누구(상위 관리자, 인사부서)까지 받아보게 할 것인지, 정보의 접근 허용 정도, 프로그램의 평가 및 연구의 절차 및 통제, 직원과 관리자에게 피드백을 어떻게 할 것인지, 평가 데이터의 유지 기간(특히 선발에 적용하는 경우 참가자와 조직 맥락에서 변화가 이루어지는

2년으로 할 것을 추천) 등이 기술되어야 한다. 아울러, 전자 데이터 그리고(또는) 인터넷에 올릴 경우, 어떻게 데이터를 선택, 저장, 활용할 것인지와 데이터 보안 법률 또는 데이터 보안 표준을 어떻게 준수할 것인가를 기술해야 한다.

(5) 컨설턴트 또는 과제개발자의 품질

평가센터 설계, 개별 모의과제 개발, 평가자 훈련 프로그램, 피드백, 평가/검증을 해야 할 책임이 있는 내외부 컨설턴트들의 품질을 어떻게 확보할 것인지와 이들의 전문적 자격요건, 경험, 관련 훈련 등을 어떻게 요구할 것인지가 제시되어야 한다.

(6) 평가센터 검증

평가결과가 조직의 의도한 목적을 달성하고 있는지, 달성했는지 검증하는 모델과 거기에서 나온 근거가 평가센터의 활용을 지지하고 있느냐를 검증하는 방법이 제시되어야 한다.

내용-중심 검증 전략을 사용한다면, 차원(역량)과 모의과제들의 내용 등 직무 또는 직무군과 관련된 문서들이 필요하다. 아울러 관찰과 행동 점수의 합의와 신뢰도도 증거로 제시해야 한다. 메타분석(결과들이 어떻게 서로 다른지 이해하기 위해 가능한 모든 문서를 비교하는)으로 요약된다.

만약 부분적으로 요소-관련 검증 전략을 활용한다면, 이것은 연구의 모든 문서를 포함해야 한다. 만약 평가센터가 개발 목적으로 활용되었다면 역량들이 어떻게 개선되었는지, 배우게 된 것들은 무엇이었는지 훈련 평가결과를 포함해야 한다.

(7) 법적인 문제

모든 평가센터 프로그램들을 위해서, 정책문서는 평가센터 프로그램으로 인해 영향을 받게 될 이익집단의 잠재적 유익과 위험을 추가해야 한다. 이때의 위험은 법적으로 보호받는 집단과 취약한 집단이 의도하지 않은 부정적인 결과가 발생할 수도 있다는 것이다. 평가센터 프로그램과 관련한 법규들로 인해 법적 분쟁이 초래될 수 있다. 법률과 다양한 규정에 저촉되지 않도록 해야 한다.

(8) 기술의 사용

평가센터를 운영하기 위해서 필요한 IT를 활용한다. 이것은 평가자와 보조요원의 훈련, 참가자와 프로그램 지원자들과의 소통과 일정 관리, 평가과제의 관리, 점수화와 통합, 보고서 생성, 피드백, 데이터와 보고서 저장뿐만 아니라 전체 보안 규정과 관련 시스템의 유지 등을 포함해야 한다.

3. 안착 및 확산 전략

평가센터를 도입하기로 결정한 후에는 어떻게 안착시키고 확산시킬 것인가를 고민해야 한다. 이것은 평가센터의 존립과 관련된 대단히 중요한 문제이다. 평가센터의 성공적인 안착과 확산은 도입 초창기에 어떻게 하느냐에 달려 있다. 조직적이고 전략적으로 접근할 필요가 있다.

첫째, 소규모 집단(기능)에게 시범적으로 적용해 보는 것이다. 예를 들면 기획을 담당하는 과장들을 대상으로 할 수도 있다. A사는 10명 이내의 인사실무자들을 대상으로 Mini-Workshop 형식으로 진행한 적이 있었고, B그룹은 30명이 넘는 계열사 인사실무자들을 대상으로 실시한바 있는데, 인사실무자들에게 자신의 역량을 진단해 보면서 Simulation과 평가방법을 직접 체험해 보고, 향후 적용방안에 대해서 심도있게 토론하는 시간을 가진 적이 있었다.

둘째, 개발 평가센터를 먼저 도입한다. 아래 그림처럼 개발 평가센터를 먼저 도입하는 것이다. 선발/승진 평가센터는 통과하지 못하면 승진에 영향을 미치지만, 개발 평가센터는 승진과 아무런 관계가 없다. 승진 평가센터는 합격, 불합격에 대한 스트레스를 받고 긴장을 하게 된다. 개발 평가센터의 분위기는 경쟁적이지 않고 우호적이다. 개발 평가센터는 직원들의 현재 역량 수준을 알게 해주고, 역량을 개발하도록 도움을 주는 프로그램이므로 오히려 더 좋아한다.

평가센터 확산 전략

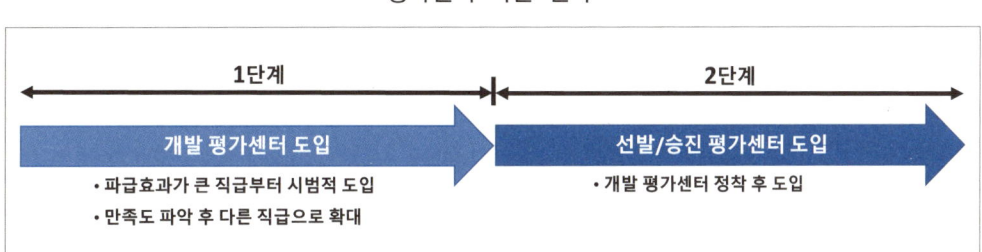

개발 평가센터를 도입할 때, 파급효과가 가장 큰 계층부터 시작하는 것이 좋다. 조직마다 약간의 차이는 있어도 대체적으로 사원, 대리, 과장, 차장, 부장, 임원의 순으로 계층이 있다. 이중에 가장 파급효과가 클 것으로 판단되는 계층을 선정한다. 파급효과가 큰 계층은 인원수가 많거나 회사의 중심축이 되는 계층을 말한다. 파급효과가 큰 계층을 선정해서 시험적으로 2~3회 진행해 보면서 반응을 살핀다.

S사의 경우 부장급(팀장)을 대상으로 진단을 겸한 교육을 2회 실시하고 반응에 따라 확산해야할 계층을 결정하기로 하였는데, 젊은 계층에 기회를 주어야한다는 부장들의 반응에 따라서 과장계층으로 하향 확산하였다. 반면 D사의 경우에는 먼저 임원급을 대상으로 하고 싶어했는데, 시험적으로 차장급을 먼저 실시해 본 후, 반응에 따라 임원급으로 상향확산하는 경우도 있었다.

경험적으로, 개발 평가센터는 반응이 아주 좋다. 다른 직급으로 확대해야 한다는 반응이 지배적이다. 이렇게 자연스럽게 평가센터가 자신들에게 도움이 된다는 것을 알게 되면 반발하기 보다는 수용하는 분위기가 조성된다. 이때 선발/승진 평가센터를 도입하는 것이다.

MEMO

제8장 평가센터를 도입하려면 어떻게 해야 하는가?

부록(1)

Assessment Center 역사

평가센터의 태동

▶ [독일]

평가센터의 원조는 1차대전 이전에 독일군이다. 독일군은 공군 조종사와 장교를 선발하는 방법으로 심리 테스트, 집단토론, 모의 연습 등을 통해 조직적인 테스트와 관찰을 했다. 이 방식으로 선발된 조종사들이 적군의 비행기를 격추하는데 탁월한 성과가 있다는 것을 입증해 보였다. 이 방식은 주로 심리학자들이 참여했으며, 그들이 제공하는 데이터를 참고해서 장교 후보생을 선발했다.

▶ [영국]

영국군은 제2차 세계대전에 참전하면서 장교선발 방법이 비효과적이고 상류계급에 편중되었다는 것을 알았다. 그리고 진급추천을 받은 장교의 반 이상이 부적격자라는 사실이 드러났다. 이 문제를 해결하기 위해서 베를린에서 독일군의 장교선발 방법을 목격한 Thorne 중장은 장교선발위원회(Officer Selection Boards)라는 조직을 창안했다. 이 새로운 방식은 모두 인정한 그 공정성 때문에 큰 호응을 얻어 전 육군에서 채택하게 된다. 대표적인 예를 보면, 장교 지망생들은 3일간 실제 연습을 치렀다. 계급적인 편견을 없애기 위해 모두 장교복을 입히고 이름 대신 주어진 번호를 사용토록 했다. 실제 연습을 통해 지휘역량을 평가받았다.

한 예로, 응시자 자신이 짠 계획에 의해서 한 집단을 이끌고 적진에 대한 모의 공격을 가하는 것이었다. 옥외 연습이 자격심사에 대한 중요한 부분을 차지한 셈이었다. 특별히 고안된 이 장애물 코스를 통해 체력과 응용력과 창의력을 평가받았다. 전 코스를 주파한 후에는 구두시험과 필기시험을 치러야 했다.

또 하나의 다른 실제 연습에서는 응시자가 하사관(부사관)을 면담하는 장교 역을 수행해야만 했다. 지휘관으로서 얼마나 설득력 있는 말을 할 능력이 있는가? 그것을 시험하기 위해서 응시자끼리 서로 말을 시켜보기도 했다. 실제 연습만으로는 개개인의 특성을 진단하기 어려워 장교 1명과 정신과 의사가 면접시험을 통해 특성을 진단했다. 실제 연습 모든 과정을 통해 선발위원회는 각 응시자의 행동을 관찰하고 보고서를 썼다. 응시자들이 숙소로 돌아간 후, 선발위원회는 보고서를 한곳에 모아놓고 총괄적인 평가를 했다.

▶ **[미국]**

1930년대 하버드 대학 심리상담소(Harvard Psychological Clinic)에서 Assessment 방법론에 관한 연구가 시작됐다. 이것은 정상인의 성격을 심리학과 의학을 접목해서 얻은 결과를 종합 처리하려는 최초의 시도였다. 연구팀(Henry Murray 박사 외)은 여러 가지 수집한 데이터를 체계적으로 통합하는 방법을 개발하는 데 성공했다.

제2차대전에 참전하게 되면서 미국은 적국에 관한 정보가 필요해져 적 후방에서 레지스탕스 부대와 함께 일할 요원을 선발해야 했다. 그래서 미국은 첩보 활동을 시작하게 되었다. 진주만 공격 후 6개월이 지나면서, OSS(Office of Strategic Service)[102]라는 이름으로 새로운 기관이 창설된다. 참전 초기에 요원들이 여기저기서 대실패를 겪고, 미리 알 수 있었던 결함을 드러내자 Donovan은 새로운 요원선발 방법을 찾게 된다. 평가센터에 대한 아이디어는 해밀턴(소령)과 심리학자인 존 가드너(대위)에게서 나왔고, 그 아이디어를 OSS에 제공한다.

맨 먼저 착수한 것이 개인의 소지품을 관찰하는 연습이었다. 응시자를 잠깐 어떤 방에 들여보낸다. 방안에는 그 방 주인이 쓰던 물건이 가득하다. 4분이 지나면 다른 곳으로 옮겨지고, 그 방에 대한 36항목에 대한 질문에 답해야 했다. 평가는 주기적으로 실시했다. 18명으로 구성된 3개 조가 2주간 평가를 받았다. 그들에게는 전투복과 군화를 지급하고 철저한 거짓말을 꾸며 내라는 명령을 내렸다. 한정된 경우를 제외하고는 자신의 실체를 드러내지 못하도록 했다. 이렇게 해서 평가센터는 외국이나 적성국가에서 완전위장을 하고 살아남을 수 있는 첩보원을 선발하는 방식이 되었다.

연습은 주로 야외에서 했다. 왜냐하면, 대원들은 장차 적 후방에서 지도자나 레지스탕스 대원들과 함께 적지 공작을 해야 하기 때문이다. 큰 통나무를 중화기로, 흐르는 시냇물은 깊은 산골짜기의 계곡으로 가상하고, 극도로 부족한 자원을 가지고 연습을 했다. 어떤 집에 침입해서 정보를 빼 오는 연습, 여러 사람을 이끌고 지뢰가 부설된 도로를 지나가는 연습, 전쟁 후 독일 처리문제도 토론 주제로 선정하여 토론을 시키기도 했다. 특히 어려웠던 모의 연습은 스트레스 인터뷰였다. 수험생의 안면에 스포트라이트를 들이대고 시험관들은 그가 숨기고 있는 이야기를 자백시키려 했다.

---

[102] 루스벨트 대통령의 요청으로 1차대전의 영웅인 Donovan이 OSS를 지휘한다. 오늘날 CIA의 전신이다.

인재 발굴 및 육성의 글로벌 스탠다드

시험관들은 여러 팀으로 나뉘어 한 팀에 2명의 상급자와 1명의 하급자로 구성되었고, 각 팀에는 5~7명의 응시자가 배당되었다. 그들의 임무는 응시자들이 성격과 역량을 파악하는 것이었다. 시험이 끝나는 마지막 날에는 채점 결과에 대한 사정 회의를 열었다. 그 후 워싱턴과 캘리포니아주에 평가센터가 이어서 인도, 씨론, 중국에도 설치했다. 연습 과목도 공작대상 지역에 따라 바뀌었다. 전쟁이 끝날 때까지 약 7,000명이 평가를 받았다.

● 평가센터의 위기

평가센터 기법은 비용과 staff 조달의 부담이 가중해 제2차 세계대전 후에 대부분의 나라에서 폐지된다. 그 중에서 최대의 예외는 상급공무원 선발을 위해서 평가센터 프로그램을 새로이 개발한 영국행정기관이 폐지한 것이었다.

● 평가센터의 부활

평가센터 폐지의 움직임은 1950년대 AT&T에서 Bray 박사와 그 팀이 일반 기업용 평가센터 기법을 개발함으로써 부활하게 된다. 이들이 개발한 평가센터 기법은 초급관리자(현장감독자)의 선발을 목적으로 하는 것으로 In-Basket 연습이나 매니지먼트 게임이라고 하는 일반기업용의 연습이 새로이 개발됨과 동시에 연습이나 순서가 표준화된 것이었다. 또 심리학의 전문가가 아니더라도 훈련을 받으면 평가사(Assessor)로 임무를 수행할 수 있도록 평가방식도 개발했다. 이때 개발된 방법이 오늘날 평가센터의 표준이 된 것이다.

AT&T에 부임한 인사 임원(Robert Greenleaf)은 회사가 관리자의 성장에 관한 연구가 이루어지지 않고 있다는 것을 파악하고 장기연구계획을 착상하게 된다.[103] 이 연구계획이 사원 선발 및 능력개발 계획에 큰 도움이 될 것으로 생각하고, Bray 박사를 채용한다. Bray 박사는 직원 422명(대졸 신입생과 고졸 신입생들)을 대상으로 평가작업을 했다. 3일간 평가를 했는데, 그 정도 기간이면 성격과 역량을 파악하는데 충분한 것으로 판단했다.

연구계획의 하나로 실시하게 된 평가센터 과제는 서류처리 연습(In-Basket), 리더

---
[103] 자세한 내용은 부록(2) 'AT&T의 관리자 성장 연구(Management Progress Study)' 참조

없는 집단토론(Leaderless Group Discussion), 단순한 비즈니스게임(Business Game)이었다. 서류처리 연습은 새로운 역량평가 방법이었다. 부장급의 책상 위에 있는 메모, 보고서, 전화 수신기록 등을 응시자에게 주고 상사를 대리해서 회합시간, 장소 등을 정하고 계획을 검토하는 등 업무에 필요한 연습을 시켜보는 것이었다. 장난감을 사용하는 매니지먼트 게임도 새로운 것이었다. 한 팀이 평가자한테서 부품을 사서 5개의 장난감을 만들어 그중 하나를 시가에 의해 평가사에게 다시 파는 게임이다. 게임 중 원자재와 완제품 값을 변동시켜서 하는 게임이었는데, 지도력, 계획 수립, 스트레스에 대한 저항력을 평가하기 위해서 고안했다.

AT&T에서 사용한 방법은 서류처리 연습, 매니지먼트 게임 등 오늘날 전 세계에서 활용하고 있는 평가센터의 표준이 된 방법을 사용한 것이다. 이것은 평가방법에 일관성을 강조한 최초의 사례였다. 이때가 1958년이었다.

평가센터의 확산

1960년대는 평가센터 기법이 서서히 증가하는 시기로 AT&T 직원에 의해 평가방법 및 결과를 비공식적으로 공유하기 시작하였고, 1969년에는 IBM, Standard Oil, GE, J,C Penney 등 12개 기업에서 활용하게 되었다.

1971년에 평가센터 방법론이 Harvard Business Review 紙에 소개되면서 세계 곳곳에 알려지게 되었다. 1970년대는 팽창기로 DDI, ADI 등 평가센터 방법을 서비스하는 회사도 설립되었다. 1973년에 평가센터에 대한 국제회의[104]가 개최되었고, 1975년에는 최초로 표준 지침(guideline)이 제정되어 발표되었으며, 현재는 6번째 수정판(2015년)이 나와 있다.[105] 1970년대에는 소수의 기업들이 도입하기 시작했고, 1980년에는 도입업체 수가 1,000여 개로 늘어났으며, 오늘날에는 아프리카 기업에서 광산작업 반장을 뽑는 데도 활용하는 등의 인재평가 기법의 Global Stardard로 완전히 자리를 잡았다.

---

[104] 국제회의 정식 명칭 : The International Congress on the Assessment Center Method
[105] 자세한 내용은 부록(4) '평가센터 운영에 관한 지침과 윤리적 고려사항' 참조

▶ [일본]

일본에서 정식으로 평가센터를 도입한 것은 1973년이다. 일본 MSC는 1972년 AT&T를 방문하고 이듬해에 DDI사[106]를 일본으로 초청해 일본에 처음으로 평가센터 프로그램 소개 세미나를 개최했다. 그때, 이 프로그램의 명칭을 Human Assessment(HA)라고 하기로 했다.

MSC는 도입 초기의 단계에서 의외의 난관에 봉착했다. 'Assessment'를 평가로 번역하면서 HA가 '사람 평가'로 인식되어 인사담당자와 교육담당자들이 도입을 주저하는 근거가 되었으며 참가자의 불안이나 반발을 초래하는 원인이 되었다. MSC는 '관리능력 상호개발 프로그램'을 설계하여 난관을 돌파했다. 이 프로그램의 진행 방법은 전문 평가사가 참가자를 관찰하는데 그치지 않고 참가자 동료가 서로 상대를 관찰하고, 바로 피드백을 하는 것이다.[107]

참가자 간 상호관찰과 피드백, 본인에 의한 자기의 평가 및 전문 평가사에 의한 관찰과 피드백 등 3개의 측면에서 평가가 통합되어서 최후에 그 결과가 본인에게 전달된다. 이 방식으로 HA를 일본기업에 확산하는 데 성공했고, 현재는 일본기업 내에 평가센터는 일상화가 되어 있다.

▶ [대한민국]

우리나라는 1990년에 한국능률협회에서 미국 DDI사와 서비스 계약을 체결하고, 약 20년 동안 저변 확대를 시도하였지만(지금은 계약이 종료된 상태), 일본과 비슷하게 Assessment라는 단어가 주는 뉘앙스와 평가에 부담을 느끼고 도입에 소극적이었다.

90년대 후반까지 소강상태를 보이다가 IMF 사태 이후 국제 표준화(Global Standard)에 눈을 뜨기 시작하면서 일부 대기업에서 도입을 시작하였고, 2006년에 중앙인사위원회(지금은 인사혁신처)에서 고위공무원단 역량평가[108]를 전격 도입하면서 공공부문에 빠른 속도로 전파되기 시작했다. 현재는 공무원들은 6급에서 5급으로 승진하기 위해서는 역량평가 시험이 필수다.

---

[106] DDI사는 AT&T에서 평가센터 프로그램을 연구한 사람들이 1971년 설립한 평가센터 프로그램의 원조회사다.
[107] 일본 MSC, *휴먼 어세스먼트는 어디까지 나아갔는가?*, 한국능률협회컨설팅 역 (서울, 한국능률협회컨설팅, 1990), 34-35. 이런 방식을 '개발 평가센터(development center)'라고 한다.
[108] 인사혁신처에서는 고위공무원단과 과장급을 평가하고 있으며, 공사, 공단에서도 도입하여 시행 중이다.

MEMO

부록(2)

MPS(Management Progress Study, 관리자 성장 연구)

MPS는 1950년대 중반에 초급관리자였던 422명의 젊은 관리자를 연구 대상자로 선발하여 20년간 AT&T사에서 어떻게 관리자로서 성장하고 변화하였는가를 Assessment Program을 통해서 추적 조사한 것이다.[109]

최초의 계획은「관리자성장연구」(Managerial Progress Study, MPS)라고 명명하고, 1956년부터 1960년에 걸쳐서 실시되었다. 최초의 Assessment는 MPS·0이라고 불렀다. 이제 막 관리자가 된 422명을 평가하여 그 역량과 성향을 평가하고, 그 후 20년간 각자의 궤적을 추적해가는 것이었다. 참가자에 대한 데이터는 엄격히 비밀을 지켰으며, 공표된 일은 없었다.

AT&T의 채용담당이사 Robert K. Greenleaf는 관리자에 관한 연구가 거의 되어 있지 않은 것을 깨닫고 Bray 박사에게 조사연구를 의뢰했다. Bray 박사는 Assessment Center(평가센터) 방식을 활용하기로 했다. 이것은 미국의 해외전략첩보부대(OSS)에서 첩보원 선발에 사용한 방법이었는데, 이 방식은 상황을 설정해서 참가자의 행동을 관찰하는 Simulation을 토대로 하고, 면접, 지식시험, 설문조사, 심리검사 등의 결과를 종합해서 참가 인물의 성격이나 역량을 평가하는 것이었다.

8년이 지나면서 사회가 변화됨에 따라 각자의 변화가 뚜렷해지고, 재평가의 필요성이 생겼다. 이 시점에서 최초 참가자 중 25%가 회사를 떠나갔다. 남아 있는 참가자에 대해서 1964년부터 1968년에 걸쳐서 두 번째 Assessment가 이루어졌다. 이것은 MPS·8이라고 불렀다.

MPS의 참가자는 장래 중급 또는 상급관리자로 올라갈 가능성이 있는 초급관리자들이었다. MPS에서의 초급관리자는 사원에서부터 승진한 집단(대부분 고졸)과 대학을 졸업하고 곧바로 관리자로 입사한 집단이었다. 대졸자는 중간관리직의 입구인 제3레벨(과장)까지는 올라갈 것이라고 예상했다. MPS 참가자는 총 422명(274명의 대졸: 274명, 비대졸: 148명)이었으며, 전원이 백인 남성이었다.

---

[109] D. W. Bray, A. Howard, *Managerial Lives in Transition* (New York: Guilford Press, 1989)

1. 평가 항목 (26가지 Dimension)

1) 생활과 관련된 항목

생활과 관련된 9가지 항목에 대해서 해당 여부, 관심의 정도, 만족도를 면접으로 확인했다.

> ① 결혼, 가족생활 ② 양친 ③ 주거 ④ 금전 ⑤ 자기계발 ⑥ 사교생활 ⑦ 종교
> ⑧ 사회생활 ⑨ 일

2) 직무에 대한 기대

직무에 관한 항목에서는 비대졸자 쪽이 직무에 대한 관심도와 만족도 컸다. 직무에 관한 항목에서 이런 차이가 나는 것은 근무경험이 영향을 준 것으로 분석되었는데, 비대졸자는 평가에 오기 전 평균 9년간 근무하고 있었고, 대졸자는 평균 4개월 정도 근무한 정도였다. 어느 집단이나 도전할 수 있는 보람된 일을 중요시하며 승진 등 높은 결과에 대한 기대가 높고 또 그것이 실현될 것으로 기대하고 있었다. 특히, 비대졸자는 급여 면에서 기대가 더 높았고, 대졸자는 승진에 더 높은 기대를 하고 있었다.

직무의 환경에 대한 설문 조사에서 두 집단 모두 타인이나 외부와의 접촉이 있는 일을 희망했으나, 대졸자 쪽이 더 도전적인 일, 타인과 접촉이 있는 일에 흥미를 보였고, 비대졸자는 접촉이 없더라도 크게 개의치 않고, 항상 상사의 감독 하에서 일하는 반복적인 업무(Routine Work)에 대해서도 대졸자만큼 강한 저항은 하지 않았다.

3) 근무태도

근무태도는 설문 조사로 진행했으며, 처음에 이어 7년간 계속 진행했다. 다음 9가지 항목에 관해서 평점을 매겼다.

① 상사와의 관계 : 자신의 직속 상사에 대한 태도, 사고

② 개인적 만족도 : 업무 전반에 대한 만족도

③ 업무상의 만족도 : 회사에서 일하는 것에 대한 만족도

④ 자부심 : 외부와의 관계에서, 회사에서 일한다는 것에 대한 자부심

⑤ 사내 공적 커뮤니케이션 : 회사 방침, 업무상 정보를 알리는 방법에 대한 만족도
⑥ 개인적 커뮤니케이션 : 자신과 상사 간의 커뮤니케이션
⑦ 자기확립 : 관리자의 일원으로서 의지가 되며 상담을 받는 정도
⑧ 권한 : 자기가 결정할 수 있는 자유에 대한 만족도
⑨ 급여 : 급여가 공정하다고 느끼는 만족도
⑩ 종합태도 : 주로 상사와의 관계에 중점을 두고 평가하였으며, '관리자로서의 자신감' 항목도 포함했다.

두 집단에서 가장 판이했던 것은 급여 항목인데, 대졸자 쪽이 급여에 대한 만족을 표시했다. 또 대졸자 쪽이 상사에 호의적이고, 회사에 대해서도 좋은 이미지를 갖고 있었다.

4) 성격과 의욕

① 자기 평가 : 고득점자는 높은 자신을 갖고 정서가 안정되어 있었다.
② 리더십 : 고득점자는 리더십을 발휘하는 것을 좋아하고, 업무상의 성공을 바랐으며, 명령받는 것을 싫어했다.
③ 적극성 : 고득점자는 인생에 대해서 낙관적이고 적극적이었다.
④ 충동성 : 고득점자는 눈에 띄기를 좋아하고, 권위에 복종하지 않고, 수준을 따르는 것이 서툴렀다. 일이 잘 안되어도 자기가 나쁘다고는 생각하지 않았다.
⑤ 애타성 : 고득점자는 타인에게 동정적이고, 친구를 위해서 무엇인가 해주는 것에 기쁨을 느꼈다.
⑥ 야심 : 고득점자는 자기의 발전을 중요하다고 생각하며 전진하고 노력하는 경향이 있다. 타인을 지도하고 명령하는 것을 좋아하고, 일에도 열중하며, 기준을 높게 설정했다.

대졸자는 야심과 충동성의 요소가 높고, 승진과 리더십을 발휘하는 것에 관심을 보였으며, 비대졸자는 높은 급여를 받을 수 있는 위치에 오르는 소망이 있었다.
성격 분야에서 대졸자와 비대졸자 간에 차이가 있었던 항목은 인간과의 접촉이다. 대졸자는 타인과의 우정을 바라고, 감정적인 지지나 이해를 요구했다. 이것은 대졸자

쪽이 타인과 접촉이 있는 일을 하고 싶어 한다는 업무환경 설문 조사 결과와 일치했다.

5) 역량

역량평가에는 통상적 시험(test), 인터뷰, Simulation(모의과제)을 사용했다. Simulation은 In-Basket, Business Game, Group Discussion이었다. 시험은 곧바로 점수로 결과를 내고, Simulation에서는 평가자(Assessor)의 관찰 결과를 종합했다. 평가된 역량 중 가장 중요한 것은 다음의 3가지였다.

① 관리역량 : 계획조직력, 결정능력->In-Basket으로 평가
② 대인관계역량 : 리더십, 설득력, 구두 표현력->두 가지 집단연습과 면접으로 평가
③ 일반교양 : 통상적 시험 형식으로 측정, 문장표현력, 계획력, 논리적 사고력, 상식 등

역량평가 결과에 대한 두 집단의 차이는 일반교양이었다. 대졸자 쪽이 문장력 및 계산력이 높았다.

6) 종합평가

평가자(Assessor) 회의를 열어서 참가자마다 26가지 Dimension의 점수를 집계하고 각자의 성격, 의욕 등을 총합계점수로 하여, 각자의 회사에서의 장래를 예측했다. 집단별로 보면, 대졸자 쪽이 학식이 높았다. 지력 및 문장표현력에서 대졸자가 비대졸자를 상회하고, 또 승진 의욕이 비대졸자보다 높았다. 반면, 비대졸자 쪽이 자립도 면에서는 대졸자보다는 높은 점수를 보였다. 비대졸자는 타인으로부터 현혹됨이 없이 독립적이고, 독자적이었다. 종합평가 후에 각 참가자에 대해서 3종류의 예측을 했다.

① 이 사람은 10년 이내에 중간관리자(제3레벨)까지 승진될 것이다. (될 것이다, 아니다)
② 이 사람은 10년 이내에 중간관리자까지 승진이 확실할 것이다.
③ 이 사람은 향후 회사에 계속 근무할까? (계속할 것이다. 그만둘 것이다)

비대졸자는 98%가 계속 근무한다고 예측되었고, 대졸자는 70%가 계속 근무한다고 예측되었다.

2. 평가 결과

1) 중도 퇴직 예측

평가 후, 20년이 지난 시점(MPS·20)에 최초의 422명 중 67%인 291명이 남아 있었다. 대졸 참가자인 최초의 274명 중 46%인 127명이 회사를 떠났다. 참가자 중에서 '중도에 그만둘 것 같다.'라는 것은 어느 정도 예측할 수 있었다. 그만둘 것 같다고 판단한 참가자 중 2/3가 실제로 회사를 떠났다. 퇴사를 당한 사람들은 상대의 감정이나 동정에 대한 감각이 대단히 강하여 타인의 반응에 민감하고 너무 신경을 쓰는 사람들이었다. 또 의사결정과 조직계획력이 두드러지게 낮았다. 스트레스 내성도 낮고, 일을 수행하는데 필요한 의욕 분야에서의 인내력도 낮았다. 따라서 퇴사 당한 사람들은 능력적으로도 떨어지고, 또 곤란한 상황을 견뎌내는 힘도 없었다고 할 수 있다.

자진해서 그만둔 중도퇴직자는 남은 사람들과 역량 차이는 없으나 야심이 높고, 승진의 필요성의 점수도 높았다. 야심은 유연성이 떨어지고, 늦은 승진에 대한 반발이 강한 것에 영향을 미친 것으로 분석됐다.

2) 승진 예측

20년 사이에 이들이 도달한 지위는 제1 레벨에 머물러 있는 사람도 있고, 최고의 지위인 제7 레벨 즉 사장이 되어 있는 사람도 있었다. 80명 중 22명이 제4 레벨 또는 제5 레벨까지 승진해 있었다. 평균적으로 대졸자는 제3레벨까지 승진했고, 비대졸자의 평균은 제2레벨이었다. 이렇게 차이가 나는 이유는 첫째, 대졸자 쪽이 평균해서 높은 역량이 있고, 승진 의욕도 높았다는 것이고, 두 번째는 사내에서 대졸자는 승진하는 것이 당연하다는 것이었다. 높은 레벨까지 승진할 자와 낮은 레벨에 머물 자는 MPS·0의 시점에서 상당한 정도 예측되었다.

너무 가정적인 것은 승진에 마이너스였다. 가정이나 가족에 큰 비중을 두는 사람은 일 때문에 가족과의 시간을 희생하는 것을 싫어하고, 승진에는 불가결한 전근에도 적극적이 아니었다.

　장래 출세하려는 사람은 심신단련과 함께 자기를 개발하는 노력을 하고 있었다. 또 공적인 장소에서 발표할 기회가 많고, 발표가 뛰어난 사람들은 승진한 비율이 높았다. 지역사회나 봉사활동에 대한 관심이 높은 사람들도 승진과 관련이 있는 것으로 나타났다.

　비교적 높은 직위로 승진한 한 직원은 야간 경영대학원에 다니고 있었는데, 독서를 하는 시간도 충분히 가지고 있었다. 또 사회정세를 알려고 힘쓰고, 신문이나 각종 전문지도 읽어보고 있었다. 그 중 한 직원은 교회의 청년부장이어서 발표를 할 기회가 많았다. 이 직원은 처음 평가할 때, 사회활동에 적극적이고 사회를 위해서 유익하고 건전한 생활을 보내고 싶다고 했었다. 반면, 낮은 직위에 머무르고 있는 한 직원은 지역사회 활동에 흥미가 없다. 자유시간은 아내와 두 딸과 TV를 보면서 지내며, 독서를 하는 유형이 아니었다.

　집단 전체로 보면 승진을 이루어낸 참가자는 최초 평가 때부터 도전할 수 있는 일, 창조성을 발휘할 수 있는 일에 흥미를 갖는 경향이 있었다. 밤이나 주말에 일거리를 집으로 가지고 갈 것도 예상했고, 승진하면 결정권을 주고 그것에 책임을 지게 된다고 기대했었다. 뒤에 높은 지위까지 승진한 사람들은 MPS0 때에는 장래, 일과 가정의 알력으로 고민할 것이라고 예상한 사람이 적었다. 승진하게 되는 대졸자는 자기에게 결정이 맡겨지는 일을 좋아하고, 한편 후에 성공한 비대졸자는 실무적인 전문지식이 필요한 일을 좋아하고, 판에 박힌 일에는 강한 반발을 보였다.

　야심의 요소가 제일 승진과 관련이 있었다. 특히 승진의 필요성의 평점이 높은 참가자는 뒤에 가서 승진되는 비율이 높았다. 야심 외에는 흥미의 요소가 승진과 관계가 있었다. 후에 높은 직위까지 승진하게 된 참가자는 안전(도전과 반대 개념)해야 할 필요성의 평점이 비교적 낮았다.

　관리역량은 비대졸자 집단에서 승진과 관련이 있었다. 그러나 대졸자 집단에서는 관련이 보이지 않았다. 대졸자 집단에서는 역할을 정해서 토론을 하는 집단 연습(응원연설연습)의 평점이 후의 승진과 높은 관련을 보였다. 리더십과 구두 표현력의 평점도 승진과 관련이 있었다.

　대상자의 장래 승진 가능성을 예측하는 몇 가지 특성이 있었다. 구두 표현력, 승진의 필요성 인식, 일에 대한 기준의 높이, 그리고 심신단련의 평점이 승진과 관련이 있었다.

3) 조직 적응 예측

적응을 잘하는 참가자는 따뜻하고, 잘 받들어주는 가정에서 자란 사람이 많았다. 적응을 잘하지 못하는 참가자는 어린 시절, 상당한 고난을 겪었던 사람이 많았다.

적응과 관계가 있었던 요소는 '결혼, 가정생활'이었다. 빠른 시기의 만족도가 후의 적응과 관계가 있었다. 적응이 좋은 참가자는 최초의 조사 때, '결혼, 가정생활'에 만족도를 보였고, 그 경향이 20년 후까지 이어졌다. 적응이 나쁜 참가자는 '가정에서 일어나는 일에 자기의 힘이 미치지 못함'을 느끼고, 분함마저도 느끼고 있었다.

적응이 나쁜 참가자 쪽이 취미나 편한 일에 큰 의미를 발견하고 있었다. 적응이 좋은 집단은 '결혼, 가정생활' '일' '금전' '종교'의 항목을 높이 평가하고 만족감도 느꼈으나, 적응이 나쁜 집단은 '레크리에이션, 사교'의 항목을 높이 평가했었다.

적응에 큰 관련이 있었던 것은 일의 만족도이다. 적응이 좋은 참가자는 최초의 평가 때 벌써 AT&T의 직원이라는 것에 자부심을 가졌다. 적응이 나쁜 참가자는 처음부터 일에 대해서 불만족을 표시했다.

MPS·20년이 시작되기 1년 전에 있었던 설문 조사에서 대부분 참가자가 자기 일에 만족하고 있었다. 그러나 적응이 나쁜 참가자 집단 중 14%가 일에 만족하지 않고 있다고 답했고, 22%가 그런대로 만족이라고 답했다. 적응이 좋은 참가자 집단에서는 일에 불만족을 호소한 것은 2%, 그런대로 만족이라고 답한 것은 11%, 대략 절반가량이 대단히 만족하고 있다고 답했다. 전체적으로 적응이 나쁜 참가자는 일에 관해서나 회사에 관해서나 또 승진에 관해서나 비판적이었다.

적응도를 예측하는데 가장 유효했던 지표는 성격과 의욕이었다. 그 중에도 '자기평가'와 '애타심'은 후의 적응에 크게 관련이 있었다. 적응이 좋은 참가자는 최초의 평가 때, '열등감이 없음'과 '신경질적이 아님'이란 항목에 평점이 높았다. 이것은 자신이 있고, 자기의 기분이나 감정을 통제할 수 있음을 나타낸다.

애타심은 4가지 요소로 되어 있으며, 각각이 후의 적응과 관련이 있었다. 적응이 좋은 참가자는 젊은 시절, 친구를 만들거나 우정을 지키거나 하는데 더 관심을 보였고, 다른 사람에게 동정적이고 지원해주는 것을 싫어하지 않았다. 적응이 좋은 참가자는 자유나 자립에 관심이 낮고, 적의를 노골적으로 나타내지 않는 경향이 있었다. 적응이 좋은 집단이나 나쁜 집단이나 평균적인 집단이나 나이가 들수록 공격성이 늘어났는데 적응이 나쁜 집단은 공격성의 점수가 늘 다른 집단보다 높았다.

역 관련의 항목도 있었다. 학식이 높은 것은 후의 승진의 지표가 되었으나, 학식이 낮은 참가자 쪽이 후의 적응은 좋았다. 높게 승진한 참가자는 최초 무렵부터 자기계발을 열심히 하고 보다 충동적이며 견실성에 중점을 두지 않고, 결혼생활이나 가족에 깊이 관련될 것을 기대하지 않았었다. 반대로, 후에 적응도가 높은 참가자는 자기계발에 별로 흥미가 없고 충동성이 약하며, 견실한 것을 중요시하고 가정생활에 큰 만족을 발견했었다.

사람은 모두 승진도 하고 또 잘 적응하고 싶어 한다. 그러나 이들 데이터는 이 두 가지 사이에 거꾸로 끌어당기는 힘이 있어서 두 가지를 양립시키기가 어렵다는 것을 보여주고 있다. MPS·20의 조사에서는 적응과 승진의 뚜렷한 관련은 볼 수 없었다. 그러나 적응이 근무평가에 영향을 주는 것은 확실하다. 참가자의 상사들과 면접한 결과에서도 적응이 좋은 쪽이 근무태도의 평가도, 승진 가능성의 평가도 높았다. 적응이 좋은 사람은 업무 관계에서 인정되는 비율이 높고, 또 자신도 있었다. 적응이 나쁜 사람들보다도 잘 적응하는 사람들이 좋은 일꾼으로 평가받는 것은 예나 지금이나 유효하다.

3. 결론

높은 승진을 이룩한 참가자는 관리능력과 대인관계에 뛰어나고, 강한 야심을 가지고 있었다. 후에 높은 적응도를 보인 참가자는 MPS·0 때 애타심이 풍부하고 심신 모두 건강했었다. 또 '자기평가' '긍정적인 견해' 그리고 '일에 대한 긍정적인 태도'의 평점이 높았던 사람은 승진과 적응도 모두 높았다.

부록(3)

MCS(Management Continuty Study, 관리자 계속 연구)

MPS가 1956년 시작된 후, 20년이 지나서 다시 Assessment를 하게 되었는데, 이것이 MPS·20이다. 이 무렵, 사회 전반에 중년의 생활방법에 관한 관심이 높아가고 있었다. MPS 참가자들은 40대에 접어들고 있어서, 그들을 연구하는 것은 중년의 생활방법을 알아보는데, 크게 이바지할 것으로 생각했다.

MPS·20 Assessment 계획이 발표되었을 때, 중요한 문제가 제기되었다. 현시점에서 관리자로서 일하기 시작한 젊은이들은 20년 전의 젊은 관리자와 역량이나 사고 등에서 같을 것인가? 변한 것인가? 라는 것이었다. MPS와 함께 1970년 후반에 입사하는 젊은 관리자들을 연구하면 중요한 정보를 얻을 수 있다고 판단하고 시작한 연구가 바로 MCS다.[110] 15년 동안 연구를 계획했으나 회사의 분할로 11년 만에 종료했다.

MCS의 방법은 MPS와 거의 같으나 참가자가 전혀 달랐다. 1970년대 후반 이후, 대학을 졸업하고 기업에 들어오는 자의 상당한 부분을 여성이나 소수민족 출신자가 점하고 있었다. MCS의 참가자도 반수가 여성이고 1/3은 소수민족 출신자였다. 시대가 흐를수록 대기업에서는 대학을 졸업하지 않은 사람들이 상위관리직에 승진하는 것은 어려워졌다. MPS에서는 학위의 유무가 그룹분류 기준이었으나, MCS의 경우는 남성, 여성, 백인, 흑인, 소수민족 출신자 등의 새로운 집단분류가 필요하게 되었다. 344명의 대졸자가 MCS에 참가했다.

MCS의 참가자는 MPS의 참가자에 비해서 아래와 같은 특징들을 가지고 있다.

- 높은 교육을 받았다.
- 모친의 영향을 강하게 받았다.
- 대인관계의 Dimension 분야에 약점을 가지고 있다.
- 자립과 개성화를 지향하고 자기의 인생 목표에서 벗어나는 일은 하지 않는다.
- 승진에 대한 의욕이 희박하다.
- 리더십을 발휘하는 데 대해서 무관심하다.

1976년부터 1980년까지 5년 동안(MPS도 1956년부터 1960년까지 5년 동안 실

---

[110] Duglus. W. Bray, A. Howard, "Career Success and Life Satisfaction of Middle Aged Manager" (vermont, 1978)

시) 186명의 남성과 158명의 여성이 Assessment에 참가했다. 대학 졸업 후, 직접 관리자로 채용된 사람 중 46%가 여성이었다. 게다가 관리자 조기육성 프로그램에 등록한 이들 중에서 거의 반이 여성이었다. 여성들도 본인이 우수한 근무성적을 올리면 상당히 빠른 시기에 중간관리직에 승진한다는 생각을 하고 있었다.

면접 결과, 여성은 장래의 일이나 승진의 중요성에 대해서 모순된 태도를 보인다는 것을 알게 되었다. 예를 들면, 자기 자신 또는 남편의 승진을 위해서 이사를 해야 하는지, 또는 아이를 가져야 할지 어떨지 등의 문제에 관해서 일과 견주어서 어떻게 할지 결정을 못했다.

통계적으로 의미가 있었던 남녀 간의 차이는 '관리역량'에서 볼 수 있었으며 여성 쪽이 높았다. 특히 '관리역량' 중 창조성의 평점이 여성 쪽이 높았다. 일반교양의 요소에서는 전체적으로 남녀 간의 차이가 없었으나 득점 내용은 달랐다. 여성은 언어구사 측면에서 남성을 능가하고, 남성은 사회현상의 지식에서 여성을 능가했다.

면접을 통해서 사회문화적인 입장을 알아본 결과, 남성 쪽이 정치적인 이해와 신념이 여성보다 강했다. 남성과 여성에 대해서 모든 데이터를 통합하고 장래의 예측을 할 단계에 와서, Assessor는 데이터 이외의 몇 가지 점을 고려하지 않으면 안 된다는 것을 깨달았다. 여성은 확실히 대인관계에서 높은 감수성이나 유연성, 풍부한 어휘력과 문장표현력, 높게 설정한 일의 기준, 그리고 창조성 등에서 남성보다 우수했다. 반면, 남성은 회사에서 목표를 세워서 그것을 향해 노력하는 자세가 있고, 질서를 지키려 했다.

교육에 있어서나 직업에 있어서나 이 10년 동안에 여성이 놀랄 만큼 발전한 것은 명백하다. MCS의 데이터에서도 여성도 남성 못지않게 관리자로서의 역량이 있다는 것을 알게 되었다. 그러나 여성이 기회를 얻기 위해서는 변화가 필요한 것이다. 이 변화는 조직이나 사회 속에서 가정과 일의 양립을 위해서는 남성과 여성 모두 필요한 것이다.

MCS에서는 승진의 가능성과 적응 사이에 MPS의 경우보다 강한 상관관계가 있었다. 따라서 다수의 항목이 양측의 평점과 관련되어 있었다. 예를 들면, 일과의 관련이나 지역사회와의 관련이 깊고, 관리역량과 대인관계역량이 높고, 학력이 높은 배우자를 가졌고, 일 이외에 자기발전을 위해 노력하고, 적극성, 야심, 조화, 안정 등 성격과 의욕의 평점이 높은 경우는 승진의 가능성과 적응의 평점도 높은 경향이 있었다.

적응이 좋은 참가자는 자기의 업무환경에 만족하고 있었다. 그들은 안정된 가정에서 자랐고, 가족 중에 정신병의 병력이 없고, 자기 자신의 가정에서 일어나는 일에도 깊은 관심이 있었다. 2가지 항목이 승진 가능성과 적응에 역방향으로 관련되고 있었다. 승진 가능성이 큰 관리자는 순종적이 아니라 무슨 일이 있으면 타사로 옮길 것을 생각하는 경향이 있었다. 적응이 좋은 관리자는 순종적이고 회사에 충실했다. 학식의 정도는 MPS에서는 적응에 마이너스가 되었었는데, MCS에서는 관련이 없었다. 단 적응이 좋은 참가자보다 적응이 나쁜 참가자 쪽이 언어능력이 높았다.

MPS, MCS 모두 승진의 가능성을 예측하는데 역량의 분야가 제일 관계가 높았으며, 각 요소가 각각 중요한 지표가 되었다. 이들 기본적 요소를 성격과 의욕 분야의 각 항목이 보충하고 있었다. MPS에서도 MCS에서도 '일과의 관련성'의 깊이가 중요하며, 또 MPS에서는 '자립'의 요소의 평점이 '승진'에 관련되어 있고, MCS에서는 '적극성'과 '근무태도의 안정'이 중요한 항목이었다.

MPS 집단과 비교해서 MCS 집단 특히 백인 남성은 학력이 높은 지적인 집단으로 도전할 수 있는 업무를 좋아하고 또 질이 높은 업무를 성취하는 것에 관심이 있었다. 그러나 승진이나 리더십을 발휘하는 역할에는 MPS만큼의 관심은 없었다. 아마 그 결과 때문이겠지만, MCS의 젊은 세대의 커뮤니케이션 역량과 리더십 역량은 구세대와 같다고는 할 수 없었다.

MPS에서 적응이 좋고, 높은 역량을 지닌 관리자를 선정하기 위해서는 '관리역량' '대인관계역량' '일반교양'의 3가지 중요한 역량에 우선 착안하고, 이에 덧붙여서 '일에 대한 관련' '근무태도의 안정' '적극성'의 요소를 참고로 하면 확실성이 높은 선택이 가능하다고 할 수 있다.

이 연구에서 제시한 데이터는 기업이 더욱 엄밀한 선발방법을 선택함으로써 자사 관리자들의 질을 크게 높일 수 있다는 것을 보여준다. 이것은 채용에만 적용되는 것이 아니라, 승진자의 선발에 대해서도 같다고 할 수 있다. 그러나 하나의 조직에 있어서 관리자 전체의 질을 높이는 데는 시간이 걸린다. 개선된 선발방법의 효과가 가시화될 때까지는 몇 해가 걸리기 때문이다. 기업은 장래에 대비해서 충분히 앞을 내다볼 필요가 있다. 채용할 때 신중한 선발을 하면 그것이 가져다주는 효과는 크다.

그러나 보다 더 효과를 올리기 위해서는 회사에 들어간 후 당분간 신중한 추적조사를 할 필요가 있다. MPS 연구에 의하면 MPS·8에서 한 장래 예측은 MPS·0에서 실시한 장래 예측보다 더욱 정확했다. MPS·8에서 제4 레벨 이상으로 올라갈 것으로 예상했던 참가자 중 73%가 제4 레벨 이상의 승진을 이룩했다. 낮은 레벨로 예측됐던 참가자에서는 12%밖에 올라가지 않았다. 예측의 정확도를 높이게 된 것은 참가자가 최초의 8년간 '관리역량' '일과의 관련'의 평점을 현저하게 신장했고, 그것을 정당하게 평가한 결과였다.

이와 같은 예측이 겨우 3일간의 Assessment로 가능하다는 사실에 기업은 주목할 필요가 있다. 또 Assessment가 중도 퇴직을 예측하는데 사용되는 일은 좀처럼 없지만, MPS 데이터를 보면, 이 문제에 대해서도 상당히 정확하게 예측할 수 있다는 것을 보여준다. MPS에서, 근무태도가 뒤떨어졌기 때문에 도중에 중도퇴직자는 최초의 Assessment에서 역량뿐만 아니라 마음의 탄력성도 낮았다는 것을 알았다. 그것은 중도퇴직자의 낮은 '인내력' '스트레스 내성' 그리고 '기대의 현실성' 등이다.

기업에서 관리자가 될 사람을 선발하고 채용하는 것만 중요한 게 아니다. 현재 관리자로 일하고 있는 사람들에 대해서도 생각하지 않으면 안 된다. 회사의 현재, 그리고 장래의 성장과 활력을 결정하는 것은 이들 관리자기 때문이다.

기업의 최고경영자는 '전형적인 관리자라면 승진을 위해서 노력할 것'으로 생각하거나 그저 막연하게 '일에 관심이 클 것'으로 생각한다. 상층관리자에게 먼저 요구되는 것은, 하위관리자들이 무엇 때문에 의욕이 생기며, 일할 기분이 나는가를 더 좀 주의 깊게 보고 알아야 한다는 것이다. 이 연구에서 가장 강조하고 싶은 것은, 관리자들 모두가 다 같지는 않다는 것이다. 관리자에게 일할 의욕을 북돋우는 것이나 가지고 있는 가치관 등은 나이나 회사에서 도달한 직위에 따라서 다르다.

중년의 중간관리직은 회사에서 가장 중요한 집단이지만, 승진의 의욕은 그리 강하지 않다는 것이다. 우리의 데이터로는 이 집단에 중요한 것은 '자립성'과 '달성'이다. 따라서 이 집단에 개혁을 요구하려면 행동의 독립성을 보다 높이고 달성의 만족감을 더 깊이 맛볼 수 있게 하는 방향으로 가야 한다는 것이다.

경영자는 관리자의 역량을 높이는데 큰 관심이 있는데, 이 연구의 데이터에서 그러기 위해서는 일반교양, 대인관계역량, 그리고 관리역량의 3가지 역량 분야가 중요하다는 것을 알려준다. 막 관리자가 됐을 때의 대인관계역량은 장래 상층관리자로서의 성공의 기준이 되는 것이며 선발할 때 주목해야 할 영역이다. 신세대 관리자(MCS)들은 MPS 참가자들에 비하면 역량이 두드러지게 낮다. 따라서 신세대에서는 선발기준으로서 대인관계역량이 상대적으로 중요해진 것이다.

관리자로서의 경험을 쌓아도 대인관계역량의 상승은 기대할 수 없다. 높은 지위에 승진하고 있는 관리자조차 그렇다. 이 역량은 특히, 낮은 지위에 머무르고 있는 관리자들은 오히려 떨어지는 경향이 있다. 따라서 새로 채용한 사람들에게 이 역량에 관한 특별훈련을 하는 것이 유익할 것이다.

관리역량의 변화에 대해서는 사람에 따라 각양각색이었다. 업무상의 경험이 역량을 전체적으로 끌어올린다는 것은 기대할 수 없다. 그러나 가능성을 지닌 관리자는 빠른 시기부터 역량을 대폭 향상할 수 있다. 이것은 관리역량은 개선될 수 있다는 증명이기도 하다. 대부분은 훈련 등의 외부자극이 없이는 역량향상은 일어나지 않는다.

오늘날의 젊은 관리자들이 승진에 대한 의욕이 없는 것은 특별한 문제를 제기한다. 젊은이이기 때문에 중년의 중간관리직보다 승진의 의욕은 강하긴 했어도, MPS가 동년배 무렵에 지녔던 의욕 레벨과는 거리가 멀었다. 그 위에 막 관리자가 된 젊은 대졸자(MCS)는 리더십을 발휘하는 것도 관심이 엷어졌다. 기업은 이제 이전에 유효했던 승진이나 리더의 역할을 근무태도 향상의 동기부여 수단으로 의지할 수 없게 되었다.

그러나 신세대는 훌륭한 일을 한다는 것, 또 곤란한 일을 훌륭히 해내서 달성의 기쁨을 느끼는 것에 관해서는 구세대에 못지않게 관심이 있다. 개인적으로 일을 달성하는 것에 대해서 충분한 의욕을 가지고 있다. 이제 기업의 과제는 새로운 관리자들에게 초기에 어떤 경험을 시켜서 그들이 가지고 있는 업무달성 의욕을 깨우쳐 주느냐이다.

젊은 관리자와 중년 관리자 쌍방의 관심을 불러일으키자면, 지금까지의 관리체계를 권한 위양의 방향으로 바꾸지 않으면 안 된다. 결정권을 위에서만 쥐고 있지 말고 일과 역할, 책임을 아래의 관리자에게 내려주는 것이다. 또 새로운 관리자에게는 이것이 경력의 제1보라는 인식을 심어주고 또 상층관리자의 지위의 애로사항에 대해서도 정확한 정보를 주지 않으면 안 된다.

상사와의 자유로운 대화와 빈번한 접촉도 신세대에게는 중요하다. 신세대는 구세대보다 타인으로부터의 감정적인 지원이 필요하고 의존성이 높기 때문이다. 흑인 집단은 특히 상대를 정확하게 인정하는 피드백이 필요하다. 이 집단의 자기 평가는 그 기반이 얇기 때문이다. 여성은 상당한 역량이 있음을 보여주었다. 여성이 높은 지위의 일을 담당하게 됨에 따라 가정과 일이 양립시킬 수 있도록 기업이 손을 쓰지 않으면 인재를 잃을 수 있다. 일과 가정을 양립시키려는 여성을 위해서 전문적인 상담원을 둔다든지, 자금적인 지원을 제공한다든지 기동성 있는 시스템을 만들 필요가 있다. 탄력근무제를 운용하는 것도 고려해 봄 직하다.

부록(4)

Guidelines and Ethical Considerations for Assessment Center Operations(평가센터 운영에 관한 지침과 윤리적 고려사항)

I. 목적

이 문서의 목적은 평가센터 방법론을 사용하는 사람들에게 전문적인 지침과 윤리적 고려사항[111]을 제공하는 것이다. 'Assessment Center(평가센터)'라는 단어는 이 지침에서 제시하는 방법들을 사용할 때만 붙일 수 있다. 이들 지침은 1) 산업/조직/직업 심리학자, 조직 컨설턴트, 인적자원관리에 종사하는 특수/일반 전문가와 '평가센터'를 수행하거나 설계하는 사람들에게 지침을 제공하고 2) '평가센터' 방법을 도입하려는 관리자들에게 정보를 제공하고 3) '평가센터'를 전문적으로 진행하는 평가자들에게 기준을 제공하고 4) 서로 다른 문화에 대한 이해와 필요한 기술(IT)을 사용하는 데 지침을 제공하고 5) 평가와 관련하여 표준적/전문적 실행 여부를 판단하는 법원에 정보를 제공하게 될 것이다.

II. 지침의 역사

지난 몇 십 년 동안 평가센터 방법의 놀라운 성장을 하면서 다양한 조직으로 확산되는 결과를 가져왔다. 현재 평가센터는 전 세계적으로 산업계, 교육계, 군대, 정부, 법률 집행기관, 기타 조직에서 활용하고 있다. 본 지침은 총 6회에 걸쳐 보완되었으며, 아래와 같다.

1. First edition

첫 번째 판은 평가센터 방법을 사용하는 사람들에게 표준화 또는 지침이 필요하다는 전문가들의 우려로부터 시작되었다. 1975년 5월 캐나다 퀘벡에서 열린 제3회 국제회의에서 처음 TF가 구성되었다. 전문가들이 경험과 관찰을 기본으로 작성되었다.

2. Second Edition

두 번째 판은 미국 연방정부의 시험(test) 관련된 지침이 발표되면서 평가센터 지침

---

[111] TFT, *Guidelines and Ethical Considerations for Assessment Center Operations* (journal of Management Vol. 41 No. 4, May 2015), 1244-1273.

을 보완할 필요가 있었다. 두 번째 판은 1979년 제7회 대회에서 보완되었다. 이때 보완된 내용은 평가센터 정의 명확화, 조직과 참가자에 미치는 영향, 확장된 훈련의 지침, 타당도에 대한 정보 등이다.

3. Third Edition

두 번째 판이 발표되면서 더 넓고 다양한 조직에서 그리고 더 다양한 직무에서 직원들을 평가하는데 평가센터 방법을 활용하게 되었다. 이해관계자들은 시간과 비용을 줄일 수 있는 더 간결한 절차를 요구하기 시작했다. 거기다가 실증적 연구가 나오기 시작하면서 평가센터 방법이 실질적으로 작동하지 않는다고 주장하기 시작했으며, 이것을 지지하는 사람들이 지침을 수정해야 한다는 제안들이 쏟아져 나오기 시작했다. 결국, 평가센터를 지원하는 많은 절차가 많은 부분에서 모호하다는 의견을 받아들인 것이다.

1987년 보스톤 15차 국제회의에서 3차 TF가 구성되면서 시작되었다. 16차 대회에서 피드백을 호소했던 Bray, Thornton이 의장이 되어 1989년 17차 회의에서 완성되었다. 포함된 내용은 직무분석의 구체화, 평가할 차원/특성 유형에 대한 명확화, 행동 정보에 대한 관찰, 기록, 평가, 통합 절차 명확화, 평가자 훈련의 구체화 등이다.

4. Fourth Edition

2000년 버전은 1999년 27회 대회에서 시작했다. 세 번째 버전이 발표된 이후, 10년 이상의 세월이 흐르면서 평가센터 방법에 기술(technology)의 도입, 몇 개의 개념/용어들의 정의를 구체화할 필요가 있었다. 4번째 버전은 2000년 28회 대회 때 150여 명의 각국 대표들이 서명하고 발표했다.

5. Fifth Edition

5번째 버전은 2004년 32회 대회에서 시작했다. 2가지 이슈가 등장했다. 첫째 이슈는 평가센터가 다국적 조직으로 확산됨에 따라 세부적인 지침이 필요했고, 둘째 이슈는 평가자 훈련에 더 많은 요소를 포함해야 한다는 것이다. 그래서 2가지 요소가 추가되었는데, 평가센터 실행에 기술적 요소의 활용, 서로 다른 목적으로 활용되는 평가센터 사이에 어떤 차이점이 있는지 방법론적인 인식이었다. 5번째 버전은 2008년 34회 대회에서 발표되었다.

6. Sixth Edition

현재 사용하고 있는 버전으로 2009년부터 현재까지 3번 보완했다. 첫째, 새롭고 주목할 만한 연구들이 축적되었는데, 평가센터 점수의 타당성에 관한 것이었다. 타당성에 관한 증거는 평가센터 점수의 활용, 평가자 훈련, 모의과제의 개발, 초점 행동(focus behavior)에 적용 문제로서 대단히 중요하다. 둘째, 각기 다른 인적자원 기능을 지원하는 평가센터와 각기 다른 재능 관리목표를 지원하는 것과 차이점, 셋째, 다문화와 기술의 활용 문제를 어떻게 평가센터에 스며들게 할 것인가였다. 6번째 버전은 2014년 10월 38회 국제회의에서 의결했다. 수정 보완된 내용은 아래와 같다.

1) 평가센터를 통해 평가하게 될 행동 구성체(behavioral constructs)를 dimensions, competencies, tasks, KSAs를 포함하는 것으로 폭넓게 정의했다.
2) 구성 타당도를 지지하는 연구 문헌에서 언급하는 내용을 인식하고, 구성 타당도 검증에 다양한 유형의 행동 구성체를 활용하기로 했다.
3) 다양한 유형의 행동 구성체의 활용을 지지하는 연구 문헌들에서 언급하고 있는 내용을 인정했다.
4) 각기 다른 목적으로 활용하는 평가센터의 범위를 더 넓히고, 각기 다른 재능 관리 기능도 지원하는 것으로 결정했다.
5) 새로 추가된 부분
   - 평가자 외의 평가센터를 지원하는 인력의 훈련과 자격
   - 평가센터 운영에 기술의 활용
   - 윤리적, 법적, 사회적 책임
6) 정보 추가
   - 평가센터 자료들의 번역과 다국적 언어의 동시 번역
   - 데이터 보안과 (국가 간)데이터 변환 문제

- Role Play에 대한 국제적인 지침과 각 국가 간 지침의 상호보완

Ⅲ. 평가센터 정의

평가센터는 복수의 평가도구를 활용하여 행동을 평가하는 표준화된 기법이다. 어떤 평가센터이든 행동을 끌어내는 연습과제들과 행동을 관찰, 기록, 분류, 평정하는 복수의 훈련된 평가자들로 구성되어 있다. 그리고 평가자 통합회의 또는 통계적 집계 방법을 활용하여 참가자에 대한 평가결과를 종합한다.

평가센터를 활용하는 목적은 몇 가지가 있다. 첫째, prediction(인사에서 승진과 선발을 위한), 둘째, diagnosis(훈련/개발 영역과 강점을 규명하기 위해서), 셋째, development(훈련에 개입하거나 훈련 자체, 또는 더 큰 계획의 한 부분으로)이다. 평가센터는 도입 조직의 인재관리 목표에 따라서 또는 프로그램이 의도하는 목적에 따라서 적용하고, 발전시키며, 타당성을 입증해야 한다.

모든 평가센터 프로그램은 다음과 같은 10가지 필수요소가 포함되어야만 한다.

1. 직무 관련 행동을 찾아내기 위한 체계적인 분석

평가센터에서 평가에 초점을 맞춰야 하는 것을 행동 차원(behavioral dimension)이라고 부르는데, 간단히 차원(dimension)이라고 한다. 차원은 직무에서 성공 또는 실패와 관련이 있는 것이어야 한다. 차원은 행동으로 구성되는데, 행동들은 검증할 수 있고, 관찰할 수 있고, 구체적이어야 한다. 차원은 종종 역량 또는 KSA와 유사한 개념으로 활용된다. 평가되어야 할 차원은 어떤 것이든 반드시 행동으로 표현되어야 한다.

차원 도출은 체계적이며 정교한 프로세스(직무분석, 역량 모델링 등)를 통해 수행되어야만 한다. 차원은 직무와 관련성이 있어야 한다. 분석의 범위와 유형은 평가의 목적과 직무의 복잡성에 달려 있다. 과거 연구나 분석들이 차원과 연습과제를 선정하기 위해서 이루어졌다면, 일반화 가능성과 공통점을 제시해야 한다.

직무가 현재 존재하지 않을 때는 새로운 직무군, 직무 레벨, 직위, 직무가 실제로 어떤 과제와 프로젝트를 수행할 것인가를 확인해야 한다. 또한, 차원을 도출하기 위

해서 조직의 비전, 가치, 전략, 쟁점이 되는 주제를 분석하여 유용한 정보를 얻어야 한다. 하지만, 평가센터가 선발을 위한 의사결정 정보를 제공하는 것으로 설계된다면, 대상 직무의 행동 요건을 거의 고려하지 않는 조직의 비전, 가치, 전략, 쟁점 주제들을 분석하는 것은 선발 도구의 개발을 위한 본 지침은 물론 법률적인 문제에도 부합하지 않는다.

이러한 문제에 대응하려면, 주제 전문가(S.M.E)를 참여시켜야 한다. 왜냐하면, 주제 전문가들은 직무요건을 잘 알고 있으므로, 직무의 핵심적인 요소를 수집하고 평가를 할 수 있고, 평가센터에서 생성되는 점수의 증거를 제시할 수 있기 때문이다.

직무분석 방법을 활용하든, 역량 모델링 방법을 활용하든 또는 다른 방법을 활용하든 대상 직무의 행동이 명확히 제시되어야만 한다. 이 행동들은 평가 과정 중에 언제나 관찰할 수 있고, 모의과제에서도 관찰이 가능한 것이어야 한다. 또한, 차원은 직무군, 직위, 목표 직무에서 성공과 관련된 것이어야 한다.

2. 행동 분류

평가자의 가장 중요한 역할은 참가자의 행동을 관찰하고 기록하는 것이다. 관찰하고 기록한 각 행동은 각 차원(역량)으로 분류되어야 한다. 또 행동들은 수행결과 또는 종합점수의 근거가 되어야 한다.

3. 복수의 평가센터 구성요소

여기서 말하는 구성요소는 평가도구를 말한다. 평가센터는 모의과제(simulation exercise)를 포함한 몇 개의 구성요소가 포함되어야 한다. 평가센터는 몇 개의 모의과제와 함께 다른 도구, 즉 심리검사, 구조화된 인터뷰, 상황판단검사, 질문지, 기타의 도구들로 구성될 수 있다. 평가센터 구성요소들은 차원에 속해 있는 다양한 행동들이 드러나도록 선택되고 개발되어야 한다. 자기평가와 다면평가가 이루어진다면, 이 평가 데이터는 최종평가 시에 활용되어야 한다.

각 평가센터 구성요소는 조직이 설정한 목표에 부합하고 원하는 행동 정보들이 나타나는지 사전 검증(pilot test)을 해야 한다. 사전 검증에 참여하는 사람들은 앞으로 평가에 참석할 예정인 사람들과 유사한 직급에 있는 사람을 대상으로 하며, 또 주제 전문가(SME)들을 참여시켜 평가과제가 의도하는 바를 달성하고 있는지를 검증해야 한다.

4. 차원(역량)과 평가도구 연계표 작성

어떤 연습과제(평가도구)가 어떤 차원(역량)을 평가하는지 보여주는 연계표를 작성해야 한다. 이것을 일반적으로 dimension-by-exercise matrix라고 한다. 이것은 향후 어떻게 평가되었는지에 대한 증거를 확보하기 위한 절차다. 이 표는 개발자가 직무분석 또는 역량 모델링 정보를 참조한 차원에 대응하여 각 차원을 평가하기에 적절한 도구를 선정하는 것이다.

5. 모의과제

평가센터는 평가하게 될 차원들의 행동을 관찰하는 기회를 여러 번 가져야만 한다. 직무 관련 모의과제가 최소한 몇 개는 포함되어야만 한다. 모의과제는 대상 직무에서 일관되게 드러나면서, 각 차원의 대표적인 행동들이 드러나도록 설계되어야만 한다. 모의과제는 참가자들에게 해결상황을 제시하고(자극) 그것을 행동으로 반응할 것을 요구한다. 모의과제는 서류함, 리더없는 집단토론, 사례분석, 분석발표, 역할연기, 정보탐색 등이 포함되지만, 선택 여부는 제한이 없다. 상황제시는 미디어, 대면, 문서, 비디오, 오디오, 컴퓨터, 전화, 인터넷 등이 포함될 수 있으며, 가능한 한 실제 직무환경이 반영되도록 해야 한다.

단순한 직무의 경우, 직무에서 평가할 영역이 충분히 모사된다면 1~2개의 직무 관련 과제를 활용할 수 있다. 또 컴퓨터로 몇 개의 과제와 상황을 제시하는 단일 방법을 사용할 수 있다. 이럴 때는 직무 관련 하위영역들이 확실히 구분되어야 한다.

모의과제를 개발할 때는 각 차원의 행동이 드러날 수 있도록 주의 깊게 설계해야 한다. 행동이 잘 드러나게 개발해야 평가자가 행동들을 충분히 관찰, 기록할 수 있기 때문이다. 특히, 시나리오(role player에게 주는 행동 지침이 담긴 문서)와 같은 것은 평가자 훈련에 활용해야 하므로, 그 내용을 사전에 결정하고 문서로 작성해야 한다.

모의과제에 포함되는 상황은 실제 작업 상황을 닮아야 하며 병렬로 개발하되, 서로 다른 상황이어야 한다. 바람직한 충실도의 수준은 평가센터 목적에 맞아야 한다. 비관리자를 위한 선발 및 승진 가능성을 조기에 확인하는 프로그램은 충실도(안면 타당도)가 낮을 수도 있지만, 관리자, 임원, 전문가들의 훈련 필요점 진단을 위한 프로그램은 충실도(안면 타당도)가 높아야 한다. 평가센터 설계자는 소수집단에 속하는 참가자들이 좋아하는 내용으로 구성되지 않도록 조치를 특히 신경을 써야 한다.

본 지침에서 정의된 평가센터의 목적을 이루기 위해서는, 모의과제는 특정한 행동이 명백히 나오도록 참가자에게 요구해야 한다. 평가방법 중에는, 미리 결정된 행동의 대안 중에서 본인이 생각하는 것과 반대의 것을 선택하게 하거나 복수로 응답하게 하는 검사, 상황판단 검사, 컴퓨터화된 In-Basket, 3-D 가상 게임 등 몇 개의 선택지에서 오직 하나만을 선택하게 하는 방법도 있다. 하지만, 평가센터 평가 절차는 이렇게 요구하는 것에 동의하지 않는다. 이것들과 비슷한 상황 인터뷰도 오로지 행동의 의도를 묻기 때문에 동의하지 않는다. 이들 중 어떤 방법은 평가점수의 신뢰도와 타당도가 높게 나올지라도, 이것들은 행동을 요구하는 모의과제로 분류하지 않는다.

6. 평가자

평가센터는 복수의 평가자를 활용해야만 한다. 평가자를 선발할 때, 인구통계학적인 면(인종, 민족, 나이. 성별 등)과 경험 면(조직 경험자, 직무경험자, 관리자, 심리학자 등)을 고려하여 다양하게 갖추어야 한다. 피평가자 대 평가자의 최소 비율은 몇 가지 변수가 있다. 그것은 활용하는 과제들의 유형, 평가하게 될 차원 수, 평가자의 역할들, 데이터 통합 방법 유형, 훈련받은 평가자 수, 평가자의 경험, 평가센터의 목적 등이다. 평가자 대 피평가자 비율은 평가자의 인지 부하를 줄이기 위해서 최소화해야 하고, 동시에 평가자와 피평가자의 참여 숫자도 최소화해야 한다. 잠재적 오류를 최소화하기 위해서, 선발이나 승진 목적으로 평가결과를 활용하는 피평가자의 상위 관리자는 자신의 지휘를 받는 피평가자를 평가하는데 포함해서는 안 된다.

7. 평가자 훈련

평가자들은 반드시 훈련을 받아야 한다. 평가자로서 임무를 수행할 수 있는지를 보여주어야 하며, 사전에 자세히 기술된 기준에 도달하여야 한다. 훈련은 평가센터의 목표와 목적, 평가할 차원들과 행동들의 관계, 평가과제의 활용, 행동의 분류 및 평가, 피평가자, 평가자, 주관 업체 및 지원 업체의 권리와 의무 등 교육해야 한다. 또한, 행동으로 역량점수 매기는 방법과 평가자의 눈높이를 맞추는 교육(이것을 frame-of-reference training, 훈련 참조 틀)이 포함되어야만 한다. 평가자는 참가자가 혼자서, 집단에서 과제를 수행한 행동들을 보인 후에만 참가자를 평가해야만 한다. 또한, 평가자가 피드백까지 제공하기로 했다면, 훈련에서 참가자가 피드백을 수용하고 행동의 변화를 할 수 있도록 그에 대한 전략도 다루어야 한다.

8. 행동 기록과 평정

평가자들이 관찰할 때, 구체적으로 행동을 관찰하고, 기록하고, 평정할 수 있도록 체계적인 절차를 마련해야 한다. 이 절차는 노트에 기록하는 것을 포함하여 BOS 또는 BARS, 행동 체크리스트 등이 포함되어야 한다. 관찰은 참가자의 모의과제 수행을 녹화한 비디오나 오디오를 봄으로써 할 수도 있다. 평가자는 관찰하고 기록하는 내용을 바탕으로 통합회의 또는 통계적 통합을 준비해야 한다. 행동의 목록화, 점수, 보고 등을 위해서 평가센터에서는 미리 양식을 마련해야 한다.

9. 데이터 통합

각 참가자의 행동을 관찰하고 기록한 것을 통합하는 방법은 통계적 방법과 합의 토론 방법이 있다. 이 프로세스 활용은 전문가들이 인정하는 표준화된 방법으로 수행해야 한다. 통합은 역량별 점수, 과제별 역량점수, 과제별 점수, 과제 간 역량점수, 종합 순위 등으로 이루어지며, 평가센터의 목적에 따라 다소 달라질 수 있다. 합의 토론(consensus meeting)으로 이루어지는 경우, 평가자들은 평가과제에서 수집된 역량 관련 행동 정보만을 고려해야만 한다. 평가센터 프로세스 외에서 얻은 정보는 고려하지 않는다.

어떤 통합 방법을 사용하든지 점수는 신뢰할 수 있는 프로세스에 의해서 매겨져야 한다. 점수를 계산하고 해석하는 것은 다양한 평가과제에서 참가자가 어떤 수행을 보였는가를 고려해야 한다. 이때 참가자가 그들 직무에서 수행하게 될 민감한 과제들의 수에 따라 어떤 역량에 대해서는 가중치를 줄 수 있다. 참가자 중에는 어떤 역량이 어떤 과제에서는 높게 나오고, 어떤 과제에서는 낮게 나오는 경우가 있다. 여기에 주목하면 의미 있는 정보를 발견할 수 있다. 이때 발견한 정보는 피드백할 때 포함한다.

10. 표준화

평가센터의 전 과정에서 모든 참가자에게 역량 관련 행동을 보일 수 있도록 같은 기회를 제공해야 한다. 선발이나 승진 등 개인의 근무형태가 바뀌는 의사결정을 하는 데 활용하는 산출물들은 평가센터의 가장 큰 관심이므로 표준화가 특히 중요하다. 표준화는 평가센터 운영상 여러 면에서 조화를 이루어야 한다. 안내서에 제시된 것을 포함하여, 과제 완료 시간, 자료 활용의 범위, 평가실 및 다른 시설물 활용, 집단과제에서 조 편성, 롤 플레이어의 행동, 발표 후 평가자의 후속 질문, 평가과제의 제시 순서 등등이 운영 절차에 포함해야 한다.

엄격하게 표준화된 절차에 따라야 하지만, 합당한 요구와 일부 장애(읽는 데 장애가 있는 경우 시간을 더 많이 주는 것)가 있는 사람의 요구는 예외로 적용해야 한다. 그렇지만, 개인들에게 맞춤형 편리를 봐주는 것을 허용해서는 안 된다. 참가자들이 같은 과제에 참여하고, 표준화된 방식으로 수행해야 하는 과정에서 개인적으로 좀 더 유리한 환경을 요구하는 것은 받아들이지 않아야 한다.

IV. 평가센터가 아닌 활동들

평가센터와 평가 방법론 사이에는 차이가 있다. 평가 방법론의 여러 모습을 보면 심리학자나 인사관리 전문가가 단독으로 수행하거나 개인 평가의 한 부분으로 하나의 과제를 사용하는 등 본 지침에 부합하지 않는 절차를 활용하는 것을 볼 수 있다. 이들 각각은 자체 장점만으로 개인을 판단한다. 이런 절차들은 평가센터를 대표하지 않을 뿐만 아니라 본 지침에서 동의하지 않는 것들이며, 이들은 평가센터라는 단어를 사용함으로써 마치 평가센터인 것처럼 보일 뿐이다. 아래 종류의 활동들은 평가센터가 아니다.

명확하게 행동적 반응을 참가자에게 요구하지 않는 평가 절차들은 행동적 모의과제가 아니다. 어떤 평가 프로그램은 절차가 단독으로 구성되어 있는데 이것은 본 지침에서 정의한 평가센터가 아니다. 예를 들면, 컴퓨터화된 서류함, 시장에서 시뮬레이션이라고 불리는 폐쇄형 응답을 요구하는 상황판단검사(이 두 검사는 몇 개의 행동 예시를 주고 가장 효과적인 행동에 점수를 주게 하거나 하게 될 행동에 순위를 매기거나 복수의 응답을 하게 한다.), 상황 인터뷰(오직 행동적 의도를 묻는), 서면 역량검사 등이다. 주목할 점은 명백하게 행동의 반응을 요구하지 않는 절차를 평가센터 내에서 활용할 수는 있지만, 이 경우에는 명백하게 행동을 보일 것을 요구하는 몇 개의 모의과제를 함께 사용해야만 한다. 아래 내용은 평가센터가 아니다.

- 패널 인터뷰 또는 하나의 기법을 가지고 순차적으로 인터뷰가 이루어지는 것들
- 모의과제인지 관계없이 한 가지 도구만을 사용하여 평가하는 것
- 통계적 또는 이미 점수가 결정된 문항에 답하는 검사지
- 평가자 1명이 평가하는 것(지필 검사, 인터뷰, 성격검사, 시뮬레이션 등 다양한 방법을 활용하지만, 이것을 개인 혼자서 평가하는 것) 복수의 평가자가 복수의 피평가자를 평가할지라도, 각 개인의 피평가자가 평가 전반에 걸쳐 복수의 평가자로부터 평가를 받지 않는다면 이 프로그램은 평가센터라고 할 수 없다.
- 복수의 평가자와 몇 개의 모의과제를 활용하지만, 평가자 간, 과제별, 역량별, 기타 등으로 평가 데이터를 종합하지 않는 것
- 방법론적인 요구조건을 맞추지 않고 평가센터 이름이 붙여진 물리적인 공간
- 다양한 검사지, 측정 도구, 평가도구들을 모아 둔 웹사이트 또는 카탈로그
- 평가자에게 명백한 행동을 관찰하고 평가하는 것을 요구하지 않거나 피평가자에게 명백한 행동을 드러나게 하지 않는 완전 자동화되고 컴퓨터화된 평가

V. 평가센터의 다양한 목적

평가센터는 일반적으로 3가지 주요 목적을 위하여 활용한다. 1) 의사결정을 위한 미래의 행동을 예측하기 위해서 2) 개발 필요점을 진단하기 위해서, 3) 참가자를 개발시키기 위해서다. 어쨌든 현재 존재하는 목적에 추가하여 앞으로 더 발전해 나갈 것이다. 평가센터의 설계와 운영은 의도된 목적에 따라 다르다. 예를 들어, 오로지 개인의 승진에 대한 의사결정을 지원하는 것이 목적이라면 전체 종합점수의 신뢰도

와 타당도가 강조된다. 반면, 진단이 목적이라면 역량별 타당도와 신뢰도가 일반적으로 강조된다. 개인의 강점과 개발 필요점을 지원하기 위해서는 나타나는 행동이 특히 중요하다.

개발 평가센터(developmental assessment centers(DACs)는 참가자의 역량을 평가하고 개발하는 것, 둘 다 추구한다. 이때 프로그램은 실제로 개발 가능한 역량을 선택하는 것이 핵심이다. DACs는 시간이 지나면서 역량이 개선하기 위해서 트랙 방식으로 진행한다. 즉, 같은 유형의 과제를 반복하게 되는데, 처음 과제에서 받은 피드백 내용을 다음 과제에서 수정된 행동을 함으로써 과제가 진행되는 동안 역량이 개선되고 향상되도록 설계한다. 그러므로 DACs는 예측이나 진단 평가센터보다 시간이 더 길다.

피드백은 배움을 발전시키기 위해서 즉시 이루어진다. 피드백은 DACs의 핵심요소이다. DACs에서 평가자는 행동을 관찰하고 평가하는 것뿐만 아니라 평가가 진행되는 동안 배움이 이루어지도록 피드백을 하고 나아가 후속 코칭도 한다. 오로지 배우는 것이 초점이라면, DACs는 참가자의 보완할 점에 대해서 맞춤형이 되어야 한다. DACs가 평가가 아니고 검증하는 것이라면, 참가자가 행동에 대해서 이해하고, 역량이 숙련되는 긍정적인 변화를 끌어내는 것이 포인트다.

이상에서 보는 바와 같이 평가센터는 그 의도된 목적을 위해서 적절히 설계되어야 하고, 적용하고, 검증되어야 한다.

VI. 평가센터 정책 문서

평가센터가 인재를 관리하고 통합된 인적자원관리 시스템으로 작동하기 위해서는 조직의 전략관리 자산으로 통합되어야 한다. 조직 안으로 평가센터를 들여오기 위해서 먼저 해야 할 일은 정책 문서를 준비하고 동의를 얻을 필요가 있다. 아래 내용은 정책 문서에 포함되어야 할 것들이다. 정책 문서에 기술되는 절차는 신중해야 한다. 정책 문서는 평가센터를 평가하고, 적용하고, 개발해야 할 것 등이 구체적으로 제시되어야 한다.

1. 목표

이것은 평가센터 프로그램의 목적이 된다. 평가센터는 다양한 목적으로 활용한다. 목적은 선발, 진단, 개발로 크게 나누어지는데, 이렇게 하는 목적은 사전 검증, 채용, 승진자 조기 규명, 잠재력 평가, 승계계획, 전문가 등을 발굴하기 위한 것이다. 정책 문서에 포함될 목표들은 아래와 같다.

1) 생성되게 될 평가 데이터는 어떤 의사결정을 위해서 사용하게 될 것인가를 밝혀야 한다.
2) 만약 조직에서 데이터를 승진 의사결정에 활용하기를 바란다면, 먼저 참가자들과 의사소통을 해야 한다. 의사결정이 참가자들에게 어떤 이점이 있는지를 명확히 기술하여야 한다. 또한, 정책 문서는 평가결과에 대해서 누가, 어디까지 접근할 수 있는지를 명확히 밝혀야 한다.
3) 프로그램의 설계, 개발, 적용, 검증은 어떤 방법으로 수행되는가?
4) 역량 선택, 모의과제 내용, 평가자 선발 및 훈련, 점수 산정, 피드백, 평가에 대한 의사결정은 모두 목표에 부합해야 한다.

2. 참가자(피평가자)

평가할 인원, 선정 방법, 안내 절차, 피평가자가 수행해야 할 활동들을 명시한다.

3. 평가자 및 다른 프로그램의 보조인원

평가자는 성별, 나이, 인종, 민족, 관련 배경, 전문성, 자격요건 등을 어떻게 고려할 것인지, 어떤 방법으로 평가자를 선발할 것인지, 최종 평가자 풀은 어떻게 구성할 것인지, 평가자 훈련은 어떤 프로그램으로 어떻게 시킬 것인지, 평가자는 어떻게 평가하고 자격을 부여할 것인지, 다른 프로그램(롤 플레이어, 코디네이터)의 요원들은 어떤 방법으로, 어떻게 훈련시킬 것인가를 명시해야 한다.

4. 데이터 활용

조직 내에서 평가기록들은 어떻게 관리할 것인지, 결과 보고서는 누구(감독자, 상위 관리자, 인사부서)까지 받아보게 할 것인지, 정보의 접근 허용 정도, 프로그램의 평가 및 연구의 절차 및 통제, 직원과 관리자에게 피드백을 어떻게 할 것인지, 평가 데이터의 유지 기간(특히 선발에 적용하는 경우 참가자와 조직 맥락에서 변화가 이루어지는 2년으로 할 것을 추천) 등이 기술되어야 한다. 아울러, 전자 데이터 그리고(또는) 인터넷에 올릴 경우, 어떻게 데이터를 선택, 저장, 활용할 것인지와 데이터 보안 법률 또는 데이터 보안 표준을 어떻게 준수할 것인가를 기술해야 한다.

5. 컨설턴트 또는 과제개발자의 품질

평가센터 개발, 개별 평가과제 개발, 평가자 훈련 프로그램, 피드백, 평가/검증을 해야 할 책임이 있는 내외부 컨설턴트들의 품질을 어떻게 확보할 것인지와 이들의 전문적 자격요건, 경험, 관련 훈련 등을 어떻게 요구할 것인지가 제시되어야 한다.

6. 검증

정책 문서에는 평가센터가 조직의 의도한 목적을 달성하고 있는지, 달성했는지 검증하는 모델을 제시해야 하고, 거기에서 나온 근거가 평가센터의 활용을 지지하고 있느냐를 확인하는 것이 포함되어야 한다.

내용-중심 검증 전략을 사용한다면, 역량과 모의과제들의 내용 등 직무 또는 직무군과 관련된 문서들이 필요하다. 아울러 관찰과 행동 점수의 합의와 신뢰도 증거로 제시해야 한다. 메타분석(결과들이 어떻게 서로 다른지 이해하기 위해 가능한 모든 문서를 비교하는)으로 요약된다.

만약 부분적으로 요소-관련 검증 전략을 활용한다면, 이것은 연구의 모든 문서를 포함해야 한다. 만약 평가센터가 개발 목적으로 활용되었다면 역량들이 어떻게 개선되었는지, 배우게 된 것들은 무엇이었는지 훈련 평가결과를 포함해야 한다.

검증이 진행 중이라면 검증 보고서가 완료되는 시점을 명시해야 하고, 주기적으로 검토하는 것과 현재 진행하고 있는 것들을 포함해야 한다.

비록 본 지침이 점수의 구체적인 유형에 대해서 처방을 내리지 않지만, 평가센터들 간에는 서로 다를 것이다. 점수는 신뢰도와 타당도를 입증하는 매우 중요한 자료이다. 이 정보는 평가센터 개발자와 사용자가 제공한다. 이때 점수들이 과제별 역량점수들인지, 과제 간 역량 점수들인지, 또는 다른 형태의 점수인지는 중요하지 않다. 중요한 것은, 점수들의 타당도는 개발자가 방어한다는 것이다.

모든 평가센터 프로그램들을 위해서, 정책 문서는 평가센터 프로그램으로 인해 영향을 받게 될 이익집단의 잠재적 유익과 위험을 추가해야 한다. 이때의 위험은 법적으로 보호받는 집단과 취약한 집단이 의도하지 않은 부정적인 결과가 발생할 수도 있다는 것이다.

7. 법적인 문제

평가센터 프로그램과 관련한 법규들로 인해 법적 분쟁이 초래될 수 있다. 조직이나 업체의 본사가 있는 곳, 지역, 국가는 물론 평가센터 프로그램이 수행(프로그램 설계, 프로그램 타당성, 프로그램 실행, 관련 문서 등)되는 지역, 나라에는 법이 존재하고 있다. 대부분 국가는 약자를 보호하고 자국/본토 사람, 인종적 집단, 종교적 집단 그리고 나이, 성 정체성, 장애인, 동성애 등을 보호하는 법과 보호와 관련된 다양한 규정이 있다. 또한, 법률과 표준화를 통해 인터넷으로 각국에 평가센터를 보급하는 것과 전자 데이터의 보호와 관리를 강화하고 있다.

8. 기술의 사용

평가센터를 운영하기 위해서 필요한 IT를 활용한다. 이것은 평가자와 보조요원의 훈련, 참가자와 프로그램 지원자들과의 소통과 일정 관리, 평가과제의 관리, 점수화와 통합, 보고서 생성, 피드백, 데이터와 보고서 저장뿐만 아니라 전체 보안 규정과 관련 시스템의 유지 등이다.

Ⅶ. 평가자 훈련

평가자 훈련은 평가센터 프로그램의 필수다. 평가자 훈련은 훈련 목표, 수행 지침,

품질 표준화 등이 명백해야 한다. 아래 훈련 관련 이슈들을 고려해야만 한다.

1. 훈련 내용

평가자 훈련이 어떤 방법이든지 목표는 평가자 판단의 정확성과 신뢰성을 얻기 위한 것이다. 훈련 방법은 강의, 토론, 참가자 직접 관찰, 비디오 시연, 다른 평가자 관찰 등 다양하다. 어쨌든 훈련은 평가자의 판단이 정확하고 신뢰로울 수 있음을 보여주어야 한다. 일반적인 수준에서 모든 평가자 훈련은 아래 내용을 반드시 포함해야 한다.

1) 평가할 역량들(정의, 하위 행동들)
2) 평가할 역량 관련 행동들의 관찰, 기록, 분류, 평가
3) 모의과제의 내용 및 모의과제에서 목표로 하는 역량들과 각 모의과제에서 효과적인 수행과 비효과적인 수행의 예제
4) 범하기 쉬운 관찰 및 평가 오류(추론으로부터 행동을 구별하는 방법 포함)
5) 보안/신뢰, 전문가로서 품위, 공정과 차별에 대한 이슈들

훈련에 어떤 내용(조직에 대한 지식, 대상 직무에 대한 지식, 구두 및 서면 피드백을 정확히 줄 수 있는 능력, 롤 플레이어로서의 일관성 등)을 추가할지는 평가센터의 목적에 따라 다르다. 아래는 최소한의 훈련 목표이다.

1) 조직과 직무/직무군에 대한 지식, (평가자의 판단을 돕기 위한) 규범적인 집단의 효과적인 전후 사정
2) 평가 차원의 전반적인 이해와 지식, 그들의 정의, 그들의 직무수행 관련성, 효과적/비효과적 수행의 예시
3) 평가방법의 전반적인 이해와 지식, 과제 내용, 각 평가과제에서 평가하는 관련 차원, 기대되는 행동 또는 전형적인 행동, 실제 행동의 사례 또는 예시
4) 평가 역량의 관찰, 기록, 분류할 수 있는 능력 시연, 행동 준칙 관련 지식
5) 평가 및 평정 절차의 전반적인 지식과 이해(어떻게 데이터를 통합하는지 포함)
6) 평가자 간 신뢰도의 증거 시연, 평가자 간 일치도, 표준 및 평정 일치도

7) 평가 데이터 활용에 대한 제약사항을 포함한 조직의 실행과 정책에 대한 전반적인 이해와 지식
8) 피드백 전략과 절차에 대한 전반적인 이해와 지식(행동변화와 피드백 수용을 최대화하기 위해서)
9) 구두 및 문서 피드백을 정확하게 전달하기, 피드백할 때, 참가자의 자존감 유지 및 향상
10) 상호작용 과제(일대일, 정보탐색 등)에서 요청받는 역할을 일관되고 목표를 달성할 수 있도록 연기하는 능력 보여주기(평가자가 아니라도 훈련을 받고 인정받으면 롤 플레이어를 할 수 있다)

2. 훈련 기간

훈련 기간은 고려하는 요소에 따라 다르다. 아래 3가지 항목에서 고려할 수 있다.

1) 트레이너와 교수 설계에 따라서
   - 교수 방식의 유용성
   - 트레이너의 전문성과 품질
   - 훈련과 교수의 순서
2) 참여하는 평가자의 수준에 따라서
   - 같은 평가방법에 대한 사전 경험과 지식
   - 평가자 활용 유형(전문적인 심리학자 대 관리자)
   - 대상 직무/직무군, 대상 레벨과 조직에 대한 경험과 친숙도
   - 평가 참석 주기
   - 다른 전문적 자격 및 전문성(예, 검사와 평가, 코칭 실행)
3) 평가 프로그램에 따라서
   - 대상 직무의 난이도 수준
   - 평가 차원의 개수
   - 평가 정보의 활용 범위(예, 즉시 선발, 진단, 개발)

- 평가과제의 수와 복잡성
- 평가자와 평가 보조요원 간 역할과 책임의 범위(총괄 책임자, 롤 플레이어, 지원인력)
- 평가자에게 관찰과 평가 가이드의 양식을 제공하는 등의 지원 정도

평가자 훈련의 품질과 기간은 유사한 것이 없다는 점에 유의해야 한다. 평가자 훈련을 최소한 몇 시간 할 것인가, 며칠을 할 것인가에 대한 정확한 지침을 구체화하기는 어렵다. 평가센터가 잘 구조화되어 있고, 작은 평가과제들, 고품질 트레이너, 신중하게 선발된 평가자들이면 하루 정도로 할 수 있다. 경험이 없는 평가자들의 훈련은 더 많은 시간을 고려해야 한다. (예; 평가과제별로 하루씩 이틀 정도 할 수도 있다) 평가와 관련한 방법을 가지고 있는 평가자들은 훈련시간을 단축할 수도 있다. 평가과제의 형태가 다양하게 구성된 복잡한 평가센터면 더 시간을 할애하여 훈련해야 한다. 어떤 경우든 평가자 훈련은 평가 프로그램의 목적이 핵심이다. 진정한 훈련의 품질은 다음에 언급하는 것들에 대한 평가자의 역량에 달려있다.

3. 수행 지침과 인증

각 평가센터는 명확한 수행지침서를 가지고 있어야 한다. 이 수행지침서는 최소한 아래와 같은 능력을 포함해야 한다.

1) 표준화된 방식에 의한 행동의 관찰, 기록, 평정
2) 수집한 행동을 차원(역량)으로 분류
3) 전문가 수준의 표준 척도 또는 평가자 팀에서 가지고 있는 척도에 따라 점수 매기기
4) (해당하면) 평가팀 또는 총괄 책임자에게 역량 관련 행동 보고하기
5) (역할을 부여받은 경우) 과제를 총괄하거나 과제 관리하기
6) (역할을 부여받은 경우) 상호작용 과제에서 역할연기자로 일관되게, 객관적으로 연기 수행하기
7) (역할을 부여받은 경우) 참가자의 자존감을 손상시키지 않으면서 진심이 담긴

마음으로 증거를 가지고 부정적 행동과 긍정적 행동을 피드백하기

8) (코치 역할을 부여받은 경우) 프로그램 초반에 기대감을 명확히 하기(참가자는 기대하고 있는 행동이 있으므로), 동기부여, 도전적이고 건설적인 피드백, 역량 향상계획 수립 및 목표 설정 등 코칭에 적극적인 참여 유도하기
9) (상위 관리자에게 피드백할 경우) 모호하지 않게 명백하게 피드백하기, 참가자의 강점과 보완할 점에 대해서 건설적으로 피드백하기
10) 의사결정용/피드백용 보고서 작성하기(종합적 시각, 통합적 시각에서 잘 정리된 보고서 작성하기)

어떤 방식들은 평가자로서 기능 수행이 가능하게 하도록 개인에게 초점을 맞춘 훈련을 포함하기도 한다. 이 방식은 1) 평가자끼리 일치를 본 평가 기준 또는 전문가 기준과 비교하여 신뢰도와 정확성이 어느 정도인지를 평가하기도 하고, 2) 평가자가 작성한 보고서의 비판적인 검토를 하기도 하고, 3) 평가자 훈련 때, 평가센터 보조요원들이 그림자처럼 따라다니며 관찰하기도 한다. 중요한 것은 실제로 평가자 임무를 수행할 수 있느냐이다. 평가자 수행은 평가자로서 기능을 효과적으로 수행했는지를 평가해야 한다. 훈련에서 배운 스킬들을 잘 적용하게 하도록 주기적으로 점검 확인해야 한다. 각 조직은 평가자들이 조직이 정한 최소한의 수행 표준에 도달하는지를 살펴봐야 한다. 이것은 수준에 도달하지 못하는 평가자들을 위해서 미리 준비된 조치 또는 추가적인 훈련 필요성이 판단하는 기준이 된다. 평가자를 훈련하는 트레이너는 위에서 언급한 평가자 스킬들을 평가자들이 습득할 수 있게 하려면 평가자들의 스킬들을 평가하고 강화시키는 역량을 갖추어야만 한다.

4. 훈련과 경험의 갱신

평가자는 평가 훈련을 받은 뒤, 6개월 이전에 평가 경험을 가져야 한다. 이보다 시간이 더 지났는데도 평가 경험이 없다면(2년 연속 2번의 기회가 없다면), 재교육을 받거나 훈련된 평가센터 평가자로부터 특별 코칭을 받아야 한다. 모든 평가자는 평정의 일관성과 합의 스킬에 대해 정기적으로 점검을 받아야 하고, 필요한 경우 단기 재교육을 받아야 한다.

5. 수행결과의 점검/확인

평가에 참여하는 평가자들은 주기적으로, 체계적으로 수행결과에 대해서 점검을 받아야 한다. 점검 결과, 훈련 시에 제시한 수행 표준에 미달 또는 전문성이 떨어진다고 판단되거나 정확성과 신뢰도가 원하는 수준에 미치지 못하면, 재훈련, 재인증, 인증취소 및 참여 중지 등의 조치를 해야 한다.

Ⅷ. 평가센터 보조요원 및 관련자들의 훈련과 품질

평가센터의 모든 보조요원과 관련자들은 자신들의 역할을 효과적으로, 정확하게, 일관되게 수행할 수 있도록 적절한 훈련을 시켜서 품질을 높여야 한다. 이들은 평가자는 아니지만 참가자와 접촉하는 사람들이며, 의사소통, 관리, 훈련, 평가/타당성, 기록 유지 등을 포함하여 평가센터 운영에 책임이 있는 사람들이다.

1) 평가센터 총괄 운영책임자(assessment center administrator)

어떤 나라에서는 평가센터 관리자(assessment center manager)라고 부르기도 하는 이들은, 평가센터 운영에 대해서 모든 것을 감독하고 책임을 지는 가장 높은 수준의 전문가를 말한다. 이들은 평가센터 설계자와 과제개발자이기도 하고, 정책 문서를 개발하고 유지하는 감독을 하고, 진행 중인 평가 및 타당성 검증의 증거를 수집하는 책임이 있다. 이들은 평가센터를 운영하고, 필요한 자재들을 조달하고, 평가자와 보조요원을 훈련하고, 문서작성, 정보 공유 및 보호, 위험관리, 품질 통제 등의 업무를 책임진다.

2) 평가센터 코디네이터(assessment center coordinator)

어떤 나라에서는 센터 관리자(center administrator)라고 부르기도 하는 이들은, 총괄 운영책임자의 지휘를 받아 운영 지원 임무를 수행하는 사람들이다. 이들은 평가센터 운영 프로세스, 진행일정표, 관련 자료 조달, 평가과제 및 다른 평가도구 관리, 안내요원들과 연락을 취하고, 평가자 점수/보고와 관련 문서를 수집하고 관리하고, 통합회의 시에 점수를 집계하고, 피드백 보고서를 교정하고 준비하며, 필요한 추가적인 역할을 담당하는 사람들이다.

3) 역할연기자(role player)

역할연기자는 해당 평가과제에서 일대일, 전화, 또는 다른 소통 수단을 통해 참가자들과 접촉하는 사람들이다. 따라서 역할연기자는 평가센터의 전반적인 맥락과 자신이 맡은 평가과제의 맥락을 이해하여야 한다. 이들은 자신이 맡은 역할에서 요구하는 것을 깊게 이해하고, 각 참가자로부터 표준적인 반응을 끌어내야 한다. 이들은 자신의 취해야 할 행동들의 각본을 이해해야 하며, 즉흥적으로 행동하는 것이 어디까지 허용하고 있는지를 이해해야만 한다. 이들은 프로그램이 지향하는 보안/신뢰, 전문성, 그리고 공정성 및 차별 이슈에 대해서 정통해야 한다.

4) 조직 의사결정자들

평가센터 프로그램의 신뢰성, 윤리성, 절차의 공정성을 확보하기 위해서 평가센터 총괄 책임자는 조직의 관리자와 리더들에게 관련 교육을 해야 한다. 이들은 피드백 보고서를 받아보고, 평가결과를 해석하고, 활용하는 사람들이다. 평가결과를 채용, 승진, 승계계획 등에 활용할 경우 중대한 이슈가 발생할 수 있기 때문이다.

5) 기타 역할 수행자들

평가센터 프로그램 내에서 다른 역할들이 있다. 위에서 언급한 평가자뿐만 아니라 각 개인이 해야 할 역할이 있다. 이런 역할들은 아래와 같다.

- 평가센터 프로그램에 대한 정보를 제공하는 사람들
- 참가자들을 교육하고 관리하는 사람들
- 모의과제 검토/수정하는 사람들
- 검사 도구 관리자들
- 평가결과를 활용하여 통계표 등을 만들어 보고하는 사람들
- 보고서를 작성하는 사람들
- 피드백 제공 책임을 맡은 코치 및 다른 사람들
- 또 다른 행정 지원 및 보조요원들

모든 요원이 그들의 역할을 유능하게 수행할 수 있도록 그들의 임무들을 명확히 하는 것이 중요하다. 모든 요원을 잘 훈련하여 평가 세션들과 참가자들 간에서 일관되고 효과적으로 역량을 수행하도록 해야 한다. 평가자들이 이런 요원들을 평가하고 훈련하는데 적용할 수 있는 내용은 평가자 훈련을 참고할 수 있다.

IX. 타당성 이슈들

평가센터의 폭넓은 활용과 수용의 주요 영역은 건전한 타당성 연구를 강조하는 것과 직접적인 관련이 있다. 다양한 조직들에서 수행된 평가센터 점수들의 예측 타당도를 보여주는 수많은 사례가 전문적인 문헌에 보고되었다. 그렇지만 이들의 절차 타당성의 보고는 특정한 평가 프로그램 또는 이미 존재하는 프로그램의 새로운 적용이 타당할지 아닌지를 보장할 수 없다.

평가센터 점수들의 타당성을 알기 위해서는 복잡한 기술적 프로세스를 거치지만, 중요한 것은 타당성 연구가 전문적이며 법적 기준에 부합하느냐이다. 타당성 연구는 검증 절차의 기술과 법적 이슈에 적절한지를 아는 사람이 수행해야만 한다. 평가점수들의 타당성을 평가하면서 특히 중요한 것은, 역량들을 결정되고, 역량이 직무와 관련이 있는지를 검증하고, 평가도구 간의 연계성을 알 수 있는 문서들이다.

평가센터 연구의 메타분석(타당도 일반화로 불리는) 연구들은 다양한 조직에서 종합점수(OARs, Overal Assessment Ratings)가 예측 타당도를 보여준다는 것을 지지한다. 몇몇 발견된 점은 새로운 상황(평가자, 모의과제, 직무가 다르게 구성된 상황)에서 새로운 평가센터의 활용을 지지하고 있다는 것이다. 새로운 과제에 참가한 참가자들에게서 얻은 연구결과들도 유사했다. 관찰, 보고, 정보의 통합을 활용한 절차들도 유사했다. 메타분석 연구들은 과제 점수, 역량점수, 종합점수의 준거관련 타당도를 입증한다. 수행을 예측하는 것 외의 다른 목적(훈련 필요점의 진단, 배움과 개발을 촉진)의 평가센터 점수의 활용은 예외이다.

인사 선발절차, 교육 및 심리검사 표준의 활용과 검증을 위한 원리들은 타당성 검증 표준을 거의 완벽하게 따른다. 평가센터의 실행은 이러한 표준을 따를 뿐만 아니라 각국 나라에서 수행되고 있는 전문 검사 및 검증 표준(예 : 영국의 국제 검사 위원회의 검사 활용 지침, 독일의 DIN 33430 평가 절차와 적용의 효율성 조건, 러시아의 심리진단 방법 조건 표준)을 따라야 한다.

   훈련 및 개발의 단일 목적으로 평가센터를 활용하려면, 여기서 제시하고 있는 지침에 추가하여 다음과 같은 훈련 평가의 전문 표준을 따라야 한다. 인식 영역(예 : 지식과 개념), 스킬 영역(예 : 새로운 행동과 능력의 습득), 정서 영역(예 : 태도 변화, 동기의 이동)에서 산출물을 증거로 제시해야 한다. 증거로 제시하는 방법들에는 참가자의 충분한 표본, 연구조사 설계, 관련 변수의 측정, 통제, 통계적 절차 등과 같은 결함이 없는 평가 절차가 포함되어야 한다.

X. 기술(technology)

   미디어의 풍부한 경험이 있는 참가자들을 대상으로 더 저렴하고 더 효율적으로 평가센터를 실행하기 위해서 IT를 활용하는 것은 흔한 일이 되었다. 어떤 기술들은 기록, 평정, 통합, 관련 행동 정보 피드백 등에 유용하게 활용되며, 참가자들이 프로그램과 조직을 빠르게 인식하게 하고, 다양한 인재관리 기능들을 연결하고 정렬하는 것을 지원할 수 있다. IT를 적용한 새로운 프로그램이 평가센터로 불리기 위해서는 평가센터 방법의 핵심 요소를 준수해야 한다. IT를 적용하더라도, 평가자가 확실히 행동을 관찰할 수 없거나 참가자가 명백히 행동을 보여줄 수 없다면 새로운 프로그램은 본 지침에서 앞에서 기술한 평가센터라고 부를 수 없다.

1. 평가센터 프로그램에 IT를 적용하는 예는 아래와 같다.
   - 행정적인 일(참가자, 평가자, 롤 플레이어의 일정표 작성 같은)과 평가자들이 하는 평정, 보고, 통합의 자동화
   - 평가자 훈련, 피드백, 평가, 평가과제를 관리하고 필요한 교육을 위한 비디오 활용
   - 멀티미디어 활용하여 인터넷과 내부 네트워크를 통해 시뮬레이션의 내용을 수집

2. 평가센터 프로그램 내에서 정보기술을 활용하여 인터넷을 통해 어떤 활동을 할 때, 법적 윤리적 도전을 취급할 때, 프로그램을 실행할 때 등은 전문적인 법률적 지침을 따라야 한다. 아래 지침들은 평가센터 운영을 위한 고려사항을 안내한다.

1) 심리검사를 인터넷으로 할 때, 미국심리연합회 TF의 지침
   - 원격으로 평가받는 참가자들의 신분을 확인하는 장치 마련
   - 점수, 데이터, 검사/평가 내용 시 멀티서버 활용, 보고 정보는 다른 서버에 저장, 데이터 저장과 백업 자료는 보안 방화벽에 갖추어진 서버에 저장
   - 보안 자료들을 출력하거나 복사 방지 방법 구축
2) 컴퓨터 기반/인터넷으로 검사 시 국제검사위원회 지침
   - 평가센터의 목적에 따라 통제 및 보안 수준 결정(접근 허용, 통제, 감독, 관리 등) 특히, 선발 및 승진을 위한 평가센터일 때 가장 강한 통제와 보안 조치
3) 각 나라의 법률 및 정책에 담겨 있는 개인정보 보호 준수사항
   - 평가센터가 다른 나라에 있는 참가자를 평가하고 데이터를 전송받는 경우, 그 나라의 자료 보안에 관한 법률 준수
4) 평가센터가 IT를 적용할 때, 장애자나 어느 부분에서 정상적이지 않거나 컴퓨터 활용 능력이 평균 이하인 사람(이 능력이 직무의 필수요건이 아닌 경우)들을 특별히 고려해야 한다. 또한, Web에 접근성을 높이기 위해서 인터넷 접근에 대한 지침을 제공해야 한다.

3. 추가하여, 조직 및 해당 업체들은 컴퓨터 네트워크를 활용하여 평가센터 관련 자료들을 전달하는 과정에서 기준을 위반하지 않아야 한다. 위반의 가능성이 개발 평가센터에서는 덜 하지만, 승진이나 선발이 평가센터의 목적이라면 기준은 무엇보다 중요하다. 기준의 결함은 아래에 있는 것들이 서로 다르거나 사용자들의 경험이 다를 경우 발생할 수 있다.
   1) 운영 시스템
   2) 하드웨어
   3) 인터넷 접속의 품질, 속도, 영역
   4) 브라우저 호환성 및 환경
   5) 컴퓨터 화면의 크기 및 해상도
   6) 음향 품질
   7) 키보드 유형(예 : 스크린 터치 방식)

8) 마우스 성능(예 : 터치 패드 등)

9) 작업 환경

10) 가까이에 다른 개인의 존재 여부

11) 네트워크 기반 평가센터 구성요소의 접근성

4. 추가하여, 인터넷으로 평가센터의 내용물을 주고받을 때 발생할 수 있는 취약점을 고려해야 한다. 평가센터 개발자들은 IT를 활용할 때, 의사결정 이전에 리스크를 평가하고 잠재적 취약점을 규명하는 등의 이슈들에 대해서 신중해야 한다. 나아가 평가센터 정책 문서에는 모든 최적의 프로토콜(규칙), 데이터 보안, 기술 활용의 보안을 포함해야 한다. 협력 업체들이 평가센터에 참가할 때도 적용해야 한다.

5. 추가하여, 평가센터 개발자들은 IT활용이 평가 프로세스의 충실도를 강화/손상할 기술인지를 고려해야 한다.

XI. 윤리적, 법적 분쟁, 그리고 사회적 책임

평가센터 프로그램에 참여하는 다양한 이해관계자 집단들(예 : 참가자들, 평가자들, 조직들, 컨설턴트들)은 다양한 권리와 책임이 있다. 평가자들-롤 플레이어들-총괄 책임자들의 품질, 프로그램의 목적, 데이터 활용, 전문적 기준, 법적 보호 등은 이 지침에서 일찍이 분명히 표현했다. 여기에 추가하여 우리는 윤리적 고려사항을 포함한다.

1. 참가자에게 정보 제공

조직은 참가자에게 프로그램에 대해 완전한 정보를 제공하기 위해 평가 전에 알려줄 의무가 있다. 이 정보는 평가가 이루어지기 전에 가능한 한 문서로 작성되어야 한다. 제공되는 정보들은 조직마다 다를 수 있지만, 아래 내용은 기본적으로 제공해야 한다.

1) 목표 : 평가센터의 목적과 프로그램의 목표는 평가센터의 목적에 달려있다. 조직은 평가 이전에 평가과제의 성격, 평가하게 될 역량을 분명히 선정해야 한다.

2) 선발 : 평가센터에 참가하게 될 개인들의 선발 방법

3) 선택 : 어떤 사람이 어떤 프로그램에 참여할 수 있는지 선택권 여부

4) 진행요원 : 평가자 훈련, 관련 경험, 구성을 포함한 평가자 역할 및 보조요원에 대한 일반적인 정보

5) 자료 : 어떤 자료들을 수집하고 개발했는지 등 참가자들이 어떤 것을 해결해야 하는지에 대한 정보

6) 결과 : 결과는 어떻게 활용하고, 결과 중에 추천하는 것은 무엇인지, 결과는 파일로 얼마 동안 보관하는지에 대한 정보

7) 피드백 : 누가, 어떻게 피드백(대면, 문서, 기술을 도움을 받아서 피드백)을 하는지, 어떤 종류(역량별, 과제별, 아니면 통합하여)의 피드백이 주어지는지에 대한 정보

8) 개발 : 후속 지원과 점검 체계(예 : 코칭, 훈련, 확인점검 또는 최고 경영자/상위 관리자의 지원)

9) 정렬 : 가능한 경우, 평가결과를 조직의 전략, 문화로 어떻게 활용한 것인지, 인적자원관리 기능에 어떻게 통합되는지에 대한 정보

10) 재평가 : 가능한 경우, 재평가의 절차

11) 접근 : 평가결과 보고서에 누가 어떤 조건 하에서 접근할 수 있는지에 대한 정보

12) 접촉 : 결과가 어디에 저장되는지, 평가결과를 기록하는 책임이 있는 사람은 누구이며, 그 사람에게 어떻게 접촉할 수 있는지에 대한 정보

13) 전자 데이터 보안 : 모든 전자 데이터의 보안 규칙에 대한 정보, 관련 법률 분쟁에 대한 정보, 전자 데이터를 관리하는 전문적인 기준, 정보에 접근하는 정보

2. 참가자 권리

평가센터의 활동들은 전형적으로 생성되는 데이터가 클 수밖에 없다. 이들 평가 데이터는 관찰 노트, 연습에서 수행한 수행보고서, 평가자 점수들, 동료 점수, 지필검사와 컴퓨터 시험들, 비디오 파일, 최종 보고서 등 여러 가지 형태로 존재하게 된

다. 이들 리스트는 존재하는 동안, 개인에게 수집된 정보의 범위들을 가리킨다. 아래 내용은 참가자의 권리에 관한 중요한 것들이다.

1) 참가자들은 자신이 수행한 결과(권고안 포함)에 대해서 피드백을 받아야 한다.
2) 참가자들은 공식적인 보고서 또는 요약 보고서 또는 서면 보고서와 자신이 관리하고 준비할 수 있는 내용이 담긴 권고안을 읽을 권리가 있다. 그리고 궁금한 점에 대해서 질문을 하고 설명을 요구할 수 있어야 한다.
3) 보안을 위해서, 평가센터 과제들과 특별한 과제들에 관한 평가자 보고서는 공개에서 제외된다. 그러나 역량점수에 대한 타당성 데이터/근거와 결과적 권고안은 가능한 범위 내에서 참가자의 요구에 응해야 한다.
4) 조직은 선택할 데이터, 유지할 데이터, 활용할 데이터, 공개할 데이터를 참가자에게 알려 주어야 할 뿐만 아니라, 다른 나라에 또는 인터넷을 통해 전달하게 될 기록들과 다른 사람들의 데이터의 정보를 제공해야 한다.
5) 조직은 평가결과를 처음에 공포한 것과 다른 목적으로 활용할 경우, 참가자에게 미칠 영향과 얻게 될 이익에 대해서 알려줘야 한다.

3. 저작권과 지적 재산권

추가하여, 평가센터 관련 자료들(모의과제와 또 다른 과제들, 평정 척도, 평가자 훈련 자료들)은 국제 저작권법에 따라 지식재산권을 보호받는다. 다른 사람들의 저작권 및 지식재산권은 모든 상황에서도 유지되어야만 한다.

4. 데이터 보호

평가센터 프로그램은 평가가 이루어지는 각 나라 또는 각 지역의 데이터 보호법을 준수해야 한다.

5. 관련 법규 준수

평가센터를 설계하거나 타당성을 검증하거나 적용을 하거나 문서작업을 할 때, 본사/대행업체의 소재지가 있는 나라나 지역의 법규를 준수해야 할 뿐 아니라 평가가 진행되는 그 나라나 그 지역의 법규를 준수해야만 한다. 이것은 보호받아야 할 집단(나이, 성, 장애는 물론 자국 사람, 인종집단, 종교집단 등)에 대해서 불공정하거나 차별하는 것도 포함한다.

XII. 다른 문화에서의 평가센터 수행

1. 국가와 문화가 다른 곳에서 단일의 평가센터 프로그램을 수행하는 경우, 고려할 요소들이 있다. 어떤 상황에서는 많은 평가센터 정책들은 프로그램이 전개되는 그곳의 지역 문화를 수용할 필요가 있다. 또 다른 상황에서는 프로그램이 전개되는 그곳의 모든 지역에서 표준화를 결정해야 할 수도 있다. 처음 개발된 방법으로부터 국가나 지역에 적합한 평가센터를 접목할 전문가를 투입할 것인지, 문화가 서로 다른 집단의 구성원들과 함께 작업할 것인지를 결정해야만 한다.

2. 맥락적 요소의 범위는 프로세스가 진행되는 동안 고려되어야 한다. 아래와 같다.

   1) 사회정치적 환경, 법률, 비즈니스, 문화의 공통성 정도(예 : 문화적 신념과 행동, 지역 비즈니스 법)
   2) 해당 전문가 연합체에서 제정한 국가 지침의 차이
   3) 직무 성공을 위한 역량의 공통성
   4) 직무 성공을 위해서 요구되는 역량과 수행 표준화의 공통성
   5) 평가센터가 수용하게 될 각 조직 간 비즈니스 모델의 공통성의 범위(예, 전체 비즈니스 전략, 비전, 가치, 실행)
   6) 각 조직의 하부구조 간 집중화 및 분권화 수준
   7) 각 지역 간 결과를 해석하기 위해서 요구하는 비교통계 수준(예 : 규범적 비교)
   8) 각 나라/문화 간 개인 욕구 전환의 범위

3. 평가센터 프로그램을 문화를 고려하여 구체적으로 설계할 때, 아래 관점에서 각 문화권을 기초로 수정할 것을 고려해야 한다.

   1) 수행 준거의 선택

2) 직무 성공의 준거

3) 역량 정의 방법

4) 모의과제의 유형 및 내용

5) 평가자 선발

6) 평가자와 롤 플레이어의 선정 수준(직접 고용의 비율)

7) 평가자 훈련과 내용은 가능하면 문화의 차이점과 규범을 참조(평가자와 참가자가 공통적인 문화를 공유할 수 없을 때)

8) 보고서 구체성

9) 피드백 수행 프로세스, 형식, 수단(예 : 구두, 문서), 구체화 정도

10) 화폐 단위, 각종 수치 단위(예 : kilometers versus miles), 인명과 지명, 단, 평가센터의 언어는 같아야 한다.

4. 대조적으로, 평가센터 프로세스의 몇 관점은 프로세스가 문화를 수용할 때에도 표준화는 유지되어야 한다. 문화가 달라도 유지해야 할 것은 아래와 같다.

1) 행동 관찰

2) 평가자 훈련 프로세스에 행동 관찰

3) 행동의 분류와 평정

4) 행동, 역량, 평가과제, 평가자 간 평가 통합의 체계적인 프로세스

5. 지역이 다르거나 문화가 다른 사람들을 위해 모든 프로그램의 문서, 자극, 평정 도구, 보고서 양식은 하나 또는 그 이상의 대체 가능한 언어로 번역할 필요가 있다. 자료들도 국제표준번역 기준에 따라 그 나라 언어로 번역해서 품질을 점검할 수 있도록 해야 한다. 복수의 언어로 평가센터가 운영될 때도 마찬가지다. 다문화적인 평가센터에 고용되는 평가자들은 문화 간 이슈들을 다룰 수 있도록 적합한 훈련을 받아야 한다.

6. 또한, 국가 간 데이터를 전송할 경우 관련 법규를 준수하는 것은 중요하다.

첨부 B : 관련 용어

Assessee : 평가센터에서 평가받는 개인(다른 용어, participant, delegate, candidate)

Assessment Center : 복수의 시뮬레이션 과제를 활용하여 참가자가 보인 초점 행동을 복수의 평가자가 평가하는 프로세스를 말함

Assessment center administrator : 평가센터 운영을 총괄하는 가장 높은 수준의 전문가를 말하며, 평가센터 운영 관리, 조달, 평가자와 보조요원 훈련, 문서작성, 위험관리, 품질 통제를 한다. 다른 말로 평가센터 매니저라고도 한다.

Assessment center component : 평가센터에 포함되는 다수의 평가도구를 말하며, 행동적 시뮬레이션 연습과제가 주요 도구이며, 시험, 인터뷰 그리고 다른 형태의 도구도 포함된다.

Assessment center coordinator : 평가센터 총괄 운영책임자를 지원하는 사람을 말하며, 평가센터 프로세스, 일정표 적성, 조달, 평가과제 관리, 보조요원 동선 관리, 평가자의 평가 및 보고서 작성 지원, 통합회의 시 점수 집계, 피드백 준비, 기타 필요한 업무를 맡는다.

Assessor : 평가센터에 참가하는 참가자의 행동에 대해서 관찰, 기록, 분류하고, 정확하게 믿을만한 판단을 할 수 있도록 훈련받은 사람을 말한다.

Assessor training : 평가센터에 참가할 모든 평가자의 임무를 수행하는 방법과 정확하고 믿을만하게 평가하는 방법을 훈련하는 것을 말한다.

Behaviorally anchored rating scales(BARS) : 초점 행동이 나타날 수 있는 척도를 '효과적, 평균, 비효과적 수행'으로 기술하는 방식을 말한다.

Behavioral observation scale(BOS) : 참가자가 보인 행동(효과적인 행동, 비효과적인 행동)이 얼마나 자주(전혀 관찰되지 않거나 늘 관찰되는 정도) 관찰되는지를 나타내는 척도를 말한다.

Behavioral checklist : 참가자가 과제를 수행하면서 보여야만 하는 행동 목록을 말한다.

Behavioral construct : 평가센터에서 평가의 초점이 되는 행동을 말한다. 일반적으로 차원, 역량, KSAs를 포함할 수 있다.

Behavioral construct-by-assessment center component matrix : 하나의 매트릭스로, 직무분석 또는 역량 모델링 이후에 행동 구성체(예 : dimension)와 평가센터 구성요소(예 : 모의과제)를 연결하는 지도이다. 매트릭스는 각 차원이 어떤 평가 도구로 평가되는지를 보여준다.

Behavioral cue : 참가자로부터 직무 관련 행동을 끌어내기 위해 미리 결정된 각본 또는 자극(예 : 롤 플레이어에 주는 시나리오)으로써, 모든 참가자에게 구체적인 직무와 관련된 평가 역량을 끌어내기 위해 일관되게 대응을 하도록 하는 각본을 말한다. 다른 말로 behavioral prompt라고도 한다.

Behavioral dimension : dimension 참조

Competency : dimension 참조

Competency modeling : 직무를 효과적으로 수행하는 데 필요한 개인적 특성과 기질에 대해서 정보를 수집하고 조직화하는 방법을 말한다. 방법은 직무분석 방법과 같을 수 있지만, 전통적으로 회사의 비전, 문화, 전략 등 최소한 몇 가지에 초점을 맞춘다.

Consensus discussion : integration discussion 참조

Development : 평가센터의 기대하는 산출물로써, 효율성의 세트를 개선시키는 것을 말한다.

Development center(DC) : 평가센터 프로그램 안에 개발을 촉진하기 위해서 설계된 평가센터와 오로지 개발 필요점을 진단하기 위해서 설계된 평가센터 둘 다 아우르는 용어다. DAC와 혼동할 필요는 없다. 후자는 이 지침에서만 언급하는 단어다.

Development assessment center(DAC) : 역량에 관심을 보이는 참가자들을 개선하고 직접 개발시킬 목적으로 설계된 평가센터를 말한다.

Diagnosis : 각 참가자들의 역량의 강점과 약점을 분석하는 것을 말한다.

Dimension : 직무 성공과 관련이 있고, 논리적으로 함께 분류할 수 있고, 검증할 수 있고, 관찰 가능하며, 구체적인 행동의 집단(묶음)을 말한다. 어떨 때는 '역량(Competency)'이라는 단어로 사용되기도 한다.

Dimension-by-assessment matrix : 위 매트릭스 참조

Feedback : 이해관계자(참가자, 관리자, 인사담당자)에 평가결과를 전달하는 것 또는 바람직한 수행 수준 또는 표준과 비교되는 실제 수행결과에 정보를 말한다.

Fidelity : 하나 또는 그 이상의 선정된 직무관련 역량들을 참가자가 실제로 보여주길 원하는 평가과제와의 유사성의 정도, 실제 직무 상황 또는 과제와 비교되는 모의과제의 실제와 관련이 있다. 평가 형태(예 : 컴퓨터화된)와 직무에서 수행하는 행동 간에 유사성을 말한다.

Frame-of-reference training : 역량점수의 신뢰도와 타당도를 증진할 목적으로 만든 평가자를 훈련하는 기준을 말한다. 숙련된 평정과 합의 과정에서 동일한 이해를 하도록 한다. 평가자 간 눈높이를 맞추는 데 반드시 필요하다.

Integration : 복수의 평가자, 복수의 역량, 복수의 평가과제에서 얻은 점수와 행동을 결합하는 방법을 말한다. 평가자 간 토론 방법이 있고, 통계적 결합 방법이 있다.

Integration discussion : 평가센터에서 얻어진 점수와 행동들을 토론하기 위해 평가자들의 회의를 통해 집계하는 방법을 말한다.

Job analysis : 직무에서 성공과 실패와 관련된 KSAs와 과제들을 결정하기 위한 프로세스. 프로세스는 전형적으로 직무 정보를 수집하기 위한 테크닉(재직자 인터뷰와 관찰, 상위 관리자-임원-주제 전문가와의 인터뷰, 직무관련 문헌(직무기술서, 훈련 매뉴얼 등) 분석, 설문조사)을 사용한다.

Job families : 하는 일, 스킬, 교육, 훈련, 자격요건에 기반한 직무의 집단

Job role : 주어진 상황에서 요구하는 조건 또는 요구하는 것과 관련된 행동들이 패턴

Knowledge, skills and abilities(KSAs) : dimension, competencies로 알려진 직무에서 요구하는 사람의 특성의 집합체

Overall assessment rating(OAR) : 행동들, 역량들, 과제들, 모의과제와 같은 좁은 요소들의 수행에 관한 점수들을 통계적 방법이나 평가자 회의를 통해 판단적 합의를 이룬 평가센터에 참가자의 수행을 요약한 평가표를 말한다.

Prediction : 평가에 참여한 개인들의 장래 성공을 판단하는 것

Psychometric tests : 일부 나라에서는 test라고 부른다. 행동 관찰 또는 자연적 반응을 포함하지 않는 검사를 말한다. 예전부터 'pencil and paper test'로 알려진 이것들은 인지능력, 성격 검사와 같은 것이 포함된다.

Reliability : 반복하여 평가했을 때 동일한 점수가 나오는 측정 프로세스의 범위를 말한다.

Role player : 사람이 포함된 해당 평가과제에서 참가자와 전화 또는 다른 의사소통의 형태를 통해 상호작용을 해야 하는 사람을 말한다.

Simulation : simulation exercise 참조

Simulation exercise : 참가자에게 상황적 자극을 주어 행동적 반응을 요구하는 것으로서, 직무에서 수행하게 될 역량과 관련한 행동을 끌어내기 위해서 설계된 방법 또는 과제를 말한다.

Split ratings : 한 역량의 점수가 A 과제에서는 높게 나오고, B 과제에서는 낮게 나오는 경우가 있는데, 이때 나오는 점수를 말한다. 이는 특별한 역량이 다양하게 해석할 수 있는 여지를 주며, 피드백 시에 참고한다.

Task : 원하는 산출물, 행동을 수행하기 위해서 일을 해야 하는 단위

Validity : 측정 도구 또는 프로세스에 의해 산출된 점수가 원하는 항목을 측정하고 있는지를 나타내는 정도, 여기는 구성, 내용, 안면, 준거관련 타당도가 있으며 질문으로 탐색할 수도 있고, 도구나 프로세스로 조사할 수 있다.

부록(5)

역량과 역량모델링

1. 역량의 유래

역량이라는 개념은 1959년 Harvard 대학교 심리학과의 Robert White 교수가 수행동기의 개념(concept for performance motivation)으로 처음 소개하였으며, 이후 Harvard 대학교 심리학과의 David McClelland 교수가 미국 국무성의 의뢰를 받아서 해외공보 요원을 선발하기 위한 측정도구를 개발하는 과정에서 업무 성과가 우수한 해외공보 요원의 특성을 역량이라고 명명하였던 것에서 더욱 주목을 받게되었다.

1970년대 하버드 대학의 맥클리랜드(McClelland)는 지식위주의 측정을 실시하는 전통적인 학업-적성검사 혹은 성취도 검사의 한계를 지적하면서 조직에서의 성과 측면에서 단순히 필요하다고 여겨지는 전문지식보다는 직무의 핵심적 성공요소와 연관된 구체적 직무수행능력을 강조하면서 사용했다.[112]

McClelland는 1973년 「지능검사에 대한 역량검사의 우위성」[113]이라는 논문을 발표한다. 심리학 분야에서 역량 개념을 도입했다하여 찬사와 비난을 동시에 받았다. 그는 이 논문에서 전통적인 학업 적성 검사나 성취도 검사가 안고 있는 문제점으로, 전통적인 검사들은 업무 성과나 인생의 성공 여부를 예측하지 못했고, 소수 민족, 여성 및 하류계층에 속한 사람들에 대한 편견을 배제하지 못했다고 지적하고, 검사는 일상의 산출물들을 포함하는 역량들을 평가해야만 한다고 주장했다.(Tests should assess competencies involved in clusters of life outcomes.)[114]

그는 직무성과를 예측할 수 있으며, 인종이나 성, 사회경제적 계층에 따른 편견을 배제할 수 있는 역량 변인을 밝히는 방법론을 제안했는데, 그 핵심은 다음과 같다.

준거 표본 사용 : 성공을 거둔 사람과 그렇지 못한 평범한 사람을 비교해서 성공과 연관된 특성을 규명한다.

성공의 원인이 되는 자발적 사고와 행동 규명 : 전통적인 선다형 검사나 자기 보고는 반응적 측정방법보다는 한 개인의 현재 혹은 미래를 예측하기 위해서는 실제 상황에서 그가 생각하고 행동하는 것, 혹은 과거 유사한 상황에서 행동했던 것을 파악하

---

[112] 중앙인사위원회, *고위직 직무분석 실시와 관리직 역량평가 및 개발방안* (중앙인사위원회, 2004), 13.
[113] David C, MaClelland, 'Testing for competence rather than for intelligence' (American Psychologist, January, 1973), 1-14.
[114] David C, MaClelland, 'Testing for competence rather than for intelligence', 9.

는 것이 최선이다.

그는 이 방법을 미 국무성 해외공보관 선발해 적용한다. 먼저, 준거집단 즉 우수한 업무 수행자와 평범하거나 무능한 업무 수행자 집단을 선정하여 이들의 특성을 대비하는 방법을 적용해 보기로 했다. 총명하고 능력 있는 젊은 외교관들을 우수 집단으로, 해고되지 않을 정도로 업무를 처리하는 외교관들을 평범한 집단으로 구성했다. 이어서 행동사건면접(Behavioral Event Interview: BEI) 기법을 활용하여 면접을 실시하여 방대한 자료를 수집했다. 인터뷰 내용을 분석한 결과, 우수한 수행자와 평범한 수행자를 구분 짓는 역량을 아래와 같이 규명하고, 역량은 바로 이러한 특성들을 의미한다고 정의했다.[115]

역량	정의
이문화 대인 감수성	이문화권 사람들의 속마음을 이해하고, 그들의 반응을 예측할 수 있는 역량
타인에 대한 긍정적 기대	타인의 존엄성과 가치에 대한 강한 신념과 심한 스트레스 속에서도 긍정적 태도를 견지할 수 있는 역량
정치적 네트워크 파악	사람들 간의 영향력 관계와 이해관계를 재빨리 파악하는 역량

McClelland는 외교관으로서의 업무역할을 수행하는데 필요한 역량을 추출하였고, 이에 대한 타당성을 검증하기 위하여 우수한 성과를 보이는 또 다른 외교관 집단과 보통 수준으로 분류되는 집단을 대상으로 그 역량들을 검증하였다. 조사결과, 우수한 성과자로 판명된 관리자는 타당성 검증결과에서도 일관되게 매우 높은 점수를 얻었으나, 그에 반해 보통으로 분류된 관리자는 낮은 점수를 보였다. 우수한 수행자의 기록에서 동일한 역량이 나타나 직무수행을 예측하는 근거로서 타당성을 입증하였다.

역량은 1970년 초에 McClelland가 처음 언급했다고 알려져 있지만, 사실 알고 보면 1940년대 OSS에서 첩보원 선발할 때 이미 사용했다는 것을 알 수 있다.[116]

---

[115] Lyle M. Spencer, Signe M. Spencer, *Competence at Work* (John Wiley & Sons, 1993), 5-6.
[116] DDI, "Assessment Center 소개 동영상 : 첩보원 역량"

제2차 세계대전 당시 미국 첩보원 역량

역량	정의
Observation	지형지물의 위치와 활용 여부 등을 세심히 살피고 활용하는 역량
Inference	확인된 정보로부터 논리적 결론을 도출하고 판단하는 역량
Memory[117]	짧은 시간에 많은 것을 보고 그것들을 기억으로부터 복원하는 역량
Intelligence	빠른 두뇌 회전을 통하여 신속하고 정확하게 문제를 해결하는 역량
Planning Ability	전략, 전술 및 첩보활동에 대한 시간 및 일정계획을 수립하는 역량
Persuasiveness	대원들에게 자신의 아이디어를 전달하고 받아들이도록 하는 역량
Motivation	첩보원의 사명과 희생의 가치를 강조하고, 의지를 북돋아 주는 역량
Leadership	대원들을 장악하고 군기를 바로 세우고, 사기를 북돋아 주는 역량
Resourcefulness	주어진 환경과 자원을 효과적으로 조달하고 활용하는 역량

2. 역량의 활용

역량은 전략적 인사관리를 위한 중요한 기준이 된다. 일반적으로 모든 조직에서는 역량을 모든 인사기능에 다양하게 활용한다. 구체적으로 역량은 선발, 평가, 교육훈련에 등에 활용된다. 선발에서는 역량을 활용하여 조직에서 필요로 하는 인재상을 정립하고, 필요한 인력의 채용기준을 설정하고 평가도구를 개발하는데 활용된다.

평가에서는 평가항목을 개발하는 지침으로 활용되어 승진, 승격의 기준으로 활용되고 급여 지급의 기준이 되며, 직무순환의 경우에는 직무이동의 기준으로 활용된다.

교육훈련에서는 육성목표의 설정 및 교육 필요점을 파악하는 기준으로 활용되어 구성원들의 역량별 강약점을 파악하고 핵심인재를 발굴하거나 리더십을 개발할 수 있도록 피드백을 제공하는 육성에 활용된다.

3. 역량 모델링

역량을 도출하는 것을 역량모델링이라고 한다. 역량은 직무를 성공적으로 수행하느냐? 실패하느냐를 판가름할 수 있는 것들이므로 신중한 접근이 필요하다. 우선 내

---

[117] 기억력을 평가하기 위해서, 어느 방에 들어가 4분 동안 관찰하도록 하고 36가지의 물건들의 이름을 말해 보라는 시험이 있었다.

부에서 자체적으로 도출할 것인가? 외부 전문가에 의뢰할 것인가를 결정해야 한다.

최근에는 역량이 잘 연구되어 있고 풍부하기 때문에 굳이 개발할 필요가 없다고 주장하는 사람들도 있다. 즉, 이미 노출되어 있는 역량들을 자기 조직에 맞는 내용으로 응용하면 된다는 것이다. 현재 고위공무원단, 정부부처 및 공사, 공단은 대한민국 표준역량을 조직에 맞게 활용하고 있다. *대한민국 표준역량(19개)는 부록(6)에 제시되어 있다.*

내부에서 자체적으로 역량을 도출하기로 결정하였다면, 먼저, 대상 직무를 결정한다. 그런 다음, 대상자가 어떤 일을 하는지를 조사한다. 조사하는 방법으로 직무분석, 행동사건면접(BEI), 설문조사 기법 등 다양하다. 어떤 기법을 활용하든 기법에 정통한 사람들이 해야 한다.

그렇게 조사가 끝나면, 처음에 예비 역량을 다수 도출하고, 중요도-빈도 등의 항목을 설정하여 해당 직무에 종사하는 사람과 주제 전문가 등에게 점수를 매겨 달라고 요청한다. 이런 과정을 몇 번 반복할 수도 있다. 그렇게 하여 최종 역량을 확정한다. 통상 5~7개 정도의 역량을 도출한다.

이어서 역량사전을 개발한다. 이미 도출한 5~7개의 역량을 일정한 구조, 즉 역량명, 정의, 행동지표, 하위요소, 행동사례 예시 등으로 기술한 것을 역량사전이라고 한다. 역량은 반드시 바람직한 행동의 모습으로 제시되어야 한다. 역량사전을 개발할 때, 고려해야 하는 요소는 행동지표를 어떻게 표현하느냐이다. 행동지표를 표현하는 방법은 아래와 같이 BOS 방식과 BARS 방식이 있다.[118]

---

[118] 행정안전부, *과학적인 인사관리를 위한 역량평가* (삶과 꿈, 2008), 20-21.

BOS 방식과 BARS 방식의 장단점

구분	행위관찰 척도법:BOS (Behavioral Observation Scales)	행위기준 평정 척도법: BARS (Behaviorally Anchored Rating Scales)
개념	각 역량에 대한 성과행위를 여러 차원으로 구성하여 세부 행동지표를 개발하고, 각 행위들의 빈도를 측정하여 점수를 평정할 수 있도록 고안됨	역량별로 가장 이상적인 수행행동으로부터 가장 바람직하지 못한 행동까지를 각 등급(단계)으로 구분하고, 각 등급의 중요행위를 판단하여 점수를 평정할 수 있도록 고안됨
특징	• 개별 역량의 특성을 다차원 행동으로 지표화 함	• 개별 역량의 특성을 수준별 행동으로 지표화 함
장점	• 역량의 다차원 접근으로 평가 타당성 확보 • 이해가 용이하고, 사용하기에 편리함 • 다양한 행동을 폭넓게 구성하여 타당도를 높이고 평가대상자의 비일관적인 행동에도 대응할 수 있음	• 수준별 정의가 명확하고, 평가자의 주관성을 배제시킬 가능성이 높아 신뢰도를 제고할 수 있음 • 수준이 명확하게 고정되어 있기 때문에 Simulation개발 시에는 BOS방식에 비해 용이함
단점	• 주관성을 배제하기에 불충분함 • 신뢰도를 높이기 위해서 양적인 빈도에만 치중할 경우에 질적인 측면이 간과될 우려가 있음	• 개발하는데, 정확한 수준을 정의하기가 어렵고 시간이 많이 걸림 • 각 평정단위마다 다양한 행동이 표출될 수 있으나, 하나의 지표로 고정하는데 한계가 있음

● 행위관찰척도(Behavior Observation Scale)

고성과자가 발휘하는 바람직한 대표 행동들을 역량별로 제시하는 형태의 척도를 말한다. 보통 5~10개의 대표 행동을 제시하는데, 각각의 행동에 대해 참가자가 실제 보여주는 행동의 빈도와 강도에 대해서 점수로 매기고, 그 평균값을 통해 역량 수준을 결정하게 된다.

BOS 방식으로 기술된 역량사전의 모습

역량명	적응성
정의	업무수행 환경이나 조건이 변화할 때, 업무를 성공적으로 완수하기 위해서 본인의 생각과 행동을 바르고 빨리 변화시켜 대응하는 역량
행 동 지 표	

• 변화를 읽을 수 있게 하는 정보를 수집하는 장치와 경로를 개발한다.
• 변화에 대한 정보를 수집하고, 분석한다.
• 분석한 내용을 가지고 변화의 본질과 원리를 이해한다.
• 파악된 정보가 업무과제에 어떤 변화가 일어날 것인가를 분석하고, 예측한다.
• 지금까지의 사고나 행동패턴에서 새로운 접근방법을 적극적으로 찾는다.
• 새로운 변화에 맞추어 기존의 자신의 생각과 행동패턴을 올바르고 빠르게 수정한다.
• 비효과적인 행동을 고집하지 않는다.
• 새로운 상황과 변화를 성장하고 배울 수 있는 기회로 생각한다.
• 변화가 가져다 줄 이익에 초점을 맞춘다.
• 변화에 대해서 긍정적으로 생각하고 다른 사람들에게도 변화에 대해서 긍정적으로 전파한다.
• 변화에 적응하는 과정에서 항상 효과성을 유지한다.

◉ 행위기준평정척도(BARS, Behaviorally-anchored Rating Scale)

역량발휘의 다양한 행동사례를 가지고 고성과자의 우수행동과 초보자의 미숙한 행동 등을 행동 수준(anchor)별로 구분하여 제시하는 형태의 척도를 말한다. 참가자의 실제 행동과 가장 일치하는 행동 수준의 지표를 선택하여 역량 수준을 결정하게 된다.

BARS 방식으로 기술된 역량사전의 모습

역량명	적응성
정 의	업무수행 환경이나 조건이 변화할 때, 업무를 성공적으로 완수하기 위해서 본인의 생각과 행동을 바르고 빨리 변화시켜 대응하는 역량
행동지표 차원	파급효과(행동변화의 폭 조절), 노력의 정도(행동변화의 속도 조절)
행 동 지 표	
Level 1	• 변화의 상황에서 자기 원칙, 행동패턴 그리고 과거 업무 절차에 집착한 나머지 역효과를 초래한다. • 변화의 상황에서 요구되는 생각/행동패턴을 수용하는데 소극적이어서 변화 적응 속도가 그룹에서 가장 느린 편이다.
Level 2	• 일관되게 변화를 받아들이지 못하여 사안에 대해 객관성이 부족하다. • 일상적인 변화에 대해서도 적응속도가 느려 과거의 생각/행동패턴과 새롭게 요구되는 생각/행동패턴을 혼용하는 기간이 다른 사람에 비해 긴 편이다.
Level 3	• 변화의 상황 속에서 상황을 객관적으로 보고, 긍정적으로 다른 입장의 존재와 그 타당성을 인정하면서, 자신의 업무에서 유연하게 절차를 적용한다. • 일상적인 사안에 대해서는 단기간에 변화에 적응하지만, 중요한 상황 변화에 대해서는 순차적으로 변화에 참여한다.
Level 4	• 변화하는 상황에 맞춰 부서의 입장, 전략 등을 효과적으로 수정하여 지속적으로 좋은 성과를 내고 있다. • 중요한 상황 변화에 대해 긍정적 사고를 가지고 민감하게 반응하며, 짧은 기간(예:일주일)내에 체계적인 계획을 수립해 자신 뿐만 아니라 타인도 함께 변화하도록 지도한다.
Level 5	• 조직전체가 새로운 변화에 성공적으로 적응할 수 있도록 갖가지 전략과 구체적 방안을 주도한다. • 변화의 방향을 늘 앞서 예측하고, 다른 사람들에게 변화에 적응할 것을 요구하는 등 먼저 변화를 주도한다.

BOS 방식과 BARS 방식으로 구축된 역량의 모습들을 자세히 볼 수 있도록 *부록(6) 과 부록(7)에 제시되어 있다.*

※ 참고사항 : 역량(K,S,A)에 대한 오해

아래 역량의 정의는 유명한 정의다. 역량에 대해서 공부하는 사람은 누구나 이 정의를 알 것이다. 그러나 이 정의를 오해하는 사람들이 상당히 많은 것을 볼 수 있다.

"역량은 개인이 수행하는 업무의 주요한 부분들에 영향을 주고, 업무 성과와 관련성이 높고, 조직에서 널리 받아들여지는 성과 기준에 대비하여 측정될 수 있으며,

교육훈련과 개발을 통하여 개선될 수 있는 지식, 기술, 태도의 집합체이다."『The Art and Science of Competency Models』

어떤 사람이 면접관 교육을 하면서, 위 정의를 인용하면서, 역량의 3대 요소는 지식, 기술, 태도라고 설명한다. 그리고 태도를 다시 3가지 즉, 1)일에 대한 태도, 2)타인에 대한 태도, 3)자기 자신에 대한 태도로 분류하고, 일에 대한 태도는 책임성, 완전성, 지적 호기심, 합리적, 객관적 태도 등이 있고, 타인에 대한 태도는 협력, 신뢰, 헌신, 공유, 공동의 목표를 향한 팀워크 등이 있고, 자기 자신에 대한 태도는 비전, 목표의식, 성장욕구,성찰적 태도 등이 있다. 매우 그럴듯하게 설명한다고 생각할 수 있다.

역량에 대해서 오해를 하면 이렇게 설명할 수 있다. 위 정의에서 역량은 지식, 기술, 태도의 집합체라고 되어 있는데, 집합체라는 단어를 잘못 이해한 것이다. 이게 무슨 말인가? 위 정의는 역량은 지식, 기술, 태도가 따로 발휘되는 것이 아니라 동시에 발휘된다는 것을 말하고 있는 것이다. 마치 비빔밥과 같은 것이다. 비빔밥은 여러가지 재료를 잘 비벼 하나의 비빔밥이 되는데, 재료 하나 하나가 비빔밥은 아닌 것이다.

이처럼 역량도 지식, 기술, 태도가 재료가 되어 어떤 역량이 발휘되는 것이다. 예를 들어, 의사결정 역량이 발휘되는 순서를 보면 먼저, 정보수집->정보분석->대안 마련->대안 선정 기준 마련->최종 대안 선정 순이다. 정보를 수집하는 지식이나 스킬이 필요할 것이고, 정보를 분석하는 방법이나 스킬이 필요할 것이고, 대안을 발굴하는 지식이나 스킬이 필요할 것이며 이 과정에서 최선의 대안을 찾고자하는 어떤 태도가 작용하게 된다. 의사결정이라는 역량이 이렇게 여러 지식, 스킬, 태도 등이 어우러져서 의사결정이 이루어지는 것이다. 따라서 지식, 기술, 태도를 분리해서 설명해서는 안 되고, 분리해서 평가를 하면 그건 역량을 평가한 것이 아니다.

또, 어떤 사람이 "면접에서 확인하여야 하는 것은 역량이고, 신입사원의 역량 3요소 중에서 핵심은 태도이므로, 태도가 행동(say or do)로 나타나도록 질문을 해야 합니다."라고 설명했다고 하면 어떻게 될까?

얼핏 보면 그럴듯한 설명 같지만, 이렇게 설명하면 면접위원들은 혼란에 빠진다. 왜냐하면, 완전성, 지적 호기심 등은 역량이 아닐 뿐만 아니라, 이런 인성적인 요소들은 지원자의 행동이나 발언을 듣고 평가가 불가능하기 때문이다.

MEMO

부록(6) ....

대한민국 표준역량

— 인재 발굴 및 육성의 글로벌 스탠다드

1. 조직 헌신도

□ 정의

> 조직구성원으로서 자신의 이해관계보다는 소속부서와 소속부처 나아가 국가적 차원의 이해관계를 우선적으로 고려하고 소속 조직의 정책방향을 지지하고 수용하는 역량

□ 행동지표

수준 구분 기준	
	• 숙지 및 표현: 행동의 완결성 • 자기희생: 노력의 정도, 파급효과 (개인 =〉부서)
수준-1	• 자기 업무와 관련한 정보를 주어진 지침이나 현행 업무처리 수준에서 이해하고 있으나, 소속 상위조직이나 부처전체의 정책 방향은 거의 이해하지 못하고 있다. • 소속 부처의 이해관계와 자신의 이해관계가 충돌을 일으킬 경우 조직에서 정한 범위 내에서 <u>최소한의 희생만 감수</u>한다.
수준-2	• 담당 업무 관련 정보는 체계적으로 이해하지만 소속 부처의 비전, 정책 방향의 일부만 이해하거나 관심 있는 일부 정책 분야의 정보를 수집하려고 한다. 타부서나 소속부처 정책과 본인의 업무를 효과적으로 연계시켜 정책을 구상하는 것이 드물다. • 소속 부처의 이해관계와 자신의 이해관계가 충돌을 일으킬 경우 <u>타인이 희생하는 평균 수준 이상의 개인적 이익</u>을 희생한다.
수준-3	• 주어지는 소속 부처, 나아가 타 기관 정보, 정책 지표를 적절히 활용하여 소속 부서의 현안 업무와 연계시켜 해당부서의 조직발전을 도모한다. • 소속 부처의 이해관계와 자신의 이해관계가 충돌을 일으킬 경우 자발적으로 개인의 중요한 이익을 포기하고 타인에게도 조직의 이익을 우선시할 것을 설득한다. 소속부서의 이해가 상위조직의 이해와 상충할 경우 <u>평균적으로 타부서가 희생하는 수준에서 해당 부서의 이익을 포기</u>한다.
수준-4	• 주요현안과 관련하여 소속부처나 타기관의 정책 정보를 수집하여 효과적으로 연계하고 부하직원이나 하위부서에도 전파하여 업무에 연계되도록 관리한다. • 상위조직이나 국가적 차원에서 요구되는 소속부서의 희생에 대해 충분한 내부적인 토론을 거쳐 <u>타부서 평균 수준 이상의 희생을 감수</u>하고 소속 부서의 직원들을 설득하여 불만을 최소화시킨다.
수준-5	• 소속부처의 정책방향과 범정부적인 정책방향을 숙지하고 있거나 바람직한 중장기 정책 방향을 찾기 위해 타부서나 타기관의 우수사례에 대한 벤치마킹을 실시한다. 또한 자신이 얻은 정보나 노하우를 타부서나 타 기관에도 전파하여 정부의 경쟁력을 높이도록 노력한다. • 조직전체의 <u>이해관계를 고려하여 자기가 소속한 부서의 이익</u>(예컨대 예산요구액의 삭감 및 인원 축소 등)을 <u>희생하고 타부서의 동참을 위해 노력</u>(설득 행위 등) 한다.

※ 이하에서 제시하는 수준정의가 절대적인 것은 아니며, 부처의 실정에 맞도록 수정·보완될 수 있다.

2. 전문가 의식

□ 정의

수행업무의 성과, 질을 높이기 위해 최선을 다하며, 필요한 자기 학습을 위해 노력하는 역량

□ 행동지표

수준 구분 기준	
수준 구분 기준	• 책임성 (Responsibility, 업무 완결성) : 행동의 완결성, 사안의 복잡성 • 주도성, 적극성(Proactiveness) : 파급 효과 • 자기 개발/학습에의 매진 (Self-learning) : 노력의 정도
수준-1	• 맡은 대부분의 업무를 제대로 마무리하기 위해서는 상사의 세밀한 지도가 필요하다 • 스스로 업무를 찾아 나서는 일이 드물고, 요구 받은 업무만 수행한다. • 더 좋은 성과를 창출하기 위해 배우고, 노력하는 일에 있어 수동적이어서 필요한 내용만 학습한다.
수준-2	• 맡은 업무에 대해 스스로 완결하려는 의욕을 어느 정도 보이는 편이나 아직 완성도 있게 업무를 처리하지 못해 그냥 맡길 경우 문제가 발생하는 경우 있어 개괄적인 지도가 필요하다 • 성과 창출을 위해 적극적으로 새로운 시도를 하는 모습이 간간히 보인다. • 자기 개발을 위해 평균 정도 노력을 보이고 있다
수준-3	• 부분적인 조언은 필요하지만, 일상적인 수준에서 맡은 일에 대해 보통 사람보다 강한 책임감을 가지고 스스로 일을 마무리한다. • 지시 받은 일에만 신경 쓰기보다는 적극적으로 나서서 자기 업무를 수행하려는 시도를 하고 있다 • 자기 분야에서 나름대로 전문가로서 활동하기 위해 스스로 학습 기회를 찾아서 발전시킨다.
수준-4	• 조언이나 수정이 없어도 일상적인 수준은 물론, 대부분의 어려운 상황에서도 완벽하게 업무를 처리한다. • 해당 업무에서 최고 수준을 목표로 개인적으로 업무수행 방식을 개선하는 등 노력한다. • 높은 목표 수준을 갖고, 분야의 전문가가 되기 위해 별도의 시간을 갖고 체계적으로 자기 개발에 노력한다.
수준-5	• 업무 수행에 있어 스스로 높은 수준의 원칙과 완성도를 보여준다. • 소속 부서 전체의 사람들이 적극적으로 업무에 임하도록 기준을 만들고 격려/유도한다. • 체계적이고 독자적인 자기 개발에 매진하며, 다른 사람들을 효과적으로 지도한다.

3. 공무원 윤리의식

□ 정의

> 대한민국 국민의 공복으로서 공무원이 기본적으로 갖추어야 할 윤리를 준수하고 이에 기준하여 행동하는 역량

□ 행동지표

수준 구분 기준	• 공정(Fairness): 파급효과 • 청렴 및 준법성: 노력의 정도 • 보안의식: 노력의 정도
수준-1	• 개인의 이해에 따라 의사결정을 내리는 등 행동의 일관성을 부족해 상사의 지속적인 지도와 조언이 필요하다. • 법규 및 규정 준수를 위한 최소한의 노력만 보인다. • 무분별한 정보 유출, 또는 그 반대로 지나친 보안으로 인해 문제를 일으킨다.
수준-2	• 업무 수행 시, 사소한 개인의 이해에 연연하지 않고 공평하게 업무를 처리하는 편이며, 상사의 조언을 받아 다소 비중 있는 문제를 다룰 때도 치우침이 없이 공평하게 업무를 수행한다. • 일상적인 수준의 법규 준수 노력을 보여주며 법이 규정하지 않는 분야에 대해서는 임의적으로 판단한다. • 일상적인 정보를 큰 문제없이 관리하며 중요한 정보에 대해서는 지도와 조언을 통해 관리가 가능하다
수준-3	• 일상적인 상황에서는 구체적 조언이 없더라도 근무시간에 개인 사무를 자제하고, 무사 공평의 원칙에 따라 일관된 행동패턴을 보여준다. • 일상적인 수준의 법규 준수 노력과 함께 윤리적 원칙에 일관된 행동패턴을 보여준다. • 보안 기준이 명확하여 업무와 관련한 사안을 함부로 유출하여 물의를 일으키는 일이 없도록 불필요한 말을 삼가고 행동에 조심한다.
수준-4	• 일상적인 수준은 물론, 대부분의 어려운 상황에서도 개인적/소속 부서의 이해관계에 흔들리지 않고 공무원 윤리에 따라 행동하는 습관을 가지고 있다 • 대부분의 상황에서 엄격하게 법과 규정을 준수하며 자신뿐만 아니라, 동료 공무원의 비윤리적 행위에 대해 나서서 이를 지적한다. • 보안 기준을 체화하여 나름대로의 정보보안 기준을 갖고 있으며, 공무원 윤리 의식에 반하지 않는 범위에서 정보를 공유하도록 다른 공무원들을 지도한다.
수준-5	• 범부처적 사안에 대해서도 이해관계나 외압에 흔들리지 않고, 원칙에 입각한 투철한 윤리 의식에 따라 의사결정을 수행한다. • 법 제정 취지를 이해하고, 법적 강제 사항이 아니더라도 필요한 행동을 취하며, 다른 사람들에게 윤리의식을 강조하고 행동의 교정을 지적하는 편이다 • 보안의식과 정보공유 문화 배포요구 사이의 균형감각을 유지하며, 소속 부처의 공무원들이 따를 수 있는 보안 기준을 설정한다.

4. 고객/수혜자 지향

□ 정의

업무와 관련된 내부 수혜자(타 공무원)나 국민이 원하는 바를 이해하여 업무 결과가 그들의 요구를 충족하도록 배려하는 역량

□ 행동지표

수준 구분 기준	
	• 대인 감수성 (민원인의 관점을 반영) : 사안의 복잡성, 시간 차원 • 고객 관점의 구체적 행동 표현(이타적 행위)
수준-1	• 자기위주의 업무처리로 인해 수혜자/고객과 마찰을 발생시키기도 한다. • 서비스 향상을 위해 별다른 행동으로 취하지 않는다.
수준-2	• 자기의 업무 처리 결과가 수혜자에게 어떻게 영향을 미치는 지를 이해하고 조언을 받아 업무처리과정에 이를 반영한다. • 고객의 욕구를 충족시키기 위해 일반적이거나, 꼭 필요한 행동만 한다.
수준-3	• 일상적인 상황에서 자신의 업무 처리 결과가 수혜자에게 어떻게 영향을 미치게 되는 지를 이해하고 그들의 만족을 위해 노력한다. • 업무를 의뢰한 민원인이나, 상대공무원이 편안한 상태에서 업무를 요구할 수 있도록 상대방을 대하며, 수혜자/고객 만족을 위해 일상적인 조치 이상의 도움을 제공한다.
수준-4	• 친절함을 넘어서서 수혜자/고객의 다양한 요구 및 상이한 관점을 만족시킬 수 있는 다양한 수단을 개발, 활용하여 만족시킨다. • 납득할 만한 이유를 제시하여 고객의 이해를 도울 뿐 아니라, 상대방의 욕구 충족을 위해 통상적인 경우의 2배 이상의 노력을 투자한다.
수준-5	• 수혜자/고객 만족을 상황 발생 시 대처하는 수준은 물론, 불만족 발생 가능성을 사전에 감지하고 체계적으로 문제를 해결할 수 있는 틀을 개발한다. • 고객만족의 새로운 기준을 제시하며 고객의 욕구를 충족시키기 위해 다른 사람들을 동원한다.

5. 자기 통제력

□ 정의

> 과도한 업무 양, 고난과 외압 등의 중압감을 이겨내며, 그 반대로 자기 감정을 조절하여 업무의 중심을 잃지 않는 역량

□ 행동지표

수준 구분 기준	• 스트레스 인내력: 사안의 중대성/복잡성, 시간 차원 • 자기감정 표현 관리: 노력의 정도
수준-1	• 사소한 비난 등에도 정서적인 안정을 유지하지 못하여, <u>업무 집중력이 낮아지는 모습</u>을 보인다. • <u>자기감정을 쉽게 타인에게 노출</u>시켜 손해를 보는 경우가 있어 지속적인 조언과 조력이 필요하다.
수준-2	• 일상적이고 단편적인 스트레스 상황은 대체로 무리 없이 인내하고 있지만, 돌발적이거나 중요한 문제상황에서는 <u>업무 집중력을 유지하기 위해 많은 시간과 노력이 필요</u>하다. • 스트레스가 발생할 수 있는 상황이나 사람을 <u>처음부터 회피</u>하려고 노력하며, 상황에 노출되었을 때에는 <u>침묵으로 일관하는</u> 등 별다른 건설적인 조치를 취하지 못한다.
수준-3	• 일상적이고 단편적인 스트레스 상황은 물론 단기간의 <u>지속적인 스트레스 상황에서도</u> 잘 견디어내는 편이며, 업무 수행에 지장이 없을 정도로 <u>집중력을 유지</u>한다. • 스트레스 상황에서도 <u>침착함을 유지하며 필요한 대화를 유지하는</u> 등 지속적인 업무 수행이 가능하다.
수준-4	• 지속적인 스트레스 상황에서도 나름대로 <u>스트레스를 인내하는 방법을 터득하여 업무</u> 수행에 지장이 없다. • 향후 발생할 <u>스트레스를 예상하고, 미연에 예방</u>하여 스트레스 상황에서 부정적 감정을 노출시키지 않고, 긍정적 감정을 유지하려고 노력한다.
수준-5	• 장기간 또는 과중한 스트레스 상황이 발생했을 경우, 이를 인내하고 더 나아가 최선책을 모색하는 방법을 터득하여 <u>스트레스 상황을 반전시킬 만큼 탁월한 능력을</u> 보여주고 있다. • <u>스트레스를 도전적 상황으로 해석하고 자기 개발의 기회로 사용</u>하며 다른 이들이 스트레스 상황을 극복하도록 조언을 준다.

6. 경영 마인드

□ 정의

사업을 하는 경영자가 성과를 추구하듯이 정책의 결과로 발생하는 수익성을 극대화하기 위한 방법을 연구하고, 실제 업무 수행 과정에서도 효과성과 효율성을 동시에 고려하는 역량

□ 행동지표

수준 구분 기준	
수준 구분 기준	• 비용 대비 생산 결과의 효과성 제고 활동: 노력의 정도, 파급 효과 • 업무 생산성 향상을 위한 노력: 노력의 정도, 파급효과
수준-1	• 비용 대비 효과성의 개념이 부족해 재원은 우선 많을수록 좋다고 생각하고 확보하지만, 목표 달성도를 전제로 우선순위를 두고 비용을 관리하는 일이 드물다. • 주어진 업무만 하며, 더 많은 결과를 얻어내기 위한 별도의 노력을 보이지 않는다.
수준-2	• 계획에 따라 재원을 확보하고 공평성을 원칙으로 하는 등 나름대로 관리 활용의 원칙이 있지만, 사업전략과의 연계성이 부족하다. • 개인적인 업무 개선을 통해 동일 시간 내에 더 많은 결과를 생산하기 위해 노력한다.
수준-3	• 선택과 집중의 원칙에 따라 사업전략과의 연계성을 중심으로 재원을 분배하고 비용을 관리하려고 노력한다. • 소속 조직의 업무 방식의 개선점을 찾아내고, 근무 환경을 바꾸는 등 소속 직원들의 능력 발휘 기회를 장려하여, 수익금의 증대 등 더 많은 결과를 생산하기 위해 노력한다.
수준-4	• 소속 부서와 산하 부서의 비용을 사업전략과의 연계성을 기준으로 관리하고, 비용의 효과성을 평가한다. 평가 관리 결과를 보상 등에 반영하는 일은 드물다 • 생산성 향상을 위해 조직을 개편하고, 인력을 재배치하거나 업무 수행 방식을 개선하도록 관리자에게 권한과 책임을 위임한다.
수준-5	• 전사적으로 비용 대비 효과성의 개념이 일상화되도록 평가 시스템을 구축, 관리하고 평가결과를 직원의 보상에 연동시켜 우수 성과자의 활동을 장려한다. • 소속 부서(혹은 부처)의 핵심인력과 非핵심 인력을 구분하여 핵심인력을 중요한 업무에 투입하여 생산성을 향상시키고, 보조적 업무는 아웃소싱 하는 등 소속 부서 인력 전체의 생산성을 향상시키기 위한 체계적 노력을 보인다.

7. 적응력

□ 정의

중요한 변화 상황을 경험하는 과정에서 새로운 여건을 이해하고 이에 비추어볼 때 부적절한 과거의 행동 패턴과 새롭게 표출해야 하는 행동 패턴을 확인, 끝내기(Ending)와 체화하기(Beginning)를 신속하게 처리하는 역량

□ 행동지표

수준 구분	
기준	• 객관성을 유지하면서 행동 변화의 폭 조절: 파급효과 • 행동변화의 속도 조절: 노력의 정도
수준-1	• 변화의 상황에서 자기 원칙, 행동 패턴, 그리고 과거 업무 절차에 집착한 나머지 역효과를 초래한다. • 변화의 상황에서 요구되는 생각/행동패턴을 수용하는 데 소극적이어서 변화 적응 속도가 소속 그룹에서 가장 느린 편이다.
수준-2	• 말로서는 변화를 수용한다고 하면서 부분적으로 그러한 행동을 시도하지만, 아직 일관되게 변화를 받아들이지 못하며 사안에 대해 객관성이 부족하다. • 일상적인 변화에 대해서도 적응 속도가 느려 과거의 생각/행동패턴과 새롭게 요구되는 생각/행동패턴을 혼용하는 기간이 다른 사람에 비해 긴 편이다.
수준-3	• 변화의 상황 속에서 상황을 객관적으로 보고, 긍정적으로 다른 입장의 존재와 그 타당성을 인정하면서, 자신의 업무에서 유연하게 절차를 적용한다. • 일상적인 사안에 대해서는 단기간에 변화에 적응하지만, 중요한 상황 변화에 대해서는 순차적으로 변화에 참여한다.
수준-4	• 변화하는 상황에 맞춰 부서의 입장, 전략 등을 효과적으로 수정하여 지속적으로 좋은 성과를 내고 있다. • 중요한 상황 변화에 대해 긍정적 사고를 가지고 민감하게 반응하며, 짧은 기간(예; 1주일) 내에 체계적인 계획을 수립해 자신뿐만 아니라, 타인도 함께 변화하도록 지도한다.
수준-5	• 조직 전체가 새로운 변화를 성공적으로 적응할 수 있도록 갖가지 전략과 구체적 방안을 주도한다. • 변화의 방향을 늘 앞서 예측하고, 다른 사람들에게 변화에 적응할 것을 요구하는 등 먼저 변화를 주도한다.

8. 정보수집/관리

□ **정의**

담당 업무 수행에 유용한 정보를 수집, 적시에 효과적으로 활용할 수 있도록 분류/정리하는 역량

□ **행동지표**

수준 구분 기준	• 가치 있는 정보의 확보: 사안의 복잡성, 노력의 정도 • 정보 관리의 유효성: 노력의 정도
수준-1	• 언론, 일반 공개 자료 등을 통해 <u>공개된 정보를 수집</u>하며 그 정보마저도 적시에 확보하지 못해 제대로 답을 제공하지 못하는 경우가 있으며, 대체로 남이 가지고 있지 못하는 정보를 가지고 있는 경우는 드물다. • <u>수집한 정보를 축적할 뿐, 효과적으로 정리하지 못해</u> 적시에 요구하는 형태로 제출하지 못하는 경우가 있다.
수준-2	• 공개된 자료를 무리 없이 수집하며 <u>비공개의 가치 있는 정보</u>에 대해서는 소속부처 등의 제한된 인적 네트워크를 통해 수집한다. • 나름대로 꾸준하게 정보 관리를 하지만 좀더 체계적일 필요는 있으며 기 수집 정보에 대한 요청에 대응하지 못하는 경우가 종종 있다.
수준-3	• 공개된 정보를 충분히 확보하며 비공개의 가치 있는 정보나 전문적인 영역의 정보를 수집하기 위해 <u>소속 부처의 한계를 넘어 다양한 정보 Source 개발을 위해</u> 노력한다. • <u>일부 조언이 필요하기는 하지만 수집 정보를 체계적으로 관리하는</u> 모습을 보이고 있으며, 요구 시에는 공유한다.
수준-4	• 다양하고도 가치 있는 정보를 획득할 수 있는 Source를 나름대로 확보하고 있어 정보 요구가 있을 때마다 적시에 대처하며 <u>전문적인 영역의 정보도 인적 네트워크를 동원해 수집/검증</u>할 수 있다. • 기 확보된 정보를 중요도 <u>등에 따라 체계적으로 관리하고 있어 언제든지 능동적으로 제공할 정도로 능숙</u>하다.
수준-5	• 복잡하고 중요한 사안의 상황 전개, 관련자들의 관계 등 폭 넓은 내용과 함께 전문적인 영역에서도 <u>국내외 다양한 정보</u>를 우선적으로 확보하여 어떤 민감한 사안에 대한 정보에 대해 <u>그 배경까지 파악하고 있어 적시에 효과적으로 대처</u>한다. • 자기 나름대로의 <u>정보를 수집/정리하는 체계적 틀을 확보하여 다른 사람을 지도</u>한다.

9. 문제인식/이해

□ 정의

수집한 정보 및 정보 간 연계를 통해 발생 또는 대비할 문제를 적시에 감지하고, 사안의 성격, 발생원인, 제약 조건, 파급 효과를 이해하여 문제의 핵심이 무엇인지를 규명하는 역량

□ 행동지표

수준 구분 기준	• 분석적 사고: 사안의 복잡성, 문제 유형(시간 차원) • 핵심 파악력: 파급 효과
수준-1	• 당면한 문제의 구조적 상황을 파악하지 못해 나열식으로만 이해한다. • 일반적인 사안에 대해서도 상황 및 원인을 제대로 분석하지 못해 업무 수행에 지장을 초래하는 경우가 있어 구체적 지도/조언이 필요하다.
수준-2	• 일반적인 사안에 대해서는 상사와의 협의를 통해 무리 없이 이해하고 개괄적인 논리를 통해 문제를 구성하고 있는 구성 요소들의 기본적 관계를 이해한다. • 현재까지 해오던 업무 경험에 기초하여 비슷한 유형의 문제 사안의 핵심이 무엇인지 파악한다.
수준-3	• 일상적인 업무 문제는 물론, 다소 복잡한 사안에 대해서도 문제의 패턴, 상호관계 등을 이해하며 단기적(週/月단위) 문제상황을 예측한다. • 소속 부처에 영향을 줄 수 있는 일상적인 사안, 접수된 기안에 대해 핵심 요소를 정확히 파악하여 이에 기초한 사업계획 수립, 기안 작성/수정 등을 수행한다.
수준-4	• 다각적인 관계나 복잡한 사안에 대해서도 문제의 패턴을 정확하게 이해하고 단순화시켜 설명할 수 있으며, 중기적(分期) 문제상황을 예측한다. • 문제상황이 소속 부처의 영역을 벗어나, 다른 사람이 미처 인식하지 못하는 경우 또는 과거의 교육이나 경험을 통해서 습득한 범위를 벗어난 문제들까지도 핵심을 정확히 파악한다.
수준-5	• 복잡하고 어려운 문제는 물론, 장기적(年단위)으로 발생할 수 있는 문제까지 예측하고 준비한다. • 문제를 파악하는 새로운 틀을 개발하기 위해 추상적인 개념을 사용하고 통찰력도 발휘하여, 소속 부처 전체에 영향을 줄 수 있는 문제도 효과적으로 다룰 수 있다.

10. 전략적 사고

□ 정의

장기적 관점, 통합적 관점, 우선순위 명확화 관점에서 (목표를 설정하고,) 대안을 구상하여 실행 계획, 처방까지 제시하는 역량

□ 행동지표

수준 구분 기준	• 포괄적이고 창의적인 대안 구상: 시간차원, 사안의 복잡성 • 대안의 현실성: 문제의 유형
수준-1	• 전체 상황을 파악하는 능력이 부족해 상사의 조언을 받을 경우, 간단한 기안, 계획 수립 등을 수행한다. • 업무 결과가 당면한 문제를 해결하기 위한 경우가 많고, 작성한 계획들은 집행이 가능하도록 상사의 수정을 하는 경우가 많다.
수준-2	• 작성한 대안이 창조적인 경우는 많지 않으나, 기존의 방식을 이용할 줄 알고, 이에 기초해 간단한 일상 기안, 계획 수립에 있어서는 스스로 해낸다. • 수립한 계획이나, 문제 해결 대안이 지속적인 업무 개선효과를 가져오기 보다는 당면한 문제를 해결하는 데는 효과적이다.
수준-3	• 6개월 안팎의 추진 기간이 필요한 업무 계획을 독자적으로 수립하며 구상한 대안에 나름대로의 통찰력과 창의성이 발견된다. • 단기적인 문제해결은 물론 복잡하고 민감한 사안에 대해서도 큰 방향만 제시되면 지속적인 성과향상을 위한 해결안을 구상해낸다.
수준-4	• 1년 안팎의 추진 기간이 필요한 업무나 독특하고 복잡한 문제 상황에 대해서도 기존의 관행을 넘어서는 통찰력 있는 대안을 구상하며, 다른 직원들이 이에 따라 업무를 수행할 수 있도록 구체적 • 스스로 개선 영역을 발굴해내어 집행 가능한 계획을 수립하는 등 폭넓은 영역의 업무 상황을 소화해낸다
수준-5	• 사업에 대한 통찰력에 기초하여 2년 이상의 추진 기간이 요구되는 장기적 사업 계획을 기안하여, 소속 부처 다른 업무의 선행지표로 활용한다. • 장기적 미래의 변화 상황을 예측하고, 현재 상황에 기초한 현실적인 대안을 제시해 소속부처가 자원 배분, 사업의 우선순위 결정 등에 활용할 수 있도록 지도한다.

11. 정책 집행 관리

□ 정의

> 추진 일정을 수립, 업무를 배분하여 일정에 따라 집행하는, 그리고 예기치 못한 위기/돌발 상황 발생 시에도 차질 없이 대처하는 역량

□ 행동지표

수준 구분 기준	• 규정/일정의 준수: 행동의 완결성 • 결단력: 파급효과 • 위기 대처 능력: 사안의 복잡성, 시간차원
수준-1	• 상급자의 지속적인 지도와 조언을 받을 경우, 일정을 준수하며 업무를 수행할 수 있다 • 업무 지시 범위 안에서 개인적 영향을 주는 단순한 사안에 대해서만 의사결정을 내린다. • 업무 수행 중 발생하는 일상적인 변화 사안에 대해서 상사의 조언을 받아 대처한다.
수준-2	• 업무 결과의 완성도가 다소 부족하지만, 상사의 조언과 지도를 받아 업무의 대부분을 수행하고 일정을 준수하는 편이다. • 업무 지시 범위 안에서 부서의 업무 활동에 영향을 주는 일상적인 사안에 대해서만 의사결정을 내린다. • 규정을 제대로 이해하고 업무를 집행하며, 일상적인 사안의 경우 융통성이 발휘될 부분에서는 자기 나름의 대안을 적용한다.
수준-3	• 일정을 무리 없이 준수하며 업무 성과의 질에 대해 일부 관리 활동을 수행한다. • 소속 부처 내에 허락된 재량권을 활용하여 업무 집행 과정에서 발생하는 상황에 대해 나름대로 결단력을 발휘한다. • 부정기적으로 발생하는 돌발 상황에 대해 지금까지 관례를 준수하여 대응하고 문제를 해결한다.
수준-4	• 부하직원에게 권한을 이양하여 업무를 진행하도록 지시하면서, 일정과 업무 성과를 주기적으로 관리한다. • 소속 부처에 영향을 줄 수 있는 의사결정 사항에 대해 전체 조직의 사업 방향에서 벗어나지 않는 범위에서 의사결정을 집행하고 업무 방식을 수정/보완한다. • 월 단위 이상으로 지속되는 위기상황에 대해서 효과적인 대응 전략을 수립하고 소속 공무원들이 따를 수 있는 지침을 마련한다.
수준-5	• 업무의 원활한 집행과 관리를 위해 구조적인 관리체계를 확립하고, 관리자가 일관된 방식으로 부하 직원들의 업무를 관리하도록 지시/지도한다. • 소속 부처 전체에게 영향을 줄 수 있는 의사결정 사안에도 신속하고 과감하게 결단하여 소속 공무원들의 동요를 줄이고 지속적으로 업무를 수행하도록 지도한다. • 미래에 발생할 수 있는 위기 상황까지 미리 예측하고 신속하게 새로운 상황에 적응하여, 궁극적으로 원하는 결과를 얻어낸다.

12. 목표/방향제시

□ 정의

단위 조직을 이끄는 관리자로서, 부처의 정책 방향을 명확히 이해하고, 자신의 과, 부의 업무 방향을 부처 정책 방향과 연계시켜 개발하여 이를 소속 구성원들이 기꺼이 수용(Buy-in)할 수 있도록 적극적으로 전파하고, 솔선수범하는 역량

□ 행동지표

수준 구분 기준	• 명확한 목표 설정 (내용의 구체성과 일관성): 시간 차원, 파급효과 • 공감대 형성: 노력의 정도
수준-1	• 정례적으로 제출하는 사업 정책 방향이 있으나 형식적이고, 구체적인 내용이 부족하다. • 사업 목표를 일방적으로 전달하여 소속 공무원들의 이해 수준에 차이가 발생해 업무 수행 시 혼선이 발생하거나, 기존 관행대로 업무를 수행하도록 만든다.
수준-2	• 상위 조직의 Vision, 사업 방향과의 일관성이 부족해, 소속부처를 위해 월 단위의 목표를 설정하지만 수정/변경되는 경우가 발생한다. • 사업 목표를 구체적인 내용까지 정확히 전달하지만, 사업의 목적의식 등에 대한 이해가 부족해 조직원들의 적극적인 참여와 동의를 끌어내는 것이 다소 어렵고, 사업의 의도에 대해 명쾌한 설명을 전달하는 데 어려움이 있다
수준-3	• 소속 조직을 이끄는 관리자로서 구체적인 반기(半期) 목표를 수립하며, 이 내용이 상위 조직의 Vision, 관리 원칙, 사업 방향 등과도 일관성을 유지하여 큰 수정 없이 반영/집행된다. • 제시한 Vision 등에 대해 본인 스스로 준수하려고 노력하면서 사업 추진 배경까지 자세하게 설명하며 토의 과정을 주관하는 등 직원들이 쉽게 이해하고 공감대를 형성할 수 있도록 노력을 보인다.
수준-4	• 소속 부처의 1년 후 미래를 내다보며 구체적인 발전 방향을 설정한다. • 본인 스스로 본인이 제시한 것을 일관되게 준수하는 모습을 보이고 소속 부처의 다른 공무원들이 사업목표를 이해하도록 도와주며, 그들의 의사결정, 행동에서도 상사의 방침, Vision이 일관되게 구현되도록 관리한다.
수준-5	• 국정 지표 등과도 일관성을 유지하는 소속 부처 전체의 장기적(3~5년) 미래를 좌우하는 구체적인 사업 방향을 설정한다. • 관리자로서 자신의 의사 결정 등에 사업 방향 등을 적용하는 모습을 솔선수범하며 다른 사람들이 제시된 목표와 방향에 동참하도록 격려한다.

13. 지도/육성

□ 정의

자신의 부하직원이 현재와 미래 행정력 발전의 자산(Wealth)임을 인식하여, 적절한 도전의 기회와 환경을 제공하고 지속적인 관심과 조언을 통해 체계적으로 부하공무원의 발전을 도모하는 역량

□ 행동지표

수준 구분 기준	
	• 부하 직원에게 Feedback을 제공: 행동의 완결성 • 부하 직원에게 조직이 기대하는 행동양식을 요구/지도: 파급효과
수준-1	• 부하 직원에게 무관심하거나, 때로는 부정적인 태도를 표출한다. • 조직이 기대하는 행동양식에 대해 언급하지 않아 관리자로서의 역량개발을 위한 지도가 필요하다.
수준-2	• 부하 직원에게 때로 긍정적인 기대감을 표출하며 필요에 따라 부정기적으로 부하직원의 업무 결과에 대해 Feedback을 제공한다. • 부하 직원에게 조직이 기대하는 행동양식에 대해 언급하지만, 방법이 서툴러 기대한 효과를 얻지 못하기도 해 지도가 필요하다.
수준-3	• 부하 직원에게 적극적으로 긍정적인 기대감을 표출하며 정기적으로 부하직원의 업무 결과에 대해 Feedback을 제공한다. • 부하 직원에게 조직이 기대하는 행동양식을 설명할 수 있고, 현장에서 시범을 보여줌으로써 직원의 능력개발의 본으로 삼을 수 있는 실질적인 도움을 제공한다.
수준-4	• 부하 직원에게 항상 긍정적인 기대감을 표출하며 지속적이고 체계적으로 부하직원의 업무 결과에 대해 Feedback을 제공하고, 다른 관리자들의 정기적 Feedback을 장려한다. • 부하 직원들의 능력 향상을 위해 소속 부서 전체 직원에게 공식/비공식적인 영향력을 행사하며 조직이 기대하는 행동 기준을 가르치고 권한을 위임하여 관리자들이 직원들을 지도할 수 있도록 유도한다.
수준-5	• 관리자들이 자신의 부하 직원에게 긍정적인 기대감을 가지고 체계적으로 Feedback을 제공하도록 환경을 조성한다. • 소속 부서 전체 직원이 갖추어야 할 행동 양식을 규정하고, 교육 체계에 대한 비전을 제시하고 부하 직원들의 발전에 대해 보상책을 마련하여 자기 발전을 유도한다.

14. 자원/조직 관리

□ 정의

관장하는 업무를 통해 효율적, 효과적으로 성과를 창출하기 위해 경영 수완을 발휘, 인적/물적 자원을 확보, 관리하는 역량

□ 행동지표

수준 구분 기준	• 업무 파악과 지시: 사안의 복잡성, 파급 효과 • 자원 확보/배분: 문제의 유형(시간 차원), 파급 효과
수준-1	• 업무의 파악 수준이 다소 낮아 업무를 분장할 경우, 부적절한 업무량 배분으로 부서 내에 바쁜 사람과 한가한 사람이 공존한다. • 업무 수행을 위한 인적/물적 자원을 충분히 확보하지 못해 업무 수행에 차질이 발생하기도 한다.
수준-2	• 5명 이내의 소규모 조직의 경우, 현재 수행되고 있는 업무를 파악하고 적절한 사람에게 업무를 분배한다. • 수행 업무에 필요한 최소한의 자원은 확보한다.
수준-3	• 10~20명 이내의 조직에서, 업무에 대한 이해에 기초하여 분배된 업무 수행 결과가 요구수준에 합당한 지를 점검하고, 지시한다. • 소속 부처의 업무 수행에 필요한 기본적인 자원 확보는 물론, 중요한 자원을 확보하는 데에 있어서도 나름대로 기지를 발휘하여 일부 원하는 결과를 얻는다.
수준-4	• 20명 이상 규모의 조직에서 일상적인 상황은 물론 복잡한 업무에 대해서도 소속 공무원의 역량, 업무 난이도 등에 따라 효과적으로 업무 분장하고, 체계적인 과정을 통해 지속적인 관리를 통해 기대하는 성과를 생산하고 있다. • 소속 부처에 필요한 자원을 정확히 파악하고, 충분히 확보하여 단기적/돌발 상황에 대해서도 충분히 대비한다.
수준-5	• 대규모의 조직 또는 소속 부처 전체에게 영향을 주는 대규모 문제나 매우 복잡 또는 중요한 문제에 대해서도 빠른 시간 내에 업무를 파악하고, 효과적으로 분장하고 업무 수행결과를 철저하게 관리하여 기대하는 성과를 낸다. • 일상적인 수준은 물론, 미래에 발생할 수 있는 업무까지 예견하여 소속 부처 전체를 위한 인적/물적 자원을 확보한다.

15. 정치적 기지

□ 정의

업무 수행 시 단순히 업무 효율이나 효과만을 고려하는 것이 아니라, 영향을 미치는 이해 관계, 즉 정치적 역학관계(Dynamics)를 고려하여 해결책을 모색하고, 의사결정, 행동에 따르는 다양한 효과를 예측, 대비하는 역량

□ 행동지표

수준 구분 기준	• 다수의 이해관계자간의 역학관계 파악: 사안의 복잡성 • 절차의 합리성과 수용성 강조: 행도의 완결성
수준-1	• 이해관계자들 상호간의 관계를 파악하지 못해 정보를 수집/배포하는 과정에서 중요한 사람들이 배제되는 경우가 있다. • 이해 관계자들의 수용성을 확보하기 위한 추가적인 정보 수집/의사조정 노력을 보이지 않고 규정준수에만 철저하다.
수준-2	• 이해상충이 첨예한 사안을 다루기에는 지도와 훈련이 필요하지만, 대부분의 일상적인 사안에 대해서는 이해관계자들의 공식적인 입장과 이해관계를 파악하려고 의견을 묻는 등의 노력을 보이며 기초적인 협의 사항에 대해서는 충분히 이해하고 업무에 임한다. • 공정한 절차의 중요성을 이해하고 일상적 사안을 처리할 때, 관련자와 사전 연락/협의를 시도하며 규정된 절차를 유연하게 적용한다.
수준-3	• 소속 부처 내의 이해관계자들의 요구 수준과 이해관계를 파악하여 공익우선을 기준으로 우선순위를 설정하고 협의 과정에 누락된 관계자나 항목이 발생하지 않도록 꼼꼼히 확인한다. • 의사결정의 파급효과를 예측하여 공개적인 의사결정 절차가 확립되도록 노력하며, 협의 이전에 의견을 수렴하는 등 절차의 공정성을 확보하기 위해 노력한다.
수준-4	• 소속 부처 내의 타조직과의 협의 과정에서 공익을 극대화를 목표로 의사결정의 부정적 파급효과를 최소화할 수 있는 방안을 강구해낸다 • 이해 관계자들이 공정한 절차의 중요성을 인식하고 업무에 임하도록 위원회에 참여하는 등 의사결정 절차의 투명성을 확보하기 위해 노력하고 부하 직원을 지도 한다
수준-5	• 소속 부처 내 외의 타 조직/기관과의 협의 과정에서 공익을 극대화를 목표로 이해관계자들의 기대수준을 조절하기 위해 설득작업을 벌이고 범부처간 이해관계자들의 의견을 종합하여 의사결정에 반영한다. • 공정하고 수용성 높은 의사결정을 확보하기 위해 위원회를 운영하는 등 의사결정 절차를 수립하고 관리한다.

16. 의사소통

□ 정의

자신과 상대방의 상황 및 감정을 정확히 이해하고, 우호적인 분위기 하에 상대에게 자신이 의도하는 바를 문장, 언변 등으로 명확하게 이해시키거나, 상대방의 의사를 경청하면서 상대방의 의도를 정확히 이해하고자 하는 역량

□ 행동지표

수준 구분 기준	• 상대방의 의사에 대한 정확한 이해: 노력의 정도, 사안의 복잡성 • 자신이 전달하려는 내용을 논리정연하게 정리: 파급효과, 완결성
수준-1	• 상대방의 의사를 경청하지 않거나, 심리적 장애(선입관, 두려움 등)로 인해 상대방의 의견을 정확하게 이해하지 못해 업무 수행에 지장이 있어 조언과 개발 노력이 필요하다. • 일상적인 수준의 사안에 대해서는 의사전달이 무난하나, 다소 복잡한 내용을 전달하기 위해서는 논리 정연한 의사표현이 가능하도록 지속적인 조언과 훈련이 필요하다.
수준-2	• 일상적인 상황에서 상대의 의사를 대체로 정확히 듣고 바르게 이해한다. • 대체로 자신의 의사를 수월하게 전달하며, 간간히 공식적인 자리에서 소그룹(3~5명)을 상대로 의사전달을 하는 것도 가능하다.
수준-3	• 상대방의 의사를 경청하며 복잡한 내용도 정확히 파악하고 지시 받은 내용을 다시 확인하는 등의 노력으로 업무 지시자가 불편함을 느끼지 않는다. • 소속 부처의 직원들을 대상으로 하는 공식적인 자리에서도 청중의 특성으로 고려하여 의사전달 방식을 다양하게 사용하고 적절한 용어를 사용하여 청중의 이해수준을 높인다.
수준-4	• 복잡한 내용도 이해하며 적절한 질문을 통해 명확하게 전달되지 않은 의사전달자의 의도까지도 파악해 낸다. • 다른 부처의 직원들 앞에서도 무리 없이 의사를 전달하며, 그 내용이 논리정연하고 표현 방식이 효과적이며, 다른 사람의 글을 교정하는 등의 타인에게 실질적인 지도와 도움을 제공한다.
수준-5	• 상대방의 의사전달 내용과 의도, 전체적 상황까지도 정확히 판단하고 정리하여 대화에 참가한 상대방이 대화를 통해 오히려 자신의 의견이 정리되는 경험을 하게 돕는다. • 소속 부처 전체, 또는 다수의 청중을 대상으로도 명쾌하게 자신 또는 소속 부처의 의사를 전달하며 그 내용이 이해하기 쉽고, 체계적으로 다른 사람을 지도할 수 있다.

17. 조정/통합력

□ 정의

> 다양한 부서/부처 또는 외부 이해 단체의 이해가 결집된 사안에 대해 공정한 제3자의 입장에서 국가/부처의 전체 이익을 확인시키고 균형 잡힌 해결책을 제시하는 역량

□ 행동지표

수준 구분	기준
	• 조정/통합 사안의 이해에 기초한 해결책 제시: 사안의 복잡성 • 분쟁 해결을 위한 적절한 권위 활용: 파급효과
수준-1	• 사안의 본질이 무엇인지 이해하지 못하거나, 잘못된 이해를 함으로써 <u>제시한 해결책이 무용지물이 되거나, 자칫 문제를 증폭시키는 경우</u>가 있어 조언과 지도가 필요하다. • 문제 해결을 위해 필요한 충분한 <u>권위가 없거나, 활용능력이 부족</u>해 이해 관계자/조직들을 만족시키는 효과적인 조정/통합 업무를 수행하기 위해서는 상사의 도움을 받는다.
수준-2	• 조정/통합 사안의 본질에 대해 피상적으로 이해하고 <u>관련자들의 공식적인 입장만 파악</u>해 제시한 해결책에 대해 <u>당사자/집단들이 만족하지 못하는</u> 편이다. • <u>상사의 지도</u>에 따라 어느 정도 <u>일상적인 사안</u>에 대해 조정안을 제시하지만, 분쟁 당사자들이 조정안을 수용하도록 영향력을 행사하기에는 다소 어려움이 있다.
수준-3	• 이해 관계자/조직의 비공식적 구조, 핵심 인물들을 파악하고 사안의 본질을 이해하여 상급조정자로서 <u>이해 관계자/조직들이 큰 무리 없이 수용할 수 있는 해결책</u>을 제시한다. • 소속 부처 내의 <u>하부 조직들 간의 분쟁 발생시</u>, 자신의 재량권과 고유 권한을 적절히 <u>사용</u>하여 이해 관계자/조직이 해결책을 수용하도록 지도한다.
수준-4	• 첨예한 사안을 해결해야 하는 관리자로서 이해 관계자/조직의 비공식적 구조, 핵심 인물, 문화적 차이 등 여러 가지 요인을 고려하여 <u>Win-Win 안을 제시</u>하여 당사자/집단의 만족을 유도한다. • 소속 부처 내의 분쟁 발생시, <u>조직의 고유 권한과 재량권</u>을 적절히 활용하여 <u>동급 조직 간의 이견을 조정</u>하기도 한다.
수준-5	• <u>분쟁 발생 상황을 예측하고, 사전에 예방 조치를 취하거나</u>, 범부처적인 조정/통합 사안에 대해 주도적으로 관여하여 해결책을 제시한다. • <u>소속 조직을 대표</u>하여 조직의 고유 권한과 재량권을 적절히 활용하여 <u>조정/통합안의 장 단점을 적절히 강조</u>하고 <u>적절한 보상방안</u>으로 조정안의 수용성을 증대한다.

18. 협상력

□ 정의

대등한 또는 불리한 입장에서도 사안의 조정/양보를 통해 합리적으로 적절한 합의점을 도출해내어 상대의 동의/협력을 획득하는 역량

□ 행동지표

수준 구분 기준	• 협상 사안에 대한 정확한 이해: 사안의 복잡성 • 상대방에 대한 직접적 영향력 행사: 파급효과
수준-1	• 협상 사안의 내용, 중요성 등에 대한 이해가 부족하여 협상의 자리는 물론 내부회의에서 의견을 개진하기 보다는 주로 듣는 편이다. • 상대방을 설득할 수 있는 방법을 알지 못해 협상의 자리에 대해 소극적이고 부담을 느껴 가능하면 피하려 한다.
수준-2	• 일상적인 협상의 결과로 인해 발생하는 자신이나 소속 부서의 이해득실을 파악하고 내부적으로 설명할 수 있다. • 개인 사안의 경우 대체로 큰 두려움 없이 협상에 임하며, 부서 사안이라도 그 내용이 심각하지 않은 경우, 협상에서 의견을 개진하며 참여하려는 적극성을 보인다.
수준-3	• 소속 부처에 영향을 줄 수 있는 협상 사안의 본질을 파악하고 자신의 이해관계뿐 아니라, 상대방의 이해득실 여부도 추론하고 계획을 세운다. • 일상적인 협상 사안이 발생할 경우, 각종 자료 등을 동원하여 상대방을 설득하려는 노력을 보이며, 협상에서 유리한 위치를 획득하기 위해 자신의 이미지를 관리할 수 있는 방안을 모색한다.
수준-4	• 소속 부처와 타 부처에도 영향을 줄 수 있는 협상 사안의 본질을 파악하고 상대방의 처지와 반응을 예상하고 2개 이상의 시나리오에 따른 행동 지침을 세운다. • 평소에 이미지 관리에 신경을 쓰고, 체계적인 계획에 따라 협상 작업을 수행하며, 협상의 결과에 영향을 줄 수 있는 공식적/비공식적 지지세력을 확보하는 등 중요한 협상의 자리에서 주도적 역할을 수행한다.
수준-5	• 소속 부처 전체에 영향을 줄 수 있는 협상사안에 대해 상대방에 따라 다양한 협상전략을 구사하며, 동료/부하 직원들에게도 기대하는 협상 결과를 얻기 위해 필요한 조언을 제공한다. • Win-Win 전략을 통해 상대방의 긍정적인 동의를 유도하고, 소속 부처 내 외의 폭넓은 지지세력을 적절히 활용하는 등 조직의 미래에 영향을 줄 수 있는 중요한 협상 사안을 주도적으로 맡아서 처리한다.

19. 협조성

□ 정의

타 공무원과 협력하여 업무를 수행하거나, '팀의 일원'으로서 공동의 목표를 달성하기 위해 일하는 역량

□ 행동지표

수준 구분 기준	
	• 공동의 목표에 대한 명확한 인식과 심리적 동의: 파급 효과 • 팀워크의 시너지(Synergy) 효과 향상을 위한 노력: 노력의 정도
수준-1	• 공동의 목표에 대한 이해가 부족하여 <u>의사결정에서 소극적이거나 중립적인 입장을 취</u>한다. • <u>자원 공유에 소극적</u>이고, 자신의 이해관계를 중심으로 의사결정을 내린다.
수준-2	• 공동의 목표를 이해하고 <u>공동의 의사결정에 개인적인 지지 의사를 표시</u>한다. • 팀 목표 달성을 위해 <u>일상적 수준 이상의 노력을 투입</u>하며 자신의 정보와 자원을 공유한다.
수준-3	• 공동의 목표를 자신의 일처럼 생각하며, 공동작업에 참여하는 <u>동료에 대해 긍정적인 기대감을 표출</u>한다. • <u>개인적 희생을 감수하고서라도</u> 적극적으로 자신의 정보와 자원을 공유하고 동료가 사용하는 것을 장려하며 <u>협동을 통한 시너지의 효과성을 강조</u>한다.
수준-4	• 함께 일하는 <u>상대방을 신뢰</u>하는 자세로 참여 중심의 의사결정을 유도하며 공동 목표의 달성을 위해 기꺼이 <u>권한을 이양</u>한다. • 공동 작업에 참여하는 구성원들이 적극적으로 정보를 공유하도록 <u>공동 작업을 활성화하는 분위기를 조성</u>하거나, <u>동기를 부여</u>하기 위해 노력하며 공동 작업에 참여하는 구성원들이 적극적으로 참여하도록 칭찬하고 격려한다.
수준-5	• 팀에게 유익한 방향으로 <u>팀 내부의 갈등을 해소</u>하려고 노력하며, 우호적인 조직 풍토, 높은 사기, 상호 협조적인 <u>팀 분위기의 강화</u>를 위해 단합대회 등의 상징적 활동을 주관한다. • 팀의 업무 성과를 향상하기 위해 <u>대외적인 지원도 요구</u>하며, <u>팀의 평판을 유지하고 보호</u>하려고 노력한다.

* 특이 역량 : 이문화 감수성

□ 정의

자신이 속한 집단의 문화와 다른 집단 문화를 가진 사람/단체를 상대로 업무를 수행하는 경우, 효과적으로 업무를 진행하는 심리적 적응력과 유연성을 일컫는 역량

□ 행동지표

수준 구분 기준	소속 집단의 문화와 다른 문화에 대해 적응하고 차이점을 활용: 노력의 정도
수준-1	문화적 우월감, 열등감에 기초하여 이문화에 대한 편견과 혐오감을 표현하며, 이문화와 접촉하는 경우 많은 불편을 토로한다.
수준-2	이문화를 부분적으로 이해하고 수긍하며 상대방의 언어나 용어를 배우는 별도의 노력을 보이지만, 이문화와 접촉하는 경우 소극적이거나, 중립적인 반응을 보인다.
수준-3	긍정적 호기심을 가지고 이문화의 언어나 용어, 풍습 등의 특성을 수용하려고 노력하며, 자신의 소속문화와 일부 공통되는 부분을 발견하고 이를 활용하여 상대방과 교감대를 형성하려고 노력한다.
수준-4	이문화에 대한 지속적인 관심과 교감 노력으로 상대문화에 익숙하여 상대방이 사용하는 언어/용어를 적극적으로 사용한다. 상대문화의 장점을 발견하고, 이를 자신의 삶에 적용하는 노력을 보인다.
수준-5	이문화에 대해 자연스러운 익숙함을 보이며 상대문화의 언어, 용어, 풍습 등을 자신의 삶에서 체화한다. 상대방이 자신의 문화를 공유한다는 안도감을 느끼도록 환경을 조성한다.

부록(7)

Harvard Competency Dictionary[119]

[119] DDI, Harvard Competency Dictionary (Harvard University, nd), 14개 역량만 발췌하였음.

1. 적응성(Adaptability)

업무수행 환경이나 요구조건이 변화할 때, 그 변화에 맞추기 위해서 본인의 생각과 행동을 바르고 빨리 변화시켜 대응하는 역량

관찰 포인트	행동지표
변화를 이해하려는 노력	· 환경, 상황, 업무과제들에서 변화를 이해하기 위해서 노력한다. · 변화에 대한 논리, 근거, 이유 등을 이해하기 위해서 노력한다. · 새롭게 변화하는 업무의 상황에 대해서 정보를 적극적으로 수집한다.
변화에 대한 긍정적 접근	· 새로운 상황과 변화를 성장과 학습의 기회로 인식하고 대응한다. · 변화가 가져오는 이득의 관점에 초점을 맞춘다. · 변화에 대해서 다른 사람들에게 긍정적으로 말하고 전파한다.
자신의 사고와 행동의 수정	· 변화에 적응하기 위해서 즉시 자신의 행동을 수정(변경)한다. · 새로운 또는 변화된 상황에 새로운 접근방법을 빨리 적용한다. · 비효과적인 행동을 고집하지 않는다.

2. 성과지향(Aligning Performance for Success)

업무목표를 달성하기 위해서 다른 사람들의 수행성과에 초점을 맞추고, 지도하는 역량

관찰 포인트	행동지표
성과목표 설정	· 부하직원들과 공동으로 의미 있는 성과목표를 설정한다. · 매우 구체적인 달성목표를 설정한다. · 목표 달성을 평가할 수 있는 평가방법을 정의한다.
접근 방법 수립	· 목표달성에 요구되는 스킬, 지식, 행동을 부하직원과 공동으로 정의한다. · 평가해야 하고 중점을 두어야 할 구체적인 행동, 지식, 스킬 영역을 정의한다.
학습환경의 조성	· 개발에 필요한 자원들을 확보하고 지원한다. · 개인들의 개발기회를 제공한다. · 개인들이 학습하는데 장애요소를 극복할 수 있도록 돕는다.
개발계획의 수립	· 무엇을 관찰하고 무엇을 코칭할 것인가를 공동으로 정의한다. · 개인들이 중요한 목표를 달성하는데 필요한 훈련, workshop, 세미나 등을 계획한다.
중간 점검	· 목표 대비 성과를 확인하기 위해서 시스템이나 기법(테크닉)을 활용한다. · 목표를 달성하기 위해서 활용한 행동, 지식, 스킬 등에서 무엇을 습득했는지 확인한다.
수행성과 평가	· 목표에 대한 진척도와 추진성과를 점검하기 위해서 정기적, 공식적으로 토의시간을 갖는다. · 수행한 각 목표, 행동, 지식, 스킬 영역을 평가한다.

3. 팀 구축(Building a Successful Team)

유연한 대인관계 스타일과 적절한 방법을 활용하여 팀의 목표달성을 촉진하고, 응집력이 높은 팀을 만드는 역량

관찰 포인트	행동지표
팀 방향 설정	• 사명서 또는 헌장 등의 문서를 활용하여 팀의 목적과 목표 및 중요성을 명확하게 제시한다. • 구체적이고 측정 가능한 팀의 목표와 목적을 설정하고 안내한다.
팀 구조 설계	• 팀원들의 역할과 책임을 명확히 하기 위해 팀원들을 돕는다. • 팀에서 활용할 수 있는 자원이나 기능들이 제대로 작동하는지를 파악(모니터)하고 개선점을 반영하여 팀의 구조를 만든다.
목표 달성 촉진	• 팀의 기능이 잘 수행되고, 팀 목표 달성을 위한 프로세스를 만들거나 절차를 만든다. • 팀의 장애물을 제거하는데 도움을 주거나 필요한 자원을 제공한다.
동참 유도	• 팀의 의사결정과 취해야 할 행동과 가치를 만드는데 전원을 참여시키고 의견들을 경청한다. • 개인차와 역량을 고려한다.
팀 정보 공유	• 팀과 관련된 정보 또는 중요하다고 생각되는 정보를 공유한다.
솔선수범	• 팀원들에게 기대하는 바를 밝히고 안내한다. • 팀원들에게 시범을 보이고 닮고 싶은 모델이 된다.

4. 파트너십 구축(Building Partnership)

사업목표 달성을 돕기 위해서 전략적으로 팀간, 부서간, 조직간의 관계를 구축하고 그 관계를 활용하는 역량

관찰 포인트	행동지표
니즈 규명	• 관계구축을 어떻게 할 것인지를 알기 위해 자신의 업무영역과 더 조직의 영역을 분석한다. • 자기 영역에서 장차 필요하게 될 핵심 파트너를 정의한다.
기회 탐색	• 파트너십의 이익과 잠재적인 문제들에 대한 정보를 교환한다. • 자신과 파트너간 필요에 부응하도록 서로의 기대사항과 해야 할 범위를 함께 결정한다.
실행계획 수립	• 서로의 책임과 지원할 사항에 대해서 합의를 이끌어 낸다. • 다중의 목표를 실현하기 위해서 활동계획을 공동으로 수립한다.
실행계획 정렬(검토)	• 자신의 목표보다 조직의 목표에 더 우선순위를 둔다. • 파트너의 의사결정과 자신의 영역의 실행에 미칠 영향을 예측한다. • 파트너의 목표를 지원하기 위해서 다른 사람들에게 영향을 미친다.
파트너십 모니터	• 다중의 목표들을 달성하고, 파트너십 프로세스를 평가하고, 감지하기 위해 효과적인 수단을 실행한다.

5. 업무관계 구축(Building Positive Working Relationship)

업무목표의 달성을 촉진하기 위해서 협력적인 관계를 발전시키고 활용하는 역량

관찰 포인트	행동지표
기회 탐색	• 다른 사람들과 효과적인 업무관계를 구축하기 위해 미리 노력한다. • 업무와 관련된 부서나 사람들을 확인하고 특성을 파악한다.
현재 상황 명확화	• 상황을 명확히 하기 위해서 정보를 제공하기도 하고 점검도 한다.
자/타 아이디어 개발	• 초기 아이디어를 확장하고 지속적으로 탐구한다. • 발생한 이슈에 대해서 자신의 아이디어를 제공하여 공헌한다. • 상대방의 아이디어에 관심을 가진다.
개인 목표 정렬	• 자신의 목표보다 팀이나 조직의 목표에 우선순위를 둔다.
동의 촉진	• 파트너 지향 액션을 취한다. • 나의 아이디어를 파트너가 동의하도록 노력한다. • 실행의 가치를 설명하기 위해 긴진하고 합리적인 근거를 활용한다.
효과적인 대인관계 스킬 활용	• 고객들의 가치를 인정하고 칭찬하는 등 좋은 인상을 준다. • 대화 시에 항상 자존심을 존중하고, 경청, 적절한 의사표현, 지지 등의 스킬을 활용한다.

6. 의사소통(Communication)

아이디어나 정보를 다양한 매체(말, 글, 도구 등)를 활용하여 개인 또는 그룹에게 이해하기 쉽도록 명쾌하게 전달하는 역량(Oral/Written Communication, Empathic Listening, Formal Presentation)

관찰 포인트	행동지표
전달내용의 조직화	• 목적과 중요성을 명확히 정리한다. • 중요 강조점을 명확히 한다. • 논리적인 순서로 전개한다.
관심 집중	• 다음과 같은 테크닉을 활용하여 관심을 이끈다. - 비유, 예제, 유머, 눈맞춤, 바디랭귀지, 목소리의 변화 등
눈높이 조정	• 청중의 기대, 배경, 경험에 맞추어 메시지를 구성한다. • 청중에게 의미 있는 보조자료, 사례, 용어 등을 사용한다.
이해 촉진	• 청중이 받아 들이는 정도를 살핀다. • 이해도를 체크한다. • 이해를 돕기 위해서 몇 가지의 서로 다른 사례들을 제시한다.
통례 준수	• 통상적으로 인정되는 문법, 속도, 억양, 말투를 사용한다. • 미디어 활용법을 익히고, 활용 가능한 미디어를 활용한다.
청중 의견 수용	• 다른 사람들의 메시지를 경청한다. • 경청한 후 메시지를 정확히 이해하고 적절한 반응을 보인다.

7. 고객지향(Customer Focus)

자신의 행동을 고객의 니즈에 최우선적으로 맞추고, 고객과 생산적인 관계를 유지/발전시키는 역량

관찰 포인트	행동지표
고객 정보 수집	• 고객의 환경, 문제, 기대, 니즈를 이해하기 위한 정보를 수집한다.
정보 공유	• 고객의 능력과 이슈의 이해를 돈독히 하기 위해서 고객과 함께 정보를 공유한다.
협력관계 구축	• 고객과 공감대를 형성하고 협력적인 관계를 구축한다.
행동 개시	• 지나치지 않으면서 고객의 문제와 니즈를 해결하려고 빨리 대응한다. • 나의 행동이나 계획이 고객에게 어떤 영향을 미칠지를 고려한다.
피드백 시스템 구축	• 고객의 니즈, 만족도, 관심과 이슈를 평가하고 감지할 수 있는 효과적인 방법을 구축한다.

8. 의사결정(Decision Making)

이슈, 문제, 기회를 이해하고, 이들을 해결하기 위해 관련정보를 입수하여 분석하고, 최선의 대안을 선택하고, 선택한 대안을 추진하는 역량

관찰 포인트	행동지표
이슈, 문제, 기회 규명	• 이슈, 문제, 기회를 인식한다. • 당장 행동을 개시해야 할 사안인지를 결정한다.
정보 수집	• 이슈, 문제, 기회를 더 잘 이해하기 위해서 정보를 수집한다. • 수집된 정보를 바탕으로 더 필요한 정보가 무엇인지를 규명한다.
정보 해석	• 다양한 정보원으로부터 정보를 통합하고 해석한다. • 인과관계, Trends, 연결관계 등을 분석해 낸다.
대안 개발	• (기회나 문제에서)달성하기 원하는 산출물을 정의한다. • 원하는 산출물을 얻기 위해서 해결 대안을 마련한다.
최적 대안 선정	• 명확한 의사결정 기준을 마련한다. • 실행상 문제점과 실행했을 때의 결과를 고려하여 대안을 평가한다. • 효과적인 대안을 선정한다.
제때 의사결정	• (최적안 실행을 위해서)합당한 시간 내에서 의사결정을 한다.
동참 유도	• 다음과 같은 목적으로 다른 사람들을 참여시킨다. - 양질의 정보획득, 적용과 실행을 위한 대안 평가, 최적 대안 평가, 결정된 결과에 대한 이해촉진과 지지 및 지원 유도

9. 권한위임(Delegating Responsibility)

개인과 조직의 효과성을 최대화 하기 위해서 다른 사람들에게 과제의 책임과/또는 의사결정권을 적절하게 배분하는 역량

관찰 포인트	행동지표
책임/권한 범위 결정	• 개인에 맞는 범위 내에서 권한을 위임한다. - 부하의 개인적인 지식과 스킬을 촉진할 목적으로 위임한다. - 조직의 가치, 구조, 그리고 부정적인 영향과 긍정적인 영향을 고려하여 위임한다.
책임 범위 명확화	• 위임된 책임의 한계를 명확히 한다. - 의사결정의 책임, 요구되는 행동, 통제의 범위와 한계, 위임이 끝나는 날짜와 시간 등
적절한 지원	• 필요한 자원을 추천한다. • 필요한 때에 코칭을 하고 지원한다. • 개인적인 면에서 신뢰한다는 것을 말로 표현한다.
정보 흐름 유지	• 공유된 책임의 영역에서 나오는 결과와 이슈에 대한 정보를 잘 알기 위한 절차를 만든다.

10. 타인육성(Developing Others)

다른 사람들이 현재 또는 미래에 역할과 직무책임을 더 효과적으로 잘 수행할 수 있도록 계획적으로 그들의 능력과 스킬들을 개발시키는 역량

관찰 포인트	행동지표
개발목표 설정	• 개선을 위해 필요한 부분을 이해하고, 개발영역을 개인과 함께 작업을 한다. • 구체적인 개발목표를 함께 수립한다.
개발계획 수립	• 개발목표에 도달하기 위한 필요한 것(실행사항 등)들을 함께 정의한다. • 환경적인 측면에서 지원이 필요한 사항들과 어떤 장애요소들이 있는지 함께 탐색한다. • 적합한 개발 활동들을 공동으로 결정한다.
학습환경 조성	• 개발 활동에 도움이 되는 필요한 자원을 제공한다. • 개발이 가능한 개발기회를 제공한다. • 학습을 가로막는 장애요인을 극복할 수 있도록 지원한다.
진척상황 모니터링	• 개발계획에 의거하여 수행한 성과에 대해서 피드백을 제공한다. • 핵심적인 부정적/긍정적인 수행성과에 대해서 이슈를 밝히 드러낸다. • 진척상황에 따라 개발목표를 수정/조정한다.

11. 대면 영향력(Impact)

| 상대방에게 존경과 관심을 표명하고, 신뢰로운 모습을 보임으로써, 좋은 첫 인상을 만들어 내는 역량 |

관찰 포인트	행동지표
적절한 복장	• 전문가답고 사업가적인 이미지를 유지한다.
세련된 품행	• 평온하고 침착한 모습을 보여 준다. • 지나치게 화난 모습 또는 지나치게 긴장한 모습을 보이지 않는다. • 상황에 맞게 개방적이면서 따뜻하게 대응한다.
확신을 주는 언어 사용	• 스스로 확신에 찬 어조로 말을 한다.

12. 정보채널 구축(Information Monitoring)

| 진행중인 활동 또는 조직을 관리하는데 필요한 정보들을 제때에 입수하고 검토할 수 있도록 정보수집 절차를 구축하는 역량 |

관찰 포인트	행동지표
정보/모니터링 필요성 규명	• 모니터링 해야 할 필요가 있는 프로세스, 영역, 시스템을 결정한다. • 결정된 분야에서 어떤 정보를 얻어야 할지를 규명한다.
모니터링 시스템 개발	• 적절한 정보를, 적절한 시간에 제공하고, 쉽게 활용할 수 있도록 정보유입과 수집활동들을 모니터링 할 수 있는 시스템을 구축한다.
시스템 점검	• 구축한 시스템이 효과적이고 조직적으로 작동하고 제 기능을 발휘하는데 지장을 주는 요소들을 제거한다.(사소한 것이라도)
데이터 확인	• 구성원이나 프로세스를 조정할 필요성이 있는 정보와 발전된 의사결정을 하는데 필요한 정보가 정기적으로 수집되는지 검토한다.

13. 주도적 행동(Initiating Action)

목표와 목적을 달성하기 위해서 요구된 것을 뛰어넘어 미리 신속한 행동을 취하는 역량

관찰 포인트	행동지표
빠른 반응	• 상황을 인식했거나 문제를 알았을 때, 즉시 행동을 취한다.
독립적인 행동	• 머뭇거림이 없이 가능성 있는 대안이나 새로운 아이디어를 적용한다. • 다른 사람들의 요구가 있기 전에 행동을 취하거나 요구한 행동을 취한다.
아이디어 개발	• 목표를 달성하기 위해서 직무에서 요구하는 수준을 뛰어 넘는 행동을 취한다.

14. 갈등관리(Managing Conflict)

대인관계 스타일과 방법을 활용하여 나와 적대적인 상황에 있는 사람은 물론 두 사람 또는 그 이상의 사람들간에 존재하는 갈등 또는 긴장 관계를 줄이거나 해소하는 역량

관찰 포인트	행동지표
개방적인 토론 분위기 조성 (명확한 기준 설정)	• 갈등을 해결해야만 하는 명확한 근거(이유)를 마련한다. • 갈등을 해결하기 위해서 토론(대화) 분위기를 조성한다.
현재 상황 명확화 (정보수집)	• 갈등을 이해하기 위해서 관련된 정보를 수집한다. • 수집된 정보를 바탕으로 현 상황을 명확히 인식한다.
다방면에서 검토	• 모든 측면에서 여지를 가지고 객관적으로 검토한다.
해결책에 초점	• 개인적인 이슈와 개인적인 공격을 피한다. • 갈등을 해결하는데 초점을 맞추고 거기에 집중한다.
자신/타인 아이디어 발전	• (긍정적인) 취해야 할 일련의 행동을 탐색하고 제시한다. • 잠재적인 해결책을 탐색하고 제시한다.
행동 개시	• 갈등을 완화시키거나 이슈를 처리할 긍정적인 행동을 취한다 • 관계를 지속적으로 유지한다.
토론 결과 요약 및 마무리	• 모든 합의한 내용과 해야 할 내용을 인식하기 위해서 토론(회의) 결과를 요약/정리한다.

MEMO

부록(8)

행동사건인터뷰(Behavioral Event Interview)

1. 개념

미 국무성 프로젝트(해외공보관 선발)에서 사용한 McClelland의 행동사건면접(BEI) 기법은 중요한 업무상황에서 당사자들이 실제로 행동한 내용을 상세하게 파악하기 위해 성공사례와 실패사례를 묻는 심층면접기법이다. BEI는 플라나간(Flanagan)의 중대사건 기법[120](Critical Incident Method)에 주제통각검사[121](Thematic Apperception Test: TAT)기법을 결합해서 발전시킨 것이다. 플라나간이 과업 요소를 규명하는데 역점을 둔 반면, BEI는 업무수행을 우수하게 수행한 사람의 특성파악에 주력한다는 점이 다르다.

2. 평가센터(AC)와 행동사건면접(BEI)의 차이점

AC와 BEI의 차이점을 역량평가 측면에서 살펴보면, AC는 향후에 수행하게 될 직무를 얼마나 잘 수행할 수 있을지를 평가한다. 향후 직무에 도전하는 참가자들은 한 단계 위의 직무를 수행하게 된다. 이때 평가도구는 모의과제이다. 반면 BEI는 현재 시점으로부터 최근 2년간 과거의 역량발휘 성공사례(STAR)를 근거로 평가를 한다.

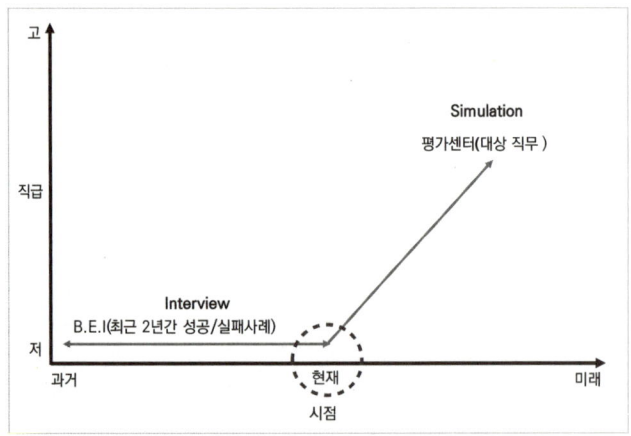

---

[120] 미국 공군 비행심리프로그램 연구에서 조종사들이 조종술 및 폭격 임무에 실패한 특별한 이유를 밝혀내기 위해서 Flanagan이 1954년 개발한 연구방법으로, 긍정적이거나 부정적인 결과를 유발시킨 사건 즉, 실제 행동으로 구성된 사건을 수집하고 분석한다. 중요한 사건(Critical Incident)이란 가장 최근은 아니지만 가장 기억할만한 경험으로 특정한 업무를 수행하는데 있어서 결과의 성공과 실패를 결정짓는 매우 중요한 행동을 포함한 사건이어야 한다.
[121] 어떤 불완전한 인물을 등장시키거나 애매모호한 상황을 표현한 그림을 제시하고 이에 대해서 그 상황이나 등장인물 등과 관련하여 과거, 현재, 미래의 타임라인을 설정하여 피검자가 본인의 나름대로의 이야기를 만들어내도록 함으로써 개인의 내적욕구 또는 동기 또는 주제 환경에 대한 수용된 지각인 통각(統覺)이나 투사 등의 방어기제에 관한 중요한 정보를 교환하는 것을 목적으로 하는 심리검사이다.

3. BEI의 용도

BEI는 아래 그림과 같이 3가지로 목적으로 활용한다. 역량도출과 과제개발을 할 때는 그리고 역량평가를 평가할 때 유용하게 활용할 수 있다.

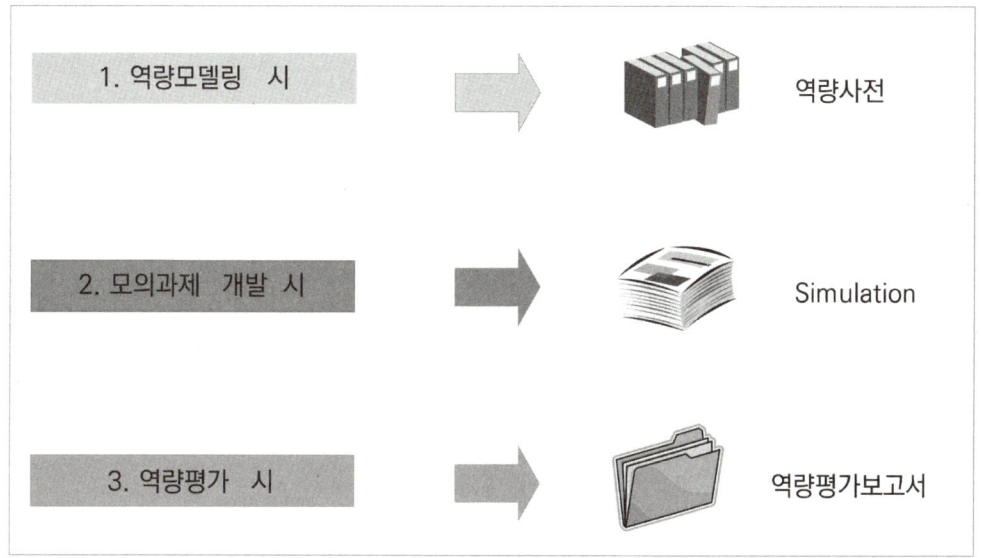

첫째, 역량모델링을 할 때 유용하게 활용한다. 이때는 고성과자를 대상으로 인터뷰를 한다. 고성과자들을 대상으로 인터뷰를 하면, 그들만이 가지고 있는 업무수행방식, 사고방식이 포함된 행동사례들을 수집하여 분석하면 공통적인 특징들을 발견할 수 있는데, 이것을 잘 정리하면 역량이 되는 것이다.

둘째, 모의과제(Simulation)를 개발할 때도 유용하게 활용한다. 역량모델링과 마찬가지로 고성과자를 대상으로 인터뷰를 한다. 과제 개발자들은 조직에서 고성과자들이 어떻게 일하고 있는지를 알 필요가 있다. 고성과자들이 발휘한 성공사례들을 수집하여 각 과제들에 적합하게 응용하게 된다. 특히, 개발 평가센터에서는 피드백 자료로 활용한다.

셋째, 역량평가를 할 때 활용한다. BEI 개념에 대해서 언급했듯이, 최근에 성공적으로 발휘한 역량 사례들에 대해서 질문하고, 그 답변을 듣고 각각의 역량을 평가한다. 통상 1개 역량 당 소요되는 시간은 15분~20분 정도다. 인터뷰 일정을 미리 예고하기 때문에 인터뷰 대상자들은 사전에 준비를 한다. 평가센터가 준비되지 않은 조직에서 종종 이 기법을 활용하여 역량평가를 한다.

4. 진행 프로세스

진행 프로세스는 아래 그림과 같다.[122] 먼저 면접자 본인을 소개하고, 면접의 취지와 목적을 설명한다. 이어서 면접내용에 대한 보안을 유지한다는 약속을 하고, 녹음에 대한 허락을 받는다. 녹음은 반드시 허락을 받아야 한다. 그리고 진행하면서 오해가 없도록 협조 사항과 당부사항을 말한다.

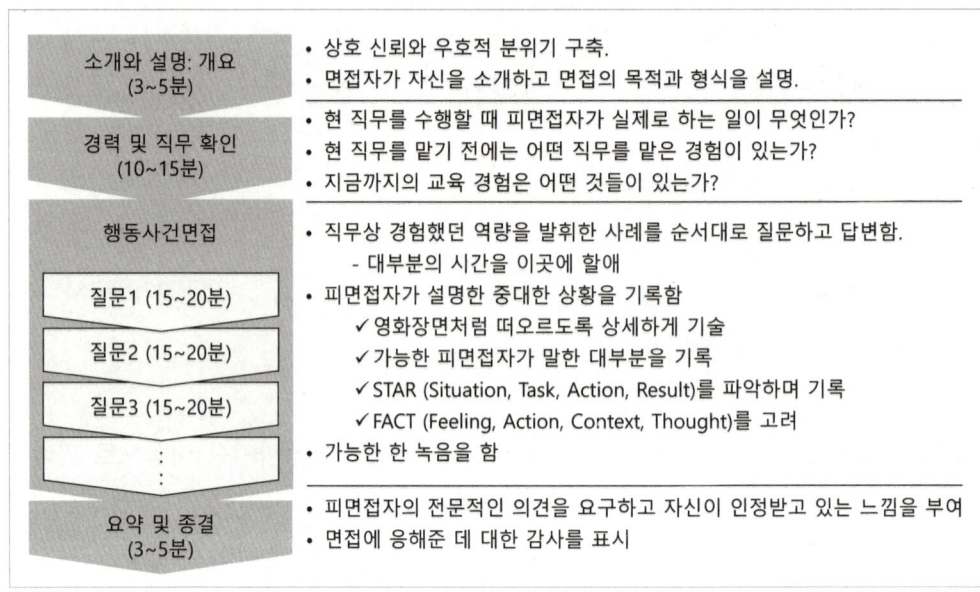

행동사건면접 프로세스

1) 소개와 설명

피면접자를 만나면, 면접자는 먼저 자신을 소개하고, 면접의 목적과 형식, 시간, 녹음 승낙, 비밀보장 등 피면접자가 궁금하게 생각하는 것을 간략하게 소개한다. 미리 준비한 선물을 보여 주는 등 우호적인 분위기를 구축한다.

2) 경력 및 직무 확인

피면접자가 현재 수행하고 있는 업무가 어떤 것인지, 현 직무를 맡기 전에 어떤 직

---

[122] Lyle M. Spencer. Jr, Sigen M. Spence, *Competency at Work*, (Canada, John Wiley & Sons. Inc, 1993), 119-134.

무 경험이 있는지, 또 지금까지 교육 경험 등을 확인한다.

3) 면접 진행

직무상 경험했던 역량에 대해서 질문하고 답변하는 시간을 갖는다. 면접의 대부분 시간을 이곳에 할애하며, 피면접자가 직면했던 중대한 상황을 영화처럼 떠오르도록 유도하는 것이 핵심이다. 반드시 STAR가 수집되도록 질문을 하고 답변을 유도한다. 면접시간은 한 개의 사건 당 약 15분 정도가 소요된다.

역량도출을 위한 인터뷰든, 역량평가를 위한 인터뷰든, 모의과제 개발을 위한 인터뷰든 공통적으로 질문과 답변이 STAR를 지향하는 것이 핵심이다.

- 그 당시에 과제를 해결해야 하는 상황(Situation)은 어떤 상황이었습니까?
- 그 상황에서 해결해야 할 과제(Task)는 무엇이었습니까?
- 과제를 해결하기 위해서 어떤 행동(Action) 또는 조치를 하셨습니까?
- 그렇게 행동(조치)한 후, 어떤 결과(Result)를 얻었습니까?

4) 요약 및 종결

면접에 시간을 내준 것에 대한 감사를 표시하고 선물을 준비했다면 이때 준다. 한 가지 강조할 점은 다시 연락할 수도 있다는 말을 남겨야 한다는 것이다. 복귀하여 자료를 정리하다 보면 궁금한 내용이 있을 수 있기 때문이다.

5) 자료정리

인터뷰가 끝나면 기록한 내용과 녹음한 내용을 아래와 같이 STAR로 정리하여 인터뷰 목적에 따라 활용한다. STAR는 완전 STAR, 부분 STAR, 틀린 STAR가 있는데, 완전 STAR만 활용할 수 있으며, 부분 STAR는 4가지 요소 중에 무엇인가가 누락된 것을 말한다. 활용하기 위해서는 추가로 인터뷰를 해야 한다. 틀린 STAR는 STAR가 성립되지 않은 것이므로 활용할 수가 없다.

인재 발굴 및 육성의 글로벌 스탠다드

사례	Situation	Task	Action	Result
1	~~~~~~~~~~	~~~~~~~~~~	~~~~~~~~~~	~~~~~~~~~~
2	~~~~~~~~~~	~~~~~~~~~~	~~~~~~~~~~	~~~~~~~~~~
3	~~~~~~~~~~	~~~~~~~~~~	~~~~~~~~~~	~~~~~~~~~~
4				
5				
~	~	~	~	~

MEMO

부록(8) 행동사건인터뷰(Behavioral Event Interview)

부록(9)

평가센터 관련 용어

Your <u>ability</u> to do something is the fact that you can do it.
Your <u>ability</u> is the quality or skill that you have which makes it possible for you to do something

The way that you <u>behave</u> is the way that you <u>do and say</u> things, and the things that you do and say.

People's or animals' <u>behavior</u> is the way that they behave.

The <u>character</u> of person or place consist of all the qualities they have that make them distinct from other people or places.

Someone's <u>character</u> is their personality, usually considered in relation to how reliable and honest they are. If someone is of good <u>character</u>, they are reliable and honest.

someone's <u>Qualities</u> are the good characteristics that have which are part of their nature.

Your <u>personality</u> is your whole character and nature

The <u>nature</u> of something is its basic quality or character.

Someone's <u>nature</u> is their character, which they how by the way they behave. See also <u>Human nature</u>, <u>Mother nature</u>

<u>Knowledge</u> is information and understanding about a subject which a person has, or which all people have.

Skill is the knowledge and ability to do something well.
Skill is the knowledge and ability that enables you to do something well.

Method is a particular way of doing something. *the pill is the most efficient method of birth control.*

Methodology is a system of methods and principles for doing something, for example teaching or carrying out research

System is a way of working, organizing, or doing something which follows a fixed plan or set of rules.

A set of things is a number of things that belong together or that are thought of as a group.

Technical means involving the sorts of machines, processes, and materials that are used in industry, transport, and communications.
You use technical to describe the practical skills and methods used to do an activity such as an art, a craft, or a sport.

Technique is a particular method of doing an activity, usually a method that involves practical skills.

Technique is skill and ability in an artistic, sporting, or other practical activity that you developing through training and practice. 끝.

Profession is a type of job that requires advanced education or training.

Professional means relating to a person's work, especially work that requires special training

Professional people have jobs that require advanced education or training

A tool is any instrument or simple piece of equipment that you hold in your hands and use to do a particular kind of work. For example, spades, hammers, and knives are all tools.

Way

If you refer to a way of doing something, you are reffering to how you can do it, for example the action you can take or the method you can use to achieve it.

나가며

새로운 팀원을 선발하는 것은 조직과 지원자를 위한 중요한 투자다. 생산성이 확실히 보장되는 선발 시스템을 개발하고 유지하는 것은 조직의 성공을 위한 중차대한 문제다. 새로 선발된 직원들에게 그들의 직무를 지속적으로 개선할 기회를 탐색하고 책임을 즐기도록 해야 한다. 또한, 성장 잠재력이 있는 구성원들이 녹슬지 않도록 제때에 육성시키는 일은 조직의 경쟁력을 향상시키는 중요한 문제다.

평가센터 기법은 유능한 인재의 발견 측면에서 다른 평가기법보다 대단히 우수한 것으로 많은 연구자들의 연구들이 증명하고 있다. 평가센터 기법은 참가자들을 면접과 같은 공포의 시간이 아닌 보다 편안한 시간 속에서 평가할 수 있으며 참가자들에게 예전과는 달리 평가결과를 피드백시켜 참가자들이 자기개발과 경력개발에 도움을 준다.

평가센터 기법은 복수의 평가요건과 특별히 훈련된 복수의 평가자들이 복수의 평가방법을 통하여 평가하므로 주관성을 배제하고 공정성, 정확성, 수용이 높다. 정확성은 지원자의 직무수행을 타당하게 예측하는 선발 프로세스의 능력이다. 공정성은 모든 참가자에게 일관된 요구조건, 동일한 과제, 동일한 질문, 동등한 기회를 제공하는 것이다. 수용성은 프로세스에 참여한 사람들이 느끼는 가치를 말한다. 프로세스에 참여한 자체가 유익이 있었다는 인식, 조직 및 참가자 모두 존중받았다는 인식이 들게 하는 것이다.

조직은 이런 목표들을 달성하기 위해서 압박이 증대되고 있다. 사람들은 자신의 경력을 위해서 회사를 자주 바꾼다. 사람들은 경제적, 개인적 필요 둘 다 만족할 수 있는 이상적인 직무를 찾는다. 조직은 오랜 시간이 지나도 직무를 잘 수행할 수 있고 직무를 감당할 의지가 있는 사람들을 규명할 효과적인 프로세스가 필요하다.

여기에 평가센터 기법이 필요한 것이다. 이미 살펴 본 것처럼 평가센터 기법은 한 사람이 좋다고 해서 도입되는 것은 아니다. 치밀한 준비와 여러 관련자들과 소통이 있어야 한다. 가장 빠르고 쉽게 도입하는 비결은 최고 경영자의 결단이다. 최고 경영자가 평가센터 기법을 먼저 아는 것이다. 최고 경영자의 결단은 모든 구성원들에게 최고의 선물이 될 것이다. 사정이 그렇지 않다면 실무자들이 평가센터 기법을 연구하여 도입을 건의해야 한다. 평가센터 기법의 도입은 선택이 아니라 필수가 되어야 한다.

많은 조직에서 평가센터 기법을 도입하고, 해마다 연말이 되면 컨퍼런스를 열어서, 서로 수행성과를 발표하고, 우수사례(Best Practice)들을 공유하는 가운데 점점 발전을 거듭하길 기대하며, 옆에서 이런 모습을 지켜보는 다른 조직에서도 앞 다투어 도입하는 모습을 간절히 기대한다. 그리고 빠른 시간 내에 구상 중인 『평가과제 개발과 평가자 훈련』이라는 주제로 독자 여러분들을 다시 찾아 뵐 수 있길 기대한다.

저자 소개

이름 : 이규환

학력 : 국방대학원 석사, California Difference University 박사 수료

경력 : (전) 한국직무능력평가연구소, 역량평가센터 센터장
     (전) ㈜한국HR진단평가센터, Assessment Center 사업본부장
     (전) POSCO 연구소, 수석연구위원
     (전) ㈜ L&I Consulting, Assessment Center 사업본부장
     (전) Korea Research & Consulting, 인사전문위원
     (전) 한국컨설팅학회 이사

메일 : 2kyuhwan@naver.com

인재 발굴 및 육성의 글로벌 스탠다드
어떻게 인재를 발굴하고 육성시킬 것인가

발 행 일	2023년 02월 09일
발 행 처	도서출판 거목정보산업㈜
집 필	이규환
기 획	도서출판 거목정보산업㈜
편집·제작	거목정보산업㈜ ☎ (02)2164-3233

정 가   28,000원

ISBN   979-11-92872-00-1   13010

저작권법에 의거, 본서의 내용을 무단 전재·복제하는 것을 금합니다.